한 사람의 내밀한 이야기를 듣는다는 것은 참으로 위험한 일이다. 그의 사유나 세계에 감염되기 쉬우니 말이다. 그러나 스탠리 하우어워스라면 위험을 감수할 만한 가치가 있다. 야스퍼스는 '인간 존재는 인간 되어 감'이라고 말했다. 모든 존재는 변화를 향해 개방되어 있다. 흔들림은 모든 살아 있는 존재의 숙명이다. 한 사람의 신학자는 어떻게 탄생하는 것일까? 하우어워스는 마치 솜씨 좋은 조적공이 벽돌 하나하나를 쌓아올리듯, 시대와 상황 그리고 자기 삶을 스치고 지나간 수많은 사람들의 이야기를 조근조근 들려준다. 아프고 아리다. 그런데 그 이야기는 스탠리 하우어워스라는 한 존재가 형성된 이야기인 동시에, 그를 통해 자기를 드러내신 하나님의 이야기이기도 하다. 이 책은 부박한 우리 실존을 돌아보고 그 속에서 일하시는 분을 발견하라는 일종의 초대장이다.

김기석 청파교회 담임목사

흔히 신학이 어렵다고들 말하지만, 스탠리 하우어워스의 글은 언제나 간결하고 명료하다. 그럼에도 그의 신학은 결코 쉽지 않다. 왜냐하면 그는 삶의 모순과 복잡함을 가식 없이 껴안으며, 그리스도인이 부딪치게 될 도전과 어려움을 숨김없이 드러내기 때문이다. 70세가 되었을 때 하우어워스는 삶의 희로애락을 씨줄 삼고 신학 여정을 날줄 삼아 『한나의 아이』라는 자전적 고백을 곱게 짜냈다. 유난히도 하나님과 사람을 좋아했던 대가의 솔직하고 아름다운 고백을 듣노라면, 어디로 갈지 몰라 헤매더라도 삶이 외롭거나 고단하게만은 느껴지지 않는다. 화려한 조명 뒤에서 하나님의 침묵과 묵묵히 씨름하는 한 남자의 모습을 보노라면, 팍팍하고 각박한 현실 속에서도 그리스도인으로서 긍지와 사명을 새롭게 발견하게 된다.

김진혁 횃불트리니티신학대학원대학교 조직신학 조교수 스탠리 하우어워스의 자전적 회고록 『한나의 아이』는 '최고의 신학자'다운 면모를 잘 보여 준다. 그는 자신의 삶의 여정을 통해, 그리스도인다움과 교회 됨이 절실한 이 시대에 복음을 재발견해야 함을 설득력 있게 강조한다. 진정성을 담은 기도문으로 강의를 시작한다는 신학자의 내러티브에는 그의 신학의 정수가 명료하게 담겨 있을 뿐 아니라 그가 감내한 삶의 깊은 아픔마저 진솔하게 배어 있다. 소설처럼 읽힐 신학 서적으로 썼다는 이 책은 아우구스티누스의 『고백록』에 비견될 만하며, 번역 또한 탁월하여 책에 깊이 공감할 수 있게 해 준다. 하우어워스라는 신학자와 그의 덕 윤리, 성품 윤리, 내러티브 윤리, 그리고 교회 됨에 관심하는 사람은 물론, 복음적 고민을 가진 모든 사람이 꼭 읽어야 할 책으로 기꺼이 추천한다.

문시영 남서울대학교 교목실장, 『교회됨』 역자

통찰과 열정과 지혜가 가득 담겨 눈을 떼지 못하게 하는 책이다. 하우어워스는 읽는 사람의 무장을 해제시키는 방식으로 자신의 인생을 이야기하면서, 신학과 삶의 상호작용을 더없이 능숙하게 살핀다. 이런 책을 쓸 엄두를 낼 만한 신학자는 거의 없을 것이다. 하우어워스가 이런 책을 쓸 수 있는 것은 그가 매우 흥미진진한 인물이기 때문이다. 적극 추천한다.

알리스터 맥그래스 옥스퍼드 대학교 안드레아스 이드레오스 석좌 교수

그리스도인이 된다는 것은 무슨 의미일까? 스탠리 하우어워스는 대단히 매력적이고 용감한 이 회고록으로 질문에 답하고 있다. 그가 내놓는 답변의 바탕에는 종종 뗄 수 없게 묶여 있는 은혜와 어둠을 경험하면서 평생에 걸쳐 발견한 하나님의 임재와 도전에 대한 인식이 자리 잡고 있다. 우리 시대 위대한 기독교 지성의 심오한 연민과 깊이와 지혜가 잘 담겨 있는 책이다.

로완 윌리엄스 전 캔터베리 대주교, 『그리스도인이 된다는 것』 저자

내가 이 책을 좋아하는 이유는 저자 때문이다. 하지만 『한나의 아이』는 스탠리 하우어워스라는 사람의 성장기이자 그 이상이다. 이 책은 한 사람이 가정을 꾸리고 지탱해 가는 모습과, 하나님이 교회를 통해 그리스도인들을 만들고 붙들어 주시는 이야기를 들려준다. 회고록이라는 장르에 대한 일반적인 상식을 넘어서는 놀라운 책이다.
로렌 위너 듀크 대학교, 『소녀, 신을 만나다』 저자

앵글로 색슨 신학계에서 생존하는 가장 영향력 있는 신학자인 스탠리 하우어워스가 노동자 계급의 가정에서 자라나 최고의 학자가 된 이야기를 솔직하면서도 절제가 돋보이는 주목할 만한 어조로 들려준다. 그의 이야기에서 더없는 진실성이 느껴진다. 이 회고록은 꼭 써야 할 책이었다. 미셸 드 몽테뉴처럼, 하우어워스의 저작에 대한 연구와 그 자신에 대한 연구는 하나임이 분명하기 때문이다. 그러나 이 책이 보여 주다시피, 어느 쪽이건 연구는 관심을 기울이는 동시에 받는 일이다.
존 밀뱅크 노팅엄 대학교, 『예수는 괴물이다』 저자

『한나의 아이』는 더없는 유쾌함에서 심오함으로 부드럽게 넘어가는 환상적인 책이며, 지난 50년간 대단히 중요한 신학자로 자리매김한 인물의 기록이다. 자신의 생애를 매우 인간적이고 통찰력 있고 감동적으로 들려주어 책장이 술술 넘어간다. 손에 들자 내려놓을 수가 없었다. 한 세대의 신학자들 전체가 하우어워스에게 영감과 자극을 받았다. 그가 없었다면 21세기 신학의 지성적 풍경이 전혀 달랐을 것이고 그만큼 내용이 빈약해졌을 것이다. 이 한 가지 이유만으로도 우리 모두는 한나의 손주들이다!
코너 커닝엄 노팅엄 대학교, 『다윈의 경건한 생각』 저자

우리 시대를 대표하는 신학적 윤리학자로 꼽히는 스탠리 하우어워스는 이 매혹적인 회고록에서 자신이 생각하는 인생의 성공과 실패들을 되돌아본다. 물론 실패의 기록들이 가장 가슴 아프고 감동적이다. 그가 품었던 최선의 동기와 의도를 꺾고 좌절시키는 것들이 심오한 기독교적 숙고의 대상으로 등장한다. 아우구스티누스의 『고백록』 전통을 당당하게 잇는 회고록이다.
세라 코클리 케임브리지 대학교

스탠리 하우어워스의 어머니는 한나의 이야기를 기억하고 하나님께 기도했고, 그렇게 얻은 아들을 하나님께 바쳤다. 하우어워스는 '회고록' 또는 '간증'이 될지는 몰라도 자서전은 아니라고 말하는 이 책을 쓰면서 자신이 한나의 아이라는 사실을 인식하게 되었다. 친구들과 적들, 생활과 일에 대해 지독할 정도로 정직하게 썼다. 무엇보다 오랜 세월 이어진 첫 번째 아내의 정신 질환에 관한 어두운 이야기들이 있는 그대로 담겨 있다.
니콜라스 래시 케임브리지 대학교

『한나의 아이』는 스탠리 하우어워스 최고의 저서다. 이 책은 그를 직접 아는 사람들에게는 물론, 그의 저작을 통해 간접적으로 아는 모든 사람에게도 하우어워스를 더 잘 이해하도록 도와주는 필독서다.
제프리 스타우트 프린스턴 대학교

진실을 말하고픈 열정, 더할 나위 없이 명확한 문체, 어떤 일이 닥쳐도 꾸역꾸역 한 발씩 내딛는 능력, 읽기, 생각하기, 말하기, 쓰기에 대한 무궁무진한 에너지와 욕구. 이 모두는 스탠리 하우어워스의 특징이다. 그가 자신을 이해하고 지금과 같은 그리스도인이 될 수 있게 해 준 모든 이들에 대한 그의 사랑도 빠뜨릴 수 없다. 대단한 회고록이다! 대단한 신학자다!
앤 로즈 더럼 대학교

이 아름다운 책은 한 그리스도인의 영혼이 어떻게 형성되는지 보여 주는 신학적 인류학 서적이라 할 수 있다. 이 책은 정직하고 통찰력 있으며 속속들이 솔직할 뿐 아니라 유머러스하면서도 지적이다. 한마디로 우리가 공적 지식인 스탠리 하우어워스에게 기대하는 특징들을 모두 담고 있다. 그러나 설령 저자가 스탠리 하우어워스가 아니었다 해도, 이 책은 그 자체로 그리스도인을 위한 선물로 손색이 없다. 나는 읽고 있던 소설을 치워 놓고 이 책을 끝까지 읽었다. 평생에 걸친 그리스도인으로서의 경험이 지혜로 농축된 삶에 푹 젖어 있다. 또한 그 모든 기록마다 순수한 인간미가 넘친다. 무척 감동적이다.

그레이엄 워드 옥스퍼드 대학교

용감하고 솔직하며 특유의 신랄함이 담긴 이 회고록은 세계에서 가장 영향력 있는 신학적 윤리학자를 이해하는 데 더없이 귀중한 자료다. 인간관계에 대한 그의 성찰은 정직하고 유머러스하며 대단히 감동적이다. 인격적인 감화와 신학적인 영감을 주는 책이자, 대단한 즐거움을 주는 책이다!

앨런 토렌스 세인트앤드루스 대학교

텍사스의 벽돌공에서 듀크 대학교 교수이자 국제적으로 유명한 기독교 윤리학자가 된 스탠리 하우어워스는 신학계에서 여전히 개성 있고 기품 있는 존재로 남아 있다. 제목과 그 안에 담긴 내용 모두로 스탠리의 근원을 충실히 다룬 이 회고록은, 스탠리의 (비판적?) 숭배자들이 그와 그의 업적에 대해 감동적이면서도 지적으로 흥분되는 통찰을 얻게 한다. 특히 그를 혹독히 비판하는 이들에게 이 복잡하고 재능 있는 사람을 더 잘 이해하고 그 진가를 알 수 있도록 도움을 준다.

에드나 맥도너 메이누스

비범하고 설득력 있는 이 책은 아우구스티누스의 『고백록』 전통에 서 있는 신학으로서의 자서전이다. 하우어워스는 철저한 솔직함과 단순한 언어로 믿음으로 가는 인생 여정을 들려준다. 그것은 크나큰 개인적 고통을 감내하고 기독교가 당면한 현대의 여러 지적 투쟁과 도전을 감당하면서 참되게 산다는 것의 의미를 증언하는 여행이다. 신학 연구를 감행한다는 것이 무엇을 의미하는지 알려 주는 통찰의 핵심이 담겨 있다.
루크 브레더턴 런던 킹스 칼리지

고통스러울 만큼 정직하고 지적으로 과감한 이 책을 통해, 하우어워스는 자신의 이야기와 신학을 나란히 들려주며 훌륭한 자서전을 창조해 낸다. 누군가는 이 책을 증언이라 부를 테고, 누군가는 최고의 설득력을 보여 주는 이야기 신학이라 부를 테지만, 나는 그저 더없이 훌륭한 회고록이라고 말하고 싶다.
자일스 프레이저 세인트폴대성당

『한나의 아이』는 아우구스티누스의 『고백록』처럼 신학적 간증이다. 이것은 신학의 활력과 스릴을 보여 주는 이야기이자 하나님의 진득하고 유머러스한 돌보심을 다룬 이야기다. 우리는 하나님이 한나의 아이인 스탠리 하우어워스를 돌보시는 과정을 보면서, 나머지 우리를 어떻게 돌보실지 헤아려 볼 수 있다. 보통 자기보다 뛰어난 인물이나 사상가, 그리스도인이 쓴 책, 혹은 그에 대해 쓴 책을 읽으면 울적해지곤 한다. 그러나 이 책을 읽다 보면 유쾌해지고 영감을 얻으며 크게 웃고 크게 울게 된다. 이 책의 끝부분에서 하우어워스는 이 책을 쓰면서 자신이 그리스도인이라는 사실을 배웠다고 말한다. 이 책을 읽고 나면 우리도 그리스도인이고 싶다는 갈망을 품게 될 것이다.
제인 윌리엄스 세인트멜리투스 칼리지, 『예수 그리스도의 얼굴』 저자 너무나도 정직하고 면밀하며 때로는 부아가 치밀게 하는 이 책은 스탠리 하우어워스가 여전히 중요한 신학자로 남아 있는 이유를 훌륭하게 포착해 낸다. 슬픔과 실패가 기쁨과 승리 못지않게 통찰력 있게 다뤄지면서, 복잡하면서도 단순함이 특징인 하우어워스의 인생이 분명하게 드러난다. 회고록이자 간증인 『한나의 아이』는, 이 책과 저자에게 심오한 영향을 끼친 기독교 신앙 안에서, 기독교 신앙을 통해 바라볼 때 가장 잘 이해할 수 있다.
린다 호건 더블린 트리니티 칼리지

히포의 아우구스티누스 이후 다른 신학자들은 거의 다루지 않은 내용이지만, 신학과 자서전 사이에는 내적 연관성이 있다. 하나님에 대해 진지하게 생각하는 것은 자기 발견과 분리할 수 없다. 종종 웃음을 선사하고 때로는 아주 감동적인 이 책은 이 사실을 잘 보여 준다. 하우어워스다운 명쾌함과 더없는 정직성이 돋보인다.
퍼거스 커 도미니코 수도회, 에든버러 대학교, 옥스퍼드 대학교

저명한 신학자 스탠리 하우어워스는 그리스도인의 신실함, 인내, 희생을 강조하며, 삶의 의미는 공동체가 보존하는 일관성 있는 이야기에 달려 있음을 자신의 삶으로 보여 주었다. 마음에서 우러난 이 회고록은 또 다른 중요한 교훈을 가르쳐 준다. 결혼과 가정생활은 믿음을 혹독하게 시험하며, 가족들은 종종 무거운 짐(여기서는 가족의 정신 질환)을 고스란히 짊어지면서 상처를 입고 정체성의 위기마저 겪을 수 있다는 것이다. 하지만 결국 우리는 새로운 어조로 들려오는 하우어워스의 목소리를 듣게 된다. 은혜의 선물로 주어지는 사랑과 치유로 인한 찬양과 기쁨의 소리다.
리사 솔 카힐 보스턴 칼리지

대부분의 현대 회고록 저자들은 일인칭 소설 화자와 비슷하게 자신에 대해 이야기한다. 그러나 저명한 신학자 하우어워스는 다른 사람들에 대해 말하는 것을 선호한다. 그는 자기 인생에 있었던 일들을 전달하면서도 본인보다는 가족, 친구들, 동료들에게 더 초점을 맞춘다. 그는 부모님에게서 제2의 뿌리 내린 기독교 신앙과, 솔직하고 가식 없이 호의를 베푸는 노동 계급의 태도를 물려받았다. 그가 자신의 생각을 형성해 가면서 그리스도인이 비폭력적이어야 한다고 점점 확신하게 된 것, 노터데임 대학교와 듀크 대학교 모두에서 성공적인 교수 생활을 할 수 있었던 것, 첫 번째 아내가 분노에 사로잡힌 망상적 정신 질환으로 추락하는 동안 버틸 수 있었던 것, 그녀와 헤어지고 조심스럽게 새로운 사랑을 찾을 수 있었던 것도 친구들과 동료들(대부분 같은 사람들이었다)의 도움이 있었기에 가능한 일이었다. 신학에 관심이 없는 사람이라도 이 신학자의 뜨거운 삶의 이야기를 충분히 즐길 수 있을 것이다.
레이 올슨 「북리스트」

텍사스의 시골 소년이 자라서 「타임」 지가 선정한 "미국 최고의 신학자"가 된다. 이것이 스탠리 하우어워스가 학문적 명성을 얻기까지 걸어온 운명적인 여정 배후에 놓인 뜻밖의 이야기다. 하우어워스는 벽돌공의 아들이라는 초라한 출발, 마음이 병든 여성과의 힘들었던 첫 번째 결혼 생활, 근면한 지적 탐구 등을 아우르는 설득력 있는 이야기를 엮어 낸다. 그 결과로 그리스도인의 회복을 충실하게 담아 낸 이야기이자 학자의 지성을 더없이 솔직하게 탐구한 회고록 『한나의 아이』가 탄생했다. 그리스도인의 회고록을 사랑하는 이들은 하우어워스의 솔직한 문체와 가슴 아픈 이야기에 감동을 받을 것이고, 회고록 장르를 전반적으로 좋아하는 이들이라면 믿음과 학식이 적절히 조합된 이 책이 놀랍게도 매우 읽기 쉬울 뿐 아니라 설교와는 거리가 멀다는 것을 발견하게 될 것이다.
「퍼블리셔스위클리」

한나의
아이

IVP(InterVarsity Press)는
캠퍼스와 세상 속의 하나님 나라 운동을 지향하는
IVF(InterVarsity Christian Fellowship)의 출판부로
생각하는 그리스도인을 위한 문서 운동을 실천합니다.

Copyright ⓒ 2010 by Wm. B. Eerdmans Publishing Co.
Originally published in English under the title
Hannah's Child by Stanley Hauerwas
Published by Wm. B. Eerdmans Publishing Co.
2140 Oak Industrial Drive NE, Grand Rapids, Michigan 49505, U.S.A.
All rights reserved.

This Korean edition is translated and used
by permission of Wm. B. Eerdmans Publishing Co.
through arrangement of rMaeng2, Seoul, Republic of Korea.

This Korean Edition Copyright ⓒ 2016 by Korea InterVarsity Press
156-10 Donggyo-ro, Mapo-gu, Seoul 04031, Republic of Korea

이 한국어판의 저작권은 알맹2 에이전시를 통하여
Wm. B. Eerdmans Publishing Co.와 독점 계약한 IVP에 있습니다.
신 저작권법에 의하여 한국 내에서 보호받는 저작물이므로
무단 전재와 무단 복제를 금합니다.

개인의 이야기는 세계의 역사 안에 들어 있으며, 그 전체 이야기 안에서 다른 모든 이야기들이 제자리를 찾는다. 그 역사는 진리가 명백해지는 움직임, 이해 가능성을 향해 나아가는 움직임이다. 세상의 질서를 이해하려고 노력하다 보면, 각 단계마다 이해 가능성의 정도가 달라지는 이유도 알게 된다.

알래스데어 매킨타이어
「도덕적 탐구의 세 가지 경쟁 이론」(*Three Rival Versions of Moral Enquiry*)

애덤과 폴라에게

차례

한국의 독자들에게	17
들어가는 말 스탠리 하우어워스로 산다는 것	19
1. 구원받기	25
2. 일과 가족	51
3. 공부	101
4. 교직	145
5. 가톨릭 신자들	183
6. 살아남기	229
7. 견디기	277
8. 여러 시작과 하나의 끝	325
9. 폴라	369
10. 좋은 사람들	417
11. 인내와 기도	465
12. 마지막 이야기	499
맺는말	507
후기 『한나의 아이』 이후 나는 무엇을 했는가?	513

일러두기
• 본문 아래의 각주는 옮긴이 주입니다.

한국의 독자들에게

저의 회고록 『한나의 아이』가 한국어로 번역되고 출간된다니, 기쁘면서도 잘 믿어지지가 않습니다. 제 책 몇 권이 한국어로 번역되어 있는 것으로 아는데, 그 점에 대해 깊이 감사합니다. 그런데 『한나의 아이』는 제가 쓴 다른 책들과는 아주 다릅니다. 더욱이 미국 남부의 문화에 푹 잠겨 있는 책이라, 한국 독자들이 이 회고록을 생소하게 여기진 않을지 모르겠습니다.

하지만 저는 이 책이 한국어로 번역된 이유 중 하나가 '신학자의 회고록'이기 때문이 아닐까 합니다. 저는 한국에 가 본 적이 없지만, 뛰어난 한국 학생들을 여럿 가르쳤습니다. 기독교 신앙과 교회에 전적으로 헌신하는 그들의 모습은 무척 인상적이었습니다. 더욱이, 그들의 신앙이 분명한 희생을 감수했다는 사실은 누가 봐도 분명합니다. 한국에서 그리스도인이 된다는 것은 박해를 받는 정도까지는 아니라도 사회적으로 인정받는 데 보탬이 되지는 않을 수도 있다는 이야기를 들었습니다. 그래서 『한나의 아이』에서 제가 펼치는 이야기가 그리스도인으로 사는 일이 쉽지 않은 한국 독자들의 공감을 얻을 수 있으리라 생각합니다.

물론 제게 그리스도인이 된다는 것은 마시는 물처럼 삶의 일부였습니다. 그리스도인이 된다고 할 때 미국인의 선택지는 좋은 그리스도인이 될 것인지, 나쁜 그리스도인이 될 것인지로 보통 요약됩니다. 그러나 한국에서는 그리스도인이 될 것인지 되지 않을 것인지를 선택해야 하리라고 생각하는데, 이 상황이 훨씬 나은 것 같습니다. 그리스도인이 되기로 선택한다면, 실제로 어떤 그리스도인이 될 것인지에 대해 진지하게 생각할 수밖에 없을 테니 말입니다. 미국의 그리스도인들은 기독교가 더 이상 문화 전반의 지원을 받지 못할 때 어떤 모습일지를 한국의 상황을 통해 배울 수 있을 것입니다.

이 책을 읽는 고마운 독자 여러분이 이 책이 저보다 하나님과 하나님의 교회를 다루고 있음을 발견하게 되시기를 바랍니다. 또, 이 책이 저보다는 저의 친구들을 다루고 있다는 제 생각에 동의하실 수 있으면 좋겠습니다. 친구들은 나르시시즘과 자신을 너무 심각하게 받아들이는 오류에서 우리를 구해 줍니다. 두 번째가 특히 중요한데, 모든 상황을 고려할 때 그리스도인이 된다는 의미는 우리가 자신을 웃어넘길 수 있다는 뜻이기 때문입니다. 이 책을 읽고 여러분도 웃으실 수 있다면 좋겠습니다.

들어가는 말

스탠리 하우어워스로 산다는 것

나는 '스탠리 하우어워스'가 될 의도가 없었다. 하지만 그 이름을 달고 있는 사람은 엄연히 존재한다. 스탠리 하우어워스는 이른바 유명인이다. 지금 같은 세속적인 시대에, 도대체 신학자가 어떻게 유명할 수 있을까? 이런 시대에 유명한 신학자가 있다면, 그는 자신의 소명을 배신했음이 분명하다. 신학을 연구하는 사람이라면 신학이라는 학문 주제의 특성상 자신이 무엇을 하는지 안다는 생각 자체를 늘 의심해야 마땅하다. 그런 분야에서 일하는 사람이 어떻게 유명해질 수 있을까?

그럼에도 불구하고 「타임」 지는 2001년에 나를 "미국 최고의 신학자"로 선정했다. 당시 듀크 대학교 신학대학원 홍보 담당자였던 데이비드 리드가 내게 그 사실을 알려 주었을 때, 내 첫 반응은 이러했다. "'최고'는 신학적 범주가 아닙니다." 겸손을 떨려고 한 말이 아니었다. 그 모든 상황의 부조리함에 반응한 것뿐이었다.

나를 아는 사람들은 이 아이러니를 놓치지 않았다. 나는 교회가 미국적인 삶에 순응해 버렸다고 비판하는 일로 경력을 쌓아 왔다. 그런 내가 미국의 위대한 비판자라는 이유로 미국적인 삶을 대표하는 잡지가 주는 상을 받다니? 우리가 사는 곳이 이상한 세계이긴 하지만, 어쨌든 나는 그 세계를 최대한 활용하려고 노력했다. 다시 말해, 나는 「타임」지가 선정한 최고의 신학자라는 사실을 일종의 세속적 권력으로 삼아 하나님의 선한 목적을 위해 쓰려고 노력해 왔다.

그렇지만 「타임」지의 스탠리 하우어워스는 내가 신경 쓰는 하우어워스가 아니다. 내가 동일시하는 데 어려움을 겪는 하우어워스는 그리스도인 하우어워스다. 내 말을 오해하면 안 된다. 나는 <u>스스로를 분명 그리스도인이라 여긴다.</u> 아니, 보다 정확히 말하면 나를 그리스도인이라고 생각하는 친구들이 있다. 게다가 나는 지금까지 그리스도인들이 섬기는 하나님이 존재하지 않는다면 도저히 이해할 수 없는 삶을 살고자 노력해 왔다.

나는 내가 쓰는 내용을 믿는다. 쓰면서 믿는 법을 배운다고 하는 것이 더 낫겠다. 그러나 '하나님에 대한 믿음'을 그다지 신뢰하지는 않는다. '믿음'의 문법은 그리스도인으로 사는 일의 의미를 지나치게 합리주의적으로 설명하도록 부추긴다. '믿음'은 믿어야 할 명제들이 있으며, 그 명제들이 어떤 일을 감당하는지도 모른 채 그에 대해 마음을 정해야 하는 상황을 함축한다. 그렇다면 내가 하나님을 믿지 않는다는 말인가? 물론 그렇지 않다. 하지만 나는 믿는다는 선언이 내가 살아가는 방식에 미치는 영향에 훨씬 관심이 있다.

내가 '믿음'에 별로 관심이 없는 이유는 내게는 하나님이 그냥 '다가오지' 않기 때문일 것이다. 하나님이 그냥 '다가오는' 이들도 있다. 내 아내 폴라, 홀리패밀리성공회교회의 티머시 킴버러 주임 사제, 내 친구 샘 웰스에게는 하나님이 그냥 다가온다. 그러나 하나님은 내게는 그와 같이 하지 않으셨다. 나는 기도가 쉬운 적이 없었다. 불평하는 게 아니다. 나는 이런 내 모습이 하나님이 더 이상 그냥 '다가오지' 않는 세상에서 그분을 섬기는 것의 의미를 숙고하는 데 도움이 되는 하나님의 선물이라고 본다.

찰스 테일러(Charles Taylor)는 "우리 시대"를 "배타적 인본주의" 시대라 규정했다. 하나님은 대부분의 사람들에게 더 이상 필요하지 않은 '가설'이다. 그 '대부분의 사람들'에는 하나님을 믿는다고 말하는 이들도 포함된다. 사실, 대부분의 사람들이 하나님을 믿는 것이 '중요하다'고 생각한다면, 그들이 믿는 하나님은 예수님을 죽은 자들 가운데서 일으키시고 이스라엘을 이집트에서 이끌어 내신 하나님일 리가 없다.

나는 "우리 시대"의 어엿한 시민으로, 삶의 대부분을 하나님이 존재하지 않는 것처럼 살아간다. 독자는 이렇게 생각할지도 모르겠다. "저건 겸손해 보이려고 늘어놓는 허튼소리가 분명해. '미국 최고의 신학자'라면 확고한 그리스도인이 분명할 거 아냐. 아니, 하나님이 사람을 그리스도인으로 만드실 때 그를 크게 변화시키신다는 점을 누구보다 강조한 사람이 스탠리 하우어워스 아닌가? 그가 그리스도인으로 사는 일의 의미를 잘 모른다면 '교회의 첫 번째 임무는 세상을 더 정의롭게 만드는 것이 아니라 세상을 세상 되게 하는 것이다' 같은 말은 어떻게 책임지려는 걸까?"

교회의 첫 번째 임무가 세상을 세상 되게 하는 것이라는 생각에는 변함이 없다. 물론 그것은 어떻게든 도움을 받아 내가 바로 '세상'이라는 사실을 알아볼 수 있어야 한다는 뜻이다. 그러나 가끔은 내가 '그리스도인의 다름'을 강조하는 것이 나의 '믿음' 부족을 상쇄하려는 무리한 시도는 아닐까 염려가 된다. 물론 염려한다고 해서 문제가 바로잡히지는 않는 것 같다. 나는 믿음이 없는 것이 아니지만, 그리스도인으로 어떻게 살아야 하는지 아는 데는 참으로 초보자와 다름없다는 생각이 늘 든다는 것뿐이다.

내게는 '어떻게'가 핵심이다. 키르케고르(Søren Kierkegaard)를 처음 읽었을 때 기독교의 '무엇'이 아니라 '어떻게'가 문제라는 그의 지적에 충격을 받았다. 여러 해에 걸쳐 나는 '어떻게' 그리스도인다울 수 있는지 알지 못하고서는 기독교의 '무엇'을 이해할 수 없다는 말을 해 왔다. 하지만 그러고 보니 내 인생의 '어떻게'를 염려하게 된다.

내가 이 회고록을 쓴 것은 나 자신을 이해하기 위한 시도였는데, 친구들의 도움 없이는 불가능했을 일이다. 나는 멋진 친구들 덕분에 멋진 인생을 살아왔다. 그래서 나 자신을 이해하기 위한 이 회고록은 '나'에 대한 이야기일 뿐 아니라 나를 지금의 존재로 만들어 준 친구들에 대한 이야기이며 하나님에 대한 이야기이기도 하다. 나를 지금의 내가 될 수밖에 없도록 만드신 분이 하나님이니까 말이다. 참으로, 내가 어떻게 결국 스탠리 하우어워스가 되었는지 알아내려면 하나님이 그 이야기에서 어떤 역할을 하셨는지를 말해야 하는데, 그 생각을 하니 덜컥 겁이 난다.

스벤 버커츠(Sven Birkerts)는 그의 훌륭한 책 『회고록의 기술』(*The Art of Time in Memoir*)에서 이렇게 지적한다. "한 인생의 핵심 의미, 그 잡히지 않는 가닥들과 연결고리들을 질식시키는 가장 빠른 방법은 서술된 사건이라는 두꺼운 이불로 덮어 버리는 것이다." 따라서 그는 회고록을 시작할 때 사건을 꺼내지 말고 의미에 대한 직관, 즉 "인생이 때로는 우발적 사건의 혼란에서 벗어나 이야기가 될 수 있다는 신비로운 사실"을 제시하라고 제안한다. 버커츠에 따르면, 자서전이 인생의 순차적 기록이라면 회고록은 한 사람의 인생에 내적 형태를 부여한 이야기들을 들려주는 기록이다. 따라서 회고록의 저자는 인생의 우발적 사건들을 이해 가능한 것으로 만드는 비순차적 연관성을 발견하려는 시도를 해야 한다. 우발적 사건들을 이해하기 위해서는 "상황에 의미 있는 구조를 부여하여" 자기 인생을 완전히 파악하려는 시도를 해야 하는데, "그러기 위해서는 먼저 사건들과 상황들을 있는 그대로가 아니라 결정적인 자기 인식으로 가는 단계들로 이해해야 한다."

회고록의 기술에 대한 버커츠의 통찰력 있는 설명에는 내 신학 저작의 핵심 주제인 우연성, 시간, 기억, 인격이 다 들어 있다. 그래서 내가 여기에 쓴 것이 회고록으로 가장한 또 다른 '신학 저작'이 아닌지 염려가 된다. 보다 정확히 말하면, 독자들이 이 회고록을 '내 신학 저작'에 대한 해설로 받아들이지는 않을까 우려가 된다. 그렇게 되면 이 회고록을 본 독자들은 앤서니 트롤럽(Anthony Trollope)의 자서전 독자들이 받았던 것 같은 느낌을 받을 것이다. 트롤럽은 생애 말년에 자서전을 썼고 자신의 사후에 출간하라고 아들에게 지시했다. 캐릭터 창조의 대가였던 트롤럽이 자서전을 쓴 것은, 자신을 제재로 한 최후의 멋진 캐릭터 연구를 전개하고 싶은 유혹을 이길 수 없었기 때문이기도 할 것이다. 하지만 그 책은 그의 평판에 전혀 도움이 되지 않았다. 그의 '팬들'은 돈 때문에 책을 썼다는 그의 솔직한 자백을 용서하지 않았다. 하지만 트롤럽은 뛰어난 소설가인 반면 나는 그저 그런 신학자이므로 그에 비해 잃을 것이 많지 않은 데다, 어쨌든 내가 어떻게 스탠리 하우어워스가 되었는지 이해해 보려고 시도할 기회를 거부할 수가 없다. 더욱이, 내가 회고록을 쓰는 것은 나 자신만을 위해서가 아니라 지난 세월 동안 친절하게도 나를 진지하게 받아들여 준 분들을 위한 것이기도 하다. 내가 지금과 같은 방식으로 생각하게 된 경위를 밝혀내는 데 나 자신이 가장 적절한 인물인지는 모르겠지만, '연관성을 보여 주는' 내 서술 방식이 오랜 친구들과 새로운 친구들에게 하나님이 내게 허락하신 인생을 살펴보며 즐거움을 얻는 기회를 선사하길 바란다.

1

구원받기

내가 어머니의 기도의 결실이라는 사실을 알고 나서 무슨 생각이 들었는지는 모르겠다. 하지만 스탠리 하우어워스라는 사람의 실상이 그 기도의 결과물이라는 것만은 확신할 수 있다. 비록 하나님의 이상한 종이긴 해도 말이다.

어디서부터 시작할까? 맨 처음 말고, 결정적인 '결단'에서 시작해 보자. 내가 스스로 '구원받을' 수 없었기 때문에 한 일에서부터 말이다. 나는 구원받을 수 없었기 때문에 신학자가 되었다. 나는 플레전트마운드감리교회에서 세례를 받았다. 텍사스 주 플레전트마운드에 있는 교회였다. 플레전트마운드는 이름처럼 댈러스 바로 바깥에 위치한 언덕(mound)으로, 그 위에 작고 하얀 감리교회가 있었다. 나는 플레전트마운드에서 멀지 않은 플레전트그로브에서 살았다. 이런 곳들이 '쾌적하다'(pleasant)고 우기는 것을 보면, 과장을 해서라도 텍사스에 사는 것이 좋은 일이라고 자위하는 텍사스인들의 성향을 알 수 있다. 물론, 텍사스의 열기 아래서는 나무들이 조금 모여 있는 플레전트그로브 정도면 꽤 쾌적하게 느껴지는 것이 사실이다.

플레전트마운드감리교회 교인들은 감리교 신자였지만 그 지역 사람들이 대부분 그렇듯 실은 침례교 신자였다. 즉 침례를 받고 교회의 일원이 되었어도 여전히 '구원받을' 필요가 있었다. 침례와 교인 등록이 주일 오전의 일이라면 구원은 주일 저녁의 일이었다. 주일 저녁에는 한 시간 동안 찬송가를 부르고, 제단 난간에서 '개인 기도'를 드리고, 45분에서 한 시간 정도 설교를 들은 후,

자기 죄를 깨달은 사람들이 제단으로 초청받았다. 교인들은 제단으로 나가는 일을 하나님과 새로운 관계가 시작되고 구원받는 것으로 여겼다. 나는 구원받고 싶었지만 그것을 꾸며 내서는 안 된다고 생각했다.

정확히 몇 살 때부터였는지는 모르겠지만, 대략 열서너 살 무렵부터 구원받는 것에 대해 걱정하기 시작했던 것 같다. 그즈음에 플레전트마운드교회에 다니던 여학생과 사귀기 시작했는데, 그것은 내가 죄를 짓기 시작했다는 뜻이었다. 나는 구원받을 필요가 있다고 확신했지만 구원을 하나님께 강요할 수는 없는 일이었다. 게다가 우리 가족은 교회를 중심으로 생활했기 때문에 여러모로 복잡한 상황이었다.

플레전트마운드와 플레전트그로브는 규모가 점점 커져서 새로운 교회 건물이 필요해졌다. 기존 교회가 있던 곳은 알짜배기 땅이었는데, 적어도 주유소가 들어서기에는 더할 나위 없는 곳이었다. 교회는 많은 논의 끝에 주유소가 들어설 수 있게 건물을 팔고 자리를 내어 주었고, 판매 대금으로 땅을 사서 벽돌 교회를 지을 수 있게 되었다. 조적공이었던 아버지가 건축 총감독이 되었다. 나는 아버지께 조적공 조수로 훈련을 받아 교회 짓는 일을 도울 수 있었지만, 그 안에서 구원받을 수는 없었다.

내 눈에 그 교회는 웅장해 보였다. '성소'라고 불리는 공간도 있었다. 실은 성소가 아니라 성소를 짓기에 충분한 돈이 모일 때까지 성소 대용으로 쓰기로 한 친교실이었는데, 시간이 흘러도 그만한 돈은 모이지 않았다. 나중에 아버지의 장례식도 성소로 쓰였던 그 친교실에서 치렀다. 그래도 그곳은 어린 내가 볼 때 특별한 장소였다. 그렇지 않고서야 원래 보수를 많이 받지도 못하던 아버지가 교회 건축을 위해 훨씬 적은 금액을 받고 일하신 것을 어떻게 설명하겠는가?

담임목사는 지머만 형제였다. 그는 대학도 다녔고 신학교도 나왔던 것 같지만 '형제'라고 불리기를 더 좋아했다. 교육을 많이 받았지만 나머지 사람들과 그리 다르지 않다는 것을 보여 주고 싶었던 것 같다. 그는 혼신의 힘을 다해 사역하느라 몸이 기찻길처럼 말랐다. 내 기억으로 그는 매력적이고 친절한 사람이었지만, 교인들이 반드시 구원받아야 한다고 생각했다. 새로운 교회 건물이 완성되고 나서 몇 년 동안, 지머만 형제는 여름이면 교회 옆에 천막을 하나 세우고 연례부흥회를 열었다. 인근의 다른 감리교회 성직자를 부흥회 강사로 초청하는 것을 상당히 명예로운 일로 여겼던 기억이 난다. 그러나 우리가 교통비를 지불할 형편이 못 되었기에 부흥회 강사는 인근 교회의 성직자여야 했다. 우리가 왜 부흥해야 하는지는 잘 몰랐지만, 언제나 교인들 중 일부는 분명히 구원을 받았다. 그런데 매년 같은 사람들이 구원을 받는 경우가 많았다. 그들이 구원받고 싶었던 이유는 설교자를 구원하기 위해서가 아니었을까 하는 생각이 가끔 든다. 구원받는 사람이 없으면 말씀이 올바로 선포된 것이 아니라는 인식이 있었기 때문이다.

그래서 나는 주일 저녁마다 거기 앉아서 구원받아야만 한다고 계속 생각했다. 그러나 아무 일도 일어나지 않았다. 그러는 동안 어떤 청소년들은 '주님께 자신을 바치고' 있었다. 주로 목사나 선

교사가 되기로 작정한다는 뜻이었다. 플레전트마운드의 젊은이들 사이에서 이런 일이 어떻게 시작되었는지는 모르겠지만, 얼마 후에는 나보다 몇 살 위의 아이들이 그렇게 자신들의 삶을 바쳤다. 어느 주일 저녁, 찬송가 "주께 드리네"를 헤아릴 수 없이 많이 부른 후 나는 제단 난간으로 나가서 지머만 형제에게 내 삶을 주께 바치고 싶다고 말했다. 하나님이 나를 구원해 주시지 않는다면, 내가 그분의 종이 되어 목회를 함으로써 하나님을 묶어 두기라도 하자는 생각이었다. 제단 앞으로 이어진 그 길을 가면서 나는 스스로 '자유롭게' 행동하고 있다고 생각했지만, 실은 어머니가 들려주신 어떤 이야기가 내 인생을 그 길로 운명 지었던 것 같다.

어머니와 아버지는 '늦게' 결혼하셨다. 어머니는 간절히 자식을 원하셨는데, 아이를 한 번 유산한 적이 있었다. 어머니가 돌아가신 후에 '유품'을 살펴보다가 알게 된 사실이었다. 내 출생증명서 원본을 그때 처음 보았는데, 나 이전에 출산이 있었다고 나와 있었다. 그러나 불굴의 여인이었던 어머니는 아이를 하나 잃고도 전혀 위축되지 않았다. 어머니는 한나가 아들을 주시면 하나님께 바치겠다고 기도한 이야기를 들으셨다. 한나의 기도는 응답을 받았고 그녀는 아들의 이름을 사무엘이라고 지었다. 어머니도 비슷한 기도를 하셨고 내가 그 결과다. 그러나 나는 스탠리라는 이름을 얻었다. 내가 태어나기 일주일 전에 부모님이 〈스탠리와 리빙스턴〉(*Stanley and Livingstone*)이라는 영화를 보셨기 때문이다.

어머니가 한나의 기도를 드린 것은 더없이 합당한 일이었다. 그러나 그런 기도를 드렸다는 이야기를 아들에게 꼭 하셔야 했을까? 그때 나는 많아야 여섯 살 정도였는데, 어머니가 너는 하나님께 바쳐진 사람이라고 말씀하시던 기억이 지금도 생생하다. 우리는 뜨거운 여름날이 저무는 때에 몸을 식히기 위해 작은 우리 집 현관에 앉아 있었다. 무슨 이유였는지 어머니는 그때 내게 그 이야기를 털어놓으셨다. 나의 운명은 이미 정해졌다. 어머니가 그 기도를 드리지 않았다면 나는 존재하지 않았을 테니까. 내가 어머니의 기도의 결실이라는 사실을 알고 나서 무슨 생각이 들었는지는 모르겠다. 하지만 스탠리 하우어워스라는 사람의 실상이 그 기도의 결과물이라는 것만은 확신할 수 있다. 비록 하나님의 이상한 종이긴 해도 말이다. 더욱이, 내가 생각하는 법을 배운 과정을 돌아보면 참으로 합당한 길이었구나 싶다.

어머니의 기도가 나의 자율성을 앗아 간 걸까? 그럴지도 모른다. 그러나 만약 그렇다면 하나님께 감사할 따름이다. 에너지가 넘치는 내게 자율성이 주어졌다면, 틀림없이 돈을 벌겠다고 사업에 뛰어들었을 것이다. 돈을 버는 일은 전혀 잘못된 것이 아니지만, 우리 가족은 돈 버는 법과 거리가 멀었다. 우리가 할 줄 아는 것은 일이었고, 모두가 자기 일을 좋아했다. 결과적으로, 나는 어머니의 기도가 내게 마련해 준 일이 정말 좋다.

어머니는 한나가 아들을 하나님께 바치기로 약속했기 때문에 사무엘을 얻었다는 말씀만 하셨다. 사무엘이 나실인이 되어야 한 것이나, 엘리 집안에 대한 하나님의 심판을 전하는 대행자가 된 사실을 어머니가 아셨는지는 모르겠다. 내가 나를 주님께 바쳤던 주일 저녁, 나는 예언자의 역할을 맡게 되리라고 생각하지 않았다. 그리고 지금 어느 모로 보나 나실인도 아니다. 나는 술을 마실 만큼 마셨고 머리도 벗겨졌다. 하지만 어떤 이들은 그동안 진행된 일들을 보면서 내가 사무엘과 같은 역할을 했고 당대의 종교계에 도전장을 던졌다고 생각할 수도 있다. 내가 사무엘처럼 왕을 갖는 것이 그리 좋은 생각은 아니며, 왕이 안전을 보장해 줄 거라는 생각은 더욱 그러하다고 그리스도인들에게 경고하려 한 것도, 그와 마찬가지로 성공하지 못한 것도 사실이다.

그러나 나는 사무엘이 되려고 한 적이 없었다. 신학교에 가기 전에는 사무엘 이야기를 알지도 못했다. 어떤 이들이 나를 두고 가끔 예언자 운운하는데, 나는 '예언자적' 존재가 되려고 시도한 적이 없다. 생애 말기에 사무엘은 그가 이끌어 온 백성들에게, 자신이 누군가의 물건을 빼앗았거나 누군가를 억압했거나 뇌물을 받았다면 증언하라고 말했다. 그들은 사무엘이 누구의 물건을 빼앗거나 누군가를 억압한 일이 없고, "누구의 손에서"도 뇌물을 받지 않았다고 대답했다. 내가 사무엘과 조금이라도 유사한 점이 있다면 바로 이 부분이다. 나는 사람들이 그와 같은 말로 나를 묘사해 주었으면 좋겠다.

한나는 사무엘을 엘리에게 맡긴 후, 하나님이 그녀를 도와 아이가 없다고 조롱하던 원수들에게 승리하도록 하셨다고 기뻐했다. 이것은 미리암, 드보라, 마리아가 부른 멋진 승리의 노래, 부자들과 힘 있는 자들을 상대로 하나님이 거두신 승리를 찬양하는 위대한 노래들과 다르지 않다. 나는 한나의 노래에 담긴 사실을 하나님의 백성에게 상기시켜 주려고 오랫동안 노력해 왔다.

> 여호와와 같이 거룩하신 이가 없으시니
> 이는 주밖에 다른 이가 없고
> 우리 하나님 같은 반석도 없으심이니이다.
> 심히 교만한 말을 다시 하지 말 것이며
> 오만한 말을 너희의 입에서 내지 말지어다.
> 여호와는 지식의 하나님이시라.
> 행동을 달아 보시느니라. (삼상 2:2-3)

한나가 부른 노래의 의미를 이해하려면 몇 년은 걸릴 것이다. 하지만 어머니의 기도가 없었다면 그런 찬양을 부를 수 있다는 사실도 알지 못했을 것이다. 물론, 어머니나 내가 생각했던 방식으로 상황이 전개되지는 않았다. 내가 마침내 인생을 하나님께 바쳤을 때, 나와 어머니는 모두 내가 이제 목사가 되는 거라고 생각했다. 그러나 일은 그렇게 되지 않았다. 물론 그 길을 시도해 봤으나, 하면 할수록 바보처럼 느껴질 뿐이었다.

플레전트마운드감리교회의 교인들은 누군가가 '부르심'을 받으면 바로 설교할 준비가 되었다고 생각했다. 그래서 제단으로 나간 지 얼마 후 나는 주일 저녁 설교를 맡게 되었다. 너무 무서워서 제정신이 아니었다. 어떻게 해야 할지 전혀 몰랐다. 절박한 나머지 교회 도서관에 가서 해리 에머슨 포스딕(Harry Emerson Fosdick)이라는 사람이 쓴 『어려운 시기를 위한 믿음』(*A Faith for Tough Times*)

이라는 책을 골랐다. 그 설교집에서 어떤 설교를 택했는지는 기억이 나지 않지만, 위선에 대한 공격이 들어 있었던 것 같기는 하다. 나의 첫 번째 설교가 개신교 자유주의자의 설교를 훔친 것이었다는 사실을 기억하면 큰 즐거움이 밀려온다.

플레전트마운드의 교인이 늘어나면서 협동목사가 필요해졌다. 레이먼드 버츠라는 사람이 부임해 왔다. 그는 그때까지 내가 알던 누구보다 많이 배운 사람이었다. 나는 그에게 목회자가 되려면 책을 읽어야 한다는 사실을 배웠고, 바로 읽기 시작했다. 그러나 읽는 내용을 전혀 이해하지 못했다. 교회 도서관에는 성경에 대한 책이 대부분이었다. 고고학적 증거를 이용해 성경에 기록된 모든 사건, 그중에서도 특히 대홍수가 실제로 벌어진 일임을 증명하려던 책도 있었다. 대홍수는 실제로 일어난 일이고 터키의 어느 산꼭대기에 얼어붙은 방주가 있다는 내용이었다.

교회 도서관에 그런 책이 있었다고 해서 우리가 근본주의자들이었던 것은 아니다. 근본주의자가 되려면 똑똑해야 하는데 우리는 그다지 똑똑하지 못했다. 성경도 그리 많이 읽지 않았다. 하지만 어머니가 방문판매원에게서 예수님의 말씀이 붉은 글자로 인쇄된 성경을 구입했던 것은 기억난다. 큰 성경이었다. 어머니는 그 성경을 우리 집의 상석인 텔레비전 바로 위에다 두셨다.

나는 주일학교에서 배우고 설교를 들으며 성경 이야기들을 흡수했다. 주일학교 선생님이 성경 이야기를 실감나게 들려주기 위해 썼던 융판이 생생하다. 이삭을 제물로 바치러 가는 아브라함 이야기를 배울 때, 선생님은 융판 맨 위 덤불에 숫양을 붙여서 이

삭이 괜찮을 거라고 우리를 안심시켰다. 그러나 몇 년 후 키르케고르를 읽다가 하나님이 아브라함에게 덤불 속에 숫양이 있을 거라고 말씀해 주지 않으셨음을 알게 되었고, 큰 충격을 받았다.

성경 이야기는 우리 가족의 이야기와 밀접하게 얽혀 있다. 우리 가족은 사촌 빌리 딕이 여섯 살 때 주일학교에서 예수님이 십자가에 못 박히는 이야기를 듣고 이렇게 소리쳤던 일을 즐겨 이야기했다. "진 오트리가 그 자리에 있었다면 그 더러운 개새끼들이 그런 짓을 하고도 그냥 넘어가지 못했을 텐데." 물론 '개새끼'라는 말은 쓰면 안 될 말이고 주일학교 시간에는 더더욱 안 될 말이었지만, 조적공인 딕 막내삼촌의 아들 빌리 딕은 '현장'의 언어를 썼을 뿐이었다.

내가 성경을 읽게 된 것은 댈러스 공립학교에서 후원하는 프로그램 덕분이었다. 댈러스에서 보석상 체인을 보유하고 있던 유대인 린즈 가족이 성경 공부를 위한 프로그램의 기금을 제공하고 공립학교들이 그 운영을 담당했는데, 이때는 '배타적 인본주의' 문화가 자리 잡기 전이었다. 신구약성경 각각을 위한 스터디 가이드가 있었고, 우리는 토요일 오전마다 플레전트마운드교회에 모여 배운 내용을 복습했다. 신구약성경 공부를 각각 마친 후에 치르는 시험에서 높은 점수를 얻어 '린즈 배지'를 받기 위해서였다. 나는 신약성경으로 린즈 배지를 받았는데, 구약성경에서는 배지를 받을 수 있는 90점을 넘지 못했던 것 같다.

하지만 나의 독서 범위는 넓어지고 있었다. 댈러스 시내에서 코크스베리 서점을 발견하면서부터였다. 어떻게 그 서점을 알게 되었는지는 기억나지 않으나, 어쨌든 그 서점에 마음이 완전히 사로잡혔다. 서점 2층에서는 형편없는 교회용품과 가운 따위를 팔았지만 1층에는 책들이 잔뜩 꽂혀 있었고 서적 할인 판매대까지 있었다. 거기서 데이비드 네이피어(B. David Napier)가 쓴 『믿음에서 믿음으로』(From Faith to Faith)라는 책을 발견했다. 네이피어가 누군지는 몰랐지만, 그가 구약학자라는 사실을 알았다 해도 아무 도움이 되지 않았을 것이다. 구약을 연구하는 학자가 된다는 것이 무슨 의미인지 몰랐기 때문이다. 나는 그 책을 읽고 성경의 역사가 단순명료하지 않다는 것을 파악할 정도만 이해했다. 그리고 생각할 필요가 있겠다고 생각하기 시작했다.

그 후 넬스 페레(Nels F. S. Ferre)가 쓴 책을 우연히 접하고 나서 생각하기가 어떤 모습으로 나타나는지 어느 정도 감을 잡게 되었다. 페레는 『해와 우산』(The Sun and the Umbrella: A Parable for Today)에서 그리스도, 성경, 교회가 하나님을 드러내는 데 쓰이는 것만큼이나 진실을 가리는 데도 쉽사리 쓰일 수 있다는 놀라운 말을 했다. 그때는 종교적 비유로 가장한 플라톤의 동굴 비유를 접하고 있다는 것을 몰랐지만 여하튼 인상 깊었다. 그리고 거기에서 더 나아가 기독교라는 것이 어쩌면 내가 들어 왔던 내용에 못 미치는 것일지도 모른다는 생각이 들기 시작했다. 그리스도인이 되고 싶지 않다는 생각도 들었다. 그러나 아직은 그 생각을 혼자서만 간직했다.

이 모든 일은 성장에 자연스레 따르는 시련들로 인해 더 복잡해졌다. 나는 이즈음 사랑에 빠졌고, 고등학교 시절을 잘 헤쳐 나가려고 노력했지만 풋볼을 하지 않는 학생에게는 쉬운 일이 아니었다. 텍사스에서는 지금처럼 그때도 풋볼이 전부이자 그 이상이었는데, 영화 〈프라이데이 나이트 라이츠〉(*Friday Night Lights*)가 그 상황을 잘 그리고 있다. 어느 풋볼팀에서 뛰는지에 따라 경기 후 '파트너'가 정해졌다. 나는 여름에 아버지의 조수로 일해야 했기 때문에 풋볼팀에 들어갈 수가 없었다. 풋볼을 하려면 8월에 연습을 시작해야 했는데 일을 쉬고 연습을 할 수가 없었던 것이다. 나로서는 치어리더가 되는 것이 최선이었다. 한마디로, 나는 플레전트그로브 고등학교에서 핵심집단에 속하지 못했다. 우리 지역이 댈러스 시에 통합되고 학교 이름이 W. W. 새뮤얼 고등학교로 바뀐 후에도 사정은 달라지지 않았다.

동기생 대부분은 고등학교 졸업과 더불어 학업을 마쳤다. 하지만 버츠 목사님은 내가 목회자가 되기로 헌신했으니 대학에 가야 한다고 말했다. 우리 가족 중에는 대학에 간 사람이 없었다. 내가 아는 대학 졸업생이라곤 선생님들과 목사님들이 전부였다. 대학에 진학하려면 성적이 좋아야 했기 때문에 고등학교에서 공부를 열심히 해야 했다. 그래서 나는 공부를 했다. 그 과정에서 내가 역사, 특히 잉글랜드 역사를 좋아한다는 것을 알게 되었다. 플레전트그로브 너머에 다른 세상이 있었다.

나는 두 개의 대학에 지원했다. 아칸소 주 콘웨이에 있는 헨드릭스 대학과 텍사스 주 조지타운의 사우스웨스턴 대학교였다. 사실, 대학에 꼭 가고 싶다는 확신은 없었다. 여자친구 곁을 떠나고 싶지도 않았다. 내가 없으면 새로운 사람을 찾을까 봐 두려웠기 때문이다. 게다가 기독교에 대한 의심이 싹트고 있었으니, 대학에 가야 하는 애초의 이유마저 흔들렸다. 그러나 공은 이미 언덕 아래로 굴러가기 시작했고, 대학을 가려던 내 마음이 변한 이유를 부모님께 설명하기도 쉽지 않은 일이었다. 나는 두 학교 모두에서 입학 허가를 받았고 사우스웨스턴으로 가기로 결정했다. 그곳이 집과 더 가까워서 여자친구를 자주 만날 수 있을 것 같아서였다. 하지만 그 이유는 금세 사라지고 말았다. 그녀에게 곧 다른 남자가 생겼기 때문이다. 나는 한두 주 정도 상심한 채로 지냈다.

대학은 사우스웨스턴처럼 작고 이름 없는 학교였지만 내게는 신세계였다. 대학에 가고 나서야 내가 노동 계급 출신이라는 사실을 알게 되었다. 나의 룸메이트는 남학생 사교 클럽에 들어가기 위해 사우스웨스턴에 왔다고 했다. 사교 클럽이라니 금시초문이었다. 클럽 가입 권유 자리에 갈 거냐는 질문에도 그게 뭐냐고 물어야 했다. '파티에 간다'는 뜻이라는 말을 듣자 그거 좋겠다고 생각했지만, '가입 초대'가 뭔지 몰랐고 그것을 받으려는 시도를 해야 하는지도 몰랐다.

하지만 나는 파이델타세타 파티에서 조 윌슨을 만났다. 나중에 텍사스감리교회의 감독이 되는 사람이다. 우리는 역사적 예수 탐구에 대해 이야기를 나누었다. 나는 남자들이 한데 모여 그런 주제로 토론하는 것이 아주 좋은 일이라고 생각했기에 파이델타세타의 회원이 되었다. 사교 클럽의 회원이 되면 그리스어 알파벳을 배울 수 있다는 큰 이점도 있었다. 그러나 클럽 회관으로 거처를 옮기지는 않았다.

내가 대학에 '어울리지' 않는다는 사실을 처음 깨달은 시점은 사우스웨스턴에 있을 때였던 것 같다. 나는 언제나 '중간에 끼어 있는' 듯하다. 노동 계급 출신이지만 대학에서 노동 계급 출신이 아닌 학생들을 가르치며 평생을 보냈고, 개신교 신자이지만 아마 많은 가톨릭 신자보다 더 가톨릭 신자 같을 것이다. 물론 심각한 자기기만일 수도 있다. 나는 무척 보수적이면서도 극단적 입장들에 끌린다. 사우스웨스턴은 내가 사랑하지만 결코 소속감은 느끼지 못할 세계를 헤쳐 나가는 법을 배운 첫 번째 훈련장이었다.

지금 나는 주요 연구 중심 대학교의 석좌 교수다. 그러나 여전히 학계가 편안하지 않다. 나는 이 느낌이 무엇보다 계급과 관련이 있다고 확신하지만, 내게 '어울리는' 곳이 없었다는 인식은 나의 '성공'에 속지 않으려는 나름의 저항법이기도 하지 않았을까 싶다. 나는 내 성취에 안주해 오만에 사로잡힐 마음이 없었다고 생각하고 싶다. 하지만 설령 그랬다 하더라도, 그것은 권력을 두려워한 결과일 뿐 덕의 산물은 아니다.

물론 아직은 먼 미래의 일이었다. 나는 대학 진학으로 내가 다른 계급, 권력 엘리트의 일원이 되고 그로 인해 돈까지 벌게 될 줄 몰랐다. 나는 생각하는 법을 배우려고 대학에 갔다. 그런 면에서 나는 운이 좋았다. 사우스웨스턴에는 생각하는 법을 가르쳐 줄 사람이 있었기 때문이다. 바로 존 스코어(John Score)라는 사람이다. 그 덕분에 지금의 내가 있을 수 있었다.

나는 고등학교 3학년 때 어머니와 학교를 둘러보러 사우스웨스턴으로 갔다. 안내에 따라 기숙사를 보러 로이터홀로 갔을 때 우리를 맞아 준 사람이 존 스코어였다. 그때는 그가 내 인생에서 결정적인 영향력을 행사할 사람이 될 줄 전혀 몰랐다. 그는 사우스웨스턴 대학교 전 총장의 아들이었으며 로이터홀의 사감으로 일했는데, 독신이고 아직 박사 논문을 끝내지 않은 데다 돈이 필요했기 때문이었다. 그가 기숙사를 안내할 때 내가 리처드 니버(H. Richard Niebuhr)의 『그리스도와 문화』(*Christ and Culture*, IVP)를 읽고 있다고 말했는데, 그것 때문에 그는 내가 뭔가 좀 다르다고 생각한 것 같다. 니버를 읽고 있다고 말하는 애송이를 존이 어떻게 보았을지 모를 일이지만, 적어도 내가 완전히 정상은 아니구나 하는 생각을 하지 않았을까 싶다.

존은 무슨 일을 하라 마라 말하는 법이 없었다. 그는 지혜로운 사람이었기에, 일일이 말하지 않으면서도 내가 사우스웨스턴에서의 생활을 잘 헤쳐 나가도록 이끌어 주었다. 나는 로이터홀 사감 조수가 되었는데, 주된 임무는 학생들이 열쇠를 잃어버리거나 술에 취했을 때 방을 찾아 들여보내 주는 것이었다. 그들이 열쇠를 잃어버리는 이유는 주로 술에 취했기 때문이었다. 물론 사우스웨스턴 학생들은 공식적으로는 술을 마시지 않았지만 그곳은 텍사스 중심부였다. 맥주는 생활의 일부였고, 텍사스 주 월버그에 있는 조스(Joe's) 식당에서는 더욱 그랬다. 존이 내게 화를 낸 적이 몇 번 없는데, 그중 한 번이 룸메이트이자 친구였던 댄 애덤슨과 내가 술에 취해서 텍사스 주 월버그 표지판을 훔쳐다 우리 방에 세워 놓았을 때였다. 존은 우리에게 표지판을 원래 자리에 갖다 놓게 했다.

나는 역사를 전공하러 사우스웨스턴에 갔지만, 적어도 그곳에서 역사는 그리 흥미로운 학문이 아니었다. 사우스웨스턴에는 필수 개론 수업이 아주 많았다. 나는 소설과 사랑에 빠졌으나 존의 철학 개론을 듣고 철학 전공생이 되었다. 존은 기본적으로 신학 훈련을 받은 사람이었지만 4인으로 구성된 종교철학과의 일원이었고 철학을 가르치는 일을 맡았다.

당시 나는 그의 지적 배경의 진가를 알아보지 못했다. 그는 사우스웨스턴에 다니다가 시카고의 개럿 신학교로 진학했다. 개럿 신학교에서 그의 지도 교수였던 필립 왓슨(Philip Watson)은 안데르스 뉘그렌(Anders Nygren), 구스타프 아울렌(Gustaf Aulen) 등과 관련된 스웨덴의 신학적 흐름에 영향을 받은 초기 신학자였다. 그의 영향으로 존 스코어는 개신교 자유주의에서 보수적인 입장을 취하게 되었다. 이후에는 박사 학위를 따기 위해 하버드로 갔다가, 나로서는 잘 알 수 없는 이유로 듀크 대학교로 옮겼다.

듀크에서 존의 지도 교수는 신학대학원 원장이자 주요 웨슬리 학자이며 신학자였던 로버트 쿠시먼(Robert Cushman)이었다. 쿠시먼은 예일대 출신이었는데, 그곳에서 그는 플라톤이 교부라고 생각했던 주목할 만한 역사신학자 로버트 칼훈(Robert Calhoun)의 영향을 받았던 것 같다. 플라톤을 다룬 쿠시먼의 책 『치료』(Therapeia)는 칼훈의 판단을 확증한 저작이었다. 『치료』에서 쿠시먼이 펼친 주장의 핵심은, 플라톤을 제대로 이해하려면 지식과 덕의 상호 의존적 특성을 파악해야 한다는 것이었다. 존재의 궁극적 구조를 이해하기 위해서는 "에토스, 또는 영혼 안에 감정의 올바른 균형 상태가 갖추어져야" 하기 때문이다.

존은 내가 그런 방식으로 플라톤을 읽도록 가르쳤다. 하지만 존이 쓰는 박사 논문의 주제는 웨슬리였다. 내 생각에 그가 박사 논문을 마무리하는 데 어려움을 겪은 이유는 웨슬리에게 그다지 관심이 없었기 때문이다. 그의 주장은 웨슬리의 올더스게이트 "체험"(그가 마음이 이상하게 뜨거워지는 것을 느낀 일)에 초점을 맞추어 웨슬리의 생애를 바라본 해석들이 웨슬리의 현장 설교가 그의 근본적인 신학적 견해를 형성하는 데 끼친 중요성을 제대로 평가하지 못했다는 것이었다. 존은 묘한 방식으로 쿠시먼의 플라톤 해석을 정교하게 발전시켜, 지식(이 경우에는 하나님에 대한 지식)은 평생에 걸친 자아의 변화를 요구한다고 주장했다. 나는 여전히 스스로를 '그리스도인이 아니'라고 여겼지만, 철학 공부를 하는 과정에서 기독교라는 것에 뭔가가 있을지도 모른다는 생각이 들었다.

존은 내게 여섯 학기 동안 이어지는 세미나를 제안했다. 프레더릭 코플스턴(Frederick Copleston)의 『철학사』(History of Philosophy)와 함께 일차적 텍스트들을 읽는 세미나였다. 두세 명 이상이 참석한 적은 없었고 논의가 시원찮을 때도 많았지만, 예일대 신학대학원으로 진학한 다음에야 내가 그때 얼마나 놀라운 교육을 받았는지, 존이 나를 얼마나 잘 준비시켜 주었는지 비로소 깨달았다. 존은 다양한 과목을 가르쳤다. 나는 '현대종교사상'이라는 수업을 들으며 폴 틸리히(Paul Tillich)와 사랑에 빠졌는데, 그 연애는 다른 수업에서 블레즈 파스칼(Blaise Pascal)에 대해 장문의 연구 논문을 쓰면서 끝나 버렸다. 그러나 내게 그보다 더 중요했던 것은 역사철학 수업이었고, 그 시간에 R. G. 콜링우드(Collingwood)의 책을 구할 수 있는 대로 다 구해 읽었다.

존과 함께 들었던 수업들도 중요했지만, 그 못지않게 중요했던 것은 존이 나를 그의 삶 속으로 기꺼이 받아들여 주었다는 점이다. 그는 평범하게 사는 독특한 사람이었다. 결혼할 마음이 있었지만 결혼하지 않았고, 아버지가 일찍 돌아가신 후에는 어머니를 모셨다. 이런 그의 상황은 내게 큰 혜택으로 작용했다. 그의 어머니가 댈러스에 사셨기 때문이다. 존은 여름마다 댈러스로 와서 어머니와 함께 지내면서 박사 논문을 썼다. 사실 존에게는 삶 자체가 너무 흥미로웠기에 박사 논문에 매달리느라 영화와 콘서트, 미술 전시회 관람이나 소설 읽기, 맛있는 음식 등을 포기하는 일은 있을 수 없었다. 그리고 그는 종종 내게 같이 가자고 했다.

나는 하루 종일 벽돌을 쌓다가 집에 돌아와서 몸을 씻은 후, 차를 몰고 존과 그의 어머니가 사는 유니버시티파크로 갔다. 존은 영화를 좋아했고 베리만의 영화를 즐겨 보았다. 우리 부모님도 존을 좋아하셔서 그는 종종 우리 집에 와서 식사를 했다. 플레전트그로브와 유니버시티파크는 16킬로미터밖에 떨어져 있지 않았지만 두 지역의 이름은 두 곳이 다른 세계임을 말해 준다. 나는 종종 하이랜드파크와 유니버시티파크에서 벽돌 쌓는 일을 했다. 공사가 끝나면 절대 들어가 보지 못할 집들이었다. 나는 플레전트그로브에 사는 사람이었기 때문이다. 하지만 존의 넉넉한 관대함과 그가 유니버시티파크 세계의 내부인이 아니라는 사실 덕분에 나는 그 세계에서 내가 이방인이라고 느끼지 못했다.

존은 감리교도였지만 그리스도인이 되는 데 전혀 지장이 없었다. 그의 아버지는 사우스웨스턴 대학교 총장이 되기 전에 포트워스의 제일감리교회 담임목사였고, 그는 결국 그 아버지의 아들이었던 것이다. 존의 어머니인 스코어 부인은 교회의 모든 교인을 알고 누가 어디로 이사하고 싶어 하는지까지 파악하던 전통적인 목사 아내였다. 존은 목사 안수를 받았지만 그가 성찬을 집례하는 것은 본 적이 없다. 그는 조지타운의 제일감리교회에 나갔는데 그곳의 설교를 마음에 들어 하지 않아서, 종종 일요일 오전에 오스틴까지 차를 몰고 가서 유니버시티감리교회 빌리 모건 목사나 유니버시티침례교회 칼라일 마니 목사의 설교를 들었다. 나도 자주 따라갔다.

존은 내가 그리스도인이 아니라는 생각을 다시 검토해 보라고 종용하지 않았다. 그는 지혜로운 사람이었기 때문이다. 그러나 나는 그를 통해, 그리스도인이 된다는 것은 진리를 결코 피할 수 없다는 뜻임을 서서히 배워 갔다. 존은 니체를 좋아했다. 문제의 핵심을 파고드는 니체의 능력을 높이 평가했기 때문이다. 존은 허튼소리를 질색하는 텍사스 사람이었다. 자기 생각을 있는 그대로 말하는 그의 모습을 냉소주의와 혼동할 사람들도 있는 듯 보였지만 그는 냉소주의자가 아니었다. 니체와 마찬가지로 그에게도 진리를 향한 열정이 있었다.

지적인 면에서 나의 가장 큰 강점은 관심을 갖지 않는 대상이 없다는 것이다. 가장 큰 약점 역시 관심을 갖지 않는 대상이 없다는 것이다. 나는 그 강점과 약점을 존에게서 배웠다. 마침내 존이 박사 논문을 마쳤다는 말을 할 수 있어서 기쁘다. 내 독서 습관도 그에게서 배웠다. 나는 책이라면 가리지 않고 읽는데, 대학에서 소속감을 느끼지 못하는 불안이 반영된 모습이 아닐까 싶다. 나는 학계 태생이 아니기에, 언제나 배워야 할 것이 더 있다는 전제하에 공부를 했다. 하지만 바라기는, 독서를 통해 세계의 복잡한 단순성을 파악하면서 느끼는 순전한 기쁨이 이 불안감을 감싸 주었으면 한다.

사우스웨스턴에서 철학과 종교만 공부한 것은 아니다. 사실 나는 그곳에서 과학도 좋아하게 되었다. 화학은 잘하지 못했는데, 몰랐던 것을 알아 가는 재미가 없었던 탓이었다. 그러나 지질학은 좋아했다. 사우스웨스턴은 화석을 수집하기 딱 좋은 자리에 위치했고 나는 수집을 좋아했는데, 이것은 지질학의 학문적 발전이 참으로 비범한 성취였던 이유를 이해할 수 있는 좋은 발판이었다. 암석에 역사가 있다는 발견은 신학적으로 대단히 중요하다. 다윈은 인간이 동물이라는, 우리가 놓치고 있던 중요한 사실을 되찾도록 도왔다. 하지만 나는 여전히 지질학에 매력을 느낀다. 단순히 내가 텍사스 사람이라서 그런 것 같지는 않다. 텍사스에서 지질학은 석유를 뜻할 뿐이니까.

사우스웨스턴에는 밥 브라운(Bob Brown)이라는 물리학자가 있었는데, 그는 철학자들이 물리학을 모르기 때문에 그들의 말을 이해할 수가 없다고 불평했다. 그래서 종교 및 철학과 관련된 몇 사람이 그에게 물리학 수업을 요청했고, 그는 그 요청을 수락했다. 두 학기 동안 진행된 그 수업에서 우리는 물리학의 역사를 통해 물리학을 배웠다. 나는 한 달 동안 망원경을 들여다보며, 행성 주위를 도는 위성들의 움직임을 측정해서 그 행성의 질량을 계산했다. 내가 연구 중심 대학교에 있었다면 그런 교육은 받지 못했을 것이다.

물론 구약학, 신약학, 교회사, 현대신학 등 '종교' 관련 정규 수업들도 들었다. 다시 말해, 나는 자유주의 신학의 입장을 수용하느냐 여부와 상관없이, 그쪽 진영에서 진행되는 논의를 잘 파악하게 되었다. 내가 배우는 내용은 아주 인상 깊었다. 그때는 잘 몰랐지만, 나는 개신교 신자들, 특히 18세기와 19세기 독일 개신교 신자들이 세계를 어떻게 통합적으로 바라보았는지 배우고 있었다. 내가 만약 그리스도인이 된다면 분명 자유주의 그리스도인이 될 거라는 확신이 들었다.

다시 교회에 나가기 시작했다. 존을 따라가기도 했고 여름철에도 댈러스의 카사뷰감리교회에 나갔다. 나는 어쩌다가 그곳이 자유주의 교회라는 것을 알게 되었다. SMU(서던메소디스트 대학교)의 퍼킨스 신학부 교수들도 카사뷰교회에 다녔다. 퍼킨스 신학부가 개신교 급진주의자들의 온상이라는 것은 다들 아는 사실이었다. 슈버트 오그던(Schubert Ogden)이 거기서 가르쳤기 때문이다. 오그던은 루돌프 불트만(Rudolf Bultmann)과 살짝 변화를 준 찰스 하트숀(Charles Hartshorne)의 입장을 섞어 이상한 혼합물을 내놓았다. 카사뷰교회의 담임목사는 윌 베일리라는 멋진 사람이었다. 그가 전한 내용은 기독교로 가장한 실존주의였지만 흥미롭긴 했다.

오스틴에 있는 악명 높은 '믿음과 삶 공동체'에서 열린 수련회에도 참석했다. 감리교의 이단아 조 매슈스와 장로교도 조 슬리커가 힘을 합쳐 만든, 기존 질서에 도전하는 급진적 기독교 공동체였다. 물론 기존 질서는 도전을 받아 마땅했지만, 정신치료적 통찰력과 자유주의 신학을 결합한 정도로는 기존 질서에 장기적으로 맞서기에 충분하지 않았다. 그러나 믿음과 삶 공동체는 인종 분리에 반대하는 시위에 참여했고 그 과정에서 톰 헤이든(Tom Hayden) 같은 사람들을 끌어들였다.

나는 믿음과 삶 공동체에서 주말 수련회를 여는 주최 측이 사람을 조종하려 한다는 느낌을 받았다. 어쨌든 나는 철학 전공자였다. 신학적 급진파로 자처했던 매슈스와 슬리커는 실상 많은 개신교 자유주의자들처럼 실존주의의 옷을 입은 경건주의자들이었다. 부흥주의자들이 사람의 회심을 끌어낼 때까지 결코 만족하지 못하듯, 그들은 집중 소그룹을 경험해서 인생이 변했다는 고백을 한사코 받아 내려 했다. 그러나 나는 플레전트마운드교회에서 구원받지 못한 사람이 텍사스 주 오스틴의 믿음과 삶 공동체에서 구원받는 일은 절대 없을 거라고 확신했다.

그럼에도 신학 공부에 점점 더 끌렸다. 내가 그리스도인이라는 확신은 없었지만, 그리스도인들이 생각했다는 주제들에 대해 생각하는 것이 좋았다. 그래서 신학교에 가는 것을 고려해 보았다. 신학교를 건너뛰고 곧장 신학대학원으로 갈 수 있는지 몰랐다. 내가 아는 한, 하나님이 자기 생각을 바꿔 주실 거라고 생각했던 사람은 다 신학교에 갔으므로 나도 그래야 한다고 생각했다.

특히 예일 대학교에 끌렸다. 리처드 니버가 거기서 가르쳤기 때문이다. 철학 공부 덕에 내가 무신론자가 될 만큼 충분히 알지 못할지도 모른다는 사실을 깨닫기는 했지만, 지성인이 어떻게 하나님을 믿고 종교적 전통의 일부가 될 수 있는지는 여전히 이해하지 못했다. 판단을 재고하는 데 마르틴 부버(Martin Buber)의 『나와 너』(I and Thou)와 리처드 니버의 『계시의 의미』(The Meaning of Revelation)가 결정적인 역할을 했다. 부버를 통해 나는 그전까지 전혀 알지 못했던 방식으로 '하나님'에 대해 생각하는 법을 배웠다. 또, 니버 덕분에 역사라는 이름으로 거론된 여러 이의 제기에 어느 정도 대응하는 방식으로 '예수님'을 생각할 수 있게 되었다. 나는 니버가 있는 예일대에 가야 한다고 생각했다. 신학교가 목회를 위한 공부를 하러 가는 곳이라고는 생각하지 않았다. 그저 기독교의 진위 여부를 더 탐구하러 가는 곳인 줄 알았다.

윌 베일리에게 예일대로 가고 싶다고 이야기하자, 그는 내가 마음을 정하기 전에 퍼킨스 신학부에 있는 자기 친구와 이야기를 나눠 봤으면 좋겠다고 했다. 그 친구의 이름은 슈버트 오그던이었는데, 친절하게도 나를 만나 주었다. 나는 그의 책 『신화 없는 그리스도』(Christ without Myth)를 읽었고, 내가 그리스도인이 된다면 당연히 신화 없는 그리스도인이 될 거라고 생각했다. 그러나 오그던이 내가 예일로 가는 것을 반대해서 깜짝 놀랐다. 그는 내게 시카고 대학교를 권했다. 시카고 대학교는 나와 같은 사람에게 필요한 폭넓은 스펙트럼의 신학적 시각을 제공한다는 것이 그 이유였다. 그는 내가 예일로 간다면 또 하나의 바르트주의자가 되고 말 거라고 했다. 그 부분에 대해서는 그의 생각이 분명히 옳았다. 그러나 그 선택을 후회한 적은 없다.

그 무렵 다른 일도 벌어지고 있었다. 사우스웨스턴에서의 생활은 수업과 책이 전부가 아니었다. 내가 파이델타세타 사교 클럽의 회원이었다는 점을 잊지 말아야 한다. 사교 클럽의 주된 활동은 파티를 여는 것이었고, 파티에는 데이트 상대와 함께 가야 했다. 데이트를 안 해 본 것은 아니지만 나는 능숙하지 못했다. 4학년 초에 앤 할리에게 파티에 같이 가자고 청했다. 이유는 모르겠지만, 앤은 그녀가 원하는 상대가 바로 나라고 마음을 정했던 것 같다. 피 끓는 텍사스 청년이었던 나는 그녀와 결혼하는 것도 괜찮겠다고 생각했다.

앤은 똑똑했고 적어도 내가 볼 때는 상당히 예뻤다. 그녀는 공부를 열심히 하는 학생은 아니었다. 공부 대신 사우스웨스턴 학생회관에서 몇 시간씩 브리지 카드놀이를 하곤 했다. 그녀는 내 친구 몇 명과 데이트를 했지만 누구와도 관계가 진전되지는 않았다. 그녀가 왜 내게 끌렸는지는 모르겠다. 우리 둘 다 4학년이었고, 그녀가 학교에서 남편감을 찾으려면 결정을 내려야 할 때라고 생각한 게 아닌가 싶다.

나는 여자들을 어떻게 극복해야 하는지 알 수 없었다. 내가 이런 용어를 쓴다는 것 자체가 여자들을 얼마나 무서워하는지 보여 준다. 여자들이 '극복될' 필요가 있을까? 아쉽게도 나는 여자들이 무엇을 원하는지 모르겠다. 그것을 알아야 한다고 생각하는 이유는 여자에게 원하는 것을 주는 것이 남자의 역할이라고 배우며 자랐기 때문이다. 어머니가 가르쳐 주신 교훈이다. 고맙게도 나를 사랑하는 여자가 있다면 그녀의 세상이 아무 문제 없게 만들어 주는 것이 나의 임무라고 늘 생각했다. 가부장적 명령 체계는 남부 출신 남자들의 영혼에서 좀처럼 사라지지 않는다.

물론 여기에 성(性) 문제도 등장해 종종 상황을 더 복잡하게 만든다. 나는 속속들이 낭만주의자다. 나는 사우스웨스턴의 학생이었으므로 사랑하는 사람과만 성관계를 할 수 있다고 생각했다. 성관계를 하고 난 다음에 어떻게든 내가 사랑에 빠졌다고 생각해야 하는 상황을 맞닥뜨리고 싶지는 않았다. 앤과 나는 '갈 데까지 가지'는 않았지만 함께 있으면 좋았기 때문에 내가 그녀를 사랑한다고 확신했던 것 같다.

졸업이 다가오자 우리는 부모님께 결혼에 대해 말씀드렸다. 내가 예일대가 있는 뉴헤이번으로 떠났을 무렵, 앤은 이미 댈러스로 이사를 와서 내 부모님과 같이 살고 있었다. 우리는 신학교 1학년을 마치고 결혼할 계획이었지만 그때까지 기다릴 수가 없었기에 1학기를 마친 후 결혼을 했다. 어머니는 앤에게 뭔가 문제가 있는 것 같다는 말을 하려고 하셨다. 앤이 아침에 일어나 일하러 가기 힘들어하는 것과 그녀의 '성깔'을 염려하셨다. 나는 그런 염려가 다 그분이 내 어머니인 탓이려니 했다. 아들을 둔 엄마는 며느리를 싫어하는 법이니까. 그러나 어머니의 염려는 옳았던 것으로 드러났다.

2

일과 가족

신학자는 석공과 조적공처럼 자신이 다루어야 하는 재료를 받아들이는 법을 배워야 한다. 특히, 믿음의 언어가 가진 단순한 복잡성을 존중하는 법을 배워야 한다. 그러면 정통신학의 급진적 특성을 숙고하게 될 것이다.

갑자기 이런 생각이 들었다. 하나님 맙소사, 플레전트그로브에서 멀리도 왔네. 텍사스 사람은 생각하는 족족 말하는 법이라 나는 무심결에 이렇게 말했다. "플레전트그로브에서 정말 멀리도 왔군요." 루뱅가톨릭 대학교의 벨기에 가톨릭 신자들이 텍사스에 있는 내 고향 플레전트그로브를 들어 봤을 리가 없다. 그러나 나는 그곳 강의실에 서 있었고, 강의실에는 "비폭력 테러리스트: 기독교 광신주의를 옹호하며"라는 제목으로 내가 하는 강연을 들으러 온 교직원과 학생들이 꽉 들어차 있었다. 기독교 비폭력주의를 옹호하고 루뱅에서 시작된 가톨릭 도덕신학의 몇 가지 흐름을 비판하는 내용이었다. 나는 플레전트그로브에서 멀리 떠나 있었다.

학계에 몸을 담고 있는 지금도 자주 그런 생각이 든다. 듀크에서 25년째 가르치고 있음에도 여전히 그렇다. '플레전트그로브에서 정말 멀리도 왔구나.' 루뱅이나 듀크 같은 곳과 플레전트그로브 사이의 거리 때문인지 그 생각을 억누를 수가 없다. 그리스도인으로서, 학자로서, 인간으로서 내 모습은 그 거리와 모든 면에서 관련이 있다. 게다가 그 거리가 만들어 내는 공간이 없다면 내가 하는 이야기도 없을 것이다.

플레전트그로브와 루뱅 대학교 사이의 거리는 그리스도인으로서의 내 모습과 관련이 있을 수도 있고 없을 수도 있지만, 그것이 학자로서의 내 모습을 형성한 것만은 분명하다. 나는 '현실에 충실하라'는 가르침을 받으며 자랐다. 비계에 벽돌을 올리다가 손가락을 찧는 일이 많았지만 통증을 생각할 여유가 없었다. 나중에 알고 보니 좋은 처방은 아니었지만, 그럴 때면 손가락을 테레빈유에 담갔다 뺀 다음 하던 일에 충실했다. 내가 정신 질환이 있는 배우자와 24년을 살 수 있었던 것도 그저 현실에 충실하게 사는 법을 일찍 배웠기 때문이었다.

현실에 충실한 생활을 가리키는 단어가 '일'이다. 내 기억이 닿는 한, 내 인생에 할 일이 없었던 적은 없었다. 어릴 때도 일을 해야 한다는 주위의 기대가 억압으로 느껴지지 않았다. 부모님의 본을 따르다 보니 일은 누구나 하는 거라는 생각을 갖게 되었기 때문이다. 내 기억에 나는 행복한 유년을 보냈다. 물론 내가 행복해야 한다는 생각 같은 것은 하지 않았다. 우리 가족은 불행할 시간이 없었다. 일을 해야 했기 때문이다. 우리는 돈이 많지는 않았지만, 돈을 벌기 위해 일해야 한다고 생각하지는 않았던 것 같다. 원래부터 했던 것이니 당연하게 받아들인 듯하다. '노동 계급'이라는 말에 딱 들어맞는 사람이 바로 내 부모님일 것이다.

기억할 수 있는 가장 어린 시절에도 어머니의 채마밭에서 일을 도왔다. 너덧 살밖에 안 되었을 때인데도, 괭이질을 하는 데 옳고 그른 방법이 있다는 것을 배워서 알고 있었다. 왼손잡이인 어머니가 오른손으로 괭이질하는 법을 가르치는 것은 쉬운 일이 아니었다. 그러나 나는 배웠다. 우리에게 왜 채마밭이 필요한가 하는 의문 따위는 들지 않았다. 먹어야 했으므로 당연히 채마밭이 있어야 했다. 2,000제곱미터에 이르는 북부 텍사스의 검은 찰흙 땅에는 콩, 오크라, 옥수수, 케일 등 어머니가 심으신 작물과 함께 잡초가 무더기로 자랐다. 밭을 일구려면 밭고랑을 파야 했는데, 어린 사내아이가 하기 좋은 일거리였다.

아버지가 플레전트그로브의 그 땅을 소유하게 된 경위는 확실하지 않다. 우리는 1943년인가 1944년부터 그 땅에서 살기 시작해서 1958년 내가 대학에 갈 때까지 그곳에 있었다. 플레전트그로브로 이사 오기 전에는 어번데일('도시의 골짜기')이라는 지명에 걸맞은 지역에서 두 세대용 주택에 살았고, 반대쪽에는 식구가 열두 명인 가족이 있었다. 그 집 아이들은 이유 없이 나를 두들겨 패는 것을 즐겼는데, 참 비열한 짓이었다. 그런데 더 이상 참을 수 없는 일이 벌어졌다. 그 집 아이들이 차로에 압정을 두어 아버지 차 타이어에 구멍이 난 것이다. 언제나 우리 집의 결정권자였던 어머니는 이사할 때가 되었다고 결정하셨다.

아버지는 시 당국에서 수용한 주택을 구입하여 플레전트그로브의 부지로 옮겨 왔다. 집값 수백 달러에는 집을 옮기는 비용도 포함되었다. 어머니는 집을 부지 뒤쪽에 둬야 한다고 주장하셨는데, 언젠가 '앞쪽에' 더 큰 집을 지을 생각이었기 때문이다. 그런 일은 이루어지지 않았지만, 내가 크면서 아버지는 욕실과 '거실'을 하나씩 더 지으셨고, 마지막으로 내 방을 만드셨다. 우리 가족은 적어도 5년간 실외 이동변소를 이용했다. 매년 할로윈에 동네 아이들이 그것을 쓰러뜨렸고, 구덩이가 다 차면 몇 년마다 위치를 옮겨야 했다. 구덩이가 있던 곳에는 둥그렇게 푸른 풀들이 자라났다. 나는 기르던 개들과 함께 그 풀밭 위에서 구르는 것을 좋아했다. '마당 관리'가 내 담당이어서 수동식 잔디깎이로 풀을 깎아야 했는데 쉽지 않은 일이었다.

나는 집 앞쪽에 돋은 존슨그래스도 관리해야 했다. 1.8미터 높이까지 자라는 그 풀은 줄기가 억셌다. 나는 변변한 도구도 없이 그 풀을 다듬어 짧게 유지해야 했다. 어머니의 계획은 내가 채마밭 가득 동부콩과 오크라를 길러 이웃 사람들에게 파는 것이었기 때문이다. 나는 집에 있는 수동 쟁기로 밭을 갈아 콩과 오크라를 길렀다. 그런 다음 껍질을 벗긴 동부콩과 오크라를 식품 봉투에 담고 손수레에 실어 동네 사람들에게 배달했다. 내가 여섯 살 때였다.

콩과 오크라 한 봉지는 30센트였다. 한여름 내내 동네를 다니며 농산물을 판 끝에 36달러를 벌었다. 엄청나게 많은 콩과 오크라였다. 어머니는 내가 돈을 저축하는 법을 배워야 한다며 은행 계좌를 열게 하셨다. 번 돈을 저축했지만, 나는 시계가 갖고 싶었다. 어머니는 30달러짜리 시계를 사도록 허락해 주셨다. 내가 소유한 첫 번째 물건이었다.

나는 여섯 살에 학교를 다니기 시작했다. 플레전트그로브의 학교들은 '보통 학교'(common school)들이었는데, 주 정부의 인가를 받을 만큼 좋지 않은 학교라는 뜻이었다. 전시에 쓰던 막사를 개조해 교실로 사용했다. 나는 맨발로 걸어서 등교하곤 했다. 겨울철에는 신발을 신었는데, 내게는 문제가 있었다. 믿기 어려울 만큼 지독한 평발이라 신발을 신으면 발이 아팠기 때문이다. 더욱이 발 모양을 교정하기 위해 신어야 했던 발목까지 오는 '하이탑' 신발 때문에 반 친구들에게서 끝없는 놀림을 받았다.

나는 읽지 못하는 상태로 학교에 갔고, 학교에 가서도 읽기를 잘 배우지 못했다. '행동 문제'도 있었던 것 같다. 나는 외동이었다. 관심을 받고 싶었다. 게다가 어머니를 닮아 입을 다물 줄 몰랐다. 떠들거나 잘못을 저지르면 물품 창고에 가서 깜깜한 데 앉아 있는 벌을 받았다. 선생님들은 매도 자주 들었다. 사내아이들은 적어도 한 주에 한 번은 맞아야 '기백'을 잃지 않는다고 생각하던 시절이었다.

나는 1학년을 마치고도 잘 읽지 못했다. 한 글자씩 더듬더듬 읽는 수준이었다. 그러나 2학년 어느 시점에 야구의 재미를 알게 되었다. 아니, 야구를 다룬 책을 읽는 재미를 알게 되었다고 해야겠다. 조그만 학교 도서관에는 야구선수들을 다룬 소설이 많았고, 나는 그 책들 전부를 차근차근 읽어 나가기 시작했다. 재능이 시원찮거나 처음에는 잘하지 못하던 선수가 강훈련을 통해 팀의 주역이 되는 소설이 특히 좋았다. 그들을 무척이나 본받고 싶었다.

나는 1루수가 되고 싶었다. 어린이 야구단에 들어가 경기에 나갔는데, 처음에는 잘하지 못했다. 그래서 아버지가 어딘가에서 일하고 남은 벽돌로 지은 차고 벽에 대고 꾀죄죄한 야구공을 몇 시간씩 던지면서 공 잡는 법을 배웠다. 공을 던지고 받는 것은 상당히 잘하게 되었지만 공을 치는 법은 못 배웠다. 교회 소프트볼을

60세 넘어서까지 하다가 무릎에 힘이 풀려 중단했지만 공은 여전히 잘 잡는다.

야구를 하고 작물을 재배하던 여름은 내가 일곱 살인가 여덟 살이 되면서 끝났다. 아버지의 현장에 합류할 때가 되었던 것이다. 우리 가족은 벽돌밖에 몰랐다. 아버지가 벽돌을 쌓지 않았던 기간은 전쟁 때뿐이었다. 아버지는 정밀한 작업에 탁월한 재능이 있었기 때문에 전시에 폭격 조준기를 가는 일을 맡았다. 그것은 전쟁을 지원하는 필수적인 일이었기 때문에 아버지는 징집되지 않았다. 그러나 전쟁이 끝나자마자 아버지는 가업으로 복귀해 벽돌을 쌓았다. 할아버지도 조적공이었고 아버지의 형제 다섯도 모두 조적공이었다.

가족사를 정확하게 파악해 본 적은 없다. 할아버지가 미네소타에서 앨라배마로 왔다는 것이 내가 아는 전부다. 앨라배마 북부에 벽돌 공장을 보유하고 운영하는 커피 가문이 있었기 때문이었다. 할아버지는 그 공장에서 일했는데 뻔뻔하게도 주인 집안의 딸을 데리고 달아났다. 커피 가문은 그 지역에서 노예를 소유한 귀족들이었고 농장도 가지고 있었다. 그들은 새로운 사위를 그리 달가워하지 않았던 것 같지만 안 좋은 상황을 최대한 잘 활용하려 했다. 커피 가문은 앨라배마 주 플로렌스 신문에 기사를 실어, 눈이 맞아 달아난 신혼 부부의 귀환을 환영한다고 밝혔다. 그 기사에는 내 할아버지와 할머니가 기차를 타고 테네시 주 녹스빌로 가서 결혼했다고 나와 있다. 결혼식을 목격한 순회 영업사원의 이름도 실려 있어서 결혼식이 실제로 치러졌음을 보증했다.

커피 가문은 그 결혼을 받아들이려고 노력하고 있었는지도 모르지만, 할아버지는 그들의 영향력 아래로 들어갈 생각이 없었다. 그래서 얼마 후 앨라배마를 벗어나 텍사스로 이사했다. 할아버지는 여러 해 동안 텍사스 소도시들을 전전했는데, 부업으로 소규모 목장에서 일하면서 조적 일로 생계를 꾸려 가려고 노력하셨던 것 같다. 할아버지와 할머니가 살던 작은 지역에는 조적공이 할 일이 그리 많지 않았다. 그러나 할아버지가 계속 지역을 옮겨 다니다 마침내 댈러스까지 오게 된 데에는 독립심 강한 성향도 한 몫했을 것이다.

할머니와 할아버지 사이에는 클래런스, 빌, 조지, 루퍼스, 커피, 딕, 이렇게 여섯 아들이 있었고 모두 조적공이 되었다. 할머니는 내 아버지의 이름을 커피라고 지음으로써 가문에 대한 자부심을 드러내셨다. 할머니는 커피가 당연히 결혼을 안 할 거라고 생각해서 곁에서 같이 늙어 갈 아들로 점찍으셨던 듯하다. 하지만 뜻밖의 버거운 상대가 할머니를 기다리고 있었으니, 바로 원기 왕성한 가난뱅이 백인 며느리였다. 내 어머니는 누구에게나 버거운 상대였음이 분명하다. 나에게는 말할 것도 없었다.

어머니가 돌아가셨을 때 내가 손자들에게 쓴 편지를 공개하는 것이 내 어머니를 소개하는 최선의 방법일 것 같다. 어머니의 죽음이 임박했다는 소식을 들었을 때 아내 폴라와 나는 스위스 베른에 있었다. 나는 내가 떠나 있는 동안 어머니가 돌아가실 것임을 짐작하고 유럽으로 떠나기 한 주 전에 아들 애덤과 함께 어머니를 찾아뵙고 작별인사를 했다. 어머니는 아흔둘이셨고 기억이 가물거리는 상태였지만 우리가 누군지 대체로 잘 알아보셨다. 우리가 함께 있는 동안 아름답고 달콤한 순간이 찾아왔다. 우리는 햇살을 받으며 앉아 있었고 어머니는 휠체어에 앉아 깜빡깜빡 조셨다. 애덤이 할머니에게 원하시는 것이 있느냐고 물었다. 어머니는 이렇게 대답하셨다. "아니, 그냥 너희 둘이 이야기하는 것을 듣고 싶구나." 나의 어머니, 할 말이 끝이 없어서 남의 말을 듣는 법이 없던 분이 마침내 듣고 싶다고 말씀하셨다.

입양으로 가족이 된 내 동생이 전화를 걸어 어머니가 곧 돌아가실 것 같다고 전했다. 스위스 베른에서 폴라와 내가 할 수 있는 일은 기다림뿐이었다. 어머니가 그랬듯, 나도 기다릴 줄을 모른다. 무엇이든 해야 했다. 그래서 어머니가 돌아가셨다는 소식을 들은 후에 손자들에게 다음과 같이 편지를 썼다.

조엘과 켄들에게

2006년 5월 2일에 너희 증조할머니께서 돌아가셨다. 너희는 그분을 잘 알 기회가 없었으니 그분의 생애를 조금이나마 이야기해 주는 것이 좋겠다고 생각했다. 그런 이야기는 우리를 지금의 모습으로 만들어 준 선물을 인정하는 법을 배우는 한 가지 방법이니까. 과거와 이어지는 것도 중요한 일이고 말이다. 너희 증조할머니는 좋은 쪽이건 나쁜 쪽이건 내가 지금의 모습이 되게 하는 데 큰 역할을 하셨단다. 언젠가 너희가 자신을 이해하게 되면 증조할머니의 일부분이 너희에게도 전해졌다는 것을 알게 될 거다.

그분은 미시시피 주의 중심부에서 태어나셨어. 가장 가까운 도시는 코지어스코였는데, 미국 독립전쟁에서 활동했던 폴란드 장군의 이름을 따서 지은 이름이란다. 미시시피는 남부동맹에 속한 주였고 '최남부'(deep South)로 묘사되는 전형적인 모습을 갖추고 있었다. 남부는 노예와 빈곤으로 대표되는 곳이지. 아프리카계 미국인들은 미시시피에서 끔찍한 대우를 받았지만, 그들을 학대했던 사람들도 가난하긴 마찬가지였어. 남부에는 가난한 백인들을 가리키는 이름까지 따로 있었단다. "하얀 쓰레기." 너희 증조할머니는 하얀 쓰레기 출신이었어. 그분은 쓰레기가 아니었지만 분명히 가난했지. 고조할아버지는 궁핍한 땅에 목화를 길러 근근이 살아가셨다. 너희 증조할머니 조애나는 목화를 따면서 자라셨지. 힘든 일이었어. 그분들은 닭도 길렀고 식용 작물도 재배하셨어. 조애나는 가족의 생존을 위해 허드렛일도 하셨지.

조애나가 열 살이었을 때 어머니가 돌아가셨고, 아버지는 자기 사촌 하나와 금세 재혼을 했어. 조애나의 삶은 완전히 달라졌지. 새엄마는 전처의 자식에게 관심이 없었거든. 더욱이, 조애나의 아버지는 상당히 모진 사람이었단다. 그래서 조애나 자매는 열서너 살 무렵에 집을 떠나 외삼촌 댁으로 가서 살았어. 외삼촌은 엉클 존 앤드루라고 불렀고 외숙모는 오필리아라고 불렀지. 조애나는 그분들을 진짜 부모로 여겼단다.

조애나는 어찌어찌 고등학교를 졸업했어. 그 후에는 생계를 꾸려야 했지. 그래서 남부를 두루 다니며 잡지도 팔고 남의 집에 가정부로 들어가서 일하기도 했어. 텍사스로 오게 된 경위는 분명하지 않지만, 텍사스에 먼저 가 있던 언니 윌딘이 그리로 불렀다는 말을 직접 들은 적이 있다. 조애나는 텍사스 위치토폴스에서 1년 동안 일하다가 댈러스에 와서 당시만 해도 '미혼모'라 불리던 이들을 위한 집에서 일자리를 잡았어. 그 집에 살던 한 친구가 내 어머니에게 아버지 커피 하우어워스를 소개해 주었고 연애가 시작되었지. 물론 두 사람이 사귀기 시작할 때 그분은 내 아버지가 아니었지만. 어쨌든 조애나는 결혼하고 싶은 상대를 만났다는 것을 분명히 알았단다.

문제는 딱 한 가지였어. 커피의 어머니가 아들의 결혼을 원하지 않았던 거야. 아들이 여섯이었고 다들 조적공이었지. 그런데 그의 어머니는 아들 중 하나가 노년에 자신을 돌봐야 한다고 생각했고, 본인의 친정 쪽 성으로 이름을 지은 커피를 그 일을 맡길 사람으로 골랐던 거야. 하지만 너희 증조할머니는 결단력 있는 분이었고 커피와 결혼하기로 뜻을 정하셨어. 어떻게 그 일을 이루셨는지는 모르지만 어쨌거나 해내셨어.

결단력, 에너지, 노고, 다른 사람들을 위해 뭔가를 해 주고 싶어 하는 지칠 줄 모르는 마음. 이 모두가 증조할머니의 인생을 규정하는 특징이란다. 노고는 커피 부부 인생의 핵심이라고도 할 수 있지. 두 분은 부유하지는 않았지만 부족한 것이 없었다. 열심히 일하셨거든. 하지만 너희 증조할머니는 남편이 제대로 권리 주장을 못한다고 생각해서 좀더 적극적으로 목소리를 내라고 끊임없이 몰아붙였어. 특히 일과 관련해서는 더했지. 그래도 커피는 대개 자기 방식대로 했는데, 결국엔 너희 증조할머니가 옳았어. 증조할아버지에게 일을 맡긴 많은 사람들이 제대로 대가를 지불하지 않았거든. 증조할아버지는 벽돌 건물을 아름답게 쌓아 올릴 수 있는 1급 기술자였지만 돈은 벌지 못했어. 그럭저럭 살아갈 정도만 벌었지. 어쨌거나 우리 가족은 그럭저럭 살아갔단다. 언제나 채마밭에서 채소를 길렀고, 차고 뒤의 도랑에서 자라난 야생 케일과 겨자를 늘 먹을 수 있었어.

나의 어머니와 아버지는 늦게 결혼하셨지만 두 분 다 아이를 원하셨단다. 그런데 임신이 잘 되지 않았어. 어머니는 아이를 주시면 하나님께 바치겠다고 기도하셨지. 성경의 사무엘 이야기에서 착안하신 거야. 그렇게 해서 나를 갖게 되었고 몇 년 후에 그 이야기를 들려주며 내가 어떻게 생겨나게 되었는지 알려 주셨어. 어머니가 아들을 달라고 기도한 것이야 나쁠 것 없지만 그 이야기를 내게 꼭 하셔야 했을까 하는 생각이 종종 들곤 하는데, 어쨌든 어머니가 그 말씀을 하신 것이 내가 신학자가 된 것과 분명히 관련이 있는 것 같다.

어머니는 내 삶에서 늘 빠지지 않으셨어. 지나칠 정도였지. 본인이 누리지 못했던 모든 혜택을 아들이 누리게 하기로 굳게 마음먹은 것 같았단다. 학부모회에는 늘 참석하셨고 담임 선생님마냥 수시로 교실에 계셨다. 내가 있는 곳에는 늘 계셨어. 그렇게 자라다 보니 나도 피곤하고 당혹스러워지더구나. 어머니는 본인이 만난 사람들의 삶을 더 낫게 만들려는 시도를 멈추지 못하셨어. 아들인 내 경우는 특히 더했지. 그러나 아버지가 나를 구해 주셨다. 일곱 살인가 여덟 살 때 나를 '현장'으로 데려가신 거야. 일을 나가게 되면서 나는 '돕고' 싶어 하는 어머니의 끊임없는 욕구에서 벗어날 수 있었지.

분명한 건 어머니가 하신 많은 일들이 좋은 일들이었다는 거야.

어머니가 나를 스카우트 단원으로 만들려고 어린이 보이스카우트를 도입하신 것이나, 나의 참여를 이끌어 내려고 주일학교와 교회에서 봉사하신 것도 좋은 일이었어. 하지만 끊임없이 뭔가를 하는 어머니의 모습과 지칠 줄 모르는 그 에너지는 사람을 질리게도 했단다. 어머니가 나를 조종했다고 말할 수 있을지는 모르겠지만, 내게 유익하다고 당신이 확신하는 일을 시키려고 알게 모르게 온갖 수를 다 쓰신 것만은 분명했다. 아들을 위해 무엇인가 하지 않으면 아들의 사랑을 얻지 못할까 봐 두려워하는 것 같기도 했단다. 어머니 안에는 안식이 없었어.

그러나 하나님께 사랑받으실 어머니, 어머니에게는 악의도 없었어. 가난한 하층 계급으로 살았던 과거의 상처가 있었을 뿐이지. 어머니는 자기보다 '높아' 보이는 사람들을 두려워했고, 어머니가 아는 '그들을 이길' 방법은 더 많은 일을 하는 것뿐이었단다. 어머니는 물론 좋은 일을 많이 하셨지만, 나는 그분이 인생을 더 즐겁고 재미있게 사셨으면 좋았을 거라는 아쉬움이 든다. 그래도 사욕이 전혀 없었던 어머니와 아버지 덕분에, 나는 그분들도 상상하지 못했던 인생을 내가 누렸다고 말할 수 있을 것 같구나. 그것은 무엇보다 두 분이 그리스도인이었기 때문에 가능한 일이었지.

교회는 너희 증조할머니에게 늘 생활의 중심이었다. 침례교도로 자란 어머니였지만 기독교에 대해 얼마나 아셨는지는 모르겠구나. 아버지가 감리교 신자였기에 두 분은 감리교 신자가 되었고, 플레전트마운드감리교회에 나가기 시작했어. 교회는 텍사스에 있었는데, 작은 언덕 위의 하얀 골조식 건물이었고 그 뒤에는 묘지가 있었단다.

나중에 교회 건물을 새로 지었는데, 너희 증조할아버지께서 교회 건축의 총감독이 되셨어. 증조할머니도 교회가 제 기능을 다하도록 똑같이 열심히 일하셨단다. 우리 가족의 삶은 교회를 중심으로 이루어졌어.

너희 증조부모님이 교회에서 그렇게 많은 시간을 보내신 것을 보면 얼마나 관대한 분들이었는지 알 수 있겠지. 그분들은 가진 것은 적었지만 다른 사람들과 나누었고, 더 중요하게는 그들 자신을 내어 주셨어. 가난한 사람들은 보통 돈은 없지만 시간이 있지. 어머니와 아버지는 교회와 나를 위해 시간을 내셨다. 그리고 내게 동생 조니 메들록을 주셨어. 내가 고등학교 마지막 학년을 보낼 때와 대학에 갔을 때 그와 친구가 되어 주고 그를 길러 주셨지. 동생은 두 분이 내게 주신 귀한 선물이었단다.

나는 스물한 살에 집을 떠나 대학에 갔고 졸업 후에는 예일대 신학대학원으로 진학했어. 부모님이 허락해 주신 그 일들이 내게 얼마나 귀한 선물이었는지 어느 정도 느낄 수 있겠지? 그것은 아들이 점점 더 이해할 수 없는 세계의 일부가 되어 간다는 뜻이었지만, 두 분은 내가 '계속 가도록' 놓아 주셨어. 쉽지 않은 일이었음에도 불구하고 말이야. 부모님은 최선을 다해 내 삶을 이해하고 거기에 참여하려 하셨으나 쉽지는 않았단다. 내 아내 앤 때문에 더 어려워졌지. 앤은 내 부모님 같은 사람들을 좋아하지 않았다. 사실 앤은 많은 사람을 좋아하지 않았어. 자신을 좋아하지 않았거든.

내가 집을 떠난 후 너희 증조할머니께서는 무엇을 해야 할지 몰라 막막해지신 것 같았단다. 그래서 남편의 삶을 틀어 쥐려고 하셨지.

두 분은 나이가 들어 가셨고 여기저기 아프기 시작하셨어. 어머니는 간호조무사가 되기 위해 학교로 가셨다. 그것은 어머니에게 중요한 문제였기에 간호사가 되는 데 온 힘을 다 쏟으셨지. 그런데 문제가 딱 하나 있었어. 남편의 모든 문제를 실제보다 심각하게 진단하신다는 거였어. 불쌍한 아버지에게 전담 간호사가 생겨 버린 거지.

너희 증조할머니의 또 다른 안타까운 습관은 말을 끝없이 한다는 것이었다. 영원히 말할 수도 있는 분이었지. 입을 다무는 순간이 없고, 했던 말을 또 하고 또 하셨어. 가엾은 아버지가 주로 어머니의 말을 들어야 했지. 다행히, 아버지는 나이가 들면서 점점 청력이 떨어지셨어. 하나님에게 유머 감각이 없다고 누가 그러든? 그래도 두 분은 함께 정말 멋진 인생을 사셨어.

아버지가 은퇴하신 후에 두 분은 아칸소 주로 가서 메나 외곽에 사셨어. 늘 그랬듯 많은 노고 끝에 집을 꾸미고 채마밭을 일궈 내셨지. 두 분은 트레일러에 사셨단다. 너희 아버지 애덤은 아칸소에 있는 두 분을 몇 차례 찾아뵈었는데, 두 분에게는 그 일이 가장 좋은 기억 중의 하나로 꼽힐 거다. 손자를 정말 사랑하셨고 늘 함께 있고 싶어 하셨거든. 어떤 면에서 두 분은 손자와 삶을 나누고 싶어 하셨어. 그래서 고기 잡는 법을 가르치고 감자와 토마토, 껍질콩 기르는 법도 가르치셨단다.

하지만 두 분이 점점 나이가 드시면서 아칸소의 그 집을 유지하기가 어려워졌다. 그래서 두 분은 텍사스 주 카시지로 이사를 해서 돈레시아와 에이시 근처에 있게 되셨지. 몇 년 동안 딘 이모가 딸 돈레시아를 기르는 것을 도와주셨어. 돈레시아와 나는 친남매 같았단다.

카시지는 두 분이 계시기에 좋은 곳이었지만, 너희 증조할머니는 남편의 건강을 염려해서 좋은 의료 시설이 더 가까이 있어야 한다고 생각하셨어. 그래서 다시 댈러스로 이사를 하셨지. 조니와 좀더 가까워졌다는 점에서는 좋았지만 근처에 너희 증조할아버지가 다닐 만한 숲이나 낚시할 만한 곳은 없었지. 결과적으로 볼 때 안 좋은 생각이었어.

1992년 12월에 두 분은 노인 전용 주택에 입주하기로 되어 있었단다. 하지만 입주한 날 밤에 너희 증조할아버지가 돌아가셨어. 장례식을 치른 후, 어머니는 노인 주거 시설인 C. C. 영(Young)으로 옮겨 거기서 14년을 사셨다. 늘 그렇듯 주위 사람들을 위해 끊임없이 뭔가를 하셨어. 꽃을 갖다 놓거나 동료 거주자들을 보살피셨지. 5년 동안 잘 지내셨는데 기억력이 감퇴하기 시작했어. 그래도 다른 사람들을 위해 계속 뭔가를 하셨지.

심지어 돌아가실 때도 다른 사람에게 도움이 되려고 하셨어. 시신을 병원에 기증하여 다른 사람들을 치료하는 훈련을 받는 이들에게 배움의 기회를 주기 원하셨던 거야. 솔직히 나는 그 결정이 내키지 않았지만 어머니의 뜻은 분명했단다. 그것은 어머니가 돌아가신 후 장례식을 치를 수 없다는 뜻이었지. 내가 너희에게 이 편지를 써야겠다고 생각하게 된 이유이기도 한 것 같구나. 어머니는 늘 사람들에게 잊혀질까 봐 두려워하셨지만, 나는 어머니의 인생을 잊을 수 없다. 잊고 싶지도 않고.

물론, 우리 모두 언젠가는 잊힐 거다. 우리는 흙이니 흙으로 돌아갈 거야. 하지만 나는 하나님이 우리 각 사람과 친구가 되기 원하신다고 믿는단다. 너희 증조할머니는 이제 하나님과의 교제 안에 들어가셨으니 그 일을 기뻐하자꾸나. 그분은 전력을 다해 사시면서 우리에게 윤택한 삶을 마련해 주셨단다. 이제 하나님은 너희 증조할머니에게 생전에 그토록 누리지 못하셨던 안식을 주셨다. 그분은 깊이 사랑했던 남편과 함께 해와 별을 움직이는 사랑 안으로 들어가셨다.

편지를 마무리하려다 보니 내가 쓴 내용이 충분하지 못하다는 생각이 드는구나. 너희 증조할머니의 활력과 에너지를 말로 고스란히 전할 수 있다면 얼마나 좋을까. 인종 차별과 가난에서 벗어나 아프리카계 미국인들을 친구로 바라보는 것이 어떤 것인지 너희에게 더 잘 알려 줄 수 있다면 참 좋겠구나. 너희 증조부모님이 서로를 얼마나 사랑하셨는지, 나와 내 동생 조니와 너희 아버지를 얼마나 사랑하셨는지 좀더 잘 알려 줄 수 있으면 얼마나 좋을까. 하지만 그럴 수가 없구나. 다만 너희 증조할아버지 커피와 증조할머니 조애나가 모두에게 더할 나위 없이 선하고 과분한 선물이었음을 이 편지가 너희에게 희미하게나마 알려 줄 수 있으면 좋겠구나.

사랑을 담아,
할아버지 하우어워스

이 편지의 어조에는 어머니의 임종을 지키지 못했다는 나의 죄책감이 담겨 있다. 조니가 그 자리에 있었고 나는 어머니의 임종을 지켜 준 동생에게 한없이 감사한다. 하지만 편지에서 내가 한 말은 대부분 사실이다. 어머니는 의도는 좋았지만 성가신 사람이었다. 오늘날까지도 나는 다른 사람의 '보살핌을 받는' 것이 무척 불편하다. 나를 보살펴 나의 사랑을 확보하려 했던 어머니의 절박한 시도는 내게 지울 수 없는 영향을 주었고, 지금도 내겐 정서적 저항심이 습관처럼 남아 있다.

걷잡을 수 없을 만큼 혼란스러웠던 어머니의 지성은 합당한 교육으로 훈련받지 못했다. 게다가 어머니는 귀 기울여 들을 만큼 오래 말을 참는 법이 없었기 때문에 배울 수가 없었다. 어머니는 남을 조종하려 들었지만 뛰어난 심리 조종자에게 필요한 교묘함이 없었다. 예를 들어 어머니는 이렇게 말씀하시곤 했다. "X씨에게 잘해야 해. 앞으로 그의 도움이 필요할 수도 있으니까." 그렇듯 뻔히 보이는 조종 전략이 귀여울 법도 하지만 전혀 그렇지 않았다. 수많은 인간관계를 거래의 문제로 만들려던 어머니의 시도에는 극심한 가난에서 생겨난 깊은 불안이 배어 있었다. 더 정확히 말하면, 어머니가 느끼는 불안의 출처는 적대적인 세계에서 자신의 생존을 보장할 힘이 자신에게 없다는 막연한 느낌이었다. 어머니의 유일한 희망은 사람들에게 무엇인가 해 줌으로써 그들이 자기를 좋아하거나 사랑하게 되는 것뿐이었다.

내가 당시에 의식했는지는 확실하지 않지만, 어릴 때부터 어머니에게서 벗어날 길을 찾고 싶었던 것만은 분명하다. 집은 어머니의 세상이었고, '현장'은 아버지의 세상이었다. 그래서 아버지가 나를 건축 현장으로 데려갔을 때 너무 좋았다. 여름철을 현장에서 보내기 시작한 것은 일고여덟 살 때였을 것이다. 물론 나는 여전히 집에서 허드렛일을 해야 했지만, 아버지가 나를 '현장'으로 데려간 다는 것은 내가 남자가 되고 있다는 뜻이었다.

건축 일은 힘들었고 거친 사람들이 하는 일이었다. 그들이 쓰는 언어만 봐도 알 수 있었다. 내가 빨리 습득한 그 언어는 우리가 해야 하는 일의 일부였다. 이런저런 욕설 없이 시작하거나 끝나는 문장은 거의 없었다. 아버지는 내가 곁에 있을 때 비속어를 덜 쓰려고 노력하신 것 같지만, 감정을 표현할 때는 "젠장"(shit) 같은 말을 쓰셨다. 물론, 그런 말은 '현장'의 언어였다. 교회에서는 절대 쓸 수 없었다.

하지만 나는 오랫동안 학교와 교회에서 현장의 언어를 썼다. 내가 어디 출신인지 방향감각을 잃고 싶지 않은 이유도 있었지만, 노동 계급이라는 뿌리를 잊지 않으려는 몸부림보다 더 복잡한 무엇이 있었다. 건축 현장의 언어를 학교와 교회에서 쓰면 경건한 사람들이 기분 나빠하는데, 나는 그것을 은근히 즐겼던 것 같다. 점잖은 말로 감추는 위선이 싫었다. 하지만 나이가 들수록 입이 거친 사람이라는 평판이 축복이 아니라 부담이 된다는 사실을 알게 되었고, 현장의 언어로 돌아가지 않도록 최선을 다했다.

아버지가 나를 처음 현장으로 데려가셨을 때, 나는 막일꾼이 될 만큼 강하지 않은 데다가 과체중이었다. 우리 가족이 튀긴 음식을 끝없이 먹은 것도 내가 비만이 된 데 한몫한 것 같다. 그래서 나는 비계에 앉아 다른 막일꾼들이 던지는 벽돌을 받는 일부터 시작했다. 벽돌 던지기는 조적공의 조수에게 필수적인 기술 중 하나였다. 그 외에는 비계 위로 벽돌을 올려놓을 다른 방법이 없었기 때문이다. 아버지는 호이스트(기중기)를 구입할 형편이 되지 않았다. 그래서 바닥에 있는 누군가가 다리에 네 개에서 여섯 개의 벽돌을 끼워 놓고 7.5미터에서 8미터 높이까지 던져 올렸다. 잘 던지면 그 벽돌들이 차례로 부드러운 아치를 그리며 비계 위에서 받는 사람의 손에 떨어졌고, 그러면 받은 사람이 벽돌을 비계 위에 재어 두었다. 벽돌을 받는 사람으로서 나는 조적공이 벽돌을 잡고 옆의 벽돌에 맞추어 최소한의 동작으로 쌓아 나갈 수 있도록 최적의 위치에 벽돌을 두는 법을 배워야 했다. 벽돌을 놓는 데도 옳고 그른 방법이 있을 정도니, 조적공의 조수로서 감당해야 하는 모든 일이 배워야 할 기술이었다.

열 살 무렵, 나는 조적공의 '조수'가 되는 데 필요한 기술을 모두 익혔다. 비계를 짜는 법, 철근을 연결하는 법, 판자 위에서 회반죽 섞는 법, 심지어 회반죽 농도 맞추는 법까지 빨리 익혔다. 마지막 것은 막일꾼들 사이에서 가장 중요하고 급료를 많이 받는 기술이었다. 회반죽은 매번 한결같아야 했다. 그렇지 않으면 벽돌 사이의 모르타르 색깔이 달라질 것이었다. 텍사스의 더운 여름날 석회와 모래를 반죽하는 작업을 해 보기 전에는 덥다는 것이 무엇인지 아직 모른다고 할 수 있다. 나는 그 일을 많이 해 봤다.

그런데 회반죽 담당자는 조적공이 쌓는 벽돌에 맞게 회반죽의 농도를 맞추는 법도 알아야 했다. 예를 들어, 벽돌이 일반적인 다공성 벽돌이라면 회반죽은 '묽어야' 했다. 벽돌이 수분을 빨리 흡수하기 때문이다. 벽돌이 '클링커', 즉 가마의 바닥에서 나온 유난히 단단한 벽돌이라면 회반죽을 걸쭉하게 해야 했다. 반죽이 묽으면 벽돌이 회반죽 위로 둥둥 떠다녔다. 나는 하우어워스 가문의 전설적인 회반죽 담당자 헨리 씨만큼 잘하지는 못했지만, 회반죽을 잘 만들어 보려고 정말 지독히 노력했다.

나는 아버지 밑에서 일하는 것이 좋았다. 힘든 일을 함께하면서 일꾼들 사이에 만들어지는 유대감도 좋았다. 여기에는 보충 설명이 필요하다. 당시 나는 막일꾼의 일을 하는 유일한 백인이었다. 흑인들은 막일을 하고 백인들은 벽돌을 쌓았는데, 아버지는 고지식한 분이어서 벽돌 쌓는 법을 배우려면 먼저 조적공의 좋은 조수가 되는 데 필요한 모든 기술을 다 익혀야 했다. 그래서 나는 흑인의 일을 하는 백인이 되었다.

우리에게는 조적공이라는 공통의 적이 있었기에 나는 다른 막일꾼들과 끈끈한 유대를 맺을 수 있었다. 조적공들이 일을 빨리하지 않으면 미리 만들어 둔 회반죽이 말라 버려서 막일꾼들이 회반죽을 다시 섞어야 했다. 조적공이 도와주지 않으면 뜨거운 텍사스의 태양 아래에서 회반죽은 금세 말라 버렸다. 그래서 조적공이 잠시 다른 사람과 잡담을 늘어놓기라도 하면 우리 막일꾼들의 일이 늘어나는 것이었다. 하지만 조적공이 왕이었다. '바닥에서' 일해야 하는 우리는 조적공들이 하고 싶은 대로 하도록 내버려 둘 수밖에 없었다. 그 결과, 나는 함께 일하는 사람들을 상당히 잘 알게 되었다. 인종 간의 분리가 당연시되던 남부에선 보기 드문 일이었다.

또한 나는 내가 아버지의 아들이기 때문에 누구보다 열심히 일해야 한다고 생각했다. 내가 아버지의 아들이라서 현장에 있다는 말은 듣고 싶지 않았기에 무척 열심히 일했다. 얼마 안 가서 나는 벽돌 지게로 현장의 그 누구보다 많은 벽돌을 질 수 있었다. 그리고 벽돌 집게(열 개에서 열두 개의 벽돌을 한 번에 들 수 있는 집게처럼 생긴 도구)로 다른 누구보다 빨리 벽돌을 비계에 내려놓을 수 있었다. 조지 삼촌은 내가 남들처럼 두 번 움직이는 대신에 한 번에 두 배의 벽돌을 싣는다고 게으른 일꾼이라고 했다. 아주 틀린 말은 아니었지만 어쨌거나 결국에는 늘 두 번 움직이게 되었다.

나는 강해졌고 아버지는 나의 일솜씨를 상당히 자랑스러워하셨던 것 같다. 아버지가 건축 현장의 다른 사람들에게 내가 자신의 아들이고 흑인 열 명보다 일을 잘한다고 말하는 것을 지나가는 길에 가끔 들었다. 현장에서 인종 차별은 드물었다. 인종 분리는 당연한 것으로 전제되었지만 일이 고되다 보니 서로를 알게 될 수밖에 없었다. 아버지는 당신이 아는 세상의 틀에서 벗어나지 않으셨지만 헨리 씨, 아이작, 프레드, 조지 하퍼 등을 존중하셨기에, 당시 당연하게 여겨졌던 인종 차별적 습관에 기대어 '정상' 상황에 전제된 잔인함을 정당화하지도 않으셨다.

내가 뛰어난 막일꾼이라는 사실은 벽돌 쌓기를 배우는 데 오히려 장애물이 되었다. 아버지는 막일꾼인 나를 잃고 싶어 하지 않으셨다. 내가 조적공 임금을 받기 시작하는 것도 바라지 않으셨다. 그러다 대학에 가지 않겠다고 할까 봐 우려하셨기 때문이다. 그러나 열여섯 살이 되었을 무렵 나는 벽돌 쌓기를 배우고 싶었다. 아버지는 뒷마당의 판자 위에다 회반죽을 바르고 벽돌을 쌓게 하는 방식으로 내게 벽돌 쌓기를 가르치기 시작하셨다. 나는 1.2미터 높이의 벽돌담을 수없이 쌓고 허물고 다시 쌓으면서 벽돌 쌓는 법을 배웠다.

벽돌 쌓기의 비결은 회반죽을 펴 바르는 방법에 있다. 우선 흙손으로 흙받기에서 적당량의 회반죽을 떠내야 한다. 그래야 회반죽을 펴 바를 때 방금 쌓은 벽돌 앞면에 회반죽이 묻지 않는다. 그다음, 벽돌이 그대로 놓여 있을 수 있도록 회반죽을 '오목하게 발라야' 한다. 다시 말해, 회반죽이 작은 참호를 이루듯 발라야 그 위에 벽돌이 놓일 때 회반죽이 벽돌을 끝까지 반듯하게 잡아 줄 수 있다. 좋은 조적공은 흙손으로 거의 벽돌을 건드리지 않고 손의 느낌만으로 벽돌을 쌓는다. 아버지나 삼촌들의 벽돌 쌓기는 내가 따라갈 수 없는 수준이었다. 그분들은 장인이었다. 나는 언제나 너무 서둘렀기 때문에, 정말 좋은 조적공이 되기에는 자질이 부족했다. 나는 하루에 벽돌 천 장을 쌓을 수 있었는데, 그 정도면 당시 대부분 조적공들의 평균 정도는 되었다. 조적공들이 하는 말로 "엉덩이와 팔꿈치"만 보이는 곳에서 일하는 것이 나는 정말 좋았다. 그것은 앞으로 쌓을 벽돌 몇 단의 기준이 되는 벽돌을 모서리에 쌓느라 멈추거나 문이나 창문을 넘어가야 하는 작업 없이 벽돌만 계속 쌓을 수 있다는 뜻이었다.

무엇에 홀려 그렇게 고되게 일했는지 모르겠다. 우리는 말 그대로 아침부터 저녁까지 하루 종일 땀에 흠뻑 젖어 있었다. 우리에게는 정말 지독한 냄새가 났다. 땀이 쉬어 공사 현장의 모든 사람이 악취를 풍겼다. 나는 그 냄새가 좋았는데, 우리가 일을 잘하고 있는지 감독하러 현장에 오는 사람들이 그 냄새 때문에 괴로워할 때 특히 좋았다. 땀을 너무 많이 흘렸으므로 우리는 계속 물을 마셔야 했다. 물은 나무 물통에 들어 있었고, 아침 일찍 그 안에 얼음을 넣었다. 얼음이 두어 시간 이상 가는 법이 없었지만 뜨거운 물이라도 없는 것보다는 나았다. 물을 마시러 갈 때는 조적공이 곧 찾게 될 물건을 돌아오는 길에 반드시 가져와야 한다는 것을 조지 하퍼에게 배웠다. 한마디로, 움직임을 최소화하라는 것이었다. 그렇게 하지 않으면 하루를 끝까지 버티기 힘들었다.

물통 사용법은 분명했다. 컵이 두 개가 있었는데(대개 모양은 같았다) 하나는 흑인용, 하나는 백인용이었다. 그러나 물을 마시러 갔는데 조적공이 백인용 컵을 쓰고 있으면 기다릴 여유가 없었다. 그래서 나는 종종 흑인용 컵으로 마셨다. 인종 차별주의에 맞서기 위해서가 아니라 목이 말랐고 바빴고 다른 것에 전혀 개의치 않았기 때문이었다. 어머니는 그러다 내가 '병'에 걸릴까 봐 염려하셨다. 나는 어머니를 이해하지 못했다. 나중에 알고 보니 어머니는 대부분의 흑인이 매독에 걸려 있다고 생각하고 계셨다. 내가 그 생각을 알았더라면 잘못을 바로잡아 드릴 수 있었을 것이다.

확실히 섹스는 현장에서 끊임없이 등장하는 화제였다. 하지만 말만 많았을 뿐 실행할 여유는 많지 않았다. 조적공들이 우리가 쌓는 벽돌, 특히 8×8×16 벽돌을 "피임 벽돌"이라고 부른 데는 이유가 있었다. 하루 종일 그놈들을 쌓고 나면 일과가 끝난 후 어떤 과외 활동을 할 힘도 남지 않았다. 기껏해야 씻고 먹고 자러 갈 뿐이었다. 가끔은 왼손에서 경련이 일어나 밤새 멈추지 않았다. 그래도 나는 젊어서 사정이 나았지만, 50대의 남자가 하루 종일 벽돌을 쌓는다면 어떨지 생각해 보라. 물론, 그렇다고 해서 여자를 정복한 영웅담을 자랑하지 않는 사람은 없었다.

일이 고되다 보니 다들 최선을 다해 자기 몫을 감당해야 했다. 한쪽 조적공이 게으름을 부리면 반대쪽 끝에서 일하는 조적공이 일을 더 많이 해야 했다. 아버지는 언제나 조적 작업의 책임을 맡으셨다. 아버지가 일하는 속도에 따라 모두의 속도가 정해졌기 때문이다. 몸은 말랐지만 아버지는 벽돌을 정말 잘 쌓으셨다. 아버지가 벽돌 위에다 회반죽을 얹는 모습은 나로선 그야말로 부러움의 대상이었다. 손목을 한번 움직이면 벽돌 여덟 개 위에 회반죽이 펴졌다. 아버지 밑에서 일하던 사람들은 그 기술에 감탄했고 아버지의 정직함을 존경했다. 그들이 아버지를 속이는 일은 드물었다.

나는 아버지 밑에서 일하는 사람들이 좋았다. 조적공들은 독립심이 대단히 강하다. 그들은 자신이 다른 이들에게 없는 요긴한 기술을 가졌음을 알기 때문에 부당한 대우를 참지 않았다. 그들을 열 받게 하면 당장 작업 도구를 챙겨 현장을 박차고 나가 술을 진탕 마시고 다른 일을 찾았다. 열 받게 만든 놈 엿 먹어라, 이거였다. 하지만 그들은 자신이 덫에 걸려 있다는 것도 인식하고 있었다. 당장은 조적공의 수입이 괜찮지만, 벽돌을 영원히 쌓을 수는 없는 노릇이었다. 그러니 오랫동안 살아남을 방법을 고민할 수밖에 없었다. 조적 일을 어느 정도 하면 몸이 망가지기 시작한다. 그럼 그때는 무엇을 해야 할까? 술이나 마시고 돈 벌 기회를 찾는 수밖에.

함께 일했던 사람들 중에 제시 워맥이 있었다. 제시는 비범한 지성을 갖춘 호리호리한 조적공이자 성실한 일꾼이었지만 알코올 중독에서 벗어나지 못했다. 그는 끊임없이 부자가 될 계획을 세웠다. 한동안 육가공 공장에서 벽돌을 지긋지긋하게 쌓은 적이 있는데, 그때 제시는 쇠뿔로 등잔을 만드는 아이디어를 생각해 냈다. 그는 유리조각을 이용해 쇠뿔을 반질반질하게 갈아서 탁자용 등의 받침으로 만들었다. 그가 만든 등은 물론 조악했지만 등불의 빛이 비쳐 나오는 쇠뿔은 상당히 아름다웠다. 제시는 쇠뿔 등을 만드는 데 재주가 있었지만 세일즈맨은 아니었다. 결국 그의 작은 집에 쇠뿔 등이 잔뜩 쌓였다.

베어헌터도 잊지 못할 것이다. 맨손으로 곰을 죽였다고 떠벌이다 얻은 별명이었다. 그는 제2차 세계대전 중에 타고 있던 비행기가 격추당하는 바람에 중국을 횡단했다고도 했다. 우리는 그의 이야기를 하나도 믿지 않았지만 즐겁게 들었다. 일꾼 중에는 베니 시몬스도 있었다. 우리와 2-3년 정도 함께 일했던 막일꾼이었다. 베니는 아메리카 인디언, 흑인, 백인의 피가 다 섞여 있었다. 나는 베니와 함께 일하는 것이 좋았다. 그는 나만큼이나 열심히 일했기 때문이다.

한번은 베니와 내가 댈러스 하단 트리니티 강에 있는 한 창고에서 비계 설치 작업을 하고 있었다. 조적공들은 9-12미터 정도 되는 벽을 쌓았다. 베니와 나는 완성된 구역에서 그다음 구역으로 비계를 옮겨야 했다. 원래는 합판들을 바닥에 던진 후 다음 구역으로 옮기는데, 우리는 합판을 들고 완성된 벽 위로 걸어가서 일을 빠르게 진행하려고 했다. 그 합판들은 길이가 5미터 정도 되었고 무게는 아무도 몰랐다. 베니가 합판 하나를 들고 벽을 따라 걷기 시작하는데 갑자기 바람이 불어 닥쳤다. 그는 9-12미터 정도 되는 벽에서 곧장 떨어졌고 합판이 위에서 그를 덮쳤다. 나는 베니가 죽었다고 생각했지만 그는 잽싸게 욕설을 쏟아 내며 일어나더니 벽 위로 다시 올라왔다. 베니는 루퍼스 삼촌처럼 문장으로 욕을 할 수 있었다. 나는 그가 나를 "한심하고 작고 하찮은 개새끼"라고 부르는 것이 좋았다. 그 후로 베니가 어떻게 되었는지 모르겠다. 그는 툭하면 유부녀와 엮이곤 했다.

그리고 삼촌들이 있었다. 다들 조금씩 평범하지 않은 면이 있었다. 루퍼스 삼촌은 형제들 중 최고의 조적공이었지만 다른 일에 끊임없이 손을 댔고 대체로 잘 풀리지 않았다. 한번은 어떤 부인 집의 부엌 찬장을 만드는 일을 맡았는데, 그 부인에게 화가 난 나머지 뛰어난 목공 기술자였으면서도 찬장을 그녀의 손이 닿지 않게 높이 설치했다. 루퍼스 삼촌은 창조적인 욕을 하는 재능이 있었다. 한번은 그렇게 욕을 주고받다가 내가 최선을 다해 욕을 했는데, 삼촌이 아내인 크리스틴 숙모에게 그 일로 불평을 했다. 크리스틴 숙모는 어머니에게 그 사실을 알렸고, 어머니는 나 때문에 루퍼스 삼촌이 화가 났다고 말씀하셨다. 충분히 이해할 수는 있지만, 여자들은 건축 현장이 어떤 곳인지 도무지 알지 못했다.

조지 삼촌도 있었다. 조지 삼촌은 정말이지 대단한 사람이었다. 삼촌은 언제나 '뭔가에 빠져' 있었다. 한동안 보이스카우트에 빠지는가 싶더니 그다음에는 프리메이슨에 빠졌다. 삼촌이 너구리 사냥을 하던 것이나 블루틱 쿤하운드를 기르던 일은 잊을 수가 없다. 삼촌은 한동안 손으로 총도 만들었다. 벽돌로 집도 몇 채 지어, 그중 한 채에 살면서 나머지는 세를 주었다. 삼촌은 벌들이 꿀을 만드는 것을 볼 수 있도록 살던 집 굴뚝에 벌집을 만들었다. 물론 결국엔 벌들이 집안에 날아다녔지만, 그래도 삼촌은 그것이 좋은 생각이었다고 주장했다. 샐리 숙모는 텍사스 커머스 출신이었으니 조지 삼촌과 결혼할 때 상대가 어떤 사람인지 알았을 거라고 본다. 그래도 숙모는 정말 많이 참았다.

조지 삼촌은 뛰어난 조적공이었지만 과도하게 열심히 일하는 것을 좋아하지 않았다. 조지 삼촌과 아버지는 여러 번 동업자가 되어 사업을 해 보려 했지만, 아버지는 내킬 때만 일하러 나오는 삼촌의 성향을 참지 못하셨다. 게을러서 그런 것은 아니었다. 그저 온갖 다른 일에 관심이 많았을 뿐이다. 그리고 아버지도 종종 삼촌의 설득에 넘어가 다른 일에 관심을 가지기도 했다.

그렇게 해서 나는 너구리 사냥을 배웠다. 아버지와 조지 삼촌은 나를 데리고 나가 개들이 달리는 소리를 듣게 했다. 우리는 화톳불 주위에 둘러앉아 개들이 길을 나서는 소리에 귀를 기울이며 어떤 개가 선두일지 이야기했다. 쫓기던 너구리가 마침내 나무 위로 올라가면, 개들은 컹컹 짖는 대신 길게 울었다. 그러면 우리는 화톳불을 떠나 개들이 모여 있는 곳으로 가서 너구리가 올라간 나무를 베었다. 가엾은 너구리는 개들의 수중에 떨어졌다. 잔인한 스포츠였다. 나는 그것을 좋아하지 않았다.

한번은 조지 삼촌이 아기 너구리를 잡아 길들여서 기르기로 한 적이 있었다. 너구리 래키는 결국 달아났는데, 얌전히 나가지 않고 샐리 숙모의 접시들을 바닥에 쏟아 놓았다. 그래도 조지 삼촌은 녀석을 그리워했다. 삼촌은 아버지도 프리메이슨에 끌어들였다. 그 무렵 나는 신학교에 있었고 프리메이슨을 싫어했다. 나는 평소처럼 무뚝뚝한 말투로, 아버지에게 프리메이슨에 들 수는 있지만 프리메이슨으로 죽어서는 안 된다고 말했다. 아버지는 곧 프리메이슨 활동을 그만두셨다. 내가 한 말 때문인지는 모르겠다.

조지 삼촌의 영향을 받은 아버지는 어느 겨울엔가 제2차 세계대전 때 나온 30-06 스프링필드 소총을 손봐서 사슴 사냥용 라이플총으로 되살려 내셨다. 아버지는 총을 복구하면서 호두나무 개머리판을 만드셨다. 예일대를 다니던 2학년 여름, 집에 오자마자 아버지가 얼른 내게 그 총을 보여 주셨다. 물론 나는 어릴 때부터 총을 만지며 자랐고, 그 총은 아버지가 나를 위해 살려 낸 것이 분명했다. 그러나 나는 그 무기가 아름답다는 점은 인정하면서도 이렇게 말했다. "아버지, 우리가 언젠가 이 망할 놈의 무기들을 사람들의 손에서 빼앗아야 한다는 거 아시죠." 나는 동부의 재수 없는 놈이 되어 버린 것이다. 물론 아버지는 별 대꾸를 하지 않으셨다.

몇 년 뒤 나는 책에 이 사건에 대해 썼다. 나는 늘 가족들에게 내 책을 선물하곤 했는데, 1년쯤 지났을 때 어머니와 아버지가 그 총이 나오는 대목을 보고 전화를 거셨다. 아버지가 이렇게 말쓸하셨다. "그 망할 물건을 어떻게 해야 할지 아직도 모르겠구나." 내가 대답했다. "걱정 마세요. 제가 알아서 처리할게요." 그리고 그 말대로 했다. 나는 그 총을 데이비드 툴에게 주었다. 그는 내가 가르쳤던 학생이자 친구이며 몬태나 출신으로 총을 다룰 줄 알았다. 그 못지않게 중요한 것으로, 그는 그 총에 얽힌 사연을 알고 있다. 폴라와 나는 그의 아들 게이브의 대부모인데, 그 아이도 그 총의 사연을 알게 되기를 바란다.

어머니는 대체로 조지 삼촌을 마음에 들어 하지 않으셨다. 내가 열서너 살 무렵, 삼촌이 나를 포함한 조카들 몇몇을 데리고 아칸소 메나로 정찰 여행을 떠났다. 삼촌은 대형 머큐리를 몰았다. 이른 시간에 출발했기 때문에 주위가 깜깜했다. 가는 도중에 삼촌은 다른 운전자가 상향등을 끄지 않았다고 욕을 했다. 조지 삼촌이 구사한 욕은 내게도 생소한 것이었다. 그런데 삼촌은 본인도 상향등을 끄지 않았다는 생각은 하지 못했다. 우리들은 그 사실을 알면서도 눈치껏 잠자코 있었다.

조지 삼촌은 우리를 종조부님 중 한 분이 개간한 정부 공여지로 데려갔다. 대공황 시절 정부가 나눠 준 아칸소의 땅이었다. 닉 할아버지는 시카고에 사는 예술가셨는데 술을 너무 좋아하셨다. 술에서 멀어지게 할 요량으로 할머니가 할아버지를 설득해 아칸소로 왔다고 했다. 조지 삼촌과 아버지는 어린 시절에 닉 할아버지를 방문한 적이 있었다. 나중에 아칸소로 캠핑을 갔을 때 두 사람은 닉 할아버지의 거처를 다시 찾아갔다. 잡초가 엄청나게 웃자라 있었고 통나무 오두막은 상태가 엉망이었으며 할아버지 내외도 전혀 다정하지 않았다. 마치 하트필드 가문과 매코이 가문* 사람들 같았다. 그러나 조지 삼촌은 물러서지 않았다. 삼촌은 닉 할아버지 내외를 설득해 그곳을 500달러에 본인과 아버지에게 팔게 했다.

그 정부 공여지는 아칸소의 가장 높은 산 중 하나인 블루 산기슭에 있었다. 우리는 오후 세 시에 그곳에 도착했다. 에너지가 넘쳤던 우리 남자아이들은 조지 삼촌에게 블루 산 정상에 오르자고 제안했다. 그러자고 할 줄 몰랐는데 삼촌은 대뜸 맞장구를 쳤고 다 함께 출발했다. 그런데 자정이 되도록 정상에 이르지 못했다. 조지 삼촌은 아침이 될 때까지 거기 머물자고 했지만 바람이 윙윙대며 불었고 너무 추웠다. 결국 내려가기 시작했다. 사방이 칠흑처럼 어두웠다. 우리는 갈라져서 완전히 길을 잃었다. 나는 절벽에서 떨어질 위험을 몇 번이나 모면했지만 사방에 도사리고 있는 가시덤불을 피하지는 못했다. 그 결과, 닉 할아버지의 거처로 되돌아왔을 무렵 내 몸은 머리부터 발끝까지 잔뜩 긁혀 있었다. 나는 살아 돌아온 것이 감사할 따름이었다. 산을 내려오다가 마침내 울타리를 발견하여 그것을 따라 돌아올 수 있었다. 조지 삼촌은 멋진 모험이었다고 생각했지만, 어머니는 내 몸을 보고 삼촌을 죽이고 싶어 했다.

하지만 어머니의 적대감은 금세 희미해졌다. 아이 같은 그에게 어떻게 계속 화를 낼 수 있겠는가? 게다가 어머니는 조지 삼촌의

• 남북전쟁 시대부터 수십 년에 걸친 불화로 수십 명이 목숨을 잃은 두 가문이다.

아내인 샐리 숙모를 늘 좋아하셨다. 어머니는 루퍼스 삼촌의 아내인 크리스틴 숙모도 좋아하셨다. 크리스틴 숙모는 순박한 사람이었다. 루퍼스 삼촌 내외는 상당히 많게 느껴지는 다섯 자녀를 두었다. 큰아들 바비는 나보다 조금 어렸지만 나중에 나와 같이 막일을 했다. 바비는 벽돌 쌓기를 배우지 않았다. 나 외에는 조지 삼촌의 아들 돈만 그 일을 배웠다. 그러나 돈은 결혼을 여섯 번 했고, 두 번은 같은 여자와 했기 때문에 생계를 꾸릴 다른 길을 찾아야 했다. 가족 중 누구도 가문의 전통을 이어 가지 않았다는 것은 슬픈 일이다.

우리 중에 조적공이나 조적업자가 된 사람이 하나도 없는 것은 하우어워스 가문을 둘러싼 세계의 변화 때문이었다. 벽돌도 벽돌을 쌓는 사람도 비싸다. 건물은 점점 그런 기술자가 필요 없도록 설계되었다. 아버지는 일찍 은퇴하셨는데, 허리가 더 이상 말을 듣지 않았기 때문이기도 했지만 새롭게 도착하는 이민자들과 경쟁할 수 없어서였다. 그들은 우리보다 훨씬 적은 돈을 받고 우리만큼 열심히 일했다. 그래서 부모님은 아칸소 주로 거처를 옮겨 메나 외곽에 있는 이동식 주택에서 사셨다. 평생 다른 사람들을 위해 벽돌 주택을 지은 아버지가 결국 조립식 트레일러에서 살게 되신 것이다. 아버지는 불평하시지 않았지만, 내가 볼 때 아버지가 트레일러에서 산다는 것은 세상이 뭔가 근본적으로 잘못되었다는 표시였다.

석공 셰이머스 머피(Seamus Murphy)는 회고록 『돌에 미치다』

(*Stone Mad*)에서 자신이 석공으로서 받은 훈련에 대해 숙고한다. 그는 '삶이 변화한다'는 관찰을 토대로 시작하는데, 이런 식의 접근법은 과거를 척도로 미래를 검토하게 해 준다. 석공업 같은 업종에 종사하는 사람들은 과거에 대해 자부심이 있다. 자신들이 이전에 살던 사람들의 전통을 잇는다는 것과, 그들이 남긴 작품을 도시와 마을에서 볼 수 있다는 사실을 자랑스러워한다. 석공업의 전통을 물려받은 사람들은 그들이 배운 삶의 방식을 보존하고자 힘쓴다. 그런 삶의 방식 자체가 석공 기술을 바쳐서 이루었던 선한 목적과 별개가 아니었기 때문이다. 머피는 자기 같은 사람들에게 미래가 없는 상황을 우려한다. 콘크리트가 이미 석재를 대체했으므로, 석재를 다루면서 온갖 뜻밖의 난관을 넘어설 다양한 기술을 습득하는 데 수년의 도제 기간이 필요한 석공의 기술은 보존될 수 없게 되었다.

아버지는 세상이 변하고 있음을 아셨기에 내가 아버지를 따라 조적업에 뛰어들기를 바라지 않으셨다. 하지만 내가 조적공이 되기 위해 받은 훈련은 내가 하는 모든 일에 지울 수 없는 흔적을 남겼다. 나는 변화가 불가피하다고 생각하면서도 속속들이 보수적인 사람이다. 내가 이해하는 보수적이라는 말의 의미를 형성한 것은 조적 기술의 전통이다. 자유주의의 정치적 가정을 비판하는 나의 근거는 정치가 벽돌 쌓기처럼 지혜로 결정되는 활동이라고 생각하는 데 있다. 자유주의는 콘크리트로 석재를 대체하여 꼭 필요한 지혜로운 사람들 없이 해 나가려는 시도처럼 보일 때가 너무 많다.

셰이머스 머피는 석공업의 기술과 석재를 만지며 일하는 데 필요한 훈련에 대해 이렇게 평한다. "우리는 망치와 나무망치, 끌로 거친 바위를 다듬고 원하는 모양으로 만들었다. 우리가 다루는 재료를 욕하기도 하지만 거기다 대고 부드럽게 말하기도 한다. 재료를 뜻대로 다루기 위해 우리가 그것을 받아들일 때도 있지만, 때로는 재료가 나름의 방식으로 우리에게 지시를 내리기도 한다. 그래서 싸움이 시작된다. 우리는 재료에다 우리의 뜻을 관철시키려 시도하면서도 재료를 알고 존중한다. 우리는 종종 재료의 제안을 받아들이고, 그로 인해 더 나은 작품이 나온다." 나는 신학도 이처럼 수년간의 훈련이 필요한 기술이라고 생각한다. 신학자는 석공과 조적공처럼 자신이 다루어야 하는 재료를 받아들이는 법을 배워야 한다. 특히, 믿음의 언어가 가진 단순한 복잡성을 존중하는 법을 배워야 한다. 그러면 정통신학의 급진적 특성을 숙고하게 될 것이다. 나는 자유주의 개신교 신학에 끌린 적이 없는데, 도제가 되는 데 필요한 훈련을 피하려는 시도처럼 느껴진 것이 한 가지 이유가 아닌가 싶다. 그에 반해, 칼 바르트(Karl Barth)의 저작에서는 조적 장인의 지시에 순종해야 한다는, 그래야 그 과정에서 '일의 비법'을 몇 가지 배울 수 있다는 단호한 요구를 읽었다.

어머니와 아버지는 은퇴하고 나서도 계속 일을 하셨다. 메나 주민 절반은 먹일 만큼 채마밭을 크게 일구셨고, 방문자들을 위해 '숙소'가 필요하다는 어머니의 확신에 따라 아버지가 사유지 땅에서 캐낸 돌로 숙소를 지으셨다. 멋진 솜씨로 지어진 돌집인데 그 솜씨를 알아보는 사람은 별로 없다. 아버지는 사유지 땅으로 들어오는 입구를 확보하기 위해 같은 재료로 다리도 지으셨다. 별 볼 일 없는 개울 너머로 예술적인 곡선을 이룬 그 다리가 얼마나 대단한 기술의 결과물인지 알아보는 사람 역시 별로 없지 싶다. 수십 년간 '제대로 일하는' 버릇이 든 아버지는 어떤 일도 어중간하게 하지 못하셨다.

어머니와 아버지는 메나에서 4-5년 사시다가 카시지로 이사해 에이시와 돈레시아 곁에서 지내셨다. 애덤과 내가 이사를 도왔다. 좋은 결정이었다. 아버지가 돈레시아와 에이시가 기르는 동물들에게 먹이 주는 일을 도울 수 있었기 때문이다. 아버지는 아칸소 숲에서 나와 당신을 '자기 소유'로 주장한 고양이와 친구가 되었다. 아버지는 짧은 꼬리(bob tail)가 있는 그 녀석을 "바비"(Bobby)라고 불렀다. 두 분은 녀석을 텍사스로 데려가셨고, 셋이 거기서 몇 년 동안 잘 지냈다. 그 후 어머니는 다시 그들을 데리고 댈러스로 이사하셨다.

아버지는 여든넷이 되는 해인 1992년 12월 31일에 돌아가셨다. 12월 24일이 아버지 생신이어서, 우리는 모두 텍사스로 가서 생신과 크리스마스를 축하했다. 1월 초에 이스라엘에서 논문을 발표해야 했던 나는 성탄절이 지난 후 폴라와 함께 텍사스를 떠나 이스라엘로 갔고, 나일 강을 따라 올라가는 여행도 했다. 아스완에 도착했을 때 전화를 달라는 애덤의 메시지를 받았다. 아스완에서는 전화를 할 수가 없어서, 나는 카이로로 돌아온 다음에야 아버지의 죽음을 알게 되었다. 텍사스로 돌아가는 데 사흘이 걸렸다. 나는 아버지가 돌아가시면 장례식 설교는 내 몫이라고 늘 생각하고 있었다. 집으로 돌아가는 길에 이 설교를 작성했다.

그리스도의 온유한 사람
— 아버지의 장례식 설교(계 7:9-17; 마 5:1-12)

제 아버지는 선하고 친절하고 소박하고 온유한 분이었습니다. 온유해지려고 노력하지 않았습니다. 비열함이 전혀 없었으니까요. 아버지는 증오와 질투, 적개심의 유혹을 받지 않았습니다. 친절하고 온유하고 속속들이 선한 사람들에게만 있는 단순함으로 각각의 미덕을 모두 갖고 계셨습니다. 아버지는 온유함의 은사를 발휘해 당신의 가족과 친구였던 운 좋은 이들에게 온유함을 아낌없이 베풀었습니다.

아버지에게 온유함이 그토록 자연스러웠다는 사실은 예수님의 팔복을 더 잘 이해하는 데 도움을 줍니다. 심령이 가난한 자, 애통하는 자, 온유한 자, 의에 주리고 목마른 자, 마음이 깨끗한 자, 화평하게 하는 자, 박해를 받는 자 같은 팔복의 특성은 우리가 도달하려고 노력해야 하는 이상이 되는 경우가 너무나 많습니다. 팔복이 이상이 되면, 그리스도께서 불러오신 새 시대에 속한 사람들의 특징을 알리는 묘사가 아니라 권력을 얻기 위한 공식이 되어 버릴 수 있습니다. 팔복은 모든 사람을 위한 일반적인 추천 사항이 아니라 어린 양의 피로 씻김을 받은 사람들을 묘사하는 내용입니다. 그리스도의 십자가와 부활로 삶이 변화되어 더 이상 주리고 목마르지 않을 사람이 바로 그들입니다.

따라서 예수님은 우리에게 심령이 가난해지고 온유해지고 화평케 하는 자가 되도록 노력하라고 말씀하시는 것이 아닙니다. 그저 그분의 나라로 부름받은 많은 사람들이 그런 자신의 모습을 보게 될 거라는 의미입니다. 우리는 온유한 예수님의 제자가 되기 위해 온유하거나 온순해지려고 노력할 수 없습니다. 그러나 그분의 제자가 되는 법을 배우다 보면 자신이 온유해져 있음을 발견할 사람들이 있을 것입니다. 예수님의 온유함은 십자가를 받아들이신 것과, 십자가 위에서도 박해자들이 해를 당하지 않기를 바라신 데서 가장 잘 드러납니다. 그뿐 아니라 병자들과 괴로운 자들의 손길에 기꺼이 몸을 맡기신 일, 사회적 낙오자들 및 약자들과 기꺼이 함께하신 일, 그리고 고통스런 시간에 제자들과 함께 식사하신 일에서도 그분의 온유함이 잘 드러납니다. 지금은 이것이 새 시대의 잔치가 되었지요.

팔복이 어렵게 느껴지는 것은 그중 일부에 문제가 있어 보이기 때문입니다. 우선, 우리는 온유한 사람들을 존경하지 않습니다. 온유하고 온순한 태도는 야망과 추진력이 없는 모습이라고 생각합니다. 온유함은 우리 삶의 개인적인 측면에만 머물러야 하는 덕목일 뿐 '세상'의 난투 가운데 살아남기에는 역부족이라고 생각합니다. 하지만 예수님은 그분의 나라를 이루는 사람들이 온유하고 온순한 사람들이라고, 다시 말해 보호 장치 없이 사는 법을 배운 이들이라고 분명히 말씀하십니다. 온유함은 하나님이 세상의 폭력을 통해 승리를 이루시지 않는다는 것을 배운 이들에게 주어집니다. 하나님 나라의 승리는 십자가의 온유함을 통해 주어지기 때문입니다.

아버지의 죽음 앞에서, 그분의 온유한 모습이 우리에게 어떤 의미가 있었는지 되돌아보고 기념하는 일이 올바르고 합당할 것입니다. 그분을 볼 수 없게 된 사실을 애통히 여기는 것도 물론 합당하고 옳은 일이지만, 제 아버지의 생애를 기억하고 애통해하는 이 자리는 무엇보다 아버지의 온유함이 그리스도 덕분에 가능했던 은사였음을 기억하는 자리여야 합니다. 이 부분을 누구보다 먼저 지적하실 분이 바로 아버지일 것입니다. 오늘의 가장 좋은 소식은 제 아버지의 인생이 의미 있었다는 것과, 그런 인생이 가능했던 이유는 오직 우리의 온유하신 구세주께서 증오와 폭력의 세력과 맞서 이기셨기 때문이라는 사실입니다. 제 아버지의 인생은 그분의 온유함 안에서 우리 주님의 온유함을 바라보지 않고는 이해할 수 없습니다.

한 예로, 제 아버지 인생의 최고의 순간 중 하나였던 플레전트마운드감리교회 건축을 감독한 공로를 인정받는 자리에서 아버지는 이렇게 말씀하셨습니다. "저는 사람에 불과합니다. 우리가 감사해야 할 대상은 전능하신 하나님이라는 말씀을 드리고 싶습니다. 하나님이 우리에게 이 건물을 허락하셨습니다. 말로는 제 마음을 다 표현할 수 없을 것 같습니다." 아버지는 돈 랙스데일, 건축위원회, 그리고 "감독한 건축 현장에서 최고의 전기공사를 해 준" 돈 월리스에게 감사를 전하셨습니다. 또 여러 해 동안 거래를 유지하며 건축 자재를 원가에 제공해 준 모든 기독교 기업체들에 감사를 표하셨습니다. 아버지는 말씀을 마치며, 본인은 이미 감사의 인사를 다 받았다고 하셨습니다. "하나님께 감사하고 하나님께 영광을 돌릴 뿐입니다."

소박하지만 유창한 말씀입니다. 아버지의 온유한 삶의 소박함과 유창함을 그대로 구현하고 있습니다. 아버지는 가로줄눈이 균일하고 세로이음매에 빈틈이 없이 잘 지어진 벽돌 벽의 아름다움을 볼 수 있도록 저를 가르치셨는데, 아버지의 인생에는 그런 아름다움이 담겨 있습니다. 제 아버지의 순전한 온유함은 한 가지 기술로 삶을 연마한 사람에게 주어지는 미적 감각에서 나온 것입니다. 제 아버지는 잔인해질 수 없었던 것처럼, 벽돌을 대충 쌓을 수 없었습니다. 잔인한 행동을 보면 가슴 아파하셨고, 제대로 처리되지 않은 벽돌 작업을 보면 또한 그렇게 안타까워하셨습니다.

온유함과 마찬가지로 아버지의 장인정신도 시대정신과 맞지 않았습니다. 세상은 빨리빨리 값싸게 일이 완성되기를 원했습니다. 지름길을 원했습니다. 마당에 물만 뿌려도 녹아내릴 것 같은 물러 터진 벽돌로 집을 짓기를 원했습니다. 아버지는 그런 일을 할 수 없었기에 세상이 주는 상을 받지 못했습니다. 하지만 아버지는 잘 사셨고 "벽에 돼지가 든"(한쪽 벽에 벽돌 한 층이 더 들어간) 집을 짓지 않았다는 사실에 안도하셨습니다.

아칸소 주 메나 외곽의 숲 뒤에는 제 부모님이 돌로 지으신 건물이 있습니다. 그 건물을 볼 사람은 거의 없겠지만, 그 집은 이제껏 제가 본 것 중 가장 멋진 돌집입니다. 저의 부모님은 그 집을 다른 식으로 지을 수 없었을 것입니다. 아버지의 감수성이 그것을 허용하지 않았을 테니까요. 돌덩이를 잘 쌓기 위해서는 다음번에 놓을 돌덩이와의 관계를 염두에 두고 돌덩이 하나하나를 봐야 합니다. 돌덩이 하나하나를 그렇게 보려면 개별적인 것에 대한 사랑에 근거한 겸손이 있어야 합니다. 제 아버지의 인생은 바로 이런 겸손으로 가득했습니다. 그리고 아마 그것이 가장 잘 드러나는 순간은 아버지가 숲속을 거니실 때였을 것입니다.

　아버지는 결코 '자연'을 추상적으로 보지 않으셨습니다. 아버지는 이 나무, 이 식물, 이 시내, 이 강, 특별한 구름들이 떠 있는 이 하늘을 보셨습니다. 평생 건물을 지으며 사신 분답게, 아버지는 세상에서 우리가 만들어 낼 수 없는 것들을 더 좋아하시는 것 같았습니다. 말수가 적으신 아버지가 이 물푸레나무가 얼마나 아름다운지, 떡갈나무와 참나무 잎이 전혀 다르다는 것이 얼마나 놀라운지에 대해 말씀하실 때는 수다쟁이가 되곤 하셨습니다. 채플힐에 있던 우리 집 옆 숲속의 호랑가시나무를 발견한 사람도 아버지였습니다. 저는 수없이 다니면서도 보지 못했던 나무였습니다.

　아버지는 경이감을 간직하셨기 때문에 아이들을 그렇게 좋아하셨던 것 같습니다. 아버지는 아이들을 잠재적 어른으로 보지 않고 그들의 경이로움을 누리셨습니다. 아이들이 저희들 눈에 기이한 바위를 발견하면, 그것이 평범한 바위라 해도 아버지는 그 바위를 비범하게 여기셨습니다. 아이들이 바위를 마음에 들어 하며 아버지에게 달려오면, 그분은 그것을 정말 특별한 바위로 여겨 주셨습니다. 아이들이 제 아버지를 좋아했던 이유는 그분에게서 온유한 경이감을 감지했기 때문인 듯합니다. 불행히도 많은 이들이 '다 자랐다'는 명목으로 그런 경이감을 모두 털어 버립니다. 아버지는 우리에게 낚시나 망치질하는 법을 가르쳐 주길 좋아하셨고, 가르침에 필요한 진득한 참을성을 충분히 발휘하셨습니다. 하지만 제게 벽돌 쌓기를 가르치는 일은 아버지의 인내심을 극한까지 시험했다고 말해야겠군요.

예수님의 온유한 삶은 성질을 잘 내고 툭하면 다투는 그분의 민족과 로마의 권력, 제자들의 몰이해와 부딪쳤습니다. 제 아버지의 온유함은 여러 면에서 그보다 더 심각한 도전에 마주쳤습니다. 텍사스 말입니다. 텍사스 사람들은 온순함이나 온유함으로 유명한 사람들이 아닙니다. 혹독한 땅에 부는 마른 바람이 만든 무정한 사람들, 겸손함이 아니라 허세로 유명한 사람들입니다.

제 아버지는 텍사스 사람이었고 아버지에게도 어느 정도 허세가 있었습니다. 모든 텍사스 사람들이 그렇듯 아버지도 허풍을 과시하셨는데, 특히 목수들과 함께 있을 때 그 정도가 심해지곤 했습니다. 하지만 텍사스 사람답게 살려는 노력이 본연의 온유함을 이기지는 못했습니다. 아버지가 어릴 때 매일 아침 말을 타고 학교에 갔던 이야기에서 그것을 느낄 수 있습니다. 아버지는 학교를 좋아하셨지만 그 말은 훨씬 더 사랑하셨습니다. 그런 사랑 때문에 아칸소의 숲에서 걸어 나온 꼬리 짧은 고양이 바비가 아버지를 평생의 동반자로 선택한 것이 아닌가 싶습니다. 아버지는 그 선택을 불가피한 것으로 받아들이셨고, 아버지와 바비는 서로를 더없이 깊이 이해하는 것처럼 보였습니다. 거기에 비하면 나머지 사람들은 모두 '외부자'라는 느낌이 들 정도였습니다.

제 아버지에게는 텍사스 사람답지 않은 주요한 결점이 있었습니다. 그것 역시 아버지의 온유함과 상당히 관련이 있다는 생각이 듭니다. 굳이 덧붙이자면, 누구도 드러내어 인정하지 않았던 결점입니다. 사실, 아버지는 어릴 때부터 훈련을 받았는데도 지독히 총을 못 쏘는 사람이었습니다. 이런 결함은 기술 부족이라기보다는 동물에 대한 사랑 때문인 것 같습니다. 이 부분에 관한 저의 가장 어린 시절 기억 중 하나는, 아버지가 광견병으로 의심되는 개를 쏘아 죽이는 일을 이웃 사람에게 부탁한 것이었습니다. 온유한 아버지는 그런 영웅 노릇을 해낼 수가 없었던 것입니다. 어머니조차 때로는 아버지의 그런 모습을 답답해하셨습니다. 아칸소의 집 연못에 내려앉은 오리 떼도 맞추지 못하는 남편을 이해할 수 없었던 것이지요. 제 생각에 아버지는 새들이 아무리 많았어도 차마 죽일 수 없었던 게 아닌가 싶습니다. 새들의 아름다움에 감탄해 마지않는 분이셨거든요. 물론, 아버지의 철쭉을 뿌리째 뽑아 버리는 아르마딜로는 그냥 두지 않으셨습니다.

아버지의 온유함을 위협하는 더 결정적인 문제는 텍사스가 '남부'라는 사실이었습니다. 적어도 아버지가 자라난 텍사스는 그랬습니다. 아버지는 흑인과 백인을 분리하는 습관을 물려받았습니다. 하지만 그런 습관은 아버지의 영혼 속에서 번성할 수 없었습니다. 아버지의 온유함이 여기서도 두드러졌던 데는 믿을 수 없을 만큼 힘든 노동 가운데 벼려질 수밖에 없었던 동지애와 관련 있었던 것 같습니다. 아버지는 헨리 씨, 조지 하퍼 씨와 오랜 세월 함께 일하면서 경험한 그들의 선함을 단지 피부색 때문에 무시할 수 없었습니다. 우리 모두처럼 아버지에게는 고된 노동으로 형성된 일체감이 삶의 다른 측면들로 어떻게 전이되어 공동체를 이룰 수 있는지 보고 배울 선례가 없었고, 그런 선례 없이 살아야 하는 서글픔도 아셨습니다.

아버지가 사랑하셨던 조적 일, 아버지의 몸을 망가뜨린 그 일도 아버지의 온유함을 위협했습니다. 아버지의 두 손바닥은 거친 재료를 수없이 붙잡느라 닳아서 매끈해졌습니다. 두 손등도 석회와 시멘트를 섞어 만든 모르타르처럼 단단하고 거칠어졌습니다. 거친 재료로 고된 일을 하다 보니 조적공들은 '거칠어지기' 쉬웠습니다. '건축 현장'은 마음 약한 사람, 말이나 취향이 섬세한 사람이 있을 자리가 아닙니다.

하지만 거기서도 제 아버지는 변함없이 온유하셨습니다. 아버지는 아랫사람들 못지않게 열심히 일하셨고, 그들의 약점과 강점을 공정하게 대하시면서 각자의 '개성'을 즐거워하셨습니다. 클래런스 보더스키, 제시 워맥, 팁톤, 베어헌터, 바비, 그리고 다섯 명에 이르는 조지, 루퍼스, 딕, 토미, 빌 삼촌 말입니다. 사랑의 존재조차 인정하기 부담스러워하는 세상에서 아버지는 사랑하고 사랑받으셨습니다. '커피 씨'가 죽었다는 말을 들으면 거친 남자들이 부끄러운 줄도 모르고 울음을 터뜨릴 것입니다. 그런 사람을 다시는 '현장'에서 볼 수 없을 것임을 알기 때문입니다.

아버지 인생의 특징이었던 온유함을 가장 잘 아는 분은 제 어머니입니다. 어머니는 아버지가 일 때문에 늘 지쳐 있으면서도 가족들을 위해 시간을 내신다는 것을 아셨습니다. 아버지는 그것이 자기희생이라고 생각하지 않으셨습니다. 우리를 향한 사랑만큼 그분에게 소중한 것은 없었으니까요. 부모님이 관계 가운데 구현하신 따뜻한 사랑은 혈육의 테두리를 벗어나 제게 동생을 마련해 주었습니다. 두 분에게 그것은 놀라운 일이 아닙니다. 두 분의 사랑은 낯선 이를 두려워하지 않는 사랑이었기 때문입니다.

제 아버지의 인생이 그렇게 온유했기에 하나님이 아버지에게 부드러운 죽음을 허락하신 것이 분명합니다. 아버지는 평화롭게 사셨고 평화롭게 돌아가셨습니다. 물론 그분의 죽음은 그분을 사랑했던 우리에게 부드럽게 다가오지 않습니다. 그렇게 온유한 영혼이 너무나 드물다는 것을 알기에 상실감을 느끼는 것이 당연합니다. 우리가 그분 없이 어떻게 살아갈까요?

그러나 너무나 좋은 소식이 있습니다. 제 아버지가 하나님의 보좌 주위에 모여 있는 하나님 나라의 다른 성도들과 합류하셨다는 것입니다. 아버지는 지금 하나님을 예배하는 무리와 함께 계시며, 홀로 찬양받기에 합당하신 분의 끊임없는 보호를 받고 계십니다. 아버지는 위대한 성도의 교제에 합류하셨는데, 우리가 하나님의 위대한 선물인 온유한 식사를 통해 누리는 것과 동일한 교제입니다. 우리는 그 식사를 나누며 하나님의 생명의 일부가 되고 서로의 삶을 공유합니다. 그래서 이 자리에 있는 우리는 슬픔 속에서도 하나님이 제 아버지의 인생 같은 삶을 통해 그리스도의 온유한 나라를 계속 드러내심을 기뻐할 수 있습니다.

아버지가 돌아가셨을 때 나는 쉰두 살이었다. 내가 이 설교를 전할 수 있기까지 52년이라는 세월 전부가 필요했던 것이 분명하다. 나는 이 설교가 유창하기를 원했다. 아버지의 인생이 유창함의 핵심인 단순함의 본이 된다고 생각했기 때문이다. 하지만 설교의 내용과 그것을 작성할 능력은 거저 주어지지 않았다. 나는 플레전트그로브와 부모님의 세계로부터 멀리 떨어져야 했다.

아버지가 내게 주신 큰 선물, 어머니가 내게 주신 큰 선물, 내가 나중에 가서야 깨달았던 선물은 두 분이 내가 계속 전진하도록 기꺼이 놓아주셨다는 사실이었다. 사우스웨스턴에 다닐 때만 해도 나는 부모님과 분리되는 것을 느끼지 못했다. 여름마다 집에 돌아와 벽돌을 쌓았으니 말이다. 나는 부모님이 잘 모르는 책과 학회의 세계로 내가 들어가고 있음을 어렴풋이 인식했을 뿐이었다. 예일에 가고 나서야 비로소 나의 새로운 세계가 부모님이 이해하거나 들어갈 도리가 없는 곳임을 느끼기 시작했다.

두 분이 시도를 안 하신 것은 아니었다. 특히 어머니는 시도를 하셨다. 하지만 어머니의 시도는 종종 내게 괴로움을 안겨 주었다. 한번은 댈러스의 성직자들을 상대로 강연을 할 기회가 있었는데, 어머니가 참석하고 싶어 하실 것 같아서 그 자리에 모셨다. 나는 낙태에 대한 몇 가지 언급을 했는데, 어머니는 내용을 이해하지 못하셨다. 질의 시간이 되었을 때 제일 먼저 어머니의 손이 올라갔다. 어머니는 본인이 간호사로 경험한 것에 비추어 볼 때 내가 낙태에 대해 잘못 생각하고 있다고 말씀하셨다. 나는 어머니가 내용을 이해하지 못하고 말씀하시는 것 같다는 어리석은 대답을 했다. 그때까지 그 자리의 성직자들이 내 강연을 어떻게 들었건, 나는 그 순간에 내뱉은 말로 모든 설득력을 잃어버렸다.

아버지였다면 그런 자리에서 아무 말씀도 하지 않았을 것이다. 아버지는 나를 자랑스러워하셨고 내가 교수라는 사실을 기뻐하셨다. 그러나 애덤이 태어나자 부모님의 관심은 애덤에게 쏠렸다. 두 분은 애덤과 함께 있고 싶어 하셨다. 가끔 두 분이 아이와 같이 시간을 보내기는 하셨지만, 나는 부모님을 좋아하지 않는 까다로운 사람과 난감한 결혼 생활을 하고 있었다. 나는 이러지도 저러지도 못하는 상태였다. 갈등을 조정하는 법을 도무지 알 수가 없었다. 그 부분에서는 부전자전이라 할 만했다. 그 결과, 부모님은 손자와 즐거운 시간을 보내고 싶은 지극히 합당한 소원을 이루지 못하셨다.

하지만 나의 세계와 두 분의 세계 사이에는 한 가지 연관성이 있었다. 우리는 그리스도인이었다. 두 분은 내가 전진하도록 놓아 주셨고, 본인들에게는 낯선 세계로 들어가도록 하셨다. 내가 하나님을 섬기고 있다고 생각하셨기 때문이다. 나는 예일대 신학대학원과 박사 과정을 진행하면서도 내가 실제보다 더 그리스도인다운 모습을 보여야 한다는 심적 부담을 전혀 느끼지 않았다. 부모님은 그런 식의 부담을 주신 적이 없었다. 나는 부모님이 내게 원하시는 것이 솔직한 모습이지 다른 것이 아니라고 생각했다. 허튼소리는 용납되지 않았다. 분명한 말과 분명한 생각은 두 분 인생의 대표적인 특징이었고, 나는 그것을 내 삶의 특징으로 삼고자 했다. 나의 생각과 글이 지금도 여전히 그렇다고 생각하고 싶다.

어디서 왔는지는 모르겠지만, 내게는 진실을 향한 열정이 있다. 다른 사람은 물론이고 나 자신에게도 거짓말을 하고 싶지 않다. 세상의 이치를 담아낸 진실을 알고 싶다. 나는 그리스도인이고 싶다. 우리가 그리스도인으로서 믿는 내용이 끊임없이 현실에 참여하도록 우리를 몰아가기 때문이다. 부모님이 나를 놓아 보낸 것은 그분들 삶의 진실성을 증언한다. 그분들이 보여 준 것 같은 삶이 없이는, 내가 살아온 것처럼 책이 빚어낸 삶은 비현실에 사로잡힐 위험이 다분하다. 나는 내 출신을 기억하려 힘쓴다.

단지 기억하려 힘쓸 뿐 아니라, 나는 내 삶이 건축 현장에서 배운 교훈의 사례가 되기를 바란다. 그 많은 일을 어떻게 다 해내느냐는 질문을 종종 받는데, 대답은 간단하다. 일을 하면 된다. 매일 아침 다섯 시에 일어나 저녁 여섯 시까지 일을 한다. 시간을 낭비하지 않는다. 15분이 있으면 이것저것을 읽을 수 있다. 물통에 물을 마시러 갔으면 반드시 벽돌 몇 개라도 가지고 자리에 돌아오는 원칙과 다를 바 없다. 그렇게 철저히 시간을 관리하는 것이 다른 이들에게는 숨 막히게 느껴질 수 있고 가끔은 나도 그렇게 느낀다. 폴라 덕분에 나는 쉬는 법을 조금은 배웠다. 하지만 내가 일하는 것은 내게 주어진 일을 사랑하기 때문이다.

그럼에도 내게 주어진 일이 플레전트그로브와 조적 일에서 멀리 떨어졌다는 생각에는 변함이 없다. 〈브레이킹 어웨이〉(*Breaking Away*)라는 영화의 한 장면이 종종 떠오른다. 인디애나 주 블루밍턴을 배경으로 한 이 영화는 자전거 경주를 위해 훈련하는 한 대학생에게 초점을 맞춘다. 영화는 젊은 자전거 선수의 성장의 의미를 탐구한다. 그가 추구하는 것은 경주에서 다른 선수들을 제치고 나가는(break away) 것이 아니라 가족과 성장 배경에서 벗어나는 (break away) 것이다. 그의 그런 시도는 아버지와의 갈등을 만들어낸다. 아버지는 "커터"(cutter)였는데, 블루밍턴 주변의 채석장에서 돌을 뜨는 일로 생계를 이어 가는 '마을 사람들'에게 경멸조로 붙여진 이름이었다.

나의 뇌리에 깊이 각인된 장면에서 아버지와 아들은 대학 캠퍼스를 걸어간다. 두 사람은 큰 건물을 지나치는데, 아들이 대화를 이어 갈 요량으로 이 건물에서 받는 수업이 하나 있다고 말한다. 아버지는 그 건물에 들어간 돌을 본인이 캐냈다고 말을 받으며 이렇게 덧붙인다. "건물 안은 어떤 모습인지 늘 궁금했다." 아들은 깜짝 놀란다. 아버지가 건물 내부를 본 적이 없다는 말이 믿기지 않아 이유를 묻자, 대답은 이러하다. "그것은 합당하지 않기 때문이야." '커터'는 자기가 지은 건물에 들어가지 않는다.

나는 내 아버지 같은 사람들이 지은 건물, 건축자들이 자기가 있을 곳이 아니라고 느꼈던 건물에서 평생을 보냈다. 계급은 중요하다. 하지만 나는 플레전트그로브와 조적 일에서 멀리 떠나왔어도, 그 둘을 과거의 일로 여기고 싶지 않다. 나의 관심사는 진짜 중요한 일에 있기 때문이다. 나는 학자로서 경력을 쌓는 데 몰두하지 않았다. 내가 학자로 사는 이유는 그 일이 내가 중요하게 여겨야 할 문제들에 대해 생각할 시간을 주기 때문이다. 나는 나름대로 열심히 생각하고 글을 써 왔는데, 그것이 우리 부모님의 인생처럼 사람들의 삶을 붙들어 주는 데 작게나마 보탬이 되기를 바라고 기도한다. 신학자로서 나는 아버지가 조적공으로 도달한 경지에 이르지 못했다. 지금도 나는 너무 서두른다. 그러나 내가 신학계에서 한 일이 조금이라도 쓸모가 있다면, 그것은 조적 일에서 배운 교훈 덕분일 것이다. 벽돌은 한 번에 하나밖에 쌓을 수 없다는 교훈 말이다.

3

공부

창조의 교리는 필연적으로 종말론적 교리다. 즉, 우리는 그리스도 안에서 끝을 보았기 때문에 시작이 있었음을 안다.…나는 그리스도인으로 말하는 법을 배우는 것이 존재의 불가사의한 경이로움으로의 초대라는 것을 깨닫기 시작했다.

때는 1962년, 나는 스물두 살이었다. 아칸소 주 메나 북쪽으로 가본 적 없던 내가 코네티컷 주 뉴헤이번의 예일대 신학대학원으로 가는 길이었다. 나는 가든스테이트파크웨이를 달리고 있었는데, 방향을 잘못 잡아서 뉴헤이번에 도착하지 못할까 봐 무서웠다. 뉴저지 주 뉴어크는 내가 여생을 보내고 싶은 곳이 아니었다. 그때까지는 줄줄이 늘어선 아파트를 본 적도 없었다. 이런 생각이 들었다. '계속 이런 식이라면 거기에 절대로 도착하지 못할 거야.' 그러나 어찌어찌 메리트파크웨이와 뉴헤이번으로 가는 길을 찾았다. 사우스웨스턴이 신세계로 가는 입구였다면, 예일은 두 배로 그랬다. 당시에는 내가 어디로 들어가고 있는지 전혀 알지 못했다.

예일대 신학대학원은 대학 안에서도 '언덕 위'에 자리 잡고 있었다. 건물은 조지 왕조풍으로 지어졌는데, 버지니아 대학교를 그대로 축소해 놓은 것 같았다. 신학대학원 건물은 대공황 기간에 스털링 도서관 건물을 짓고 남은 돈으로 건축되었다고 한다. 예일대에 건물들을 지으라고 돈을 기부한 존 윌리엄 스털링은 불가지론자였다고 하니, 자기 돈이 신학대학원 건물을 짓는 데 쓰이는 것이 남부에서 하는 말로 '그리 달갑지는 않았을 것'이다. 그러나 그는 1918년에 죽었으니 항의할 수는 없었다. 스털링 신학대학원 건물 이름이 불가지론자의 이름을 따서 지었다는 말이 사실인지는 모르겠지만, 그 건물에 자리 잡은 우리 학생들은 그 이야기가 마음에 들었다.

신학대학원이 언덕 위에 서 있고 예일대의 나머지와 달라 보인다는 사실은 예일대와 예일대 신학대학원 사이의 지적 거리를 상징적으로나마 보여 준다. 나는 아무것도 몰랐기에 학내의 많은 이들이 신학대학원을 '예일대가 아니'라고 본다는 생각은 전혀 하지 못했다. 신학대학원은 그리스도인들이 믿고 있는 내용이 사실인지 연구하러 가는 곳이겠거니 하고 단순하게 생각했을 뿐이다. 예일대 자체가 기독교를 싫어한다는, 다시 말해 신학이 대학에 적합한 학과가 아니라고 여기는 이들이 많다는 사실도 몰랐다. 나는 예일대에 신학을 공부하러 왔다고 생각했다. 배울 것이 많았다.

상상하기 어렵겠지만 나는 신학대학원으로 진학하는 것이 무슨 의미인지 알지 못했다. 사람들이 목회를 위한 공부를 하러 신학대학원에 가리라고는 생각하지 못했기 때문이다. 나는 동료 학생들 중 상당수가 목사가 되러 왔다는 사실을 알고 깜짝 놀랐다. 그리고 사람들이 나도 교회에서 일할 거라고 생각한다는 것을 알게 되었다.

나는 교회에서 일하고 싶지 않았기에 일자리를 구하기가 어려웠다. 말쑥하게 차려입고 신학대학원 실무를 책임지던 존 올리버 넬슨(본인은 '존'으로 불리고 싶어 했다)이 내게 이렇게 말했다. "자네는 굵게 쪼갠 다이아몬드야. 하지만 '굵게 쪼갠' 상태로 머물러 있을 필요는 없어. 예를 들면, 아이들을 좋아하는지 잘 모르겠다는 식의 이야기는 굳이 할 필요가 없어. 잊지 말게, 하우어워스. 우린 자네에게 일자리를 구해 줘야 한다고." 일자리를 구하는 데는 계급 문제도 있었다. 존은 내가 면접을 봤던 그리니치의 교회 담임목사가 나에 대해 "재목이 아니다"고 한 말을 귀띔해 주었다.

그러나 존 덕분에 나는 일자리를 구했다. 나의 계급 문제를 무시할 만한 목사와 나를 연결시켜 준 것이다. 그의 이름은 딕 스멜처로, 코네티컷 주 햄덴플레인스에 있는 햄덴플레인스감리교회의 담임목사였다. 딕은 신학을 중요하게 여기는 범상치 않은 사람이었다. 면접을 할 때 그는 두 가지를 물었다. 차가 있느냐? 바르트-브루너 논쟁에서 어느 편을 지지하느냐? 나는 차가 있고 바르트 편이라고 대답했다. 그리고 직장을 얻었다. 알고 보니 딕은 신학 논쟁을 좋아했고 브루너 편이었다. 그리고 직전에 교회에서 일했던 신학생은 차가 없어서 딕이 그를 차로 실어 날라야 했었다. 나는 주일학교에서 초등학교 6학년 학생들을 가르치는 일과 감리교청년회 운영을 맡았다. 둘 다 썩 잘하지는 못했지만, 햄덴플레인스교회에서 2년을 일하고 난 후 내가 가르쳤던 학생들이 내게 『교회교의학』 제3권 제4부를 선물해 주었다.

나는 예일대 신학대학원에 입학하면서 교회 생활, 적어도 한 교회의 생활로 들어섰다. 기독교 신학에서 교회가 중심이 된다고 강조하는 나의 입장을 아는 사람들은 모든 것이 예일에서 시작되었다고 생각할 수도 있을 것이다. 실제로, 내가 예일대 신학대학원에서 교육을 받는 동안에 내 신학 연구 방식의 씨앗이 뿌려졌음은 확실하다. 하지만 나의 신학적 사고방식이 소위 '신학의 예일 학파'를 대변한다고 생각한다면 오산이다. 예일에 와서 내가 생각하는 방식이 달라진 것은 분명하지만, 당시에 나는 예일이 하나의 '입장'을 대표한다는 것을 전혀 몰랐다.

내가 예일에 왔던 때는 일종의 전환기였다. 리처드 니버는 한 해 전에 은퇴하여 세상을 떠났고, 롤런드 베인턴(Roland Bainton) 역시 은퇴했지만 언제나 학교에 있었다. 자전거 페달을 밟으며 캠퍼스를 누비는 그의 모습을 종종 볼 수 있었다. 로버트 칼훈은 학교에서 마지막 몇 년을 보내고 있었다. 나는 그가 가르치는 마지막 '신학의 역사' 수업을 들었다. 조지 린드벡(George Lindbeg)의 수업은 듣지 못했는데, 그는 제2차 바티칸 공의회에 참석하러 로마에 가 있었다. 한스 프라이(Hans Frei)의 수업은 기독론 하나만 들었다. 따라서 이 출중한 분들이 내 스승이었다고 말하는 것은 옳지 않을 것이다. 그럼에도 불구하고, 나는 예일에서 멋진 교육을 받았고 평생 그 내용을 곱씹으며 살았다. 내가 예일에서 그리스도인이 되었는지는 잘 모르겠지만, 거기서 배운 내용 덕분에 신학자의 길로 들어선 것만은 분명하다.

예를 들어, 나는 최고 수준의 구약학 개론 수업을 들었다고 생각한다. 브레바드 차일즈(Brevard Childs)는 첫 학기에 모세오경에 집중했다. 나는 그의 창세기 강의를 결코 잊지 못할 것이다. 우리는 존 브라이트(John Bright)와 어니스트 라이트(G. Ernest Wright)뿐 아니라 게르하르트 폰 라트(Gerhard von Rad)와 마르틴 노트(Martin Noth)까지 읽었다. 그래서 구약성경 본문을 해석하기 위해서는 이스라엘 역사를 어떻게 재구성해야 하는지에 관한 질문들을 심각하게 받아들여야 한다는 기대를 갖게 되었다. 그즈음에 세미나에서 실존 여부가 불분명한 아브라함이 낙타 유목민이었는지 당나귀 유목민이었는지를 다룬 적이 있다. 나는 어차피 정답을 알 수 없으니 본문의 의미가 역사적 재구성에 달려 있다는 전제 없이 본문을 읽는 것이 더 낫지 않겠느냐고 말했고, 차일즈 교수는 그 말을 퍽 흥미롭게 여겼다.

그가 그런 반응을 보인 이유가 있었다. 당시 그는 이후에 성경 해석학 분야에 족적을 남기게 되는 정경비평 해석학을 발전시키고 있었기 때문이다. 나는 그의 접근법을 어떻게 이해해야 할지 확신이 서지 않았다가, 나중에는 그의 방식이 솔라 스크립투라(sola scriptura), 즉 성경이 신앙의 궁극적 권위라는 개신교 교리를 강조하는 입장을 다시 세우는 길일 수도 있겠다고 우려하게 되었다. 하지만 나는 R. G. 콜링우드의 글도 충분히 많이 읽었던 터라 '역사'를 벌어진 일을 가리키는 데 사용하는 접근 방식도 똑같이 우려스러웠다. 차일즈 교수는 본문에 대한 역사적 재구성 대신 정경의 형성을 해석의 지침으로 강조했고, 비평 시기 이전 초대교회의 성서 읽기가 우리에게 중요한 지침이 될 수 있다고 말했다. 리처드 케니(Richard Kenny)라는 멋진 사람이 수업 조교를 맡았는데(불행히도 그는 젊은 나이에 세상을 떠났다) 그는 교부들을 통해서 읽은 만나 전승을 주제로 박사 논문을 썼다. 딕 덕분에 나는 교부들이 성경을 읽었던 방식에 주목하면 신학적으로 성경을 읽는 법을 다시 배울 수 있을 거라는 혁명적 발상을 일찍 접했다.

발터 침멀리(Walther Zimmerli)는 구약학 둘째 학기를 가르쳤다. 그는 취리히에서 온 방문교수였는데, 당시 성경 예언서의 위대한 학자로 인정받고 있었다. 침멀리 교수와 예언자들에 대한 공부를 마칠 무렵이 되자, 예언자들의 말과 칼 바르트의 말을 구분할 수가 없었다. 이 주목할 만한 교수들의 참으로 주목할 만한 점은 비범한 학식만이 아니었다. 이들은 성경 본문이 정말 하나님을 다룬다고 생각하고 있었다. 그때는 이 사실의 중요성을 제대로 파악하지 못했지만, 이들이 보여 준 본은 내 안에 깊이 각인되었다.

폴 마이어(Paul Meyer)는 신약성경을 가르쳤다. 상대적으로 전통적인 수업이었는데, 기억하고 싶지 않을 만큼 많은 시간을 할애한 주제는 마태, 마가, 누가가 쓴 복음서들 간의 관계, 소위 공관복음의 문제였다. 우리는 키르솝 레이크(Kirsopp Lake)의 글을 읽었다. 하지만 마이어 교수는 로마서를 강의할 때가 최고였다. 그 무렵이 바로 학자들이 바울에 대한 루터의 독법에 의문을 제기하기 시작한 때였다. 크리스터 스텐달(Krister Stendahl)의 논문 "사도 바울과 서구의 자기반성적 양심"이 당시에 출간되었는지는 기억나지 않지만, 칭의를 강조하는 루터의 해석에 대한 문제 제기는 분명히 수업 내용의 일부였다.

신약학 수업 조교는 웨인 믹스(Wayne Meeks)였는데, 그는 요한복음의 구약성경 사용을 주제로 학위 논문을 쓰고 있었다. 확실하지는 않지만, '유대교'가 그리스도인들이 그냥 버려도 되는 기독교의 선행(先行) 사상에 그치지 않는다는 암시를 받기 시작한 것이 웨인을 통해서였던 것 같다. 프랭크 크로스(Frank Cross)를 읽으면서 유대교가 제사장이 지배하는 율법주의적 종교였다는 가정에 문제의식을 갖게 된 기억이 난다. 유대인들이 지속적으로 존재하지 않으면 그리스도인들이 믿는 내용을 이해할 수 없다는 생각을 학생들 중 일부가 받아들였고, 상당수가 바울 이해의 관건이 되는 내용으로 로마서 9-11장을 중시하게 되었다.

나에게 유대인들이 왜, 어떻게 해서 그렇게 중요해졌는지는 모르겠다. 자라면서 내가 알았던 유대인은 맥스 골드블라트라는 한 사람뿐이었다. 그는 상점 주인이었는데, 거기에는 팔지 않는 물건이 없는 것 같았다. 나는 그가 파는 모형비행기를 조립하고 날리기를 좋아했다. 그는 좋은 사람이었고 내게 친절히 대해 주었다. 부모님이 그가 유대인이라고 말했지만 나는 그 말이 무슨 뜻인지 몰랐다. 적어도 내게 있어서 유대인들과 가톨릭 신자들은 똑같이 다른 별에서 온 사람들이었다.

예일에 오기 전 사우스웨스턴에서, 나는 기독교의 진실성을 의심할 만한 결정적인 문제 중 하나가 그리스도인들이 쇼아(홀로코스트)에 반대하지 않은 것이라고 확신하게 되었다. 어떻게 그런 결론에 이르게 되었는지는 기억나지 않지만, 니체를 읽으면서 그리스도인들이 사는 모습이 그들이 믿는다고 말하는 내용의 진위 여부를 판단하는 데 결정적인 역할을 한다고 믿게 된 것 같다. 나는 그리스도인들이 수 세기에 걸친 유대인 박해를 통해 쇼아로 가는 길을 닦았을 뿐 아니라 유대인 살해에 공모했다는 사실을, 기독교가 진실성의 요구를 만족시키지 못했다는 결정적인 증거로 받아들였다.

그래서 줄리언 하트(Julian Hartt)의 예일대 조직신학 수업에서 바르트가 국가사회주의의 왜곡상을 그 누구보다 분명하게 간파했다는 사실을 알게 되었을 때 충격을 받았다. 기독교가 세상 문제를 그런 비판적 렌즈로 바라볼 수 있다니, 나로선 생각도 못한 일이었다. 바르트는 유대인들에 대한 박해와 살해가 나치의 악마적 특성을 보여 주는 결정적인 지표였다는 사실을 자신보다 디트리히 본회퍼(Dietrich Bonhoeffer)가 더 잘 이해했다고 나중에 털어놓았다. 하지만 바르트가 기독교 신앙의 기독론적 중심성을 회복함으로써 나치의 실체를 정확하게 파악한 것 역시 분명한 사실이었다. 무척 인상적이었다.

하트 교수는 유서 깊은 감리교 목사 집안 출신이었다. 그는 사우스다코타에서 자랐는데, 메인 주 출신의 감리교 목사였던 그의 아버지가 사우스다코타에 예수님을 전해야 한다고 믿고 그리로 이주했던 것이다. 사도신경 해설로 채워진 그의 조직신학 강의는 변증법적 탁월함과 문화적 통찰력, 짓궂은 유머로 진행되었다. 그는 신학적으로 탁월했던 것만큼 철학적으로도 빈틈이 없었다. 우리는 오스틴 패러(Austin Farrer)와 칼 바르트를 읽었다. 나는 하트 교수에게 완전히 매료되었다. 내가 신학을 하는 방식을 이해하려고 관심을 갖고 살펴보는 사람이 있다면, 내가 하트 교수의 엉성한 모조품이라는 사실을 금세 알게 될 것이다.

하트 교수에게 배운 잊을 수 없는 교훈 중 하나는 믿음의 언어를 존중하는 것이었다. 예를 들어, 그는 여러 강을 할애해 사도신경의 첫 번째 조항이 왜 "아버지 하나님을 믿습니다"인지 분석했다.

아버지? 왜 아버지인가? 창조주 하나님을 알기 전에 어떻게 아버지 하나님을 알 수 있단 말인가? 하트는 그런 맥락에서 '아버지'가 가질 수 있는 의미의 끝없는 변주를 살폈다. 그리고 마침내 그가 다음 단계로 넘어갔을 때, 나는 그것을 바르트와 연결시킬 수 있게 되었다. 신경이 '아버지'를 '창조주'보다 앞에 두었다는 데서 우리는 첫 번째 조항이 두 번째 조항과 분리될 수 없다는 교훈을 배워야 한다. 따라서 창조의 교리는 필연적으로 종말론적 교리다. 즉, 우리는 그리스도 안에서 끝을 보았기 때문에 시작이 있었음을 안다. 창조는 '지나간 과거'가 아니다. 창조는 하나님의 모든 행동의 특성이다. 하나님은 창조 세계에 '개입'하실 필요가 없다. 창조 세계는 그리스도의 영광으로 가득 차 있기 때문이다. 나는 그리스도인으로 말하는 법을 배우는 것이 존재의 불가사의한 경이로움으로의 초대라는 것을 깨닫기 시작했다.

하지만 하트 교수는 '아버지 하나님을 믿습니다'와 '창조주 하나님을 믿습니다'의 연관성 안에는 거대한 형이상학적 주장들이 들어 있다는 사실을 잊지 않게 했고, 이 부분에서 패러가 더없이 중요한 역할을 했다. 나는 하나님만이 순수 현실태(Pure Act)라는 토마스 아퀴나스(Thomas Aquinas)의 생각이 왜 옳은지 일찍부터 이해하기 시작했다. 하나님 안에서만 실존과 본질이 하나다. 따라서 하나님에 대한 우리의 언어는 필연적으로 유비적이며, 이것은 교회가 하나님에 대해 말해야 하는 것보다 더 말하지 않도록 돕는 것이 신학의 과제라는 뜻이다.

조직신학 수업에서도 나는 유능한 수업 조교를 만나는 비범한 행운을 또다시 누렸다. 조교 로버트 킹(Robert King)은 기독론과 자기정체성 기술을 주제로 논문을 쓰고 있었고, 나는 신학 작업에서 철학적 심리학 문제들이 가지는 중요성을 깨닫기 시작했다. 그리고 길버트 라일(Gilbert Ryle)의 『마음의 개념』(The Concept of Mind, 문예출판사)을 읽으면서 그 훌륭한 책이 당시 신약학계의 주요 논쟁거리였던 예수의 '메시아 의식'을 둘러싼 추정들에 어떤 의미가 있는지 궁금해졌다. 한마디로, 나는 이후 내가 평생 연구하게 되는 주제와 이어지고 있었다. 특히, 그리스도의 인격과 사역을 어떻게 이해해야 하느냐가 인간이 어떤 존재인지에 대한 이해와 긴밀하게 이어져 있다는 사실을 분명히 알게 되었다.

구약학, 신약학, 조직신학은 두 학기 분량의 강의였다. 첫 학기의 네 번째 과목을 가르친 사람은 미네소타 대학교에서 온 철학자 폴 호머(Paul Holmer) 교수였다. 나는 그의 키르케고르 수업을 들었다. 호머 교수는 키도 컸지만 모든 면에서 큰 사람이었다. 그가 들어서면 강의실은 물론이고 강당도 가득 차는 것 같았다. 그는 속속들이 중서부 사람이었고 필요할 때면 그 사실을 활용해 자신의 세련된 교양을 감추었다. 그는 내가 만난 첫 번째 오페라 애호가였지만, 그가 정말 좋아하는 대상은 키르케고르와 비트겐슈타인(Ludwig Wittgenstein)이었다. 나는 오페라는 별로였으나 키르케고르와 비트겐슈타인은 확실히 좋아하게 되었다.

나는 키르케고르의 책을 구할 수 있는 대로 다 구해 읽었다. 그리고 신앙의 '무엇'을 이해하기 위한 필요조건으로 신앙의 '어떻게'를 강조하는 그의 주장이 옳다고 확신했다. 다르게 표현하자면,

나는 호머의 키르케고르 해설(또한 하트의 해설)을 통해 신학은 일종의 실천 이성*으로 이해하는 것이 최선임을 배우고 있었다. 그뿐 아니라 키르케고르는 실천 이성의 진리가 그리스도이며, 실천 이성은 기독교 세계(Christendom)와 다를 바 없는 순응한 형태의 교회가 속박할 수 없다는 사실을 가르쳐 주었다.

바르트는 후기에 키르케고르(바르트는 그를 "진리의 용맹한 증인"이라고 부른다)에 대한 생각을 밝히면서, 모든 신학자가 한 번만 수업을 들어야 할 교사라고 말했다. 우리는 키르케고르를 통해 우리와 "무한히 질적으로 다른" 하나님이 그리스도 안에서 우리를 받아 주셨음을 배울 수 있지만, 당대의 인간 중심적 경건주의에 대한 키르케고르의 공격은 그와 상당히 비슷한 우리 안의 경건주의를 강화시키는 역설적 효과를 내기 때문에 키르케고르의 수업을 "한 번만" 들어야 한다고 생각했던 것이다.

키르케고르가 내게 정말 그렇게 큰 영향력을 행사했는지 의아해할 사람들이 있을 것이다. 내가 그를 거의 언급하지 않기 때문이다. 타당한 지적이긴 하지만, 그가 언제나 나의 뇌리에 머무는 것은 분명하다. 사실대로 말하면, 어떤 사상가들의 저작을 잘 '사용'하려면 매일 그들과 함께 살 필요가 있는데, 나는 키르케고르가 그런 사상가 중 한 명이라고 진즉에 결정을 내렸다. 그런 뒤에 키르케고르가 아닌 다른 이들과 함께 살기로 결정했다. 한 가지

• 순수 이성, 또는 이론 이성과 대비되는 개념으로 도덕적 실천의 의지를 규정하는 이성, 즉 도덕적 실천 능력이다.

이유는 키르케고르를 둘러싼 끝없는 전문적 논쟁들을 상대하고 싶지 않아서였다. 나는 전문가인 척 가장한 적이 없다.

예일대 신학대학원에는 학생들이 선택할 수 있는 몇 가지 과정이 있었다. 대부분은 목회자 과정을 선택했고, 나는 박사 학위를 받고 대학이나 대학교에서 가르치는 길로 가게 될 과정을 선택했다. 그 과정에서는 종교와 지성사에 대한 여러 강좌를 의무적으로 들어야 했다. 첫해에 들은 마지막 수업은 에드워드 더크스(Edward Dirks)가 가르친 대학의 역사였다. 지적으로 흥미진진한 수업은 아니었지만, 헤이스팅스 래시델(Hastings Rashdall)이 쓴 대학의 역사에 관한 책 등을 읽을 수 있는 기회였다.

대단한 한 해였다! 나는 신이 났다. 더 중요하게는, 공부에 완전히 몰두했다. '내가 왜 이걸 하고 있지? 내가 그리스도인이라는 확신도 없는데?' 같은 생각은 한 번도 하지 않았다. 나는 내가 그리스도인인지 아닌지 따지는 일에 흥미를 잃었다. 내가 공부하는 내용이 중요한 문제를 다루고 있다는 것을 발견했을 뿐이다. 평생 그 문제를 공부하며 살고 싶었다. 내가 그런 인생을 살아왔기를 바란다. 나는 뒤돌아보지 않았고 내게 주어진 것을 유감스럽게 여기지도 않았다.

1962년 12월 29일, 나는 결혼을 했다. 그 결정에 대해 정말이지 별 생각이 없었다. 당시 내가 무슨 생각을 했는지는 하나님만 아실 일이다. 물론, 나는 내가 사랑에 빠졌다고 생각했다. 내가 욕정에 시달렸던 것은 알겠다. 앤과 나는 내가 신학교 1학년을 마친 후 여름에 결혼하기로 했었지만, 나는 외로웠고 앤은 댈러스에서 불행했다. 그래서 우리는 성탄절 휴가 기간에 결혼하기로 1학기 도중에 결정을 내렸다. 앤이 결혼 준비를 도맡았다. 우리는 샌안토니오에 있는 그녀의 고향 교회에서 결혼식을 올렸다. 그런 다음 곧장 차를 몰고 뉴헤이번으로 갔고 지옥으로 뛰어들었다.

처음에는 지옥이 아니었다. 어쩌다 보니 상황이 그렇게 된 것뿐이었다. 사실대로 말하면, 나는 결혼하면서 내가 무엇을 하고 있는지 전혀 몰랐다. 살다 보니 그냥 하게 된 일 같았다. 대학 4학년 때 앤과 데이트를 시작했다. 나는 인간관계의 복잡함을 거의 알지 못했다. 앤이 나를 원하는 것 같았고 내게는 그것으로 족했다. 장인어른은 '싸구려 잡화점'을 운영하셨으니, 그녀는 나보다 더 중산층에 가까웠다. 나는 별로 개의치 않았지만, 그녀는 아니었다.

장모님은 정신적으로 장애가 있었다. 늘 목욕 가운을 입고 있었고 교외의 평범한 집을 거의 떠나지 않았다. 재능이 있는 분이었는데 많은 시간을 꽃을 그리며 보냈다. 앤은 어머니의 재능과 생활력 부재를 모두 물려받았다. 초기에 앤은 장모님으로부터 자신을 보호하는 데 나를 동원했고, 나는 그 역할을 기꺼이 감당했다. 나는 남부 출신 남자 아닌가. 남부 남자들은 세상을 '우리 여자들'에게 안전한 곳으로 만드는 것이 우리의 역할이라고 생각한다. 그러나 그 역할은 남자인 우리는 물론, 우리가 보호한다고 주장하는 여자들에게도 파괴적인 영향을 주었다.

장모님은 '종교적인' 분이었다. 내가 볼 때 그 의미는 장모님이 교회의 담임목사에게 매료되었다는 것뿐이었다. 장모님은 딸이 교회를 섬기도록 길렀다. 앤이 그 교회에서 평생 봉사할 수 있도록 대학에서 기독교 교육을 전공하라고 고집하기도 했다. 당시는 여자들이 목사 안수를 받는 것을 생각하기 힘든 때였다. 앤은 어머니와 교회 모두에 저항했다. 나는 그녀를 탓할 수 없었고 오히려 상당히 공감이 되었다. 그러나 어머니와 교회에 대한 증오가 결국 나에 대한 증오로 이어지리라고는 생각하지 못했다.

처음에 우리는 '행복'했던 것 같다. 우리는 돈이 별로 없었다. 예일대 신학대학원에서 그리 멀지 않은 곳에 거처를 구했는데, 주인집 부부의 세 아이를 봐주고 눈을 치우고 정원을 가꾸는 대신 그 집의 다락층을 공짜로 쓰기로 했다. 이 입주 조건은 재난 그 자체였다. 주인집 부부는 배려심이 없었을 뿐 아니라 틈만 나면 우리를 사정없이 부려 먹으려 들었다.

앤이 코네티컷 블루크로스의 고객서비스 담당자로 일을 시작하면서부터는 더욱 문제가 되었다. 성질 고약한 아이 셋을 돌보면서 새로운 일을 시작하라는 것은 그녀에게 너무 무리한 요구였다. 앤은 똑똑했지만 분별력 있는 사람은 아니었고 다른 사람들을 상대하는 일에서는 더욱 그랬다. 하지만 나는 내 일에 빠져 있던 터라 앤이 대등한 입장에서의 인간관계에 대처하는 능력이 없다는 것을 알아채지 못했다. 나는 아무 문제가 없는 줄 알았다. 침실이 있고 책이 있었으니, 내게는 부족함이 없었다. 그러나 앤은 자신이 원하는 것이 무엇인지 몰랐던 것 같다.

그 집에서 세 달을 지낸 후에야 우리는 신학대학원의 숙소로 들어갈 수 있었다. 생활은 괜찮아 보였다. 우리는 우리 같은 젊은 신혼부부들로 둘러싸였고, 젊은 부부들이 함께하는 일을 했다. 식사를 함께하고 극장에도 갔다. 앤은 정말 요리를 잘했다. 우리는 친구를 사귀었고, 둘이 함께하는 삶도 자리를 잡은 듯했다. 그때만 해도 내가 심각하게 아픈 사람과 결혼했다는 사실을 전혀 몰랐다. 내가 아는 거라곤 그녀를 행복하게 해 주는 것이 인생에서 내가 맡은 역할이라는 것뿐이었다.

학기 중에만 아니라 여름방학 때도 교회에서 일을 해야 하는 분위기였지만 나는 정말 그러고 싶지 않았다. 교회 사역은 내게 일 같지가 않았고, 교회에서 받는 것보다 돈을 더 벌어야 할 것 같았다. 학기 중에 제2차 세계대전 후 프랑스에서 일어난 노동 사제 운동에 대해 읽었던 터라, 존에게 여름방학에는 노동 사제로 일해야겠다고 말했다. 노동조합 세력 때문에 조적 일을 구할 수는 없었지만, 존은 G&O 제조사에서 일자리를 구해 주었다.

 G&O는 다양한 형태의 라디에이터와 발열체로 쓸 코일을 만들었다. 나는 거대한 펀치 프레스를 가동하는 훈련을 받았다. 프레스로 구리를 눌러 나온 얇은 판들을 구리관에다 건 다음, 익스팬더를 구리관에 작동시켜 판을 고정시킨다. 그런 식으로 마룻바닥 바로 옆 벽에 가설되는 난방 기구들을 만드는 법을 배웠다. 그전까지는 실내에서 일해 본 적이 없었다. 기계 주위에서 일한 적도 없었고, 너무나 시끄러워 생각조차 할 수 없는 곳에서 일한 적도 없었다. 그러나 그것은 일이었고 나는 일이 필요했다.

 생산 개수에 따라 임금이 지불되었는데, 회사 측에서는 나처럼 일하는 사람을 본 적이 없었다. 나는 그들이 가능하다고 생각한 양보다 더 많은 배관을 생산했다. 프레스가 끊임없이 '막히는' 와중에도 그렇게 할 수 있었다. 프레스가 막히면 기계를 끄고 프레스의 물리는 부분에 손을 넣어 구리가 끼게 만든 물체를 끄집어낸다. 위험한 작업이었다. 프레스를 끄는 것을 잊어버렸다가 손가락이나 손이 잘리면 어쩌나 하는 두려움 속에 살았다. 나는 정말 운이 좋았다. 세 번의 여름방학과 학기 중 밤 시간, 그리고 휴일마다 G&O에서 일하면서도 손가락 하나도 잃지 않았다. 조수가 예정된 시간보다 먼저 선반 테이블을 움직이는 바람에 손가락을 잃을 뻔한 적이 한 번 있기는 했다. 구리관의 끝에 넣을 납 '총알' 하나가 선반 아래로 떨어지는 바람에 그것을 잡으려고 손을 뻗다가 프레스에 손가락 하나가 끼어 버린 것이다. 그러나 운이 좋았다. 손가락 첫 번째 마디 윗부분의 피부가 벗겨진 것이 전부였다. 그 상처가 지금도 남아 있다.

내가 너무나 빠른 속도로 일한 탓에, 얼마 안 가서 회사 측은 내게 '타이머'를 보냈고 임금을 시간으로 다시 계산했다. 내가 돈을 너무 많이 번다고 생각했던 것 같다. 공장은 흑인과 백인이 반반이었다. 앨 리즈너라는 아프리카계 미국인이 중간관리자였는데, 사우스캐롤라이나에서 자란 장로교 목사의 아들이었다. 그는 내가 신학교에 다닌다는 사실을 흥미롭게 여겼다. 우리는 좋은 친구가 될 운명이었다. 내가 앨에게 임금을 시간으로 환산하는 것을 불평하자 그는 그 일을 중단시켰다. 나는 노동조합의 필요성을 이해하기 시작했다. 사회복음이 새롭게 중요하게 다가왔다.

다음 해, 정말로 나는 뉴욕에서 열린 AFL-CIO(미국노동총연맹 산업별조합회의) 집회에 참석했다. 찰리 웨버라는 사람이 신학대학원으로 와서 종교와 노동의 관계에 관심이 있는 학생들을 만난 적이 있었는데, 그는 AFL-CIO 종교와노동위원회에서 일했다. 그 자리에 참석한 사람은 나 혼자였다. 그는 나를 데리고 뉴욕으로 갔고, 거기서 나는 월터 루서(Walter Reuther)의 비범한 연설을 들었다. 그렇게 열정적으로 말하는 사람은 처음 보았다.

그때는 1962년이었다. 보수적인 시대였다. 예일에서 그 집회에 참석한 학생이 나 혼자였으니 예일이 얼마나 보수적인 학교였는지 짐작할 수 있다. 그러나 시대의 흐름은 곧 바뀌게 된다. 그때까지는 도시 재개발의 초기였다. 뉴헤이번의 시장으로 리처드 리(Richard Lee)가 선출되었다. 내가 뉴헤이번의 민주적인 정치 체제에 관심을 갖게 된 것은 시의회에 출마한 빌 뮐(Bill Muehl)과 빌 밀러(Bill Miller) 교수 덕분이었다. 로버트 달(Robert Dahl)의 책 『누가 다스리는가』(Who Governs?)가 필독서가 되었다. 그 책은 뉴헤이번에 대한 연구서이자 민주적 정치체제의 한 형태인 다원주의 정치학의 옹호서다.

신학대학원에서 친해진 친구 중 텍사스 주 뮬슈에서 온 부치 헨더슨이 있었다. 우리는 금세 친해졌고 테니스장에서 종종 승부를 겨뤘다. 우리는 설교학을 가르치는 뮐 교수와 사회윤리학을 가르치는 밀러 교수가 뉴헤이번의 정치를 바꾸려고 노력하는 모습에 매력을 느껴, 그들의 당선을 돕는 선거 운동원이 되었다. 선거 당일에 웨일리 거리를 누비며 '사람들을 찾는' 것이 우리 임무였는데, 이것은 아프리카계 미국인들이 투표소를 찾아가도록 돕는 일을 완곡하게 표현한 것이었다. 투표소가 주로 도시의 백인구역 안에 있는 학교에 있었기 때문이다.

부치와 나는 우리가 최고의 진보 정치를 추구하는 진보주의자들이라고 생각했다. 1960년대는 아직 오지 않았던 것이다. 우리는 도시 재개발이 일종의 '흑인 몰아내기'라는 사실을 눈치챘지만, 우리가 뉴헤이번을 모델 도시로 만들 수 있다고 생각했다. 우리는 스스로를 운동가이자 라인홀드 니버(Reinhold Niebuhr)가 저작을 통해 구상했던 정치의 화신이라고 자부했다. 우리는 배워야 할 것이 많았고, 알고 보니 우리가 정치적으로 배운 내용은 중요한 신학적 함의를 담고 있었다. 다원주의 정치학의 한계를 경험한 후, 비로소 나는 존 하워드 요더(John Howard Yoder)를 읽을 준비가 되었던 것 같다.

하트 교수의 신학 수업과 호머 교수의 키르케고르 수업의 영향을 받은 나는 실천 이성의 한 형태로 신학을 수행하는 것이 최선이라는 판단을 내렸다. 형이상학적 문제들이 신학적 주장들을 구성하는 요소인 것은 분명하지만 그런 문제들은 간접적으로 접근하는 것이 가장 낫다. 그래서 나는 예일에서의 남은 시간 동안 '윤리학'에 집중하기로 했다. 제임스 거스탑슨(James Gustafson)의 기독교 윤리학 개론은 2학년 필수과목이었는데, 필수가 아니었어도 그 수업을 들었을 것이다. 내게 그 수업은 평생을 바쳐 연구하고 싶은 세계로 들어가는 관문이었다.

수업 초반에 나는 『계시의 의미』에서 리처드 니버가 제시한 내적 역사와 외적 역사의 구분을 거스탑슨 교수가 사용하는 데 이의를 제기했다. 나는 그 책 때문에 예일에서 신학을 공부하게 되었지만, 콜링우드의 영향을 받으면서부터는 세상의 외적 역사와 자아의 내적 역사를 구분하려는 니버의 시도를 점점 미심쩍게 여기게 되었다. 나는 이 구분이 실제 역사를 이해하는 데 문제가 되지 않을까 염려했고, 기독론에도 좋지 않은 영향을 끼칠 수 있다고 생각했다. 여러 면에서, 이후에 내가 한 모든 일은 이 문제의 연장선상에 있었다.

훨씬 나중에 거스탑슨 교수와 나 사이에 오간 적대적 언쟁을 확대 해석해 내가 그분을 선생님으로 여기지 않는다고 생각하는 사람들이 있을까 우려스럽다. 전혀 그렇지 않다. 나는 그분의 학생이며 그분에게 많은 것을 빚졌다. 성품과 덕이 도덕적 생활을 이해하는 핵심이라고 생각하게 된 것은 짐의 가르침 덕분이었다. 윤리학이 신학적이어야 한다는 나의 주장도 그에게 배웠다. 물론 우리의 신학은 다르지만, 우리가 그 차이에 관심을 갖는다는 것은 신학이 변화를 일으켜야 한다는 믿음을 공유하고 있음을 보여 준다.

나는 나중에 드러난 우리의 차이를 예상하기도 했고 예상하지 못하기도 했다. 짐이 『그리스도와 도덕적 생활』(*Christ and the Moral Life*)을 썼을 때 나는 예일에 있었다. 그는 서문에서 참고문헌을 확인하고 교정을 봐준 데 대해 짐 칠드레스(Jim Childress)와 내게 감사했다. 나는 그 책에서 많은 것을 배웠고, 짐이 그리스도께 초점을 맞춘 것으로 보아 라인홀드 니버보다는 칼 바르트 쪽에 더 가까이 다가갔다고 생각했다. 하지만 결론부에서 예수님이 우리가 다른 근거로도 알 만한 내용을 승인하는 정도로 등장하는 것 같아서 실망했던 기억이 난다. 나는 짐이 생각하는 예수님이 우리가 신뢰의 힘을 신뢰할 수 있음을 보여 주는 신뢰의 본보기에 불과하지 않은지 의아했다. 그리고 그가 기독론을 전개했다면 리처드 니버처럼 '얄팍한' 수준에 머물렀을 것임을 감지했다.

독자들에게 잘못된 인상을 주고 싶지는 않다. 당시 나에게는 잘 정리된 기독론이 없었다. 사실, 지금도 없다. 잘 정리된 기독론을 가진 사람을 믿을 수 있는지도 모르겠다. 그러니까 내가 거스 탑슨의 '정통' 여부를 시험할 입장은 아니었던 것이다. 내가 볼 때 그와 나의 차이는 내가 이해하게 된 신학의 임무와 더 관련이 있는 듯했다.

당시 많은 학자들은 신학의 임무가 신앙의 언어를 세상이 정해 놓은 기준에 맞추는 것이라고 생각했다. 이 작업은 뺄셈으로 이루어졌다. "물론 X나 Y를 믿을 필요는 없다"나 "X나 Y라고 말할 때 우리가 정말 의미하는 바는…" 같은 식의 번역이었다. 나는 이런 작업에 아무런 관심이 없었다. 내가 볼 때 어떤 언어가 참이 아니라면 포기해야 했다. 내게 정말 중요한 질문은 기독교를 세상에 맞출 수 있느냐가 아니라 세상을 그리스도인이 믿는 바에 맞출 수 있느냐였다. 나에게 신학 공부는 놀이가 아니었다.

그런 식으로 생각한 것은 아마 내가 조적공이라는 사실과 관련이 있지 않을까 싶다. 나는 '대충 넘어가기'를 믿지 않는다. 내가 바르트에게 끌린 이유는 그가 어떤 부분에서도 대충 넘어가지 않았기 때문이다. 그는 '설명하려' 들지 않았다. 오히려, 언어가 어떻게 쓰이는지 보임으로써 언어의 작동 방식을 드러내려 했다. 바르트의 사고에서 볼 수 있는 '허튼소리 없는' 특성은 텍사스 출신의 조적공에게 호소력을 발휘했고, 내가 볼 때는 그것이야말로 기독교의 주장에 있어야 할 솔직함이었다.

하트 교수의 수업을 들으면서 나는 그리스도인들이 갖는 단순한 믿음의 복잡성을 헤아리게 되었다. 하트 교수와 함께 바르트를 읽으면서는 "예수님이 주님이시다" 같은 주장이 올바로 전해지려면 끊임없는 변주가 필요하다는 사실을 깨닫지 않을 수 없었다. 『교회교의학』 모든 책은 한 가지를 잘 말하기 위해 필요한 연관관계를 보여 주는 훈련이다. 그러므로 바르트의 시각에서 볼 때 신학의 임무는 결코 끝날 수 없다. 폴 틸리히는 『조직신학』을 끝내야 했다. 바르트는 『교회교의학』을 끝낼 수가 없었다. 그가 마무리를 했다면 처음부터 다시 시작해야 했을 것이기 때문이다.

나는 예일에서 맞은 두 번째 해에 거스탑슨 교수의 기독교 윤리학 수업뿐 아니라 호머 교수의 철학적 신학 세미나도 들었다. 세미나 첫 학기는 비트겐슈타인의 『논리철학논고』(*Tractatus Logico-Philosophicus*)와 『청색 책, 갈색 책』(*The Blue and Brown Books*)을 천천히 읽는 것으로 이루어졌다. 두 번째 학기에는 『철학적 탐구』(*Philosophical Investigations*)를 읽었다. 더크스 교수의 다른 수업도 들었는데, 신학과 지적 생활을 다룬 그 수업에서 나는 비트겐슈타인에게 집중했다. 그때 내가 배운 내용을 얼마나 이해했는지 모를 일이지만, 바르트와 비트겐슈타인이 '설명'을 거부한다는 점에서 연관성이 있음을 보았다고 생각했다.

호머 교수는 철학자로 가장한 스웨덴 경건주의자였다. 물론 그 가장은 그의 실체이기도 했다. 그는 키르케고르 못지않게 비트겐슈타인을 사랑했다. 그와 함께 비트겐슈타인을 읽는 것은 일종의 영적 훈련이었다. 나는 종종 저항을 시도했지만 그의 수업에서 많은 것을 배웠다. 예를 들어, 호머 교수와 함께 비트겐슈타인을 읽을 때는 단어들이 어떻게 쓰이는지에 대한 비트겐슈타인의 의미 이론이 따로 있었다고 생각하고 싶은 유혹을 전혀 받지 않았다. 몇 년 후 노터데임 대학교 철학자들과 함께 1년 동안 『철학적 탐구』를 읽었는데, 그때 가서야 내가 호머 교수에게 얼마나 많이 배웠는지 알게 되었다.

호머 교수에게 배운 매우 귀중한 교훈 중 하나는 지적 활동을 탐구로 이해하는 것이었다. '사상가'가 되려면 어떤 '입장'이 있어야 한다는 생각은 너무나 솔깃하다. 입장은 학자로서 성공하는 데도 유용하다. 더욱이 현대의 신학은 입장이 주도해 왔기에, 사람들은 틸리히주의자, 불트만주의자, 자유주의자, 보수주의자, 바르트주의자(이 입장에 어떤 결론이 따라오는지 이해할 수만 있다면), 과정신학자 등등이 된다. 그러나 많은 신학자들이 자신에게 어떤 입장이 필요하다고 생각하는 것은 교파적 정체성을 상실한 결과가 아닌가 싶다. 호머 교수와 비트겐슈타인을 읽으면서 나는 입장이 사고를 얼마나 쉽게 방해하는지 파악할 수 있었다.

내가 어떤 '입장'이 없다고 말하는 것이 이상하게 느껴질 수도 있다. 신학 및 윤리학계 동료들은 나를 입장이 분명한 사람으로 규정할 것이기 때문이다. 나는 그것이 완전히 부당하지는 않지만 잘못되었다고 생각한다. 나는 분명 평화주의자이지만, 그렇다고 해서 나의 평화주의가 하나의 '입장'은 아니다. 입장의 관점에서 문제를 바라보면 그리스도인에게 필요한 것이 이론이라고 생각하기 쉽다. 하지만 내가 평화주의자인 이유는 어떤 이론 때문이 아니라 비폭력주의와 기독교가 뗄 수 없이 이어져 있다는 존 하워드 요더의 주장에 설득되었기 때문이다.

내가 참 감사하게 생각하는 수업 중에 칼훈 교수의 마지막 역사신학 수업이 있다. 나는 기독교의 전통에 대해 배워야 할 것이 많았기에, 칼훈 교수의 수업을 들을 수 있었던 것은 행운이었다. 그는 저서를 출간한 적이 없지만 비범한 학자이자 교사였다. 프라이 교수는 나중에 예일 신학의 특징을 "관대한 정통"으로 규정했는데, 칼훈 교수를 염두에 둔 말이지 싶다. 칼훈 교수가 바로 그런 사람이었고, 그의 강의는 기독교의 전통을 신중하게 소개하는 일의 모범이라 할 만했다. 예를 들어 그는 니케아공의회를 둘러싼 논쟁들을 가르칠 때, 논쟁의 패자 측과 승자 측을 똑같은 시간을 할애하여 다루었다. 나는 초기 삼위일체 논쟁과 기독론 논쟁이 무엇을 걸고 벌어진 싸움인지 칼훈 교수에게 배웠다.

수업시간에는 칼훈 교수와 1차 자료를 읽었지만, 주요 과제는 50쪽 분량의 연구 논문을 쓰거나 하나의 중요한 텍스트로 5시간 분량의 시험을 치르는 것이었다. 나는 시험을 선택했고, 토마스 아퀴나스를 읽을 필요가 있다고 생각해서 『신학대전』(*Summa Theologica*)을 골랐다. 그리고 내가 무엇을 하는지에 대한 별다른 자각 없이 읽어 내려가기 시작했다. 감을 잡기까지 시간이 좀 필요했지만, 얼마 지나지 않아 질문이 하나씩 넘어갈 때마다 점점 더 흥미가 생겼다. 『신학대전』을 끝내기 전에는 2차 문헌을 읽지 않기로 마음먹고 죽 읽어 나갔고, 다 끝낸 후에 신(新)스콜라주의자들의 해석을 읽었는데 내가 읽은 토마스와 달라서 애를 먹었다. 나는 토마스가 비트겐슈타인처럼 일종의 지적 탐구를 수행하고 있다고 생각했는데, 대부분의 주석가들은 그가 특정한 입장을 갖고 있다고 가정했다. 노터데임에서 데이비드 버렐(David Burrell)을 만나고서야 토마스를 그렇게 읽은 사람이 나만이 아님을 알게 되었다.

토마스를 읽던 무렵 나는 거스탑슨 교수의 기독교 윤리학 수업도 듣고 있었다. 당시 기독교 윤리학은 조지프 플레처(Joseph Fletcher)가 『상황윤리』(*Situation Ethics*)를 펴내면서 생겨난 논쟁이 흐름을 주도했는데, 그런 현대 기독교 윤리학이 덕에 대해 할 말이 전혀 없다는 것은 분명했다. R. M. 헤어(Hare)의 『자유와 이성』(*Freedom and Reason*) 같은 철학적 윤리학 책도 덕에 대해서는 별다른 말이 없었다. 그즈음 나는 어떤 계기로 엘리자베스 앤스콤(Elizabeth Anscombe)의 논문 "근대도덕철학"(Modern Moral Philosophy)을 발견했고, 그것을 통해 내가 비트겐슈타인에게서 배운 내용과 덕에 대한 강조 사이에 어느 정도 연관성이 있다고 생각하게 되었다.

비트겐슈타인과 토마스 사이, 비트겐슈타인과 바르트 사이의 연관성은 흥미진진한 수업을 하나둘씩 듣는 가운데 현기증 나게 밀려들었다. 예를 들어, 야로슬라브 펠리칸(Jaroslav Pelikan)의 교회사 개론 수업에서는 윌리스턴 워커(Williston Walker)의 『기독교회사』(*A History of Christian Church*, 크리스천다이제스트)를 읽고 시험을 쳤다. 그러고 나니 펠리칸 교수의 전공 수업도 따로 듣고 싶어져서 성만찬의 역사와 교리에 대한 그의 세미나를 들었다. 거기서 라드베르투스(Paschasius Radbertus)에 대해 필요 이상으로 배웠지만, 그 수업은 내게 깊은 인상을 남겼다. 나는 존 네빈(John W. Nevin)과 펜실베이니아 주 머서스버그의 신학교를 주제로 논문을 썼는데, 그 과정에서 지역 신문 「머서스버그레코드」(*Mercersberg Record*)에 실린 네빈-하지 논쟁*을 찾아보는 수고도 마다치 않았다.

나는 기독교에서 예배가 중요한 것일 수도 있겠다는 생각을 하기 시작했는데, 텍사스 출신의 감리교도에게는 자명한 생각이 아니었다. 이 부분에서는 예일에 있는 것도 별다른 도움이 되지 않았다. 채플은 학교 생활의 중심이 아니었기 때문이다. 우리가 채플에 가는 이유는 우리를 가르치는 교수가 그날 설교에서 무슨 말을 할지 궁금했기 때문이었다. 하지만 나는 적어도 그리스도인들이 예전을 그렇게 강조하는 이유는 알아봐야 할 것 같았다. 그래서 그레고리 딕스(Gregory Dix)의 책 『예전의 형성』(*The Shape of the Liturgy*)을 사서 읽었다. 그 책 덕분에 노터데임 대학교로 가르치러

---

* 네빈은 『신비로운 임재』(*The Mystical Presence*)라는 저서에서 당대의 개인주의적 성찬 이해에 문제를 제기했고 그로 인해 스승인 찰스 하지(Charles Hodge)와 논쟁이 벌어졌다.

가면서 들어서게 될 세상을 미리 엿보았다.

내게 그 못지않게 중요했던 수업은 루터와 칼뱅을 성경강해자로 다룬 이언 시긴스(Ian Siggins)의 수업이었다. 시긴스 교수는 펠리칸 교수 밑에서 박사 학위를 따기 위해 예일로 왔던 오스트레일리아 사람이었는데, 로마가톨릭 신자였던 것으로 기억한다. 우리는 루터와 칼뱅의 주석을 광범위하게 읽었고, 나는 루터와 칼뱅의 요한복음 해석을 비교하는 긴 논문을 썼다. 그 시간은 내게 멋진 훈련이 되었는데, 소위 "성서비평학 이전의 주석"(pre-critical exegesis)을 제대로 알게 되었을 뿐 아니라 기독론에 대해 많은 것을 공부할 수 있었기 때문이다.

그 수업 덕분에 프라이 교수의 기독론 세미나에 참석할 만한 기본 소양을 갖출 수 있었다. 프라이 교수는 여러 공의회를 출발점으로 삼았지만 주된 초점은 프리드리히 슐라이어마허(Friedrich Schleiermacher), 여러 편의 자유주의적 예수 전기, 그리고 바르트였다. 나는 자유주의 전통을 많이 이해하게 되었고, 자유주의 신학에서 예수의 생애를 강조하는 것은 예수의 생애를 간과하지 않으려는 정당한 입장으로 해석할 수 있음을 알게 되었다. 보다 '정통적' 기독론과 칭의를 강조하는 개신교의 입장 둘 다 인간 예수를 무시하는 유혹에 굴복하는 듯했다. 나는 리처드 니버의 기독론으로 논문을 썼는데, 거기서 그의 신학 구조가 자유주의 개신교 사상의 습관을 되풀이했다고 주장했다.

어떻게 구했는지 학생들 중 일부가 프라이 교수의 『예수 그리스도의 정체성』(Identity of Jesus Christ) 초기 원고를 입수했다. 그것을 읽고 나니 프라이 교수가 분석철학을 활용해 정체성 귀속 문제를 다룬 것과 덕에 관해 싹트기 시작한 나의 생각들 사이에 연관성이 있을지 모른다는 생각이 들었다. 프라이 교수와 그런 생각들을 시험해 본 기억이 난다. 나는 그런 시각이 『교회교의학』 제4부 1, 2권에서 전개된 바르트의 기독론과 성화론 사이의 연관성을 어떻게 밝혀 주는지에 특히 관심이 있었다. 믿기 어려운 일이었지만, 감리교도들이 뭔가 중요한 것을 알고 있을지 모른다는 생각이 들기 시작했다.

나는 예일에서 교부들에 대해 심도 깊은 교육을 받지 못했다. 칼훈 교수의 수업을 통해 교부들을 접했는데, 그것이 쓸모없지는 않았지만 교부학 수업은 듣지 않았다. 하지만 나는 로완 그리어(Rowan Greer)와 친구가 되었다. 신학대학원에서 기숙사 거주를 일정 기간만 허락했기에 앤과 나는 아파트로 이사를 했는데, 예일에서 신약학 학위를 받고 스코틀랜드의 '작은' 성공회 신학교에서 가르치다 다시 예일로 옮긴 로완 그리어가 길 건너편에 살았다. 우리가 친구인 것이 뜻밖이라고 생각할 수 있다. 로완은 학부를 예일에서 한 것에서 알 수 있듯 나와는 출신이 달랐고, 성공회 사제이기도 했다. 그렇지만 나를 좋아하는 것 같았다.

나는 로완과 자주 대화를 나누면서 교부들에 대한 귀중한 정보를 얻었다. 로완의 강의안들과 그 토대가 되는 텍스트들을 많이 읽었는데, 특히 몹수에스티아의 테오도로(Theodore of Mopsuestia)와 특히 그의 히브리서 주석은 나의 신학적 동반자였다. 로완의 영향으로 나는 삼위일체와 기독론을 둘러싼 논쟁을 철학적 용어로 제시하는 해석을 불신하게 되었다. 적어도 로완이 제시하는 바에 따르면, 그것은 주석적인 문제였다. 나는 그의 판단이 옳다고 확신했다.

나는 하트 교수에게 배운, 신학을 '체계'로 이해하는 것이 최선이 아니라는 교훈을 로완에게서 다시 배웠다. 나는 프라이 교수의 수업에서 내러티브가 신학과 어떤 관련이 있을지 모른다는 암시를 받았다. 내가 윤리학에서 회복하려고 힘썼던 성품과 덕을 강조하는 입장도 내러티브 개념과 비슷한 것이 유용할 수 있음을 시사했다. 당시에는 이런 직관들을 어떻게 발전시켜야 할지 잘 몰랐지만, 이 직관들은 내게 영향을 준 다양한 요소들 속에서 어찌어찌 집을 찾아가고 있었다.

내가 비슷비슷한 내용만 공부했다는 인상을 남기고 싶지는 않다. 칼훈 교수는 바르트의 영향을 지나치게 많이 받는 학생들이 있다고 우려해서 F. R. 테넌트(Tennant)의 저작을 가지고 진행하는 세미나를 제안했다. 테넌트는 버트런드 러셀(Bertrand Russell)과 앨프리드 노스 화이트헤드(Alfred North Whitehead)의 연구를 활용하여 신, 세계, 자아가 동등한 인식론적 지위를 갖고 있다고 주장했다. 멋진 세미나였다. 내가 참여한 하트 교수의 또 다른 세미나는 폴 웨이스(Paul Weiss)의 저작을 다루었는데, 미국 프래그머티즘 전통의 철학자인 그는 내가 만난 그 누구보다 활기 넘치는 사람이었다. 그는 종종 세미나에 참석해 자신의 입장을 변호했다.

신학대학원 학생으로 보낸 시기는 금세 지나갔고, 내적으로 끊임없이 지적 자극을 받는 동안 외적으로는 대체로 별다른 일이 없었다. 그런데 한 가지 예외가 있었다. 앤과 나는 짐과 조지아 칠드레스 부부와 함께 저녁 시간을 보내곤 했다. 짐과 나는 신학대학원에 동시에 입학했는데, 그는 노스캐롤라이나 마운트에어 출신이었다. 우리는 많은 수업을 같이 들었고 기독교 윤리학으로 박사 공부를 하고 싶어 했으며 둘 다 대체로 경쟁심이 강했다(농구장에서는 더더욱 그랬다). 이 모든 것을 고려하면 그와 내가 가까워질 수 없을 것 같지만 아니었다. 앤도 조지아를 좋아했기에 우리는 그들과 함께하는 시간을 즐겼다.

어느 저녁, 우리 부부는 짐 부부와 저녁 식사를 했다. 즐거운 시간을 보내다 보니 폭설이 내리는 줄도 몰랐다. 집으로 가는 길에 앤과 나는 캐너스트리트 언덕길을 내려가고 있었는데, 반대쪽에서 언덕길을 올라오던 차가 우리 차선으로 갑자기 들어왔다. 충돌을 피하려면 핸들을 꺾을 수밖에 없었다. 우리는 전신주를 들이받았다. 나는 크게 다치지 않았지만 앤은 입을 부딪치는 바람에 입술이 찢어졌다.

천만다행으로 병원에 숙련된 외과의사가 대기하고 있었다. 그는 앤의 입술을 조심스럽게 봉합했고, 입술은 상처를 알아보기도 어렵게 감쪽같아졌다. 의사의 이름은 리처드 셀처(Richard Seltzer)였다. 나중에 그의 문학 작품이 내게 큰 의미를 갖게 되는데, 당시에 그는 예일대 의학부의 외과 조교수였고 의학에 대한 사색이 담겨 그를 유명인으로 만드는 책들을 하나도 쓰기 전이었다.

자동차 사고를 계기로 무슨 일에든 내 탓을 하는 앤의 성향이 더 심해졌다. 나는 그녀가 옳다고 생각했다. 어쨌거나 학교를 다니는 사람도, 하고 싶은 일을 하는 사람도 나였으니 말이다. 그녀는 일을 해야 했지만 나는 공부만 하면 되었다. 나는 남편이 아내를 부양하는 것을 당연하게 여기는 곳 출신이었다. 아내를 부양하고 싶었지만 박사 학위를 마치려면 당분간은 미룰 수밖에 없었다. 앤은 내가 박사를 공부하기 원하는 것 같았다. 그렇게 되면 적어도 교회에서 일하지 않아도 될 터였다.

신학대학원에 다니는 기간에 나는 앤이 기독교와 관련된 모든 것을 멸시한다는 것을 알게 되었다. 장모님을 생각하면 교회를 부정적으로 대하는 그녀의 태도도 이해할 법했다. 그러나 얼마 안 가서 기독교에 대한 그녀의 증오는 곧장 내게로 향했다. 그녀는 신학에 대해 점점 커져 가는 나의 열정에 아무런 흥미도 보이지 않았고 햄덴플레인스의 교회에 같이 나가지도 않았다.

독자들이 오해하지 말았으면 한다. 당시에는 그것이 우리의 결혼 생활이나 나에게 큰 문제가 되지 않았다. 나는 내 문제에 너무 몰두하느라 교회에 대한 앤의 태도를 염려하지 않았고, 그녀와 교회의 관계가 어떤 식으로든 중요하다고 생각하지도 않았다. 그녀가 내 일에 전혀 관심이 없어서 마음이 조금 상하기는 했지만, 지적 허세를 싫어하는 것에는 공감할 수 있었다. 게다가 내 동료들과 어울릴 때 '바르트 대 브루너' 같은 문제들로 우리끼리 벌이는 논쟁에 앤이 소외감을 느낄 수밖에 없었을 것 같았다.

우리의 젊음은 장점인 동시에 단점이었다. 현실을 돌아보는 계기가 되어야 할 어려움들도 젊음의 활력으로 헤쳐 나갔다. 그러나 나는 우리의 결혼과 커져 가는 그녀의 적대감을 어떤 식으로 생각해야 좋을지 몰랐다. 앤은 "덫에 걸린 듯한" 기분을 호소했다. 그녀는 신학자로서 나의 미래를 중요하게 여기면서도, 내가 점점 더 관심을 갖게 된 사안에 전혀 공감하지 못했다. 우리가 어떻게 살아갈 것인지를 둘 다 깊이 생각해 보지 않았고, 그 문제를 깊이 생각한다는 것이 무엇인지도 몰랐다. 앤은 분명히 '결혼하고' 싶어 했었다. 당시만 해도 나는 괜찮은 결혼상대로 보였던 것 같다. 그러나 그녀는 자신의 운명에 점점 더 불행해하는 것 같았다. 자신이 하고 싶은 것을 하지 못하고 있다고 느끼기 시작했다. 그것이 무엇인지는 분명하지 않았지만 말이다.

솔직히 말해 나는 어떻게 해야 그녀의 삶이 나아질 수 있는지 몰랐다. 그저 그녀가 내게 원하는 일들을 무엇이든 해 줄 뿐이었다. 대체로 나는 그녀가 원하는 대로 했지만, 공부를 더 하고 싶다는 마음은 바꾸지 않았다. 내가 신학대학원 2-3학년을 다니는 동안에는 이런 문제가 우리의 일상에 잘 들어오지 않았다. 아침에 일어나면 앤은 직장에 갔고 나는 수업을 들으러 갔다. 그리고 신학대학원 3년차에 나는 기독교 윤리학 박사 과정에 지원했다.

예일대에 지원하기는 했지만 통과하지 못할 거라고 생각했다. 칠드레스는 입학할 것이 분명했는데, 학교에서 둘 다 받아 줄 것 같지가 않았다. 듀크나 프린스턴에는 들어갈 수 있을 것 같았다. 나의 GRE 점수는 아마 최저 점수 기록을 세웠을 것이다. 그러나 제임스 거스탑슨이 힘써 준 덕분인지, 나는 예일대 대학원에 합격했다. 듀크에서는 거절당했다.

신학대학원 졸업식에 부모님이 오셨다. 졸업식이 끝난 후 우리는 메인 주와 캐나다로 여행을 갔는데, 그야말로 재앙이었다. 앤은 어머니의 끊임없는 말을 견딜 수 없어 했다. 차 안에 갇혀 누구도 피할 수 없었다. 유감스럽게도 어머니는 고속도로의 모든 표지판을 소리 내어 읽는 버릇이 있었다. 얼마 안 가서 앤은 어머니를 흉내 내기 시작했다. 나도 어머니 때문에 미칠 지경이긴 했지만, 앤은 잔인했다. 나는 중간에 끼어 이럴 수도 저럴 수도 없었는데, 이후 20년 동안 그렇게 지내게 된다.

하지만 그때는 부모님과 멀리 떨어져 있는 것이 도움이 되었다. 부모님이 텍사스로 돌아가시자 뉴헤이번에서의 생활은 정상이 되었다. 예일에서 장학금이 나와 경제 사정도 나아졌다. 신학대학원 공부와 박사 과정은 그리 달라 보이지 않았다. 윌리엄 크리스천(William Christian) 교수의 가치론 수업을 듣고 그 시간에 C. I. 루이스(Lewis)와 니콜라이 하르트만(Nicolai Hartmann)을 읽게 된 것은 행운이었다. 크리스천 교수는 스피노자의 『윤리학』(Ethics) 강독 수업도 했다.

그때 예일대 신학대학원장 출신의 리스턴 포프(Liston Pope)가 안식년을 마치고 돌아와 학생들을 가르치고 있었다. 그의 책 『방적공과 설교자』(Millhands and Preachers)는 미국 남부 노동조합의 발달에 대한 목사들의 저항을 다룬 고전적 연구서였다. 그는 사회 복음의 열정과 니버식 현실주의를 결합했다. 그가 알코올 중독자라는 소문이 돌았지만 나는 그를 좋아했고 그도 나를 좋아하는 것 같았다. 그는 너무 "아파서" 자신이 진행하는 사회윤리학 세미나에 참석할 수 없을 때 종종 내게 전화하여 세미나를 이끌어 달라고 부탁했다. 초점이 분명하지 않은 세미나였지만 내게는 마키아벨리(Niccoió Machiavelli), 홉스(Thomas Hobbes), 로크(John Locke), 『연방주의자 논고』를 비롯해 플라톤의 『국가』, 아리스토텔레스의 『정치학』 등 정치 이론의 위대한 텍스트들을 읽을 기회가 되었다.

경위는 잘 모르겠지만, 그 무렵 예일에서 윤리학을 공부하는 사람들이 하버드에서 윤리학을 공부하던 찰리 레이놀즈(Charlie Reynolds)를 알게 되었다. 찰리는 아칸소 출신인데 서던메소디스트 대학교 퍼킨스 신학부를 다녔고 이후 나와 평생 친구가 된다. 그는 기독교 윤리학을 식별 가능한 독자적 학문으로 만들기 위해 그 누구보다 많은 일을 했는데, 「종교윤리학저널」(*Journal of Religious Ethics*)을 창간했을 뿐 아니라 기독교 윤리학회가 더 넓은 지적 흐름에 반응하도록 했다. 그때도 찰리는 사람들을 연결시키는 재능을 발휘했다.

찰리는 하버드와 예일 학생들이 서로 대화를 나눌 기회를 주선했다. 그렇게 해서 우리는 존 롤스(John Rawls)에 대해 알게 되었다. 찰리는 롤스의 여러 세미나를 듣고 있었는데, 그 시간에 롤스는 나중에 『정의론』(*A Theory of Justice*)으로 출간되는 내용을 전개했다. 우리는 하버드 학생들과 함께 계속 바뀌는 롤스의 등사판 인쇄본을 읽고 또 읽었다. 롤스는 예일에서 온 우리를 위해 그가 하버드에서 진행하는 연구를 주제로 저녁 세미나를 열기도 했다. 그때는 전혀 몰랐는데, 최근에 밝혀진 사실에 따르면 롤스는 프린스턴을 다니던 학부생 시절에 그리스도인이었다고 한다.

나는 윌리엄 밀러(William Miller)의 수업도 들었고, 그 시간에 로버트 달과 기타 현대 정치 이론가들의 글을 읽었다. 윌리엄 코널리(William Connolly)는 예일의 '다원주의' 이론을 비판하기 시작했지만 당시에는 그의 비판을 어떻게 받아들여야 할지 확신이 없었다. 나는 시어도어 로위(Theodore Lowi)의 저작과 로버트 폴 울프(Robert Paul Wolff)의 저작을 알게 되었다. 덕에 대한 나의 관심을 생각할 때, 정치 이론 서적을 이렇게 많이 읽은 것이 이상해 보일 수도 있겠다. 하지만 나는 이런 관심사들 사이에서 어떤 갈등도 느끼지 못했다. 그렇다고 내가 하고 있는 일의 의미를 파악하고 있었던 것은 아니다. 나는 롤스의 거대 이론에 깊은 인상을 받았고, 라인홀드 니버가 대체로 옳다고 여겼으며, 바르트는 이 모든 것 및 그 이상과도 조화를 이룬다고 생각했다. 당시 내가 이 모든 것을 어떻게 아우를 수 있다고 생각했는지 모르겠다.

데이비드 리틀(David Little)은 하버드에서 예일로 왔는데, 하버드에 있을 때 제임스 루서 애덤스(James Luther Adams) 밑에서 공부한 적이 있었다. 나는 신학대학원 시절에 그의 수업을 몇 개 들었는데, 박사 과정을 준비하면서 들은 사회과학 수업이 특히 중요했다. 우리는 막스 베버(Max Weber), 에른스트 트뢸치(Ernst Troeltsch), 에밀 뒤르켐(Émile Durkheim), 탤컷 파슨스(Talcott Parsons)의 저작을 읽었다. 알래스데어 매킨타이어(Alasdair MacIntyre)라는 사람의 글을 처음 읽기 시작한 것이 바로 이때가 아니었나 싶은데, 사회과학의 철학을 다룬 그의 저작은 내가 볼 때 정곡을 찌르고 있었다. 하지만 리틀 교수는 매킨타이어나 내가 그에게서 배운 내용을 활용한 방식에 공감하지 못했을 것 같다.

물론 나는 거스탑슨 교수의 대학원 세미나를 여러 개 들었다. 이상한 일이지만, 그 세미나에서 무엇을 읽었는지 기억나지 않는다. 거스탑슨 교수가 친절하게 열어 준 강독 수업에서 덕에 대한 아리스토텔레스와 아퀴나스의 글을 다시 읽었던 기억은 난다. 나의 박사 학위 논문인 『성품과 그리스도인의 삶』(Character and the Christian Life)은 그 강독 수업의 산물이다. 아니, 어쩌면 『성품과 그리스도인의 삶』은 그때까지 내가 했던 모든 것의 산물이라고 말해야겠다. 하지만 거스탑슨 교수의 수업이 내가 박사 논문을 쓰기 위해 해야 할 일에 집중하는 데 도움을 준 것은 분명하다.

거스탑슨 교수는 내가 박사 논문을 쓰던 해에 안식년에 들어가느라 논문 지도를 하지 않았고, 대신 유진 테셀(Eugene TeSelle) 교수가 지도 교수 역할을 했다. 나는 자연과 은혜에 대한 테셀 교수의 수업을 들었는데, 그때 모리스 블롱델(Maurice Blondel), 앙리 드 뤼박(Henri de Lubac), 칼 라너(Karl Rahner), 요제프 마레샬(Joseph Maréchal)의 저작을 읽었다. 나는 그의 학부생 수업 '서구 문화의 종교적 뿌리'의 수업 조교를 맡았다. 수업 조교는 내게 멋진 경험이었다. 그 과정에서 배운 것도 많았고, 1967년 예일의 학부생들이 신학에 전혀 관심이 없다는 사실을 금세 알 수 있었다. 심지어 학기말 시험에 한 학생은 알키비아데스(Alcibiades)*가 히브리의 소예언자 중 하나라고 썼다.

---

* 주전 450-404. 아테네의 정치가이자 장군이다.

테셀 교수는 내가 박사 논문에 사용하는 자료를 그리 달가워하지 않았다. 나는 찰스 테일러, 스튜어트 햄프셔(Stuart Hampshire), 엘리자베스 앤스콤의 저작을 읽고 행위성(agency)에 대한 해석을 전개하려고 시도했다. 그런데 테셀 교수는 현상학 전통에서 제시한 행위 연구를 더 인상적으로 여겼다. 나는 학부 때 후설(Edmund Husserl)을 읽었고 신학대학원 때 메를로퐁티(Maurice Merleau-Ponty)와 사르트르(Jean Paul Sartre)를 읽었지만, 분석철학 전통에 너무 깊이 빠져 있었던 터라 박사 논문의 그 단계에서 방향을 바꿀 수는 없었다.

테셀 교수, 거스탑슨 교수, 하트 교수, 포프 교수(내 박사논문계획위원회)는 내가 원하는 대로 논문을 쓰도록 허락해 주었다. 그들이 무슨 생각으로 그랬는지는 모르지만, 나의 논문 구상은 지나친 욕심이었다. 한 편의 박사 논문으로 실천 이성에 대한 아리스토텔레스와 토마스 아퀴나스 모두의 입장을 해석하는 것은 누구도 제대로 감당할 수 없는 일이었다. 내가 바르트와 불트만을 다 거론하는 것도 어떤 분들을 놀라게 할 만했다. 그러나 그들은 내가 그렇게 하도록 허락했고 나는 그 점에 대해 정말 기쁘게 생각한다. 솔직히 말해 오늘날에는 그 책을 차마 집어 들고 읽을 엄두가 나지 않지만, 내가 대체로 바른 길로 들어섰다는 생각에는 지금도 변함이 없다.

나는 박사 논문이 1975년에 책으로 나왔을 때 내가 추가한 서문의 첫 문장이 제법 흥미롭다고 생각한다. "이 책은 기독교 윤리학을 진지하게 수행하려는 시도이며, 이를 위해 그리스도인들이 도덕적 삶에 대해 제대로 된 담론을 구사할 수단을 제공하려 한다." 잘 쓴 문장은 아니지만, 이를 통해 당시에도 내 연구의 주된 과제가 우리가 믿는다고 말하는 내용의 진리성과 삶의 모습 사이의 연결고리를 보여 주는 것이었음을 알 수 있다.

서문의 마지막 문장은 이렇다. "끝으로, 나의 아내이자 애덤의 엄마가 되어 준 아내 앤에게 감사를 전하고 싶다." 앤이 내 아내라는 사실에 진심으로 감사했는지는 확신할 수 없지만, 애덤의 엄마가 되어 준 것에 대한 감사는 진심이었다. 그녀는 코네티컷 블루크로스에서의 일을 오래전부터 그만두고 싶어 했다. 박사 과정 대학원 2년차의 어느 시점에 우리는 내 장학금만으로 생활이 가능하겠다는 판단을 내렸다. 앤은 임신하고 싶어 했고, 적어도 그 일에서는 원하는 것을 얻었다.

임신하고 나서 앤은 기뻐했다. 적어도 처음에는 그랬다. 그녀는 특히 임부복 만들기를 좋아했다. 뜨개질을 무척 잘해서 멋들어진 임부복을 많이 만들었다. 의미를 모른 채 결혼하고, 의미를 모른 채 아이를 가졌지만, 아이를 갖는 것은 좋은 일 같았다. 하지만 임신 기간이 길어짐에 따라 앤은 점점 더 불안해했다. 그녀는 겁을 먹었던 것 같다.

당시에는 진단되지 않았던 앤의 정신 불안이 임신에 어떤 영향을 끼쳤는지는 아무도 모를 일이지만, 7개월 말이나 8개월 초 어느 시점에 태반의 일부가 찢어졌다. 질 출혈이 있었고 우리는 당연히 겁을 집어먹었다. 하지만 우리에게는 피스키오라는 훌륭한 의사가 있었다. 앤의 직장 동료였던 르노어 피스키오의 아버지였다. 우리는 세인트라파엘병원에서 그의 진료를 받았고, 다행스럽게도 아직 산통이 시작되지 않았다. 며칠 후 그녀는 집으로 돌아왔고 남은 임신 기간 동안 침대에 누워 있어야 했다. 그러나 몇 주가 지나자 산통이 시작되었다.

자동차 사고 후에 우리는 403 푸조를 샀었는데, 프랑스인들이 아프리카용으로 설계한 차였다. 아프리카에서는 틀림없이 좋은 차였겠지만 날씨가 추운 곳에서는 사정이 달랐다. 앤이 병원으로 갈 준비가 되었는데, 나는 망할 놈의 차가 시동이 걸리지 않아 애를 먹고 있었다. 도대체 시동이 걸리지 않았다. 밤늦은 시간이었다. 한 가지 방법밖에 없었다. 나는 길 건너 로완에게 전화를 걸었다. 파자마 차림에 코트를 걸친 로완이 우리를 병원까지 태워다 주었다. 로완을 허락하신 하나님을 찬양하라.

애덤 존 하우어워스는 1968년 1월 26일에 태어났다. 아들을 처음 본 순간을 결코 잊지 못할 것이다. 수술용 집게 자국이 이마에 나 있었다. 몸무게는 2킬로그램밖에 되지 않았지만 살아 있었고 집중치료실에서 잘 견딜 것이다. 당시에는 몰랐지만, 애덤은 이후 18년 동안 나의 생존에 결정적인 역할을 감당하게 된다. 아이가 태어난 후 방수가 안 되는 신발을 신은 채 눈보라를 뚫고 아파트로 돌아가던 기억이 난다. 부모님께 아이의 출생을 알리는 전화를 해야 했다.

우리는 도움이 필요했다. 친정어머니와 사이가 안 좋았던 앤은 시어머니가 먼저 와서 산후조리를 돕길 원했다. 애덤은 거의 한 달간 병원에 있어야 했고, 앤은 출산 후 며칠이 지나 집으로 왔다. 그 이후는 끔찍한 시간이었다. 앤은 아이에게 모유 수유를 할 수가 없었다. 회음 절개술을 받아 병원을 오갈 수가 없었기 때문이다. 앤과 애덤 사이에 유대가 형성되지 못한 결정적인 원인이 거기에 있지 않을까 하는 생각을 오랫동안 했다. 설상가상으로, 어머니는 선의를 가득 안고 오셨으나 애덤과 함께하지 못하는 며느리의 박탈감을 전혀 헤아리지 못하셨다. 어머니는 시어머니가 병원에 있는 애덤을 보러 가는데 엄마인 자신은 갈 수 없는 앤의 심정을 이해하지 못하셨다. 심지어 수유 가운을 입겠다고 우기셨다. 애덤을 너끈히 돌볼 수 있다는 것을 보여 주고 싶으셨던 것이다.

어머니가 얼마나 오래 계셨는지는 잘 기억나지 않지만, 얼마였든 너무 길었다. 처음에는 어머니가 앤을 위해 할 수 있는 일이 있었지만, 앤은 몸이 회복될수록 어머니에게 점점 더 화를 냈다. 늘 그랬듯, 나는 둘 사이에 끼어 어쩔 줄을 몰랐다. 마침내 애덤을 데려올 수 있게 되자 상황은 더욱 악화되었다. 어머니는 앤에게 방해가 되지 않으려고 노력하셨지만, 앤에게는 어머니와 한 방에 있는 것만으로도 방해가 되었다. 어머니는 결국 떠나셨다.

애덤은 네 시간마다 우유를 먹어야 했는데, 이것은 누군가의 잠이 부족해졌다는 뜻이었다. 밤중 수유는 내가 맡았고, 그 과정에서 애덤은 나를 아빠로 훈련시키기 시작했다. 내가 그것을 원했는지는 모르겠지만, 그렇게 해서 지금의 내가 만들어졌다. 애덤과 나는 초자연적으로 가까워졌다. 우리는 생존을 위해 필요한 포옹으로 한데 묶여 있었기 때문이다. 애덤이 태어난 날 밤 뉴헤이번에서부터 시작된 포옹이었다.

여러 해 후에 앤이 세상을 떠나고 내가 폴라와 결혼하기로 했을 때, 대학에 다니던 애덤이 결혼식에 참석하려고 집에 왔다. 공항을 떠나면서 나는 애덤에게 잘 지내느냐고 물었다. 애덤은 잘 못 지낸다고 했다. 애덤이 여름철에 번 돈으로 산 차가 사고가 나서 그런 것이려니 했다. 하지만 차 문제가 아니었다. 애덤은 내가 폴라와 결혼하는 것이 진짜 이혼을 뜻하기 때문에 자기 마음이 힘들다고 말했다. 이상하게 들릴 것을 알지만, 애덤은 자기가 결혼한 부부처럼 나와 함께 엄마를 보살폈다고 말했다. 폴라와 결혼함으로써 나는 애덤과 이혼하게 되는 것이었다.

나는 그 말이 맞지만, 서로 아무리 사랑한다 해도 우리 각자는 "계속 전진해야" 한다고 말했다. 내가 계속 나아가지 않으면 애덤도 그럴 수 없을 터였다. 그 이후 애덤은 계속 전진해서 나보다 더 나은 남편이자 아버지가 되었다. 우리 부자의 우정이라는 선물, 부분적으로는 두려움으로 인한 그 선물을 내가 받을 수 있게 된 출발점은 새벽 세 시에 우유를 먹이던 숱한 나날들이었다.

어머니가 떠나신 것으로 위기가 끝난 것은 아니었다. 앤의 어머니가 남아 있었다. 장모님은 사돈이 먼저 왔었다는 얘기를 듣고 불만에 차서 오셨다. 그러나 장모님의 방문은 대체로 무탈하게 지나갔다. 생활은 '정상'을 향해 나아가고 있었고, 나는 박사 논문을 마치기 위해 열심히 노력했다. 내가 어머니의 에너지를 물려받은 것은 엄청난 축복이자 저주였다. 애덤은 배앓이를 했는데, 알고 보니 우유 알레르기였다. 우리는 애덤에게 두유를 먹여야 했다. 앤이 아기가 우는 것을 감당하지 못해서 내가 아기를 안고 마루를 수없이 왔다 갔다 했다.

봄이 되자 애덤을 유모차에 태우고 멀리까지 산책할 수 있었다. 우리는 건물 1층에 살던 바넷 부부와 친한 친구가 되었는데, 행크 바넷은 예일대 로스쿨에 다녔고 졸업 후 뉴헤이번 법률사무소에 들어갔다가 나중에는 베슬리엄 철강 회사 사장이 되었다. 아들이 둘이었던 그는 우리에게 아기용품을 빌려주었는데 그중에 유모차도 있었다. 뉴헤이번의 봄은 참으로 아름다웠고 빛이 났다. 나는 그 빛을 맞이할 준비가 되었다.

그러는 한편으로 나는 일자리를 찾고 있었다. 부양해야 할 가족이 생겼기 때문이다. 그러나 어떻게 일자리를 구해야 할지 막막했다. 요즘 젊은 학자들은 박사 과정 1년차부터 학회에 나가지만, 나는 그런 것이 있는 줄도 몰랐다. 그런데 어찌 된 일인지, 일리노이 주 록아일랜드에 있는 오거스태나 대학에서 나를 만나고 싶다는 연락이 왔다. 1967년 늦은 봄, 나는 기차를 타고 필라델피아로 갔고, 거기서 오거스태나 대학 총장을 만났다. 그는 나를 대학으로 부르기 전에 먼저 확인 과정을 거치는 것이 낫겠다고 판단했던 것이다. 나는 시험에 통과했고, 구직 면접을 보기 위해 앤과 함께 오거스태나로 가는 비행기에 올랐다. 선생으로서의 인생이 시작되려 하고 있었다.

4

교직

지금 세상의 모습이 불가피한 것이 아니라는 생각이 내가 그리스도인 됨의 의미를 이해하는 데 영향을 주기 시작했다. 기독교는 우리가 운명이 정해진 존재가 아님을 깨닫기 위한 지속적인 훈련이라는 것을 이해하게 된 것이다. 우리는 전쟁이 없는 세상도 상상할 수 있다.

1969년까지 나는 1960년대를 알아채지 못했다. 지금 많은 이들에게 1960년대가 거의 신화적인 지위를 갖는다는 사실을 생각하면 이 말이 이상하게 들릴 수도 있을 것이다. 물론 예일대에서 기독교 윤리학을 공부하던 우리는 민권 투쟁에 대해 잘 알고 있었다. 베트남 전쟁 상황도 파악하고 있었다. 그러나 우리가 문화적 혁명의 한복판에 있다는 생각은 하지 못했다. 마약과 성 혁명은 아예 내 시야에 들어오지도 않았다.

마약은 고등학교와 대학에도 있었겠지만 나는 한번 해 보겠느냐는 제안을 받은 기억이 없다. 내가 다니던 고등학교의 경우에는 학생들의 계급적 특성 탓이었던 것 같다. 돈 있는 사람들이 사는 '댈러스 북부'에서는 마약 문제가 있었을지 모르지만, 플레전트그로브 고등학교에 다니던 나는 그런 문제를 몰랐다. 음주와 애정행각 같은 일은 당대의 도덕관을 문제 삼는 것만큼이나 내게 먼 일이었다. 사우스웨스턴의 상황도 마찬가지였는데, 그곳 생활은 대체로 고등학교의 연장선상에 있었다.

나는 1968년에 예일대를 떠났고, 1969년에 예일대가 폭발했다. 나는 그런 폭발, 또는 우드스탁*과 관련된 소위 혁명을 어떻게 이해해야 할지 몰랐다. 우드스탁과 관련된 모습은 방종처럼 보였다.

나는 노동 계급 출신이다. 사람들이 아무 일도 안 하면서 음악을 듣거나 마약을 할 돈과 시간이 어디서 나는지 궁금했다. 일을 하지 않아도 먹고사는 데 지장이 없나? 마약에 취하고 성교를 하는 방식으로 전쟁에 반대하는 것도 참 이상하다고 생각했다.

사실 나는 전쟁에 대해서도 분명한 생각이 없었다. 데이비드 리틀 교수는 우리에게 정당한 전쟁론(just-war theory)을 소개했다. 그가 폴 램지(Paul Ramsey)의 영향을 받았는지는 기억나지 않는다. 당시 메노파였던 동료 대학원생 리로이 월터스(Leroy Walters)는 정당한 전쟁에 대한 논문을 쓰고 있었다. 따라서 적어도 박사 과정에 있던 우리에게 베트남 전쟁의 문제는 그 정당성을 가리는 것이었다. 리틀 교수는 정당한 전쟁론에 근거해 베트남전을 지지하는 논증을 전개했기 때문에 그 전쟁을 쉽게 비판할 수가 없었다.

더욱이, 나는 예일대 박사 과정에서 배운 대로 '윤리학자'의 시각으로 베트남 전쟁에 접근했다. 특히 거스탑슨 교수가 대표적인데, 윤리학자들은 신학적 입장에 어떤 개념적 함의가 따라오는지 드러내어 논증을 명료하게 밝힌다. 그래서 나중에 나는 예일에서 공부한 사람들을 TV에 나오는 "총을 들고 어디든지 달려갑니다"라는 슬로건이 새겨진 카드를 건네는 총잡이들 같다고 묘사하게 된다. 우리의 카드에는 이렇게 적혀 있을 것이다. "개념적 도구들을 들고 어디든지 달려갑니다." 우리가 입수한 개념적 도구들은

• 1969년 뉴욕 주 교외 우드스탁에서 열린 록 페스티벌. 50만 명의 젊은이가 참여해 베트남전과 인종 차별에 맞서 평화와 반전을 외친, 1960년대 반문화 운동의 상징이다.

니버가 『그리스도와 문화』에서 사용한 '방법'을 모방한 것이었다. 당연히, 예일의 박사 과정 학생들인 우리는 가장 포괄적인 도구를 갖춘 사람이 결국 승리한다고 생각했다.

신학과 윤리학 분야에서 유니언, 하버드, 예일 박사 과정의 서로 다른 시각을 두고 이런 농담까지 있었다. 라인홀드 니버와 폴 틸리히가 논의의 방향을 정한 유니언에서 대학원생들에게 어떤 질문을 하면, 그들은 잠시 생각을 하고 이렇게 대답한다. "답은 하나, 둘, 셋, 넷, 다섯입니다." 동일한 질문을 제임스 루서 애덤스가 꽉 잡고 있는 하버드 대학원생들에게 하면, 그들은 생각을 하고 대답을 시작하다가 다시 생각하고 마침내 이렇게 말한다. "그 질문의 답은 모르겠습니다." 리처드 니버가 많은 영향을 끼친 예일의 대학원생들에게 같은 질문을 하면, 그들은 생각을 하고 대답을 시작하다가 다시 생각하고 마침내 이렇게 대답한다. "저는 그 질문의 답을 모릅니다만, 당신의 기본 전제가 A라면 당신에게는 이런 대안이 있고, 당신의 전제가 B라면 이런 대안이 있습니다."

나는 좋은 예일대생이 되려고 정말 노력했지만 아무래도 본성에 맞지 않았다. 괜찮은 분석적 능력이 있긴 하지만 '방관자'가 되기에는 너무 열정적인 것 같다. 예일 방식의 분석을 방관자의 시각이라고 정의하는 것은 부당한 일이지만, 적어도 나는 그렇게 느꼈다. 이것이 예일을 떠날 때의 내 입장이었고, 이 입장은 베트남 전쟁에 대한 나의 생각에 영향을 주었다. 나는 베트남 전쟁에 대한 나의 입장을 전혀 드러내지 않으면서 사람들이 그에 대해 일관성 있는 입장을 발전시키도록 돕는 것이 내 일이라고 여겼다.

그러나 '윤리학자'로서의 그런 역할은 가르치기 시작한 첫 몇 년도 가지 못했다. 나라는 사람의 성향을 볼 때 어쨌든 내가 오랫동안 맡을 수 있는 역할이 아니었겠지만, 1968년에 교사가 된 사람이라면 빠른 결정을 내려야 했다. 오거스태나의 학생들조차도 자신이 중요하다고 생각하는 것을 위해 일어서야 할 때라고 생각했다. 나는 명확한 사고가 중요하다고 생각했지만, 명확한 사고를 하려면 생각할 거리가 있어야 함이 금세 분명해졌다.

사실, 필라델피아 공항에서 오거스태나 총장을 만나 면접을 보기 전까지만 해도 나는 교직에 대해 생각해 본 적이 없었다. 그는 내가 '적임자'인지 알아보려고 몇 가지 일반적인 질문을 던졌다. 그다음 그가 내게 무엇을 가르칠 거냐고 물었을 때, 문득 나는 내가 남은 평생 교사로 일하게 될 것임을 깨달았다. 다들 목회자가 되기 위해 신학교에 간다는 사실을 모른 채 신학교에 갔던 것처럼, 박사 학위를 함으로써 내가 가르치는 사람이 될 거라는 생각을 못하고 있었던 것이다. 이제 가르친 세월이 40년이 넘지만, 아직도 나는 교사로 산다는 것이 무엇인지 잘 모르겠다. 그러나 어떤 의미였든지 나는 그 일을 대단히 즐겁게 감당해 왔다.

오거스태나 대학에서 자리를 구한 것은 정말이지 다행이었다. 사실 다른 곳에서 면접을 보기는 했다. 인디애나 주 그린캐슬에 있는 드포 대학교였다. 나는 오거스태나보다 드포를 선호했는데, 밥 킹(Bob King)이 거기서 가르치기도 했거니와 그곳이 더 좋은 학교라고 생각했기 때문이었다. 드포 대학교는 감리교 계통이어서 나와 더 잘 맞을 것 같았다. 그러나 나는 드포에서 자리를 구하지 못했다. 내가 오기(오거스태나를 그렇게 불렀다)에서 어떻게 자리를 잡게 되었는지는 잘 모르겠다. 나는 성경과기독교학과에서 교원으로 채용한 첫 번째 비루터교도였기 때문이다. 내가 간 첫해에 학과명을 종교학과로 바꾸었지만, 원래의 학과명은 오기의 루터교적 배경이 얼마나 강한지 짐작하게 해 준다. 내가 일자리를 잡은 것은 정말 행운이었다.

오거스태나 대학은 일리노이 주 록아일랜드에 있는데, 미시시피 강 강둑 가까이 있는 아름다운 학교다. 스웨덴 루터교도들이 세웠고, 여러 면에서 인상적인 지적 전통을 갖추었다. 스웨덴 국왕 중 한 명이 자신의 장서를 대학에 기부했다. 콘래드 베르겐도르프(Conrad Bergendorff)는 오랫동안 총장으로 재직하면서 학교의 지적 수준을 높여 놓았고, 루터교의 몇 안 되는 사회복음 주창자 중 한 사람이던 A. D. 맷슨(Matson)이 오거스태나 대학 신학부에서 가르치다 시카고 대학으로 자리를 옮겼다. 나는 이 학교가 장점이 많다고 느꼈다.

학교의 위치가 일리노이 주 록아일랜드라는 것은 분명한 단점이었다. 그 지역은 "쿼드시티"로 알려졌는데, 미시시피 강 건너편으로 아이오와 주의 대븐포트와 베튼도프가 있었고, 록아일랜드는 일리노이 주 몰린 바로 옆에 있었기 때문이다. 나는 중서부에서의 삶에 대해 잘 알지 못했고 미시시피 강변 지역에서 살아 본 적도 없었다. 그러나 곧 내가 중서부를 좋아한다는 것을 알게 되었다. 적어도 나는 중서부 사람들을 좋아했다. 그들은 정말 현실적이다. 하지만 옥수수를 병충해에서 지켜 주는 바사그란(제초제의 일종)을 안다면 중서부에서 너무 오래 살았다는 뜻이다.

앤은 중서부, 적어도 우리가 사는 지역은 좋아하지 않았다. 나는 첫해에 8,000달러를 벌게 되어 있었다. 학과에 소속된 다른 모든 사람은 루터교 목사였기에 비과세 주거지원금을 받았지만, 나는 교회에서 어떤 지위도 없었기에 세금 혜택이 전혀 없었다. 대학이 우리가 할인된 금액으로 빌릴 수 있는 작은 주택들을 보유하고 있어서 나는 대학 바로 위 절벽에 자리 잡은 집을 빌렸다.

앤이 애덤을 데리고 텍사스 친정집에 간 사이에 내가 오거스태나로 이사하는 일을 맡았다. 먼저 집으로 가서, 이삿짐이 오기 전에 집을 최대한 근사하게 만들기 위해 등골 빠지게 일했다. 관리가 잘된 집이 아니어서 작업이 쉽지 않았다. 이삿짐은 일요일에 도착했는데 짐을 내리는 일을 도울 사람을 찾을 수가 없었다. 나는 인부로 일하겠다고 자청했고 적당한 급료를 받았다. 나는 최선을 다해 가구를 배치한 뒤, 곧장 텍사스로 떠나 앤과 애덤을 데리고 록아일랜드로 돌아왔다. 돌아오는 여행은 힘들었다. 아기 침대에서 잠든 애덤을 뒷좌석에 태우고 밤새 차를 몰았다.

집에 도착한 앤은 미친 듯이 화를 냈다. 내 곁을 떠나 텍사스로 돌아가겠다고 으름장을 놓았다. 그녀가 그렇게 화를 내고 통제 불능 상태에 빠진 모습은 처음 보았다. 마치 뭔가에 홀린 것 같았다. 나는 무릎을 꿇고 제발 떠나지 말라고 간청했다. 무슨 일이든 다 하겠다고 약속하면서 말이다. 그때는 깨닫지 못했지만 아마 그게 그녀의 초기 정신병 발작이었던 것 같다. 그때는 정신병 발작에 대해 아는 것이 없었다. 그녀가 어떻게 진정이 되었는지는 기억나지 않지만, 그녀는 마침내 남아 있겠다고 말했다. 하지만 그 말은 모든 것을 "아무 문제 없게" 만드는 일이 내게 달렸다는 뜻이었다. 나는 정말 노력했지만 쉽지 않았고, 그것마저 다 내 탓이었다. 곤란한 상황에서 벗어날 수가 없었다. 일부러 문제를 일으키는 것은 아니었는데, 내가 그런 쪽으로 재주를 타고난 것 같았다.

오거스태나는 훌륭한 인문과학 대학으로, 일리노이 주 장학금을 받은 학생들이 많이 왔다. 학생들은 주 장학금 덕분에 주 내의 사립학교에 다닐 수 있었다. 이것은 일리노이 주 정부가 사립 교육을 지원하면서 주립 대학의 정원 증가 요구에 따른 부담도 일부 덜기 위해 찾아낸 방법이었다. 따라서 오거스태나 대학의 학생들은 상당히 뛰어났는데, 아마 오늘날에도 그럴 것이다.

하지만 학생들은 주로 백인이었고 중상위층 출신이었다. 그들 중 많은 수가 노스사이드 시카고에서 왔는데, 그 때문에 그들은 아이오와 주 접경의 강변 소도시가 자신의 수준에 맞지 않는다고 생각했다. 그들은 어릴 때부터 루터교를 접하고 살아왔기에 막연하게나마 자신이 그리스도인이라고 생각했다. 적어도 오거스태나의 사명 중 하나는 그 막연한 생각을 강화시켜 주는 것이었다. 그리고 내가 배운 바에 따르면, 딸들을 오거스태나에 보내면 그들이 고등학교에서 이미 잃어버린 성적 순결을 지키게 될 거라는 인상을 부모들에게 심어 주는 것이 우리의 또 다른 임무였다.

오거스태나에 온 지 얼마 안 되었을 때, 나는 여학생 기숙사에 남학생이 들어올 수 있는 기간 동안 방문을 닫아도 되는지를 놓고 벌어진 논쟁에 말려들었다. 대학신문 기자가 내게 이 주요 문제에 대한 신임 기독교 윤리학자의 견해를 물었다. 나는 텍사스에서의 경험을 떠올려 방금 예일에서 온 사람답게 이렇게 대답했다. "글쎄요, 그거 잔디 얼룩이 묻는 것을 피할 좋은 방법 같네요." 나의 답변은 그 주 대학신문에 그대로 인용되었다. 나중에야 대학 당국이 그런 논평을 달갑잖게 여긴다는 것을 알게 되었다.

교수회의에서 그 문제가 다뤄졌을 때 나는 상황을 악화시켰다. 당시 내 나이가 스물여덟이었다는 사실을 감안해 주길 바란다. 나는 1년차 교원이었다. 내가 조금이라도 생각이 있었다면 입을 다물고 있었을 것이다. 그러나 문을 열어 놓게 하는 정책을 정당화하는 근거로 학생들을 그들 자신에게서 보호해야 한다고 학장이 말했을 때, 나는 그것이 노예제를 합리화하는 논리이기도 했다는 말을 기어이 하고야 말았다. 솔직히 나는 그것이 말도 안 되는 문제라고 생각했다. 학생들이 문을 닫는 것 외의 다른 대안을 찾아내지 못한다면 그만한 상상력도 없느냐고 욕을 먹어야 할 것이다. 하지만 설령 내가 옳았다 해도, 나는 입을 다물었어야 마땅했다. 그러나 지혜는 스물여덟 살 1년차 교원에게서 볼 수 있는 특징은 아니다.

오랜 세월을 거치며 나의 지혜가 자라났다고 생각하지만, 이 사건은 지금도 내 삶의 특징이 되는 성향을 보여 준다. 나는 위선적인 말을 도무지 참지 못한다. 그러다 보니 종종 정치적 감각이 아예 없는 사람처럼 보이고, 정치적 감각이 뛰어난 사람들의 공격에 취약해진다. 나는 지금 대학 교직원들 사이에서 볼 수 있는 맹렬한 질투의 정치만이 아니라 지식 자체의 정치도 말하는 것이다. 나는 다른 사람들이 중요하게 여기는 것에 따라 내가 생각하는 내용과 방식을 조절한 적이 한 번도 없었다. 그 결과, 자신의 생각에 비추어 내가 생각하는 내용을 안다고 생각하는 이들의 오해를 평생 받아 왔다. 그러나 나는 그들이 생각하는 방식을 바꾸게 하려고 노력한다. 불평이 아니라 그냥 그렇다는 말이다.

교수회의에서 내 생각을 밝히면 곤란한 처지에 빠질 수 있다는 생각은 전혀 없었다. 나는 내가 똑똑하고, 열심히 일하고, 가르치는 데 집중하고, 논문을 출간한다면 교수로서 해야 할 일을 다 하는 것이라고 생각했다. 이런 윤리의 전형적인 예로 TV 드라마 〈야전병원〉(*M*A*S*H*)을 보면, 훌륭한 외과의사에게는 누구도 손대지 못한다. 더욱이 나는 대학교는 서로에게 진실을 말하는 곳이라고 생각했다. 그 진실로 누군가를 불쾌하게 할 수 있다는 생각은 못했다. 나는 배워야 할 것이 많은 사람이었다.

그런데 나를 정말 곤란한 지경으로 몰아넣은 것은 섹스가 아니라 인종 문제였다. 물론 나는 박사 과정 대학원생 시절에 민권운동의 진행 상황을 공감하며 지켜보았다. 시민불복종을 주제로 논문을 쓴 짐 칠드레스에게서 인종적 정의를 위한 투쟁과 반전시위에 대해 많이 배웠다. 나보다 몇 년 앞서 예일에서 박사 과정을 한 조 휴(Joe Hough)에게도 많이 배웠는데, 그는 블랙 파워*를 주제로 박사 논문을 썼다. 1968년에 출간된 그의 책 『블랙 파워와 백인 개신교도』(*Black Power and White Protestants: A Christian Response* *to the New Negro Pluralism*)는 니버의 시각을 기준으로 블랙 파워 운동을 해석했는데 내가 볼 때 대단히 설득력이 있었다.

오거스태나 대학에는 아프리카계 미국인이 19명 있었다. 내가 성경을 가르치는 필수 수업과 '기독교 윤리와 민주주의'라는 수업에도 그중 많은 학생이 들어왔다. 두 번째 수업의 취지는 학생들이 자유주의 정치 이론, 반전 시위, 민권 운동의 여러 이슈들을 연결해서 생각할 수 있도록 돕는 것이었다. 우리는 라인홀드 니버, 로버트 폴 울프, 윌리엄 코널리, C. B. 맥퍼슨 같은 사람들의 글을 읽었다. "포트휴런 선언문"**과 "버밍엄 감옥에서 보낸 편지"***도 읽었다. 이 문서들이 자유민주주의의 추정을 어떻게 활용했으며, 사회 속에서 교회의 역할에 대한 근본적인 질문에 어떤 의미가 있는지 보도록 돕자는 취지였다. 나는 그 수업에서 혼란스러운 시대를 살아가는 학생들이 자신이 속한 세계에서 벌어지는 일을 충분히 생각하도록 도우려 했다.

중서부인들은 나의 텍사스 억양을 남부 억양으로 오해해서 나를 남부 사람이라 생각했다. 아프리카계 미국인 학생이라면 남부 사람을 불신했을 거라고 생각할 수 있겠지만, 상황은 사실 정반대였다. 오거스태나의 아프리카계 미국인 학생 대부분은 시카고 도

• 1960년대 미국 흑인 해방 운동의 슬로건으로, 맬컴 엑스의 영향을 받아 흑인과 백인이 대등한 입장에 서기 위해서는 먼저 흑인이 경제·사회적 권력을 획득해야 하며 이를 위해 폭력도 불사한다는 입장이다.
•• 1960년대 미국 민권, 반전 운동의 기수였던 톰 헤이든이 1962년 작성한 선언문으로 신좌파 운동의 강령이 되었다.
••• 1963년 마틴 루터 킹 목사가 쓴 편지로 민권 운동의 핵심 문서 중 하나다.

심에서 왔지만 그들 중 상당수는 부모나 조부모가 남부 출신이었고, 얼마 지나지 않아 우리는 이웃인 중서부 사람들보다 우리 사이에 문화적 공통점이 더 많음을 알게 되었다. 따라서 나는 비공식적이지만 대단히 실질적인 아프리카계 미국인 학생회의 자문이 되었다.

당시는 블랙 파워를 호명하는 외침이 울려 퍼지던 시절이었다. 오거스태나에서 그런 외침은 주로 사회의 인종 격리를 되살려 내려는 시도로 해석되었다. 내가 오거스태나에서 쓴 첫 번째 글은 "블랙 파워에 대한 윤리적 평가"였는데, 1969년에 대학신문 「오거스태나옵저버」(*Augustana Observer*)에 실렸다. 그 글에서 나는 백인 진보주의자가 블랙 파워에 부정적으로 반응하는 것은 "모든 사람은 평등하게 창조되었다" 같은 얄팍하고 진부한 감정들의 실체를 폭로할 뿐 아니라, 민권 운동과 자신을 동일시하여 백인으로서 느끼는 죄책감을 덜어 보려는 그들의 시도를 부질없게 만들었다고 썼다. 그다음, 블랙 파워는 무정부 상태에 빠지거나 '과도한 폭력'을 쓰지 않으면서 더 큰 평등과 정의를 확보하기 위한 적절한 민주적 전략이었다고 주장했다. 따라서 블랙 파워 운동은 마틴 루터 킹의 이상주의에 대한 건강한 반작용이었으며, 자신들이 더 높은 도덕성을 보여 주지 않더라도 미국 사회에 참여할 수 있다는 아프리카계 미국인들의 주장을 제대로 보여 주었다. 백인들을 자기 편견의 감옥에서 '구해 내는' 것이 아프리카계 미국인들의 임무도 아니었다. 나는 블랙 파워 운동이 백인과 흑인 모두가 미국 중산계급의 환상에서 해방된 삶의 방식을 꿈꾸는 데 도움이 되기를 바랐다. 나는 아프리카계 미국인들이 미국에서의 경험을 통해 사회 전반의 '삶의 질'에 불만을 품게 되었으며, 이것은 그들을 통해 우리가 더 나은 삶의 방식을 찾을 수도 있다는 뜻이라고 썼다.

그리고 두 가지 우려를 밝히며 그 글을 마쳤다. 첫째는 블랙 파워 운동이 정치적으로 약속했던 목표를 이루지 못할 경우였다. 블랙 파워 옹호자들이 연합 정치를 거부한다면 미국 도심에서 아프리카계 미국인들의 힘이 아무리 크다 해도 역효과를 낳을 수 있었다. 둘째는 블랙 파워 운동이 정치적 행동을 통해 흑인의 정체성을 찾으려는 경우였다. 이 우려는 정치 영역이 중요하긴 하지만 삶의 중요성을 발견하기에 적절한 장소는 아니라는 니버의 통찰에 근거한 것이었다.

라인홀드 니버에게 배운 사고방식이 블랙 파워에 대한 생각에 영향을 주었다. 나는 그와 그의 동생 리처드 니버의 가르침을 받은 것에 깊이 감사한다. 그러나 나는 니버 형제에게 신학적으로나 정치적으로 심각한 한계가 있음을 제대로 알아보게 되었다. 그런데 오거스태나 사람들의 신경을 건드린 것은 내가 니버주의자인지 아닌지가 아니었다. 문제는 아프리카계 미국인 학생들을 위한 나의 '적극적인 활동'이었다.

오기의 교직원 중에는 아프리카계 미국인이 없었다. 나는 아프리카계 미국인 학생들과 어울리면서, 백인이 절대다수인 학교에서 그들이 아프리카계 미국인으로서 겪는 고충을 깊이 있게 나눌 사람이 백인인 나 외에도 필요하다는 사실을 절실하게 인식하게 되었다. 이 학생들 대부분은 시카고 도심 출신이었다. 그들은 다른 아프리카계 미국인들과 어울리며 자랐지만, 오거스태나에서는 백인들에게서 벗어나 갈 곳이 없었다.

나는 교수위원회를 통해 학장에게 아프리카계 미국인 교수를 찾도록 요구하는 결의안을 통과시켰다. 오거스태나의 교수들은 대체로 한 달에 한 번 모여 교수 업무를 수행했는데, 매달 교수회의 때마다 나는 아프리카계 미국인 교수를 찾는 건의 진행 상황에 대해 학장의 보고를 요구했다. 몇 달 후, 전 학장이자 내가 속한 학과의 학과장이던 원로 교수가 더 이상 참지 못하고 일어섰다. 그는 오거스태나 같은 학교가 아프리카계 미국인 교수를 찾는 일은 어렵다고 설명했다. 유명 연구 중심 대학에 있는 아프리카계 미국인을 오거스태나 같은 작은 학교로 데려오기는 어려우며, 설령 누가 오거스태나로 올 의향이 있다 해도 감당할 수 없는 높은 보수를 요구할 가능성이 있다고 덧붙였다. 그리고 그런 장애물들을 극복한다 해도, 아프리카계 미국인 교원을 적절한 학과에 찾아 넣기는 힘들 거라는 말로 결론을 맺었다.

입을 다물고 있어야 마땅한 상황이었지만 물론 나는 그렇게 하지 않았다. 나는 그런 어려움은 '인정한다' 해도 그 발언의 인종차별적 성격을 지적하고 싶다고 말했다. 예를 들어, 그는 오거스태나가 "명문대 수준의" 아프리카계 미국인들만 고용할 수 있다고 가정했지만, 그것은 나머지 교수진에게 적용하지 않았던 기준을 아프리카계 미국인들에게만 들이대는 것이었다. 우리는 석사 학위만 있는 평범한 백인 학자들도 기꺼이 고용하지 않는가. 그렇다면 오거스태나에서 가르칠 평범한 석사 흑인 몇 명을 고용하지 않으려는 이유는 무엇인가? 왜 연구 중심 대학교들에 연락을 해야 하는가? 프레리뷰 A&M 같은 학교에는 왜 연락하지 않는가? 말할 것도 없이, 나는 이런 발언들 때문에 교수진 일부 진영에서 미움을 샀다.

하지만 나의 평판에 결정타를 날린 것은 아프리카계 미국인 학생들이 벌인 시위에 참여한 것이었지 싶다. 그들은 학생회관에 자신들만을 위한 방을 요구했으나, 흑백 분리를 조장할 수 있다는 이유로 거절당했다. 학생들은 연례축제 때 시위를 하기로 결정했다. 무슨 축제였는지는 기억나지 않지만 축제의 주목적은 오거스태나가 얼마나 조화로운 곳인지 보여 주는 것이었다. 물론 시위는 적대적인 행동이었다. 오거스태나가 행복한 대가족이라는 주장에 문제를 제기하는 것이었기 때문이다. 그들은 나에게 행동을 같이해 달라고 요청했다.

나는 체질상 활동가가 아니다. 시위나 집회의 취지에 아무리 공감한다 해도 많은 무리 속에 들어가는 것은 어렵다. 뉘른베르크 전당대회(Nuremberg rally)*의 영상들이 뇌리에서 떠나지 않는다. 그러나 학생들이 말하는 시위는 별것 아닌 것 같아서 흔쾌히 동의했다. 아프리카계 미국인 학생 19명과 천막 주위를 도는 것은 뉘른베르크 전당대회와 거리가 멀었다. 시위를 앞두고 학생들이 모여 있던 방으로 내가 들어서던 때를 결코 잊지 못할 것이다. 토

---

* 나치 독일의 최대 연례행사. 1934부터 1944년까지 히틀러는 베를린 시 뉘른베르크 전당 앞에서 나치당원들과 지지파 등 수많은 이들을 모아 놓고 나치를 선전, 홍보했다.

요일 오전이었다. 나는 애덤을 데리고 들어갔다. 그 방에 흐르던 긴장을 손으로 만질 수 있을 것 같았다. 그러나 내가 들어서자마자 먹구름이 걷힌 듯한 분위기가 되었다. 그들은 혼자가 아니었던 것이다. 우리는 축제를 위해 세운 천막 주위를 돌았다. 내 기억에 따르면 학생들은 학생회관에 방을 하나 얻었다. 대단한 일은 아니었지만 내가 그들과 함께했던 것이 주목을 끌었으리라 확신한다.

나는 골칫덩이가 될 마음이 없었지만, 문젯거리로 보였을 것이 분명하다. 정말 그렇다는 분명한 신호를 받은 것은 2년차 때의 일이었다. 내가 무척 좋아했던 학과장이 내 자리가 향후 예산 편성이 안 될 수도 있다고 알려 왔다. 그는 그것이 순전히 재정적인 문제이지 나의 교수 실력이나 연구 실적과는 관련이 없다고 몇 번이나 말했다. 그러나 안 좋은 일이 생길 것이 뻔했기에 새 일자리를 찾는 편이 나을 터였다. 다른 교수직을 찾지 못하면 언제든 조적일로 돌아갈 수 있다는 생각도 했다.

오해를 사고 싶지는 않다. 나는 오기와 동료 교수들을 정말 좋아했다. 학과의 경계를 넘나드는 상호작용을 경험할 수 있다는 것은 큰 특혜였다. 나는 지성사와 비교역사를 가르쳤던 동료 교수 로스 폴슨(Ross Paulson)에게 많은 것을 배웠다. 범죄학을 전공한 사회학자 존 헵번(John Hepburn)과는 한 수업에서 함께 가르쳤다. 나는 영문학과 사람들이 좋았다. 오거스태나에는 지리학과도 있었는데, 나는 지리학이 근대 대학의 교수과목 중에 가장 지루하다고 생각하고 있었다. 그러나 얼마 지나지 않아 젊은 지리학과 교수에게서 지리학이 지도의 이데올로기적 기능을 인식하면서 확 바뀌었다는 말을 들었다. 지질학과의 친구한테는 해양학에 대해 많이 배웠다.

    나는 오거스태나에 있는 것이 좋았고 특히 성경을 가르치는 일이 좋았다. 오거스태나의 모든 학부생들은 한 학기의 성경 수업을 의무적으로 들어야 했다. 나는 성경을 어떻게 가르쳐야 할지 몰랐는데, 성경에 대해 가르치기보다는 성경을 가르치기로 결정했다. 그래서 JEDP(모세오경의 원전들)에 대한 학문적 논쟁들을 소개하느라 시간을 쓰기보다는 학생들에게 성경 텍스트를 읽게 했다. 그것은 내게도 멋진 기회였다. 나도 성경 텍스트를 읽어야 한다는 뜻이었기 때문이다. 나는 많이 배웠다.

    또 내가 학부생들을 가르치는 일을 정말 즐긴다는 사실과 학부생들이 나를 교사로서 좋아한다는 사실도 발견했다. 나에겐 교육학적 감각이 전혀 없었지만, 가르치는 내용이 중요하다는 열정에 전염성이 있었던 것 같다. 나는 강의하는 것도 좋아했지만 강의로 인해 생기는 질문들을 더욱 즐겼다. 나중에 나는 일부 학생들이 2년차의 나를 "최고의 교수"로 밀었다는 사실을 알게 되었다. 나는 오기에서 오랫동안 재직한 물리학 교수에게 한 표 차로 졌다. 투표를 진행한 학생들은 모두 '내' 학생들이었기에, 그들은 나를 우승자로 만드는 일을 심각하게 고려했다. 그러나 오랜 토론 끝에 그렇게 하지 않기로 결정했다. 내가 "좋아하지 않을 것" 같아서라고 했다. 그 생각이 옳았다.

    그들은 전쟁에 대해서도 옳았다. 나는 오거스태나에서 가르치기 시작한 다음에야 전쟁에 대한 나의 입장이 심각한 오류였다는 생각을 하기 시작했다. 전쟁은 내가 단지 '생각'할 주제에 그치지 않았다. 전쟁은 내 가족의 삶을 흔든 적이 없었다. 아버지는 제2차 세계대전 때 징집되지 않았고 삼촌들도 마찬가지였다. 우리 가족들은 대체로 '애국적'이었지만 누구도 정치가는 믿지 않았는데, 그들이 부유한 계급의 이익에 봉사한다고 생각했기 때문이다. 전쟁에 대한 나의 태도를 결정한 것은 한국 전쟁이었다. 나는 한국 전쟁이 대체로 '좋은 일'이었다고 생각했다.

나는 지금도 지갑에 선발징병제* 기록을 넣어 다닌다. 예일대 신학대학원에 입학한 해인 1962년 11월 21일에 나는 IV-D로 분류되었다. 다시 말해, 댈러스 징병위원회는 내가 신학교에 들어갔으니 목사징병유예를 받아야 한다고 판단한 것이다. 나는 징병위원회에 편지를 써서 목사가 되지 않을 것이라고 알렸지만 그들은 나의 분류를 바꾸지 않고 있다가 1967년에야 II-S, 즉 학생징병유예로 재분류를 했다. 그래서 내가 I-A로 분류되어야 한다는 내용의 편지를 다시 썼다. 나는 1970년 2월 17일에 I-A로 재분류되었다. 마침내 나는 징병될 수 있게 되었고 그 상태로 있다가 서른다섯 살이 되었다. 나는 살아오면서 징병을 두려워한 적이 없었다. 그러나 내가 가르친 학생들은 달랐다.

특별히 기억에 남는 학생이 있다. 빌 샘슨이라는 학생이다. 시간과 공간이 달랐다면 빌은 빌 클린턴일 수도 있었을 것이다. 그

• 전쟁 발생시 징집이 가능하도록 일정 나이대의 남성들을 등록해 두는 제도다.

는 무척 잘생겼고, 상위 중산 계급 출신다운 예절을 갖추었으며 굉장히 똑똑했다. 학생회장이기도 했다. 그는 내 수업 하나를 들었는데 신학에는 전혀 관심이 없었다. 하지만 졸업과 징병이 다가오자 신학교로 가서 징병을 피하기로 결정했다. 그가 내게 신학교 진학 준비에 도움이 될 만한 현대 신학 강독 수업을 듣게 해 달라고 부탁해서 기꺼이 그렇게 해 주었다. 그는 하버드 신학대학원에 갔는데, 그곳에서 공부를 할 필요가 없었다고 했다. 내 강독 수업에서 배운 내용이 신학대학원 대부분의 과목을 공부하지 않고도 학점을 받는 데 지장이 없을 정도로 충분했다고 했다.

그는 신학 공부를 하지 않고 하버드에서 다른 수업들을 들었다. 전쟁이 끝난 후 의과 대학에 진학하기를 바란 것이다. 그는 의과 대학에 갔지만 그곳에 있는 동안 어떤 여자를 좋아하게 되었고, 그녀의 설득으로 노동자들을 조직하기 위해 노스캐롤라이나로 갔다. 빌은 노스캐롤라이나 그린즈버러에서 KKK(Ku Klux Klan, 백인우월단체)에 의해 살해당했다. 나는 그를 결코 잊을 수 없다. 그를 상당히 좋아했던 데다, 그의 삶을 통해 '60년대'가 얼마나 이상하고 무시무시하고 슬프면서도 멋진 시대였는지 분명히 볼 수 있기 때문이다.

지금 나의 사고방식은 1960년대를 살아갔던 사람들에게 배운 내용에 많은 부분 기대고 있다. 당시 내가 가르쳤던 많은 학생들, '대안적 생활 방식'을 추구했던 이들이 결국 보험판매원이 되었다. 그것이 나쁘다는 말은 아니지만 좀 서글프기는 하다. 나는 늘 전통적인 방식으로 살아왔지만, 1960년대가 보여 준 급진적 저항은 줄곧 나의 일부로 남아 있다고 생각하고 싶다.

물론 그 시대를 낭만적으로 생각하는 것은 잘못일 것이다. 해방이라고 선포되었던 것들이 많은 이들을 파괴했기 때문이다. 그러나 그때의 순전한 에너지, 목숨을 초개처럼 여기던 많은 이들의 희생정신, 다른 세계를 상상하는 도전정신은 내게 여전히 선물처럼 남아 있다. 지금 세상의 모습이 불가피한 것이 아니라는 생각이 내가 그리스도인 됨의 의미를 이해하는 데 영향을 주기 시작했다. 기독교는 우리가 운명이 정해진 존재가 아님을 깨닫기 위한 지속적인 훈련이라는 것을 이해하게 된 것이다. 우리는 전쟁이 없는 세상도 상상할 수 있다. 나중에 하게 된 생각이지만, 베트남에 대해서도 다르게 생각할 필요가 있었다는 것을 알게 되었다.

베트남 전쟁이 제기하는 난점에 대해 생각할수록, 라인홀드 니버가 가르쳐 준 내용에 한계가 있다는 생각이 깊어졌다. 나는 늘 니버에게 경외심을 느꼈다. 니버를 만난 적은 없지만 언제나 그를 지적 에너지의 본보기로 생각했다. 그는 "존재감이 확실하다"는 묘사가 적절한 사람이었다. 그의 저작을 보면 압도되지 않을 수가 없다. 뿐만 아니라 그의 저작은 우리 삶에 대한 가차 없는 정직함을 담고 있기에 설득력을 발휘한다. 니버 저작의 힘은 참된 말을 하려는 니버의 열정에 있고, 수많은 사람들이 대인관계와 정치적 관계의 본질에 자리 잡은 폭력의 필연성에 대한 니버의 신학적 이해를 그토록 설득력 있게 여긴 이유가 진실을 향한 니버의 그런 열정을 제대로 감지한 데 있다는 것이 내 생각이다.

하지만 베트남 전쟁과 민권 운동, '정상 상태'에 맞서는 반체제

시위를 겪으면서 나는 니버를 다시 생각하게 되었다. 베트남 전쟁이 니버나 니버주의자들의 탓이라고 말하려는 것은 아니다. 나의 염려는 그보다 더 깊이 들어갔다. 나는 니버가 나를 유혹했다는 생각이 들었다. '유혹'이라는 말은 적절한 단어다. 그는 지금 세상의 모습이 불가피한 것이라고 생각하도록 나를 유혹했다. 니버를 떠나야 한다면 거기서부터 어떻게 더 나아가야 할지 막막했지만, 적어도 내가 블랙 파워를 옹호할 때 근거로 삼았던 이익 집단 자유주의는 오류라고 생각하게 되었다.

나는 예일에 있을 때 아이리스 머독(Iris Murdoch)을 읽기 시작했는데, 오거스태나에서는 구할 수 있는 대로 그녀의 책을 모두 구해서 읽었다. 나는 늘 소설 읽기를 좋아했기 때문에, 머독의 철학 에세이뿐 아니라 그녀의 소설도 읽어 내려갔다. 나는 그녀에게 편지를 써서, 에세이를 모아서 책으로 내자고 제안했다. 내가 글을 편집하고 소개하는 글까지 쓰겠다고 했다. 그녀는 우아한 답장을 보내, 나의 제안은 고맙지만 『선(善)의 지배』(The Sovereignty of Good)가 곧 책으로 나올 거라고 알려 주었다.

머독의 책을 읽는 사이, 내가 생각하는 방식에 중요한 영향을 준 다른 책도 우연히 발견했다. 줄리어스 코베시(Julius Kovesi)가 쓴 『도덕 관념들』(Moral Notions)이었다. '우연히 발견했다'는 말은 그 책을 읽게 된 경위를 정확하게 밝힌 것이 아니다. 내 박사 학위 연구에서 철학적 심리학의 문제들이 매우 중요했기 때문에 나는 철학적 심리학 연구 시리즈들을 읽어 나가고 있었다. 출간될 책들을 주시하고 있다가 1967년에 코베시의 책이 나오자마자 주문했다.

나는 G. E. 무어(Moore)에 대한 코베시의 비판, 규칙에 대한 이론, 그가 이해하는 기술(記述)의 작용 방식이 덕의 윤리학을 더욱 발전시키는 데 결정적인 역할을 한다는 인상을 받았다. 당시에는 코베시의 논지가 필리파 풋(Philippa Foot)이 내놓은 논증을 발전시킨 것이었음을 깨닫지 못했지만, 코베시와 머독 사이에서 모종의 연관성을 본 것 같았다. 나중에야 나는 풋과 머독이 친한 친구였고 깊은 철학적 확신을 공유했음을 알게 되었다. 내가 볼 때 코베시는 언어 이론도 펼쳤는데, 비트겐슈타인과 관련된 그 언어 이론은 머독의 '보기'(seeing) 이론에 필요한 것이었다. 머독이 '플라톤주의자'라는 점은 문제될 것이 없었지만, 그녀가 플라톤주의에 이끌려 도달한 이상한 유형의 신비주의에는 동의할 수 없었다.

내게 결정적으로 중요한 또 다른 책을 발견한 일은 순전히 행운이었다. 당시 박사 학위 논문을 코퍼스 출판사라는 신생 출판사에 보낸 상태였는데(거스탑슨 교수의 제안에 따른 것이었지 싶다), 출판사는 내 책에 흥미를 보였다. 내 책이 그들의 출간 전략과 어떻게 맞을지 보여 줄 요량으로 그들은 내게 기존에 출간한 책 한 권을 보내 주었다. 허버트 매케이브(Herbert McCabe)의 『윤리학이란 무엇인가』(*What Is Ethics All About*)였는데, 영국에서는 『법, 사랑, 언어』(*Law, Love, and Language*)라는 제목으로 출간된 책이었다. 불행히도 코퍼스 출판사는 곧 문을 닫았지만, 내가 이미 큰 도움을 받은 다음이었다. 나는 코베시와 매케이브 사이에서 당시의 철학적·신학적 패러다임을 지배하던 이론보다 도덕적 삶을 더욱 풍부하게 설명해 낼 방법을 보았다. 나는 윌리엄 프랑케나(William Frankena)의 『윤리학』(*Ethics*)을 완전히 몰아내고 싶었다.

"상황윤리, 도덕관념들, 도덕신학"이나 "비전의 중요성: 미학적 윤리를 향하여" 같은 논문을 언제 어떻게 썼는지는 기억나지 않지만, 오기에서 쓰기 시작한 것만은 분명하다. 첫해에 나는 한 학기에 네 과목을 가르쳤다. 둘째 해에는 학교가 4학기제로 바뀌었는데, 그렇다고 교수 부담이 줄어들지는 않았다. 하지만 여하튼 나는 논문을 쓰기 시작했다. 많은 시간이 있어야 쓸 수 있다고 생각하지 않았다. 여기저기서 30분만 주어지면 나는 뭔가를 끝낼 수 있었다. 어떻게 그렇게 많은 글을 썼느냐는 질문을 종종 받는데, 이것이 나의 방법이다. 나는 조적 일에서 배운 대로 쓴다. 비가 오기 전에 일을 끝내야 하기 때문에 부지런히 일하는 것이다.

그 초기 논문들은 지난 세월 내가 쌓아 온 생각하는 방식의 핵심이라고 말할 수 있다. 나를 이해하고 싶다면 그 논문들에서 시작해야 한다. 그 논문들을 쓴 이후로 나는 많은 것을 배웠는데, 머독, 코베시, 매케이브가 가르쳐 준 내용이 없었다면 그럴 수 없었을 것이다. 알래스데어 매킨타이어가 내게 점점 더 중요해진 것은 분명하지만, 머독, 코베시와 매케이브를 충분히 이해했기에 그를 더 잘 읽을 수 있었다고 확신한다.

나는 주로 그리스도인들이 내세우는 주장들이 어떻게 반증될 수 있느냐에 관심을 두었다. 기독교의 주장들을 시험하는 방법이 우리 삶의 구체적인 사건들을 예수님의 이야기와 연관시켜 바라보는 것이라는 생각이 들었다. 라인홀드 니버는 '신학적 저널리즘'

이라 부를 만한 장르의 대가였다. 그의 저널리즘의 내용에 대해 내가 어떤 의심을 품었든, 그가 역사를 섭리적으로 해석하는 시도를 감행한 것은 옳았다고 확신한다. 한스 프라이와 조지 린드벡은 이를 '텍스트가 세계를 빨아들이는 것'이라고 묘사했다. 아주 달가운 묘사는 아니지만, 프라이 교수와 린드벡 교수가 나중에 무슨 말을 할지 모른 채 나는 그와 비슷한 논지로 이론을 전개하기 시작했다.

그런 논지에 따라 생각하기 시작한 덕분에 나는 교회의 중요성을 감지할 수 있었다. 분명히 해 둬야겠다. 그 발견은 무엇보다 관념적인 것이었다. 내가 박사 학위 과정을 밟고 있을 때 교회에 다녔는지는 기억이 나지 않는다. 설령 다녔다 해도 꾸준히 가지는 않았을 것이다. 나는 교회가 아주 중요할 수도 있다는 사실을 알게 되었다. 그리스도인들이 신앙을 실천하기 위해서는 기독교적 언어를 쓰는 공동체가 필요할 것이라고 생각한 것이다. 오거스태나에서 교회를 다니기는 했지만, 기독교는 내게 주로 '관념'이었다.

분명히 나는 스스로를 그리스도인이라 생각했지만, 그 말의 의미는 확신하지 못했다. 세상에, 나는 기독교 윤리학으로 박사 학위를 받은 사람이다. 당연히 그리스도인이어야 한다. 그런데 기독교 윤리학에서 박사 학위를 받았다고 해서 그리스도인이라고 할 수 있을까? 내가 그리스도인들이 섬기는 하나님이 존재하지 않는다고 확신하게 되었다면 내 지위를 포기했을까? 이것이 바른 질문이기는 할까? 내가 하나님의 존재를 믿지 않게 되었다면 오거스태나에서 어떻게 했을지 모르겠지만, '하나님의 존재를 믿는 것'

이 그리스도인 됨의 의미를 밝히는 데 큰 도움이 되지 않는다는 생각이 점점 강해졌다.

나는 오거스태나 시절부터 하나님의 존재를 믿는 것이 그리 흥미롭지 않다고 생각하게 되었다. 어쨌든 나는 바르트의 우물 깊숙이에서 물을 길어 마셨기에 나 자신의 주관성을 그리 심각하게 받아들이지 않게 되었는데, 하나님과 관련된 문제에서는 특히 더했다. 뿐만 아니라, 바르트주의자라면 하나님이 성부, 성자, 성령이심을 알지 못하고는 자신이 어떤 하나님을 믿거나 믿지 않는지 알 수가 없다. 하지만 나는 바르트주의자였으면서도, 바르트가 기독교 교리를 설명할 때 교리를 이해하는 데 필요한 중요한 조건들을 충분히 해명하지 않았을 수도 있다는 생각이 들었다.

당시 많은 이들이 그리스도인이라는 사실을 '행복하게' 느꼈던 데는 아프리카계 미국교회가 보여 준 비범한 모습의 덕이 컸던 것 같다. 그리스도인들이 마침내 옳은 편에 선 것 같았다. 더욱이, 그리스도인들이 반전 시위에 참여하면서 '시대에 적절한' 존재가 된 것 같았다. 당시에는 그리스도인으로 사는 것이 도덕적으로 타당해 보였다. 물론 상황은 곧 달라져, 그리스도인이고 교회에 나가는 것이 다시 '정상 상태'의 표지가 된다.

나는 오거스태나에서 다시 상당히 규칙적으로 교회에 다니기 시작했다. 무슨 이유였는지 모르겠다. 록아일랜드에 자리 잡은 후에 집에서 멀지 않은 감리교회에 나갔는데, 설교는 끔찍했고 예전도 엉망진창이었다. 같은 실수를 반복할 수는 없었다. 내 수업을 듣는 학생들에게 물어서, 공식 대학교회는 아니지만 캠퍼스 안에 있는 교회를 소개받았다. 학생들이 모여 교회를 이루고 목사를 청빙했던 것 같다. 담임목사는 리처드 스완슨(스웨덴 루터교회였다는 점을 기억하시길)이라는 멋진 사람이었고, 우리는 곧 절친한 친구가 되었다.

이전에는 루터교 신자와 어울려 본 적이 없었다. 물론 루터의 저작은 읽어 보았다. 야로슬라브 펠리칸과 이언 시긴스의 시각으로 바라본 루터는 소위 '이신칭의'를 신학의 중심으로 삼았던 루터보다 훨씬 가톨릭적이었다. 더욱이, 종교개혁의 토대가 루터가 내세운 양심의 자유의 원리였다는 생각은 전혀 하지 못했었다. 나는 창조의 질서와 구속의 질서를 분명하게 나눈 루터의 구분에 상당히 비판적이었다. 하지만 루터교회의 예전(우리는 '녹색 책'을 사용했다)은 충실하고 아름다웠다. 나는 주일 예배에 참석하기 시작했고, 매 주일 성찬을 받는 것이 얼마나 중요한지 알게 되었다.

학생들이 시작한 교회였고 다니는 이들도 주로 학생이었기에 부담 없이 애덤을 데려갈 수 있었다. 애덤은 막 걷기 시작했던 때라 예배 시간에 풀어 놓아도 예배에 큰 지장을 주지 않았다. 앤은 자신을 더 이상 그리스도인이라 여기지 않았기에 교회에 가지 않았지만 내가 애덤을 데리고 가는 것은 좋게 여겼다. 애덤과 나는 이후 오랫동안 그런 생활패턴을 이어 가게 된다.

록아일랜드에 도착한 지 얼마 되지 않아 앤이 아프기 시작했다. '아픔', 다시 말해 그녀가 시달렸던 '고통'은 가시지 않는 복통이었다. 이 의사 저 의사를 전전하다 마침내 그녀가 원하는 진단을 받았다. 한 의사가 희귀한 효소 결핍 질환인 포르피린증(porphyria)이라는 진단을 내놓았는데, 그 병의 증상이 우울증과 불안 같은 심리적 문제 및 복통이었다. 앤은 자신의 '문제'가 판명된 것에 행복해했다. 나는 앤을 동정했고 지지했다. 그녀의 부담을 줄여 주기 위해 할 수 있는 일이라면 다 했다.

한동안 앤은 수면습관 때문에 아침에 일어나는 것을 무척 힘들어했다. 우리의 하루 일과는 이랬다. 내가 애덤과 함께 일어나서 먹이고 놀아 주다가, 앤이 일어나면 일하러 나갔다. 학교에서 최대한 일찍 집으로 돌아온 뒤에는 애덤을 유모차에 태우고 산책을 나갔다. 앤은 애덤을 사랑했지만 아이의 이런저런 요구를 감당하지 못했기에 아이를 돌보는 일은 상당 부분 내 몫이 되었다. 그것을 유감으로 여긴 적은 없었다. 애덤은 내게 기쁨을 주었다. 똑똑하고 호기심이 많은 애덤은 별의별 것에 다 관심을 보였다. 유모차로 수백 킬로미터를 다니느라 바퀴가 닳은 유모차가 두 대는 된다. 우리는 이 공원 저 공원을 다녔고 가끔은 다람쥐를 쫓아다니도록 애덤을 풀어 주기도 했다. 록아일랜드에는 검은 다람쥐가 살았다. 놈들은 다람쥐치고는 꽤 아름다웠다.

애덤이 처음으로 한 말은 '새'(bird)였다. 우리는 집 뒤쪽의 방에다 아기 놀이 울타리를 쳐 두었다. 뒤편 베란다에 창을 달아 방으로 개조한 공간이었는데, 주변 나무들이 잘 내다보이는 멋지고 환한 방이었다. 우리 집은 미시시피 강변에 있었기 때문에 록아일랜드로 날아오는 아주 다양한 새들을 볼 수 있었다. 어느 날 아침 식사 후, 한두 살쯤 되었을 애덤이 신이 나서 뭔가를 가리키며

"브드"라고 말했다. 시간이 조금 걸리긴 했지만 나는 무슨 말인지 이해했다.

점점 힘들어지긴 했어도 앤의 상황은 끔찍한 정도는 아니었다. 우리는 여러 활동을 함께했다. 나는 앤에게 많은 것을 배웠는데 그중 하나가 미술이었다. 사우스웨스턴에 다닐 때 왜인지 미술의 세계에 상당히 끌렸던 적이 있다. 그곳에서 메트로폴리탄 미술사 강좌를 들었고, 권당 4.95달러씩 내고 매달 우편으로 관련 서적을 받아 보았다. 앤은 뛰어난 미적 감각으로 생활을 윤택하게 했다. 밀착 인화지 몇 롤을 가져다 합판을 추상디자인 작품으로 바꿔 주방을 근사하게 만들었다. 머독이 말한 '보는 것'의 중요성이 내게 의미심장하게 다가왔던 것은 앤에게서 배웠기 때문임이 틀림없다.

우리의 생활은 대체로 정상적으로 보였다. 날마다 하는 일들이 생존을 가능하게 했다. 우리는 하던 대로 사랑을 나누고, 하던 대로 식사를 했다. 하던 대로 영화나 콘서트를 보러 갔고 다른 젊은 교수 부부들과 브리지 게임을 했다. 가끔은 안 하던 일도 했다. 애덤에게 '페퍼'라는 개를 사 준 것이 그중 하나다. 코카푸(코커스패니얼과 푸들의 잡종) 종인데 우리는 녀석을 제대로 훈련시킬 수가 없었다. 텍사스 '집에' 다녀오기도 했다. 장인어른과 장모님은 엄청난 분들이었지만, 우리는 그분들과 함께 있는 시간을 어떻게든 버텨 냈다. 내 부모님은 애덤을 사랑하셨다. 우리는 결국 오거스태나에 자리 잡은 듯했다. '꽤 괜찮은' 삶이었다.

앤은 대학에서 미술과목을 좀 듣기 시작했다. 그녀는 소묘를 즐겁게 배우는 것 같았지만 수업 때문에 스트레스도 많이 받았다. 강사의 마음에 들고 싶은 마음이 간절했던 것이다. 그녀는 완벽한 수준이 아니면 만족하지 못했는데, 그 말은 그녀가 절대 만족하지 못했다는 뜻이다. 더욱이, 앤은 자신의 '실패'를 누군가의 탓으로 돌려야 했기에 내가 주로 그 표적이 되었다. 그녀는 나와 결혼하지 않았다면 미술에 더 많은 시간을 쓸 수 있었을 거라고 누누이 말했다. 나는 그녀의 삶을 나아지게 하려고 할 수 있는 일을 다 했지만, 그럴수록 내가 문제의 일부임이 드러날 뿐이었다.

예를 들어, 나는 집안일이 내 책임이라고 생각했다. 앤은 요리를 잘했고 적어도 한동안은 손님 대접을 좋아했다. 손님이 오기 전에는 내가 늘 청소를 한 번 더 했다. 뉴헤이번에 있을 때는 집안일을 내가 도맡아 했는데, 당시는 그녀가 생활비를 벌어 오던 때라 그것이 매우 온당한 일 같았다. 록아일랜드로 이사한 후에도 나는 계속 집안일을 했다. 그러나 집안을 깔끔한 상태로 유지하려고 아무리 열심히 일해도 그녀의 기준에는 이르지 못했다.

앤은 똑똑했고 광범위한 분야의 책을 읽었다. 그러니 그녀가 곧 여성 해방 운동을 알게 된 것도 놀랍지 않았다. 사람들은 대체로 나를 '페미니스트'로 보지 않는다. 나는 일부 형태의 페미니즘에 영향을 미친 신학적·철학적 전제들을 우려하며, 진보주의자가 아니다. 그러나 앤의 페미니즘에는 상당히 공감했다. '가부장제'에 대한 비판도 받아들였다. 그리고 여자를 남자의 에고(ego)를 강화해 줄 장식물 이상의 존재로 보라는 여자들의 요구가 옳다고 생각했다. 나는 마거릿 미드(Margaret Mead)를 읽었고, 남자가 할 수 있는 일이라면 여자도 남자만큼은 할 수 있다는 그녀의 말이 옳다고 생각했다. 따라서 여자들에게 문제는, 자신의 근본적 불안을 감추기 위해 '남자다움'이 필요한 남자들을 어떻게 할 것인지였다. '강해야' 한다는 끊임없는 요구에는 어떤 남자라도 지치게 마련이다. 나는 저메인 그리어(Germaine Greer)의 『여성, 거세당하다』(*The Female Eunuch*, 텍스트)를 흥미롭게 읽었다. 그러나 슐라미스 파이어스톤(Shulamith Firestone) 같은 급진적인 페미니스트들이 더 좋았다. 자유주의 페미니즘보다 그들이 기존 질서에 더 근본적으로 문제를 제기한다고 생각했기 때문이다.

그래서 나는 앤의 페미니즘에 반대하지 않았다. 하지만 그녀는 페미니즘이 제시하는 대안이 있는 줄 모른 채 자신이 결혼한 것을 억울해했으며 그것이 내 탓이라고 했다. 물론, 문제는 페미니즘이 아니라 그저 분노였다. 앤은 분노했다. 사실, 그녀가 정당하게 분노할 만한 일은 많았다. 하지만 이미 벌어진 일을 무를 수는 없었다. 그녀가 결혼을 결심한 것이 잘못이었을 수도 있다. 나와 결혼한 것이 잘못이었을 수도 있다. 아이를 낳은 것이 잘못이었을 수도 있다. 그러나 이미 벌어진 일을 무를 수는 없었다. 우리는 이미 벌어진 일을 덜 짐스럽게 만들 수 있을 뿐이고, 나는 그러기 위해 노력했다. 그러나 처음부터 실패가 정해진 일이었다.

임박한 것 같던 재앙은 미루어졌다. 노터데임 대학교 신학과 학과장인 짐 버트챌[성십자가수도회(C. S. C.) 사제]의 전화가 그 계기였다. 그는 노터데임 출신 제자의 결혼식을 축하하러 쿼드시티에 올 예정인데, 노터데임의 교수 후보로 짐 거스탑슨이 나를 추천했고 연락처를 주었다고 했다. 원래는 짐 칠드레스에게 그 자리를 제안했으나 그가 거절했고 대신 나를 추천했다고 했다. 어차피 록아일랜드에 가는 길이니 나를 만나 대화를 나눠 보는 것도 좋겠다는 것이 전화의 요지였다.

나는 그를 만나게 되어 더없이 기뻤다. 오거스태나에서의 계약 기간은 3년이었고 계약이 갱신되지 않을 가능성이 높다는 말을 들은 터였다. 절박한 상황은 아니었지만 구미가 당겼다. 박사 과정 마지막 해에 노터데임 출신의 멋진 사람을 알게 되었던 터라 그 학교에 대한 좋은 인상이 있었다. 그는 바로 찰리 쉬디(Charlie Sheedy)라는 성십자가수도회 사제였다. 찰리는 노터데임에서 도덕신학을 가르쳤고 학장도 맡았었다. 내가 절친한 친구로 사랑할 수밖에 없었던 찰리는 '진짜 물건'이었다. 찰리 같은 사람이 학장을 맡을 수 있는 곳이라면 나쁠 리 없다는 생각이 들었다.

토요일 오전, 오거스태나를 대표하는 건물인 '구 본관'의 층계에서 버트첼을 만나기로 했다. 짐 버트첼은 이후 나와 아주 친한 친구가 되는데, 세련되고 교양 있는 사람이었다. 그런 사람이 존재하는지 몰랐다. 나는 토마스 아퀴나스의 『신학대전』을 읽었지만 가톨릭에 대해 전혀 모르는 상태였다. 나는 앨 존슨과 친구가 되었는데, 당시 예수회 수도사였던 그는 거스탑슨 교수 밑에서 윤리학을 공부하러 예일에 와 있었다. 앨은 대부분의 예수회 수도사들처럼 교육을 잘 받은 사람이었다. 나는 앨과 어울리면서 사제도 상당히 잘살 수 있음을 짐작하게 되었지만, 그 정도의 '단서'로는 짐 버트챌이라는 사람을 만나기 부족했다.

 버트챌에게는 좀 부당한 일이 되겠지만, 그를 모르는 사람들에게 그의 모습을 설명할 때 나는 가끔 이렇게 말한다. "리슐리외 추기경의 모습을 상상해 보세요." 버트챌은 군주가 될 사제의 풍모를 하고 있었다. 그는 권력을 두려워하지 않았다. 그리고 권력을 원했다. 권력은 결국 그를 파멸시켰지만, 아직은 먼 훗날의 일이었다. 록아일랜드에서 그를 만났을 때는 그가 어떤 사람인지 이해할 길이 전혀 없었다. 가톨릭 사제에 대해 고정관념을 갖고 있던 나로서는 마시는 와인이 어떤 것이고 시카고 최고의 식당은 어디인지를 중요하게 생각하는 사제를 상상도 할 수 없었다. 나는 그가 사제이니 내가 관심을 갖는 문제에 그도 관심을 가질 거라고만 생각했다. 적어도 그 생각은 틀리지 않았다. 알고 보니 그는 케임브리지에서 신약학으로 박사 학위를 받은 사람이었다.

 짐의 입장에서는 나라는 사람도 똑같이 충격적이었다. 우리가 만난 때는 토요일 오전이었고, 나는 평소처럼 입고 나타났다. 반바지, 민소매 셔츠, 양말도 신지 않은 테니스화 차림이었다. 몇 년 뒤, 짐은 구 본관 층계에서 나를 본 그때 이렇게 기도했다고 털어놓았다. "하나님, 부디 저 사람이 아니게 해 주십시오." 그러나 그가 바로 나였다. 우리는 내 연구실로 가서 '윤리학'에 대한 열띤 대화에 돌입했다. 나는 예일의 마지막 한 해 동안 해링(Haring) 신부의 세미나에 참석했기에 가톨릭 도덕신학에 대해서 조금 알고 있었다. 가톨릭 도덕신학을 더 신학적으로 만들려는 해링 신부의 시도에는 감탄할 만한 요소가 많았지만, 내가 볼 때 그가 본인의 신학과 '결의론'(決疑論)•을 통합할 길을 찾아낸 것 같지는 않았다.

하지만 알고 보니 버트첼은 가톨릭 도덕신학에 대해 많이 아는 사람을 찾는 것이 아니었다. 그는 '윤리'에 대해 상당히 다른 사고방식을 제공할 만한 사람을 찾고 있었다. 내가 그럴 능력이 있는 사람이라는 확신을 심어 주었던 모양이다. 우리가 만난 지 일주일 후에 그가 전화를 걸어서 노터데임에서 일해 줄 수 있느냐고 물었기 때문이다. 그는 내가 휴가를 떠나는 사제의 자리를 대신하게 되는데, 그가 돌아올 수도 있다고 설명했다. 만약 그가 돌아온다면 나는 그 자리에 1년밖에 못 있을 수도 있었다. 나는 그 자리가 필요했지만 그래도 교수진을 만나 보는 것이 좋겠다고 생각했다. 그래서 결정을 내리기 전에 노터데임으로 가서 교수들을 만나 보아도 되느냐고 물었고, 그는 흔쾌히 허락했다.

내가 면접을 보러 노터데임에 도착했을 때 30센티미터의 폭설이 내렸다. 4월 첫째 주였다. 어떤 교수들에게는 면접과 때 아닌 폭설, 둘 다 달갑지 않은 일이었을 것 같다. 내가 아니라 방문 고위성직자를 위해 열린 환영 연회에서 나는 에드 오코너(Ed O'Connor) 신부를 소개받았다. 그가 누군지 전혀 몰랐는데, 알고 보니 대단히 보수적인 성직자였다. 그의 신학 분야는 성모신학이었고, 나중에는 가톨릭 은사 운동에 깊이 참여하게 된다. 나는 평소처럼 아무 생각 없이 이렇게 자기소개를 했다. "제 이름은 스탠리

• 윤리적 쟁점을 도그마에 빠지지 않고 각 사례의 구체적 상황과 맥락에 따라 해결하려는 이론이다.

하우어워스입니다. 텍사스 출신입니다. 'Gawd dammm'을 여섯 음절로 발음하는 곳이지요." 그런 발언이 불쾌감을 줄 수 있다는 생각은 전혀 못했다. 에드는 자유주의 가톨릭 신자들을 참지 못했지만 나에겐 늘 잘 대해 주었다. 내가 개신교도로 교육받은 태생적인 약점이 있다고 이해해 준 것 같다. 그에게 나는 참 교회로 끌어올 가능성이 남아 있는 사람이었던 것이다.

나는 요즘으로 말하면 '교수채용 면접용 강의안'(job-talk) 쓰는 법을 전혀 몰랐기에 그냥 "정치학, 비전, 그리고 공공선"이라는 제목의 논문을 써 갔다. 나는 셸던 월린(Sheldon Wolin)의 『정치와 비전』(*Politics and Vision*, 후마니타스)을 토대로, 예일에서와 니버를 통해 배웠던 이익 집단 모델의 대안이 될 만한 정치학의 이해를 모색했다. 그 자리에서 내가 발표하는 논문을 듣고 있던 십여 명의 교수들이 내가 그 문제를 어떻게 생각하건 전혀 관심이 없을 거라는 생각은 하지 못했다. 그들이 알고 싶었던 것은 하나뿐이었다. 노터데임의 학부생들이 가톨릭계 고등학교에서 받은 교육으로 거부감을 갖게 된 과목을 내가 가르친다면 그들의 흥미를 끌 수 있을까? 교수들은 내가 그럴 수 있을 거라고 생각했고 나는 일자리를 제의받았다.

전례를 가르쳤던 베네딕트회 수도사 에이단 카바노(Aidan Kavanaugh)가 내게 개신교 도덕신학을 어떻게 가르칠 거냐고 물었다. 나중에 절친한 친구가 된 에이단은 텍사스 주 웨이코에서 침례교도로 자라 성공회 신자가 되었고, 그다음에는 가톨릭 신자가 되었다가 마침내 베네딕트회 수도사가 된 사람이었다. 그는 내가 만난 설교자 중 손에 꼽을 만큼 뛰어났다. 나는 윤리학을 공부할 때 개신교도도 가톨릭 신자도 아니었기 때문에 개신교 도덕신학을 어떻게 가르칠지 전혀 모르겠다고 대답했다. 그리고 토마스는 종교개혁 이전의 사람이니 로마가톨릭 신학자가 아니라는 주장을 내세웠다. 그런 식의 규정은 종교개혁 이후에야 말이 된다는 것이 그 이유였다.

일리가 전혀 없었던 것은 아니지만 나의 그런 반응은 대단히 부적절한 것이었다. 나는 소속 교파가 분명하지 않다는 사실을 감추었기 때문이다. 내가 개신교 신자도 가톨릭 신자도 아니었던 것은 사실이었다. 나는 예일에 갔기 때문에 둘 중 하나에 속할 필요가 없었다. 슬프게도 많은 사람이 '어느 학교 출신인가'를 '어느 교파 사람인가'보다 더 중요하게 여긴다. 14년 동안 노터데임에서 가르칠 기회를 얻지 못했다면 나는 이 사실의 중요성을 이해하지 못했을 것이다.

나는 합격 소식을 가지고 록아일랜드로 돌아왔다. 앤은 록아일랜드를 떠난다는 사실에 행복해했다. 노터데임이 '더 나은 곳'이라고 생각했던 것이다. 나는 오거스태나의 직속 상사들에게 이 사실을 알렸다. 역사학과의 친구인 톰 트레드웨이가 오거스태나 신임 총장으로 막 뽑힌 때였다. 친절하게도, 그는 노터데임에서 일이 잘 안 풀리면 돌아오면 어떻겠느냐고 제안했다. 하지만 나는 배수진을 칠 때가 되었다고 생각했다. 어떻게 되든 노터데임에서 결판을 볼 생각이었으므로 돌아오는 일은 없을 터였다.

나를 참아 준 오거스태나 사람들에게 언제까지나 감사할 것이다. 정말이지 그때 나는 어렸다. 젊음에는 이점들이 있지만 특유의 오만과 독선도 있는데, 그것이 지금도 내게 남아 있지 않나 싶다. 나는 똑똑했지만 남의 말을 들을 줄 몰랐다. 남의 말을 들을 줄 아는 사람이 얼마나 될지는 모르겠지만, 어쨌건 나 같은 사람들, '상황을 장악한' 것처럼 보이는 사람들은 누군가가 '말려 줘야' 한다. 그리고 나를 '말려 준' 사람 중 하나가 바로 앤이었다.

가톨릭 신자들

사실, 나는 '외부자', 비판자, 반체제 인사가 되고 싶은 마음이 없다. 나는 고향을 찾고 싶다. 건설적인 역할을 하고 싶다.… 하지만 내가 배우게 된 것은, 그리스도인에게는 이 땅에 고향이 없다는 사실이었다.

가톨릭교는 하나의 세계이고, 노터데임 대학교는 그 세계의 일부다. 1970년에 노터데임에 왔을 때만 해도 가톨릭교가 하나의 세계라는 것, 또는 노터데임이 그 세계의 일부라는 것이 무슨 의미인지 상상도 할 수 없었다. 더 좋은 대학교에 일자리를 구했다고만 생각했다. 기독교 신앙의 진리를 탐구하러 신학교로 간다는 것이 무슨 의미인지 몰랐던 것처럼, 나는 노터데임에서 가르친다는 것이 무엇인지 전혀 헤아리지 못했다. 가톨릭이 어떻게 다른지도 이해하지 못했는데, 그것은 좋은 일이었던 것 같다. 가톨릭의 차이점을 알고 갔더라면, 방어 논리 때문에 그 차이에서 배우지 못했을 것이다.

나는 노터데임에서 14년을 보냈다. 예일에서 신학자로 훈련을 받았다면, 노터데임에서는 그리스도인이 되는 느리고 고통스러우면서도 행복한 과정을 거쳤다. 이 말이 이상하게 들릴 것이다. 나는 플레전트그로브의 어느 시점부터 이미 그리스도인이 아니었던가? 아마도 그럴 것이다. 그러나 그리스도인이 됨으로써 내게 귀중해진 사람들과 함께 지내면서 그리스도인이 되어 가는 과정은 그 무엇으로도 대체할 수 없다. 지금까지 내가 말한 내용으로 분명해졌겠지만, 그런 사람들은 노터데임 이전에도 내 주위에 있었으나 노터데임에 와서야 내 관심을 사로잡았다.

물론 '귀중함'이라는 말은 나의 관심을 끌었던 사람들을 가리키는 데 오해의 소지가 있다. '귀중함'은 중요함을 연상케 한다. 즉, 세상에 변화를 일으키고 인정을 요구하는 사람들이 생각날 수 있다. 그러나 내 눈에 들어오기 시작한 귀중한 사람들은 그런 의미에서는 전혀 귀중하지 않았다. 오히려, 그들은 '세상에 변화를 일으킨다'는 인정이 없어도 사랑으로 일상을 감당할 수 있는 차분하고 평온한 사람들이었다. 노터데임에는 각양각색의 그런 사람들이 있었고, 그중 일부는 '신부'나 '수녀'였다.

찰리 쉬디가 바로 그 전형이었다. 짐 버트첼이 나를 고용했지만, 그는 내가 노터데임에 도착하기 전에 교무처장으로 임명되었고 찰리 쉬디가 신학과의 학과장 대행을 맡았다. 찰리는 신학과의 학과장 대행으로서 존재감을 강하게 드러내지 않았다. 그는 노터데임 인문예술대학 학장을 맡았던 사람이지만 거들먹거리는 면모가 조금도 없었다. 이후 신학과 학과장이 되는 데이비드 버렐은 찰리를 두고 관료제의 바퀴를 멈추게 하기 위해 그 밑에 던져진 사람이라고 묘사했다.

나는 찰리가 예일에서 안식년을 보내고 있을 때 처음 만났는데, 당시에는 그가 누구인지 전혀 몰랐다. 우리는 의외로 친한 친구가 되었다. 찰리는 내게 가톨릭교와 노터데임의 표본과도 같았다. 사제이면서 알코올 중독자, 골초, 프랑스 소설 열독자에 시카고 커브스의 팬이었던 그는 모든 고정관념을 거부했다. 제2차 바티칸 공의회 전후로 가톨릭 사제의 길로 들어선 젊은이들은 사제가 모든 답을 갖고 있어야 한다고 생각했다. 찰리는 전혀 그렇게 생각하지 않았으나 자신이 사제라는 인식만은 분명했다.

노터데임을 떠나고 몇 년 후 나는 돔 앞의 벤치에서 찰리를 만났다. 꼭대기에 마리아상이 있는 돔은 노터데임 캠퍼스의 중심이다. 당시 찰리는 은퇴한 상태였고, 노터데임에서 가르쳤거나 관련 업무를 수행했던 사제들의 거처인 코비홀에서 살고 있었다. 노터데임은 미국의 일류 연구 중심 대학이 되려고 발돋움을 시작한 참이었는데, 찰리는 그런 시도가 "어처구니없다"고 말했다. 사실 그는 그 주제에 별로 관심이 없었다. 그의 관심은 죽는 법을 배우는 데 있었다. 그래서 그가 물었다. "천국은 어떤 곳일 것 같은가, 스탠리?" 아, 나는 그가 너무 좋았다.

물론 찰리는 노터데임과 마찬가지로 적응하는 데 시간이 좀 걸렸다. 처음에는 학과장 대행으로서 찰리의 '리더십 스타일'을 이해할 수 없었다. 그가 자신의 책임을 진지하게 여기지 않는 것 같았다. 나는 두각을 나타내고 싶어 하는 학과에서 두각을 나타내고 싶어 하는 야심만만한 젊은 학자였으나, 찰리는 세상 모든 시간을 다 가진 것처럼 학과를 이끌었다. 그는 처음부터 그곳에 있었으므로 환상이 없었기 때문이다.

노터데임 신학과는 제2차 세계대전 후 시어도어 헤스버그(Theodore Hesburgh) 신부의 지도하에 만들어졌다. 그 이전까지 가톨릭 대학교의 핵심은 학부생들에게 철학을 가르치는 것이었다. 노터데임은 성십자가수도회 신부들이 운영했지만, 그들은 철학이 가톨릭 신앙을 유지하는 데 필요한 학문이라는 예수회의 생각을 고스란히 받아들였다. 신학은 신학교에서 사제 훈련을 위해 가르치는 학문이었으므로, 사제가 될 생각이 없는 사람에게 신학을 가르칠 필요가 없다고 여겼다.

하지만 노터데임에 오는 학생들이 미국에서 가톨릭 신앙을 유지하는 데 필요한 만큼도 가톨릭을 모른다는 사실이 곧 분명해졌기에 신학과가 만들어졌고, 헤스버그 신부가 학과장이 되었다. 그는 성십자가수도회의 여러 회원들에게 '과목들'을 맡겼다. 찰리는 가톨릭 대학교에서 법학 학위를 받았기 때문에 '도덕신학'을 맡았다. 그는 도덕신학에 대해 아무것도 모른다고 말했지만, 결국 1949년에 『기독교적 덕목』(The Christian Virtues)이라는 제목의 널리 쓰인 교과서를 출간했다.

서문에서 찰리는 "부실하고 부족한 책이나마" 출간하는 것이 필요하다고 생각한 이유를 이렇게 설명했다. "덕을 가르치고 싶었지만 그에 대한 책이 없었다. 그래서 이 책을 쓰게 되었다." 그는 그 책이 도미니코 수도회 베네딕트 머켈백(Benedict H. Merkelbach) 신부의 저작을 참고했음을 인정했다. 찰리는 내가 박사 논문에서 그랬던 것처럼 토마스에 대한 새로운 해석을 활용해 윤리를 다시 생각하고 있었다. 신학과는 내가 도착했던 1970년까지 많은 변화를 겪었다. 교수진은 더 이상 성십자가수도회 회원들이 주를 이루지 않았고, 예수회 수사들까지 교원으로 허용되었다. 그중 한 사람은 심지어 네덜란드에서 왔다. 예수회 수사가 네덜란드 출신에 미르체아 엘리아데(Mircea Eliade)의 제자이고 거기다 아프리카 종교 전공이라니 놀라울 따름이었다. 그의 이름은 프랑크 더흐라버

(Frank DeGrave)로, 내게 좋은 친구였을 뿐 아니라 앤과 애덤에게도 대단히 친절했다. 그는 음악과 미술을 사랑했고 종종 우리 가족과 함께 시카고로 가서 시카고 미술관의 미술전시회를 관람했다. 노터데임에 오지 않았다면 프랑크 같은 사람이 존재하리라고는 상상도 못했을 것이다.

평신도 가톨릭 신자들도 신학과에서 가르쳤다. 예를 들어, 빌 스토리(Bill Storey)는 전례학을 가르쳤다. 나는 전례학이 대학교 신학과의 적절한 과목이 될 수 있다는 것을 몰랐지만, 교육과정의 일부로 엄연히 존재하고 있었다. 나는 전례학자들을 색다른 교부학자들로 생각하게 되었는데, 그들의 '다른 점'은 그리스도인들이 하나님을 실제로 예배하는 방식이 중요하다고 생각한다는 점이었다. 노터데임에서 머무는 동안 나는 좀더 개념적인 분야의 동료들뿐 아니라 전례학자들에게서도 많이 배웠다.

교수 중에는 평신도 여성도 있었는데, 바로 신약학을 가르치는 조세핀 매싱버드 포드(Josephine Massingberd Ford)였다. 조세핀은 잉글랜드 출신이었다. 특이한 영국인이라는 말로는 그녀의 복잡성을 담아내기에 역부족이다. 경건하고 보수적인 가톨릭 신자로서 가족의 반대를 무릅쓰고 학자가 된 조세핀은 에벌린 워(Evelyn Waugh)의 소설에 나올 법한 사람이었다. 아니, 워조차 그런 사람이 실제로 존재한다고 생각하지 못했을 것이다. 조세핀은 단순히 존재한 게 아니었다. 누구도 그녀의 실재를 피할 수 없었다. 내가 막 교수진에 합류한 로버트 윌컨(Robert Wilken)을 그녀에게 소개했을 때였다. 로버트는 그녀를 만난 반가움을 표시하며 천진하게 인사했다. "처음 뵙겠습니다."* 그러자 당시 자신이 루푸스에 걸렸다고 생각했던 조세핀은 이렇게 대답했다. "죽어 갑니다."

신학과는 인문예술대학 소속이었다. 신학과의 주된 책임이 모든 노터데임 학부생에게 두 개의 신학 필수과목을 가르치는 것이었기 때문이다. 하지만 신학과 교수들은 석사와 박사 학위를 주는 대학원 과정도 담당했고 모로 신학교에서도 가르쳤다. 나는 교수진에 합류할 때 신학과가 그런 식으로 조직된 줄 몰랐지만, 점차 이 구조의 중요성을 헤아리게 되었다. 이 구조 덕분에 신학이 대학교의 학문 분야로 건재하면서도 이해 가능한 교회의 학문이라는 지위를 유지할 수 있었기 때문이다.

내가 노터데임 신학과에 고용된 첫 번째 개신교 신자였는지는 모르겠지만, 처음 축에 들어가는 것은 분명했다. 내가 학부생들에게 신학과 윤리학을 가르치는 것이 개신교 신자가 되어도 무방하다는 메시지로 보일 수 있다고 우려한 교수들이 있었음을 나는 몰랐다. 당시에는 내가 개신교 신자라거나 가톨릭 신자라는 식으로 생각하지 않았다. 몇 년 뒤 교수회의 시간에 교수들은 각자의 다양한 신앙적 배경이 가톨릭 학교 소속 신학과라는 우리 학과의 정체성에 어떤 기여를 했는지 생각해 보라는 요청을 받았다. 예수회, 도미니코 수도회, 개혁파, 루터파 교수들이 각자의 전통에 근거해 자신이 노터데임에서 교수로 있는 것을 어떻게 이해하고 있는지 말했다. 나는 잠자코 있었다. 내가 감리교도라는 사실이 노

---

* How are you? 문맥에 따라 '몸은 좀 어떠세요?'라는 뜻일 수도 있다.

터데임에서 가르치는 것에 어떤 영향을 주었는지 말할 수 없었다. 그러다 이런 생각이 들었다. '난 감리교 신자가 아니야. 세상에, 나는 예일을 나왔잖아.' 노터데임에서 여러 해를 보내면서 나는 그런 식의 교파적 자기 인식의 한계를 서서히 발견하게 되었지만, 처음에는 그렇지 않았다.

내가 노터데임에 오기 한 해 전, 많은 학생이 베트남전 반대 시위를 벌이다 정학을 당했다. 그들은 대학 본관 입구를 막고서 헤스버그 신부의 '15분 규칙'에 저항했다. 15분 규칙은 헤스버그 신부가 해산하라고 경고한 지 15분이 지난 후에도 해산하지 않으면 정학을 당한다는 것이었다. 농담이 아니었다. 학생들은 정학을 당했다. 그러나 바로 다음 학기에 복학이 허용되었고, 그중 상당수가 내 수업 '기독교와 민주주의'에 들어왔다.

가르치기 정말 좋은 시절이었다. 그리스도인이 자신의 신앙을 진지하게 받아들인다면 정치적 의무에 대한 질문을 피할 수 없다는 사실을 전달하는 데 아무 문제가 없었다. 베트남 전쟁이 정당할 수도 있다는 암시만 비쳐도 학생들에게서 대뜸 파시스트 돼지라는 말을 들을 수 있는 시절이었다. 많은 학생들이 『비폭력적 십자가』(*The Non-Violent Cross: A Theology of Revolution and Peace*)의 저자 짐 더글러스(Jim Douglass)의 영향을 받았다. 짐은 캠퍼스에서 평화의 증인이 되도록 고용되었지만 헤스버그 신부가 그를 곧 해고했다. 나에게는 가톨릭에도 급진적인 평화의 증인이 존재한다는 사실을 아는 계기가 되었는데, '가톨릭교'에 대한 나의 가정이 놓친

부분을 보여 주는 또 다른 사례였다.

　나는 노터데임에 마음을 빼앗겼다. 노터데임과 사랑에 빠졌다. 아름다운 캠퍼스, 매력적인 학생들, 신학이 중요하다고 생각하는 곳, 거기에다 탁월한 교수진까지, 그보다 더 좋은 곳을 상상할 수가 없었다. 노터데임에서 우리는 다른 학과의 동료 교수들을 실제로 알게 되었다. 교수 연구실이 도서관 지하에 있는 불행 탓이었다. 창문도 없는 비좁은 사무실들에 갇혀 있다 보니 서로를 알 수밖에 없었다. 흡사 지성의 천국에 와 있는 기분이었다. 총명하고 매력적인 사람들을 그렇게 많이 만나 본 적이 없었는데, 종종 그들이 제시하는 학문적 시각은 대단히 흥미로웠다.

　역사학자 필 글리슨(Phil Gleason)이 세인트루이스에 정착한 독일인 가톨릭 신자들을 소개해 주었다. 그들은 신학적·정치적으로 너무나 보수적이었기에 미국에서는 급진파에 속했다. 그들의 유기체적 사회관과 버질 마이클(Virgil Michael)이 세인트존스 수도원에서 시작한 전례 운동, 그리고 레오 13세의 "노동헌장"(Rerum Novarum)*에 영향을 준 정치적 전제들 사이의 연관성이 보이기 시작했다. 에드 거너(Ed Goerner)의 책 『베드로와 카이사르』(*Peter and Caesar: Political Authority and the Catholic Church*)도 비슷한 방식으로 내 눈을 뜨게 해 주었다. 정치행정학과에서 정치 이론을 가르쳤던 거너의 도움으로 나는 미국의 민주주의 정치와 가톨릭교를

---

* '새로운 사태'라는 뜻으로, '노동 조건에 관하여'라는 부칙을 단 가톨릭교회 최초의 사회 회칙이다.

조화시키려는 코트니 머리(Courtney Murray)의 한계를 이해할 수 있었다.

전에 몰랐던 문학작품을 소개받고 새롭게 배울 수도 있었다. 영문학과의 친구들을 통해 피에트로 디 도나토(Pietro Di Donato)의 소설 『콘크리트 속의 그리스도』(Christ in Concrete)를 알게 되었다. 이탈리아계 조적공들이 뉴욕 시에서 보낸 고된 삶에 대한 잊을 수 없는 기록이었는데, 그런 책을 어떻게 그동안 몰랐을까 싶었다. 나는 노터데임에서 알게 된 해럴드 프레더릭(Harold Frederick)의 소설 『테론 웨어의 타락』(The Damnation of Theron Ware)의 주인공 테론 웨어 같았다. 웨어처럼 나는 가톨릭과 유럽 문화의 세련됨에 압도당하고 있었다. 하지만 내가 받은 느낌은 위압감이 아니었다. 나는 사탕 가게에 들어선 아이 같은 심정이었다.

노터데임의 조교수들은 다른 조교수와 연구실을 함께 써야 했다. 나는 운 좋게도 노터데임의 첫 2년 동안 프랑스 출신의 사제이자 교부학자 장 라포르테(Jean Laporte)와 연구실을 같이 썼다. 왜 운이 좋았냐 하면 그가 연구실을 쓰지 않았기 때문이었다. 장이 승진해서 개인 연구실이 생기자, 나는 정치행정학과 신입 교원 페리 아널드(Peri Arnold)와 연구실을 같이 써야 했다. 페리는 노스 사이드 시카고 출신의 통통한 유대인으로 시카고 대학교에서 박사 학위를 했다. 그가 연구실에 들어올 때 내가 말했다. "아널드, 난 자네가 여기 있는 거 싫어." 그는 이렇게 응수했다. "하우어워스, 나도 여기 있기 싫어." 우리는 절친한 사이가 되었다.

우리의 문제는 너무 많은 지적 관심사를 공유한다는 점이었다.

이야기를 멈출 수가 없었다. 페리는 정치 이론가가 아니었지만 시카고에서 박사 학위를 했기에, 통치 방식의 변화가 대통령직에 어떤 영향을 주는지에 대한 그의 연구도 이론적 토대 위에 진행되었다. 페리의 영향으로 나는 후버를 무시하지 않게 되었고, 아이젠하워의 가치를 알게 되었으며, 트루먼에 대해 우려하게 되었다. 페리와 나는 윤리학과 공공정책에 대한 수업을 함께 가르치기도 했다. 탄탄한 사회주의적 배경을 갖춘 페리 덕분에 나는 특정 사회 질서에서 드러나는 사회 정책보다 드러나지 않는 부분이 더 중요함을 배웠다.

페리와 그의 아내 베벌리는 내 인생도 구해 주었다. 응급상황에서 그들을 의지할 수 있었기 때문이기도 하지만, 앤의 공격적이고 종종 괴이하기까지 한 행동을 겪으면서도 그들이 우리를 멀리하지 않았기 때문이다. 우정은 안 그래도 복잡하고 깨어지기 쉬운데, 부부들이 함께하는 우정이라면 더욱더 그럴 수 있다. 한쪽이 우리 부부처럼 어려움에 처했을 경우는 더욱 그렇다. 페리와 베벌리는 우리 부부의 고통스러운 상황을 알면서도 여전히 우리를 친구로 받아 주었다.

내가 도서관 지하에서 만난 사람들 중에서도 가장 중요한 사람은 성십자가수도회 소속 사제인 데이비드 버렐이었다. 우리의 연구실은 멀리 떨어져 있지 않아서 만나지 않을 수가 없었다. 지금은 내 삶과 그의 삶이 떼려야 뗄 수 없이 이어져 있다. 처음에 데이비드가 나를 어떻게 생각했는지 모르겠다. 너무 저 잘난 맛에 산다고 생각했을 것이 분명하다. 하지만 우리가 유사한 지적 뿌리를 여럿 공유하고 있음을 곧 알게 되었다. 데이비드는 노터데임에서 학부를 마쳤고, 자신이 사제의 소명을 받았음을 분별하고 모로 신학교에서 훈련을 받았다. 그다음 그레고리오 대학교의 버나드 로너건(Bernard Lonergan) 밑에서 신학 전문가 과정을 밟았다. 그는 세속 박사 학위 취득을 허락받은 최초의 성십자가수도회 사제 무리에 속한다. 1965년에 예일에서 철학박사 학위를 받고 노터데임으로 돌아와 철학과에서 가르쳤다. 우리는 같은 시기에 예일에 있었지만 그곳에서는 서로를 만난 적이 없었다.

비트겐슈타인과 하이데거(Martin Heidegger)의 영향을 많이 받은 데이비드는 우리가 쓰는 언어가 형이상학적인 문제들에 대해 생각할 때 쓸 수 있는 최고의 자원임을 보임으로써 토마스 아퀴나스의 유비 이론을 재해석하려 했다. 기존의 견해와 달리, 그는 토마스에게 유비 이론이 없었다고 주장했다. 그리고 J. L. 오스틴(Austin)의 언어 화용론을 써서 토마스를 둔스 스코투스(Duns Scotus)와 카예타누스(Cajetan)에게서 분리하려 했다. 비범한 시도였다. 데이비드와 나는 깨닫지 못한 채 같은 문제를 연구하고 같은 책들을 읽고 같은 함의를 끌어낸 셈이었다. 우리는 서로 공통점이 많다는 것을 금세 알게 되었다.

그런데 공통점이 많았다는 말은 오해의 소지가 있을 수 있다. 우리는 분명 달랐기 때문이다. 데이비드가 경험한 문화적 소양의 깊이는 나로서는 그저 상상해 볼 따름이다. 그는 여러 언어를 구사했고 다양한 문화와 장소를 헤쳐 갈 수 있었다. 분명히 데이비드는 자신의 문화적 소양을 자랑하지 않았지만, 그의 배경과 받은 교육, 많은 여행과 폭넓은 경험은 그를 나와는 전혀 다른 수준으로 올려놓았다. 그럼에도 하나님이 우리를 한데 묶어 주신 것이 나로서는 그저 감사할 따름이다. 데이비드가 없었다면 나는 오늘날의 모습이 될 수 없었을 것이고 그동안 쓴 책들을 쓸 수 없었을 것이다. 그러나 그는 나에 대해 그렇게 말할 수 없다.

노터데임에 있는 많은 이들이 데이비드를 '괴짜'로 취급했다. 요가를 하는 사제를 어떻게 진지하게 받아들일 수 있겠는가? 데이비드는 그냥 요가를 하는 정도가 아니라 교수회의 도중에도 지루해지면 요가를 했다. 그리고 엘리나와의 사소한 관계가 있었다. 데이비드는 노터데임에서 학부생으로 있을 때, 엘리나 몰티스라는 세인트메리 학부생과 사랑에 빠졌다. 그러나 사제로의 소명이 너무 강했던 데이비드는 성십자가수도회에서 사제가 되었고 엘리나는 수녀가 되었다. 엘리나는 박사 학위를 했고 세인트메리에서 신학을 가르쳤다.

데이비드와 엘리나는 보통은 시공간상으로 떨어져 있었지만 가능할 때는 둘만의 특별한 관계를 계속 발전시켰다. 예를 들어, 그들은 종종 식사를 하고 여행도 갔다. 그러나 자신들의 서약을 결코 어기지 않았다. 개신교 신자들에게는 그런 관계가 생각도 못할 일이지만, 데이비드와 엘리나에게는 '가능했다.' 내 생각에 가톨릭 신자들은 그런 관계를 이해했던 것 같지만, 그로 인해 데이비드는 노터데임의 고위직 승진 대상에서 아예 제외되었다.

데이비드는 철학과의 일원이었다. 데이비드와의 관계가 깊어지면서 나는 철학과 사람들을 많이 알게 되었다. 대단한 곳이었다.

곧 2주에 한 번씩 모여 텍스트를 주의 깊게 공부하는 강독 모임에도 참여하게 되었다. 우리는 첫해에 비트겐슈타인의 『철학적 탐구』를 한 줄씩 읽어 나갔다. 그다음 해에는 위르겐 하버마스(Jürgen Habermas)의 『인식과 관심』(Knowledge and Human Interest, 고려원)을 읽었다. 아일랜드 출신의 사제이자 과학철학자인 어난 맥멀린(Ernan MacMullin)의 탁월한 지도력 덕분에, 노터데임 철학과는 많은 가톨릭 계통 대학 철학과들과는 달리 대륙의 상황에 크게 좌우되지 않았다. 일부 교수들은 하이데거를 읽었지만 철학사, 분석철학, 과학철학이 학과의 중심이었다.

내게 특별히 중요한 사람은 데이비드 솔로몬(David Solomon)이었다. 텍사스 출신이고 텍사스 대학교에서 공부한 그는 윤리학을 전공한 철학자였다. 데이비드는 에드먼드 핀코프스(Edmund Pincoffs)의 지도하에 박사 학위를 받았기에 헨리 시지윅(Henry Sidgwick)을 시작으로 R. M. 헤어에서 절정에 이른 윤리학 연구 방식에 상당히 비판적이었다. 필리파 풋에게 많은 영향을 받은 데이비드는 프랑케나의 『윤리학』에서 볼 수 있는 표준적인 윤리 이론에 대한 여러 대안을 내게 가르쳐 주었다. 데이비드는 자신이 내게 줄리어스 코베시를 소개했다고 기억하지만, 앞서 말했다시피 나는 오거스태나에 있을 때 코베시를 이미 읽었다고 확신한다. 어느 쪽이건, 우리 둘 다 코베시를 통해 새로운 시작을 보았다.

철학과에서는 매년 어난의 지휘 아래 한 가지 주제로 진행하는 연속 강연회를 열었다. 전 세계의 철학자들이 노터데임으로 와서 과학철학, 종교철학, 형이상학, 인식론, 윤리학을 다루는 네 차례의 강의를 했다. 나는 이 강연을 통해 지속적으로 배울 수 있었다. 버나드 윌리엄스(Bernard Williams)와 필리파 풋 같은 사람들의 강연을 들었고, 알래스데어 매킨타이어도 강사로 참여했는데 그때 그를 처음 만났다. 어난은 이 강연회가 노터데임에 있는 연구자들의 논의의 질을 향상시켜 줄 뿐 아니라 노터데임 주변의 더 넓은 철학계에 교육의 기회도 제공한다는 것을 잘 알고 있었다.

어난은 또한 미국에서 대부분의 철학 교육이 너무나 흥미롭게도 가톨릭 계통 대학들을 통해 이루어진다는 사실도 발견했다. 그러나 보통 가톨릭 계통 대학들의 교수진은 최신 연구 성과를 '따라갈' 기회가 없었다. 그래서 어난은 기금을 모금해 하계 세미나를 시작했다. 철학 교사들을 노터데임으로 데려와 당대 최고의 철학자들의 강연과 세미나에 참석하게 하는 것이었다. 내가 노터데임에 온 지 얼마 안 되었을 때 열린 하계 세미나의 주제가 윤리학이었다. 어난은 내게 몇 가지 '실제적인 문제들'을 다루는 네 번의 강의를 부탁했다. 나는 그러겠다고 했지만 그때는 내가 어디에 발을 들여놓은 것인지 몰랐다.

알고 보니 내 순서는 R. M. 헤어 바로 직전이었다. 헤어 교수는 내 강연을 들어야 했고, 그다음에 내가 그의 강연을 들었다. 나는 대학원생 시절 그의 저서 『도덕의 언어』(The Language of Morals)와 『자유와 이성』을 읽고 또 읽었었다. 헤어 교수가 그 자리에 있으니 덜컥 겁이 났지만 계속 진행할 수밖에 없었다. 나는 인구 과잉이 인간 생존을 위협한다는 주장을 둘러싼 여러 논의에 상당히 관심을 갖게 되었는데, 네 차례 강연 중 적어도 한 강연에서 생존의 수사학에 영향을 준 공리주의적 추정들에 이의를 제기했다. 헤어 교수는 친절하게도 내 강연이 "흥미로웠다"고 말해 주었다.

어난의 하계 심포지엄의 일원이 되어 얻은 유익으로 존 스코어를 다시 만난 일을 빠뜨릴 수 없다. 나는 존에게 심포지엄에 참가하라고 권했고, 그는 신청이 받아들여져서 노터데임에 왔다. 다시 그와 함께 있으니 좋았다. 앤도 언제나 존을 좋아했던 터라, 그는 사우스벤드에 머무는 동안 종종 우리 집에 와서 식사를 했다. 존은 먹는 것을 좋아했다. 애덤이 많이 어렸을 때였는데, 존은 그답게 어린아이 앞에서 어떻게 처신해야 할지 모르겠다고 솔직하게 말했다. 하지만 그는 애덤을 좋아하는 것 같았다. 사실, 애덤의 중간 이름은 존의 이름을 따서 붙인 것이었다.

나는 노터데임에 있는 것이 행복했지만, 그보다 더 중요한 것은 앤이 노터데임에서 행복해했다는 것이었다. 이유는 잘 모르겠다. 더 '명망 있는' 곳에 있다고 생각해서였는지도 모른다. 그녀가 교양 있는 사람들과 어울리는 것을 좋아한 것은 분명하다. 특히 짐 버트챌을 좋아했다. 그가 그녀의 요리를 좋아했던 것이다. 앤은 데이비드 버렐도 좋아했는데, 그도 그녀의 요리를 즐겼다. 하지만 데이비드는 뭐든지 잘 먹는 사람이었다. 애덤은 데이비드가 저녁 식사를 하러 오면 남는 것이 없을 거라고 말하곤 했다.

앤은 사우스벤드도 좋아했다. 처음 2년 동안 우리는 캠퍼스에서 멀지 않은 근사한 집을 세냈다. 이번에도 내가 먼저 와서 살 곳을 찾았지만, 다행히 앤은 내가 일을 잘했다고 생각했다. 나는 전화로 집을 볼 수 있느냐고 물었다가 집주인의 주저하는 목소리에 당황했다. 그는 내 억양을 듣고 아프리카계 미국인인 줄 알았던 것이다. 그러나 통화할 때는 그런 생각을 전혀 못했다. 내가 집을 보려고 차에서 내렸을 때, 그가 온몸으로 안도하는 것이 보였다. 알고 보니 그는 정말 좋은 사람이었지만, 좋은 사람들도 인종적 편견에 시달릴 수 있다.

사우스벤드에 도착했을 때 우리는 막 서른이었다. 여러 면에서 우리는 여전히 대학원생처럼 살고 있었다. 적어도 예일에 있을 때 구했던 가구가 그대로 있었다. 새집을 꾸미는 것은 앤과 내가 함께 즐길 수 있는 몇 안 되는 일 중 하나였다. 우리는 20세기 초에 시어스에서 만든 참나무 가구를 찾으려고 중고 가구점을 뒤졌다. 탁자, 의자, 찬장을 구입하는 데 20달러도 안 들었다. 그런 다음 몇 시간에 걸쳐 가구를 다시 칠했다. 나는 내가 나무를 갖고 일하는 것을 대단히 좋아한다는 것을 알게 되었다. 안쪽에 빨간 버터밀크 페인트가 칠해진 찬장을 결코 잊지 못할 것이다. 덧칠이 얼마나 많이 되어 있었는지, 많은 공을 들여서야 그것을 깨끗하게 만들 수 있었다. 손을 보고 나니 아름다운 가구였다. 앤도 내가 일을 잘했다고 생각했다. 그것이 더 중요했다.

우리가 사우스벤드로 이사했을 때 애덤은 두 살 가까이 되었다. 앤은 애덤과 함께 있는 것을 좋아하기 시작했다. 그러지 않기가 어려운 일이었다. 우리는 싸고 좋은 물건을 구하려고 주변 지역을 돌아다녔는데 애덤은 페퍼와 함께 차를 타는 것을 좋아했다. 집에 손님이 와서 식사를 같이 하거나 외식을 할 때도 늘 애덤이 함께 있었다. 두 살배기가 흔히 그러듯 가끔 떼를 쓰는 '순간들'이 있었지만, 애덤은 나이가 들수록 '어른들'과 같이 있는 것을 더 좋아했다. 우리의 삶은 괜찮아 보였다.

나는 예배드릴 교회를 정해야 했다. 오거스태나에서는 캠퍼스 교회를 다녔기에 내가 루터교인이 되었다고 생각했지만, 사우스벤드에서 다녀 본 루터교회들은 내가 오거스태나에서 익숙해진 루터교회와 상당히 달랐다. 또한 그 교회들에서 본 전례적 전통이 내가 오거스태나에서 배운 예배 방식과 너무나 달랐으며, 더욱이 전례 도중에는 애덤이 환영받지 못했는데, 나는 애덤과 함께 있는 것이 너무 익숙했기 때문에 아이 없이 예배드리고 싶지 않았다. 감리교회 몇 군데도 가 봤지만 나을 바가 없었다.

학기가 시작되자마자, 나는 데이비드가 일요일마다 그레이스홀의 지정된 자리에서 미사를 드린다는 사실을 알게 되었다. 노터데임의 모든 기숙사 건물에는 최소한 한 명의 사제가 같이 살면서 적어도 매주 일요일마다, 많게는 매일 미사를 집전했다. 데이비드는 많은 학생이 거주하는 고층 기숙사 그레이스홀에 사는 사제였다. 완벽한 기회였다. 일요일 오전, 데이비드가 술이 덜 깬 학부생들을 위해 미사를 집전할 때 애덤과 나도 그 자리에 있었다. 나는 훌륭한 설교를 들을 수 있었고, 애덤은 데이비드가 성체를 들어 올릴 때 당연하다는 듯이 제단에 함께 있었다. 나는 그저 애덤과 내가 성체를 받아야 한다고 단순하게 생각했다. 그렇게 해서 나는 노터데임에서 가톨릭 신자가 되었다. 물론, 개신교 신자만이 그런 식의 가톨릭 신자가 될 수 있었다.

데이비드가 그레이스홀의 사제라는 것은 큰 아이러니였다. 그레이스홀의 '그레이스'는 하나님의 은혜(grace)가 아니라, 남미에서 큰 사업을 하는 화학·운송회사 그레이스사(W. R. Grace & Co.)의 조지프 그레이스의 이름을 딴 것이었다. 그의 아들 피터 그레이스 2세는 기숙사를 지을 돈을 기부하겠다고 약속했지만 전액을 다 주진 않았다. 내가 도착한 그해에 건물이 다 지어졌고 완공을 축하하고 봉헌할 행사가 준비되었다. 데이비드와 그의 동료 사제이자 가까운 친구인 존 거버(John Gerber)는 그레이스사의 사업 정책이 중남미에 안 좋은 영향을 준다는 사실을 행사 도중에 어떻게든 알리고 싶어 했다. 그래서 남미의 사제 신학자들과 피터 그레이스 2세가 참여하는 패널 토론을 준비했다. 그레이스 씨는 토론 도중에 그 사제들이 한 말에 너무나 분개한 나머지, 헤스버그 신부가 사과하기 전에는 그레이스홀 건축비 잔금을 지불하지 않겠다고 말했다. 헤스버그는 데이비드와 존이 한 일이 잘못이라고 생각했다. 사실 그는 격노했다. 그러나 그레이스 씨에게 사과할 마음도 없었다. 내가 아는 한, 노터데임은 나머지 돈을 받지 못했지만 그레이스홀은 여전히 조지프 그레이스의 이름을 간직하고 있다.

수도회(religious orders)는 이상하고도 놀라운 조직이다. 무엇이 종교 공동체를 굴러가게 하는지 '외부'에 있는 사람들이 감이라도 잡을 수 있을지 모르겠다. '내부'에 있는 사람들도 무엇이 수도회를 종교적으로, 또는 공동체로 만드는지 종종 잘 모르지 싶다. 헤스버그 신부와 데이비드 버렐은 확연히 다른 사람이지만, 둘 다 성십자가수도회의 회원이었다. 더욱이, 그들 모두 자신의 소명이 먼저는 하나님을 섬기는 것이고 그다음은 노터데임에서 봉사하는 것이라고 생각했다. 따라서 헤스버그 신부는 데이비드에게 격노했지만 주저 없이 그를 신학과 학과장으로 임명했다. 특이한 결정이었다. 데이비드는 철학자였기 때문이다. 하지만 데이비드가 받은 훈련을 생각하면, 그는 학과장의 임무를 감당하기에 잘 준비된 사람이었다. 그의 밑에서 일하는 것은 너무나 즐거웠다.

수도회 회원들 사이의 관계가 복잡해진 것은 노터데임에서 수도회가 맡은 역할 때문이었다. 성십자가수도회 회원은 노터데임에서 힘 있는 자리에 오를 거라는 시선을 피할 수 없었다. 내가 노터데임에 처음 왔을 때, 헤스버그 신부의 뒤를 이을 후보가 셋이라는 데 다들 동의했다. 짐 버트챌, 데이비드 버렐, 그리고 경제학과에 있던 사제 어니 바텔이었다. 그들은 "3B"로 알려졌다. 그런 상황에서 그들이 정중한 관계를 유지한 것은 주목할 만하다. 바텔과 버렐은 심지어 친구 사이였지만, 두 사람 모두 가장 유력한 차기 후보로 꼽혔던 버트챌과는 관계가 불편했다. 그런데 결과적으로 "3B" 중 누구도 노터데임의 총장이 되지 못했다.

그러나 데이비드는 신학과 학과장이 되어 1971년부터 1980년까지 재직했다. 이 시기는 내 인생에서도 학문적으로 빛나는 시기였다. 데이비드는 학과를 구성하는 데 사상이 중요하다고 생각했다. 나는 어느샌가 가톨릭 계통 대학교에서 신학과가 어떤 곳이 되어야 하는지 재고하려는 범상치 않은 무리의 일원이 되어 있었다. 데이비드를 필두로 한 우리는 우리 과가 종교학과가 되는 것을 바라지 않았다. 즉 신학과의 모든 과목은 무엇보다 먼저 신학적 과목으로 받아들일 때 제대로 이해할 수 있다고 생각했다. 성서에 대한 역사적 연구는 이루어져야 하지만, 그 자체가 목적일 수는 없었다. 조 블렌킨솝(Joe Blenkinsopp)은 구약학자인 동시에 뛰어난 신학자였다. 나보다 1년 뒤에 합류한 로버트 윌컨은 교회사가였는데, 그의 연구는 점점 신학적인 방향으로 가고 있었다.

데이비드의 지휘하에 우리는 우리 자신을 가톨릭학과가 아니라 "가톨릭 대학교에 자리 잡은 신학과"로 이해하게 되었다. 의미를 분명히 알고 쓴 표현은 아닐지도 모르지만 근사하게 들렸다. 적어도 우리가 "가톨릭으로 존재"하기로 다짐했다는 뜻이었다. 다시 말해, 교수 자리가 날 경우 될 수 있으면 가톨릭 신자를 고용하리라는 뜻이었다. 교무처장인 버트챌은 학내 모든 학과에서 가톨릭 신자 고용을 촉구하는 캠페인을 시작했는데, 여기에 대해 많은 가톨릭 신자 교수들이 불쾌감을 표시했다. 노터데임을 잘 모르는 사람이라면, 노터데임이 가톨릭 학교라는 점은 교황이 가톨릭 신자라는 것 못지않게 분명하다고 생각할 것이다. 그러나 가톨릭 교수들을 고용하지 않으면 노터데임이 주류 문화에 동화될 것이라는 버트챌의 주장은 옳았다.

물론 어떤 가톨릭 신자를 고용하느냐가 가장 중요했다. 나는 자학적인 가톨릭 신자들은 아무 도움이 안 된다는 사실을 금세 알게 되었다. 화요일에 비가 내렸다는 이유로 교회의 위계 조직이나 '성직자들'을 탓하는 가톨릭 신자들의 습관에도 짜증스러워지기 시작했다. 가톨릭 신자들은 자신들을 가톨릭 신자로 만들어 준 조건들에 책임을 지지 않는 나쁜 습관이 있다는 생각이 들었다. 많은 가톨릭 신자들에게, 교회는 그냥 그렇게 '존재'하는 것처럼 보인다. 더욱이 노터데임의 많은 가톨릭 신자들은 가톨릭 세계 바깥에서 살아 본 적이 없다. 그들은 교회를 세상과 관련시켜야 한다고 끊임없이 말하면서도 정작 '세상'이 어떤 곳인지 잘 몰랐다. 나는 우리 개신교도들이 오랫동안 온갖 실수를 저질렀는데, 노터데임의 가톨릭 신자들이 그 실수를 따라하지 못해 안달인 것 같다고 계속해서 말했다.

일부 교수들은 노터데임이 가톨릭계의 예일이기를 바랐다. 나는 예일에 다녔고 그곳이 무척 좋았지만, 왜 노터데임이 될 수 없는 것이 되려고 노력해야 하는지 알 수 없었다. 내 생각에 노터데임이 노터데임으로 존재하는 것만으로도 충분히 힘든 일이었다. 나는 신학계의 지형을 이루고 있는 무익한 '자유주의'와 '보수주의'의 양자택일을 피하고, 버렐의 본을 따르면서 신나는 지적 모험에 참여했다.

예를 들어, 버렐이 학과장이 된 지 얼마 안 되어 우리는 유대학(Judaic Studies) 교수 선임의 의미를 놓고 생각을 하기 시작했다. 블렌킨숍과 월컨의 지혜를 활용해, 우리는 기독교를 이해하는 데 필요한 역사적 배경만 가르칠 사람을 고용해선 안 된다고 생각했다. 더 중요하고 어려운 것은, 그리스도인들에게 유대교가 의미하는 지속적인 난점을 인식하게 해 줄 유대학 전공자를 뽑는 일이었다. 구상한 일의 시작에 불과했지만, 우리는 정말 유대학 전공 교수를 한 명 뽑았다.

나는 가톨릭 사상의 전개에 대해 배우는 중이었다. 새로운 내용이었다. 나는 아우구스티누스와 토마스 아퀴나스는 알았지만, 가톨릭 근대주의자*들이 누군지는 몰랐다. 얼마 후에는 조지 타이렐(George Tyrrell), 알프레드 루아지(Alfred Loisy), 프리드리히 폰 휘겔(Friedrich von Hügel)에 대한 학위 논문을 읽었다. 가톨릭 지성사에서 중요한 흐름에 있는 그들에 대해 배워야 했다. 나는 그들 근대주의자들이 대체로 옳았지만, 그 사실이 알려질 무렵에는 그들의 관심을 사로잡았던 문제들이 더 이상 중요한 문제가 아니게 되었다는 닉 래시(Nick Lash)의 판단을 인정하게 되었다.

나는 예일에서 칼 라너를 읽었는데, 이제는 그의 『신학 연구』(Theological Studies)를 읽는 것이 더욱 중요해졌다. 라너의 『말씀의 청자(聽者)』(Hearer of the Word, 가톨릭대학교출판부)와 『기독교 신앙의 토대들』(Foundations)은 내가 볼 때 너무 '토대주의적'이었다. 그러나 그가 여기저기 쓴 글에 감탄하면서 많이 배웠다. 로너건의 책도 필독서였다. 나는 그의 책에서 읽는 수고를 충분히 감내할 만한 통찰력을 발견했지만, 『신학 방법』(Method In Theology, 가톨릭출판사)에 사람들이 왜 그렇게 흥분했는지는 이해할 수 없었다. 우리는 교수 피정을 가서 그 책을 토의했다. 그즈음 한 가지 생각이 계속 뇌리를 맴돌았다. '바르트가 필요할 때 그를 어디서 접할 수 있지?' 대답은 분명했다. 바르트를 소개하는 일은 전적으로 내 책임이었다.

---

* 1890년대 이후 가톨릭의 전통 이론과 당대의 철학, 정신과학, 사회 이론의 화해를 요구하는 흐름이 나타났는데, 이것을 가톨릭 근대주의라 부른다.

가톨릭 신자들은 바르트의 중요성을 거의 몰랐다. 그들은 『교회교의학』을 거들떠보지도 않았고 쉽게 무시하곤 했다. 내게는 그런 상황을 바꿔 놓아야 할 의무가 있었다. 그래서 나는 대학원 과목을 열고 한 학기 동안 학생들과 아리스토텔레스, 토마스 아퀴나스, 칸트, 바르트를 읽었다. 멋진 수업이었다. 그 결과로 폴 워델(Paul Wadell)의 "하나님과의 우정이자 덕의 형태로서의 사랑"(Charity as Friendship with God and Form of the Virtues) 같은 훌륭한 학위 논문이 여러 편 나왔다. 그러나 학생들에게 그런 과목을 듣게 한 것은 정말 겁 없는 시도였다. 그들은 나를 믿고 잘 따라 주었지만, 사실 나는 직감에 따라 움직인 것이었다. 나는 여러 해 동안 이 과목을 다양한 방식으로 가르쳤고, 지금도 여전히 좋은 결과를 맺고 있다.

버렐이 신학과의 학과장이 되었을 때 나는 노터데임에 온 지 2년차로 접어들고 있었다. 내가 빈자리를 채우고 있던 사제가 돌아오지 않기로 해서 한 해 더 있게 되었다. 2년차의 어느 시점에 나는 데이비드에게 내가 노터데임에 계속 머물 수 있는지 물었다. 근거가 무엇인지는 모르겠지만, 그는 나에게 머물 수 있다고 말했다.

나는 노터데임에 계속 머물게 되었을 뿐 아니라, 얼마 후 데이비드에게서 대학원 과정의 책임을 맡아 달라는 부탁을 받았다. 늘 그렇듯, 나는 내게 그런 보직을 맡기는 것이 적절치 못하다고 생각하는 교수들이 있을 수 있음을 전혀 몰랐다. 나는 여러 교과의 동료들 및 학생들과 함께 일하는 것이 더없이 즐거웠다. 그것은 생소한 분야에서 벌어지는 일을 배울 수 있는 기회이기도 했다. 나는 지적으로 풍요로운 환경 속에 있었을 뿐 아니라, 데이비드 덕분에 학과를 구성하는 일에서도 건설적 역할을 맡았다. 그때는 종신 교수직을 얻지 못한 상태였지만, 안정감을 얻은 앤과 나는 집을 사기로 결정했다.

우리는 노터데임 골프장 맞은편에 있는 집을 발견했다. 2단 박공지붕으로 된 그 집에는 침실 네 개, 큰 거실 겸 식당 하나, 작은 주방이 있었다. 지하실도 있었는데 폭우가 내리거나 눈 녹은 물이 밀려들면 어김없이 넘쳤다. 가격은 3만 6천 달러였다. 스튜드베이커 공장이 문을 닫은 후 사우스벤드의 부동산이 폭락했지만, 우리는 계약금을 낼 돈도 부족했다. 부모님이 2천 달러를 빌려주셔서, 여름 계절학기에서 가르쳐서 그 돈을 갚았다. 나는 결국 여러 해 동안 여름 계절학기에서 가르치게 되는데, 수입을 보충하는 목적도 있었지만, 제2차 바티칸 공의회 이후 '재정비'하기 위해 오는 여러 수도회 소속 수녀들을 가르치고 그들에게서 배우는 일이 좋았기 때문이다. 나는 그 놀라운 수녀들을 깊이 존경하게 되었다. 그 중요성을 제대로 인정받지는 못했지만, 그들은 교회가 정해준 일터에서 열심히 일했다.

새집은 아주 요긴했다. 우리에게 일할 거리를 주었기 때문이다. 손볼 데가 많았다. 방마다 1950년대의 벽지로 뒤덮여 있었는데, 얼마나 흉했는지 말로 표현할 길이 없다. 앤은 색상과 디자인에 탁월한 감각이 있었는데, 내가 옛날 벽지를 벗겨 낼 수만 있으면 자신이 벽을 다시 도배할 수 있을 거라고 확신했다. 각 방은 물론이고 복도와 계단통에도 벽지가 다섯 겹은 덮여 있었다. 벽지를 쉽게 벗겨지게 해 준다는 용액을 벽에다 흠뻑 묻혔다. 용액은 효과가 전혀 없는 것 같았지만 나는 굴하지 않았다. 날마다 벽지를 벗긴 끝에 마침내 벽이 드러났다. 천장 벽지를 벗기는 일은 정말 지옥 같았지만, 나는 조적공이었다.

앤은 생각과 달리 새 벽지로 도배할 수가 없음을 곧 알게 되었다. 하지만 이미 도배에 필요한 온갖 도구를 사는 데 엄청난 돈을 써 버린 다음이었다. 그것은 이후 하나의 패턴이 되었고 시간이 갈수록 정도를 더해 갔다. 뭔가를 하겠다는 거창한 계획을 세우지만, 예를 들면 거실과 식당에 휘장을 달기로 하지만, 계획한 바를 이루지 못하는 것이었다. 앤의 지독한 완벽주의 성향 때문이었다. 하지만 그녀는 일을 해내지 못하는 것을 자기 잘못으로 받아들이지 않았다. 늘 다른 누군가를 탓했는데, 대부분 나였다.

나는 대체로 그녀의 생각을 수용했다. 일이 되게 만들어야 했다. 사람들을 고용해 도배를 맡기는 것까지는 좋았는데, 그렇게 되자 앤의 마음에 들도록 집을 최대한 잘 꾸미는 것이 더욱 중요해졌다. 집의 창과 문은 고무나무로 꾸며져 있었다. 철처럼 단단한 나무였다. 못도 박히지 않았다. 그러나 페인트나 광택제를 벗기면 나무가 무척 아름다웠다. 그래서 나는 집안의 모든 목조부를 하나하나 벗겨 나가기 시작했다.

앤은 집이 바뀌어 가는 것과 우리가 사는 곳을 만족해했다. 동네에서 친구도 사귀었다. 곧 애덤은 유치원에 보내도 될 나이가 되었다. 우리는 리틀플라워 지역교회에 훌륭한 몬테소리 유치원이 있는 것을 알게 되어 애덤을 그곳에 보냈다. 입학 조건 중 하나로 부모가 일주일에 한 번 유치원에 나와서 봉사해야 했다. 앤은 유치원에서 일하는 것을 좋아했지만, 얼마 안 가서 일부 교사들과 사이가 나빠졌다.

나는 그 유치원을 좋아했고 수업에 참여하는 일도 즐거웠다. 특히 마리아 몬테소리의 저서를 읽는 것은 눈이 번쩍 뜨이는 경험이었다. 그녀의 '방법'은 우리가 손을 통해 생각하는 법을 배운다는 말처럼 보였기 때문이다. 그녀는 비트겐슈타인을 읽은 적이 없었지만, 그녀의 교육철학은 언어의 신체적 특성을 말한 비트겐슈타인의 주장에서 일부 내용을 가져온 것처럼 보일 정도였다. 적어도, 나는 몬테소리의 책을 읽은 덕분에 애덤이 매듭판 앞에서 하는 일을 있는 그대로, 즉 '일'로 볼 수 있었다. 한마디로, 몬테소리는 내가 애덤을 잠재적인 어른이 아니라 한 인간으로 보도록 도와주었다.

우리는 록아일랜드에서 시작한 일과를 이어 갔다. 애덤과 나는 같이 일어나서 아침 식사를 했다. 나는 팬케이크를 아주 잘 만들게 되었다. 보통은 내가 애덤을 몬테소리 유치원에 데려다주고, 학교 일이 끝나면 집에 일찍 돌아와 애덤과 놀아 주려고 노력했다. 집에서 멀지 않은 곳에 멋진 운동장이 딸린 리퍼 공원이 있었다. 세인트조지프 강이 공원을 가로질러 흐르다 '남쪽으로 굽어져'(south bend) 미시간 호(湖)로 흘러 들어갔다. 세인트조지프 강은 미국에서 북쪽으로 흐르는 몇 안 되는 강인데, 공원에서 카누를 빌려 물결을 따라 미시간의 한 농장으로 갈 수 있었다. 우리는 애덤이 자라면서 종종 카누 여행을 했다.

애덤이 아직 어렸을 때, 저녁에 애덤을 목욕시키고 재우는 일은 내 몫이었다. 자기 전에는 언제나 같이 책을 읽으며 시간을 보냈다. 물론 처음에는 내가 읽어 주었다. 애덤은 책에 있는 단어들을 가리키기를 좋아했다. 그러다 네 살이 되자 글을 읽기 시작했다. 아마 애덤은 자기가 읽지 못했던 때를 기억하지 못할 것이다. 친구들은 곧 애덤과 내가 특별한 관계라는 것을 눈치채기 시작했다. 그것은 분명한 사실이다. 우리는 아버지와 아들이지만 친구이기도 했다. 우리의 유대는 살아남기 위해 꼭 필요한 것이었다.

대체로, 사우스벤드에서 보낸 초기 몇 년이 우리에게 최고의 시간이었다. 애덤은 잘 자랐다. 앤에겐 친구들이 있었고, 사람들을 집에 초대하는 것과 남의 집에 초대받는 것 모두를 좋아했다. 나는 노터데임에서 가르치는 것이 좋았다. 가톨릭 신자인 내 동료들은 학생들이 너무 가톨릭적이라고 생각했겠지만, 나는 학생들의 보기 드문 다양성이 좋았다. 결국, 우리는 '세상'을 가르치고 있었다. 나는 그렇게 다양한 사람들이 존재하는 줄 미처 몰랐다. 학기 초에 출석부를 부르는 것만 해도 만만치 않은 일이었다. 나는 늘 내 이름이 발음하기 어렵다고 생각했었지만, 내가 가르친 많은 학생들에 비하면 '하우어워스'는 쉬운 축에 속했다. 아일랜드인과 이탈리아인 사이의 결혼을 '혼종 결혼'이라 부른다는 것도 그때 알게 되었다.

내가 오거스태나에서 글을 쓰기 시작했다면, 노터데임에서는 본

격적으로 글쓰기에 매달렸다. 종신 교수직을 받기 위해 글을 쓴 것은 아니었다. 나는 그런 일들에 대해서는 요령이 없었다. 물론 종신 교수직을 받기 위해서는 글을 써야 했지만, 나는 할 말이 있다고 생각했기 때문에 썼다. 정말 신나는 시간이었다. 대학잡지 「스콜라스틱」(Scholastic)에 혼란한 시대 대학교의 역할을 다룬 글을 기고하면서 대학의 공평무사한 입장을 옹호하려는 시도를 했는데, 내가 잘 몰랐던 사실이 있었다. 학자로서 성공하려면 대학잡지에 기고하는 데 시간을 허비해서는 안 된다는 것이었다.

내가 할 말이 있다고 생각하게 된 데는 두 가지 결정적인 계기가 있었다. 첫째, 나는 하비 벤더라는 파리 유전학자와 친구가 되었는데, 그는 로건센터에 관여하고 있었다. 로건센터의 사명은 정신 장애가 있는 아이들에게 학교 교육을 제공하는 것이었다. 센터는 노터데임 길 건너에 있었고, 가족 중에 정신 장애자가 없는 사람을 이사로 초빙하려고 늘 찾고 있었다. 센터의 일에 직접적인 관련이 없는 지역주민이 이사회에 속해야 한다는 필수 조항이 정관에 있었기 때문이다. 무슨 영문인지 나는 이사를 맡아 달라는 요청을 받았다.

정신 장애자들의 세계의 일원이 되는 것은 특별한 경험이었다. 그럴 수밖에 없었겠지만, 나는 그 세계에 겁을 집어먹었다. 안내를 받으며 처음 센터를 둘러보던 때를 결코 잊지 못할 것이다. 다운증후군이 있는 일곱 살배기 아이가 내 품에 뛰어들어 나를 껴안았다. 아이는 내게 바싹 안겨서는 떨어질 줄 몰랐다. 나는 아이를 안고 센터를 계속해서 둘러보았다. 아무 문제 없는 것처럼 행동했지만, 실은 정말 무서웠다. 그러나 얼마 지나지 않아, 정신 장애자들과 같이 사는 법을 배우는 것은 하나님을 대면하는 것이 무엇인지 배우는 본이 될 수 있다는 생각이 들었다.

두 번째 계기는 첫 번째와 무관하다 할 수 없는데, 1972년에 내가 쓴 "기독교 사회와 약자"라는 제목의 기고문과 관련이 있다. 그 글은 정신 장애자들과 함께 있는 법을 배우는 어려움을 내가 어떻게 이해하는지 신학적으로 밝히기 위해서 쓴 것으로「노터데임매거진」(Notre Dame Magazine)에 실렸다. 어느 날 오래된 수동식 잔디깎이로 마당의 잔디를 깎고 있을 때, 앤이 나를 불러 전화가 왔다고 전했다. "사전트 슈라이버(Sargent Shriver)*가 당신과 통화하고 싶대요." 그녀의 목소리가 들떠 있었다. 농담인 줄 알았는데 정말 사전트 슈라이버였다. 슈라이버 부부는 내 글을 읽었는데 "강력하다"고 했다. 그리고 그들이 의료 윤리를 주제로 워싱턴 D.C.에서 계획하고 있는 콘퍼런스에 내가 참여해 주었으면 한다고 했다. 그렇게 해서 나는 '의료 윤리학자'가 되었다.

나는 슈라이버 부부 같은 사람들과 어울린 적이 없었다. 사지(Sarge)는 좋았지만, 슈라이버 부인은 '감당하기가 좀 버거웠다.' '권력'이 있는 사람들과 어떻게 어울려야 할지 알 수가 없었다. 이내 나는 그들이 자신의 역할을 어떻게 이해하는지 알게 되었다. 그들이 필요하다고 생각하는 일을 감당할 사람을 찾아내는 것이었다. 나의 경우는 정신 장애자들을 돌보는 일이었다. 그들이 이

* 사회 운동가, 정치인. 케네디 전 대통령의 매제이며 1972년 민주당 부통령 후보였다.

일에 이끌린 것은 슈라이버 부인의 언니 때문이었다.* 그것은 좋은 일이었고, 나는 도움이 되고 싶었다. 그러나 곧 내가 그들과 같은 수준에서 활동하기에 적임자가 아니라는 사실을 알게 되었다.

내가 어려움을 겪었던 이유는 어느 저녁, 앤과 내가 많은 철학자, 신학자들과 함께 슈라이버의 집에서 열린 만찬에 초대를 받았을 때 절실히 깨닫게 되었다. 시중을 드는 사람들이 그 자리에 있는데도, 만찬 참석자들 중 몇몇은 "쓸 만한 도우미"를 찾기가 어렵다는 말을 여봐란듯이 했다. 나는 식사를 준비했던 사람들, 식사를 시중들었던 사람들, 식사 후에 정리를 했던 사람들을 남처럼 생각할 수가 없었다. 이후에도 여러 만찬장에서 즐겁게 식사를 했지만, 시중을 받는 일이 아무래도 익숙해지지 않았다. 그리고 시중을 받는 데 익숙한 사람들과 어울리는 것이 불편했다.

1973년, 슈라이버 부부는 새로 만들어진 조지타운 대학교 케네디생명윤리센터에서 내가 안식년을 보낼 수 있게 해 주었다. 케네디센터는 안드레 헬레거스(Andre Hellegers)가 구상한 결과물이었다. 네덜란드 출신인 안드레는 의학이 도덕적 위기 상황에 직면했음을 누구보다 먼저 이해한 비범한 인물이었다. 위기의 핵심은 의학의 기술적 정교화가 아니라, 우리 사회가 병자들과 함께하는 의술을 유지할 도덕적 전제와 실천을 갖추고 있느냐에 있었다.

안드레는 윤리학자로 자처하는 이들에게 실제 의료 업무를 가

• 슈라이버 부인은 존 F. 케네디의 여동생 유니스 케네디다. 그녀의 언니 로즈메리 케네디는 정신 장애가 있었고 20대에 전두엽 절제술을 받은 후에는 상태가 훨씬 악화되었다. 케네디 가는 오랫동안 로즈메리의 상태를 비밀로 했다.

르쳐 주는 것이 중요하다고 생각했다. 이 교육을 받은 첫 번째 윤리학자 중에 폴 램지가 있었다. 안드레는 폴을 조지타운으로 데려왔고, 그로 인해 폴의 뛰어난 책 『환자는 사람이다』(*The Patient as Person*)라는 행복한 결과물이 나왔다. 안드레와 슈라이버 덕분에 나는 현대 의학의 본질을 현장에서 배울 수 있었다. 우리는 의대생들처럼 병원의 여러 과를 돌면서 배웠다.

나는 의사들이 환자를 보는 법을 배우는 방식에 매료되었다. 실천 이성이 작용하는 방식을 그들이 전형적으로 보여 주는 것 같았기 때문이다. 램지가 『환자는 사람이다』에서 주장한 바와 같이, 의사들은 질병이 아니라 환자를 치료한다. 더욱이, 환자는 모두 다르기에 의사는 구체적이고 개별적인 사항에 주의를 기울여야 한다. 나는 의사들이 훈련받는 이 방식이 도덕적 훈련의 모델이 될 수 있겠다는 생각이 들었다. 목회에 들어서는 사람들을 이와 비슷하게 훈련시킬 수 있다면 좋겠다고 종종 생각했다.

그러면서 의학이 윤리학에서 배울 바가 많다는 견해가 오류라는 생각이 들었다. 오히려 그 반대가 더 타당할 것이다. 의술은 처음부터 끝까지 도덕적 실천이다. 의사들은 다른 모든 판단을 배제한 채 오로지 환자를 돌보고 보살피도록 훈련을 받아야 한다. 내가 볼 때 이 훈련은 상상할 수 있는 가장 힘든 도덕적 헌신을 요구한다. 의사들은 자신이 돌보는 환자들의 상태를 개선시키기 위해 할 수 있는 일이 별로 없을 때도 한결같이 그들 곁을 지킬 수 있는 덕을 갖춰야 한다.

의료 윤리는 주로 의사들이 하는 일을 다룬다거나 다뤄야 한다고 생각되곤 한다. 그러나 이보다 훨씬 더 중요한 것은 어떻게 해야 인내하는 환자가 될 수 있느냐다. 질병과 죽음을 앞두고 더 이상 인내하지 못하는 환자들은 의학을 타락시키는 기대를 의학에 품게 될 수밖에 없다.

『고통받는 자들과 함께하기』(Suffering Presence)는 1985년에 묶어 낸 책이지만, 이 책에 실린 에세이들은 내가 케네디센터에서 배운 내용을 반영하고 있다. 의료 윤리학이 생겨난 경위를 보면 나는 분명 의료 윤리학자가 아니다. 하지만 의료 윤리학 저서라 할 만한 일부 저작, 특히 『침묵에 이름 붙이기』(Naming the Silences: God, Medicine, and the Problem of Suffering)는 나의 최고 저작에 속한다. 다름 아닌 가톨릭 신자요 남서부의 인디언 보호구역에서 자주 환자들을 돌보는 의사이며 시인인 브라이언 볼크(Brian Volck)가 내가 의학에 대해 쓴 내용이 도움이 된다고 말하니, 지극히 만족스럽다.

『침묵에 이름 붙이기』 같은 책에서 내가 진행한 작업이, 내가 말하는 '소설가의 눈을 갖는 것의 중요성'을 보여 주는 좋은 사례일 수 있다면 좋겠다. 우리는 인정하고 싶지 않은 모순들로 이루어진 복잡한 존재다. 소설가는 위안을 주는 설명을 덧붙이는 대신, 우리가 자신의 복잡성을 보도록 도와야 한다. 우리는 이런저런 설명으로 핑계를 대지 말고, 우리의 고통과 우리가 다른 이들에게 초래한 고통을 보는 법을 배워야 한다.

나는 '윤리학'의 관건이 소설가의 눈을 기르는 데 있다고 본다. 나의 저작이 설득력이 있다면, 내가 어느 정도 소설가처럼 글을 쓸 수 있기 때문이 아닐까 싶다. 내가 소설가의 눈을 갖고 있다면, 그것은 우연이 아니다. 생각해 보면 나는 오랫동안 소설을 읽어 왔다. 소설을 읽는다고 반드시 망상 없이 보게 되는 것은 아니지만 어느 정도 도움은 된다. 더욱이, 내가 소설가의 눈으로 볼 수 있는 것은 그리스도인 됨의 의미를 특정한 방식으로 이해하게 되었기 때문이다. 우리를 둘러싼 기독교가 많은 부분 욥이 겪은 것과 같은 고뇌에서 하나님을 보호함으로써 체면을 유지하는 것을 능사로 여기고 있지는 않은지 우려된다. 그러나 하나님이 예수 그리스도의 하나님이라면, 그분에게는 우리의 보호가 필요 없다. 하나님은 우리에게 보호가 아니라 진리를 요구하신다.

나는 윤리학을 '하는' 다른 방식을 발전시키기 시작했다. 나는 비트겐슈타인과 코베시에게 윤리학에서는 기술(記述, description)이 전부라고 배웠다. 그러나 참된 기술을 이어 가기 위해서는 다른 사람들의 고통 때문에 찾아올 고통을 피하고 싶어서 거짓을 선택하는 일이 없도록 덕이 몸에 밴 행위자가 필요하다. 더욱이, 그 기술들은 그냥 '따로' 존재하는 것이 아니라 서로 연결되어 있다. 이 연결은 '이야기'를 만든다. 진실에 접근하기 위해서는 그런 이야기를 계속해서 하고, 시험하고, 다시 이야기해야 한다.

내가 이런 식으로 '윤리학'에 접근하는 이유는 예나 지금이나 결정과 자유를 강조하는 입장이 윤리 이론을 주도하고 있다는 것이 불만스럽기 때문이다. "선택은 할 수 있는 일이 아무것도 남아 있지 않을 때 하는 것"이라는 아이리스 머독의 주장에 영향을 받아, 나는 우리가 하는 일이 우리를 파괴하는 것이 아니라고 점점 더 확신하게 되었다. 그보다, 우리가 하는 일을 어떻게 기술하는지가 우리의 운명을 좌우한다. 참으로, 우리가 한 일을 제대로 기술하기 전에는 우리가 무슨 일을 했는지 알지 못한다. 비로소 나는 덕의 중요성을 회복하려는 나의 시도에 어떤 함의가 있는지 보다 분명히 보게 된 것 같다.

기독교 윤리학을 신학과 분리할 수 있다는 생각이 잘못이라는 사실을 점점 깨닫게 된 것도 한몫했다. 기독교 윤리학의 독립성을 주장하고 싶어 하는 많은 이들은 여기서 '분리'가 너무 강한 단어라고 항의할 것이다. 그러나 실제로 윤리학이 신학과 분리되는 경우가 너무 많다. 사랑이나 정의나 그 외 다른 근본적 원리를 도덕적 삶의 진짜 원천이라고 여기는 것이다. 우리는 하나님과 교회를 도덕적 삶의 근본 원리나 원리들을 이해하는 데 필요한 배경 믿음 정도로 여길 뿐, 우리의 도덕적 삶을 구성하는 필수 요소로는 잘 여기지 않는다.

신학을 좋아하지 않아서 '윤리학자'가 되는 사람이 너무 많지는 않을까 염려된다. 나는 늘 기독교 윤리학회의 적극적인 지지자였지만, 그런 학회의 존재 자체가 윤리학에서 신학을 분리하고 싶은 유혹으로 작용할 수 있다. 윤리학계의 일부 동료들이 나를 받아들이기 어려워하는 이유 중 하나는 내가 하나님이 중요하다는 주장을 끊임없이 내세우기 때문이 아닌가 한다. 그것도 그냥 아무 신이 아니라, 예수 그리스도의 삶과 죽음과 부활을 통해 자신을 드러낸 하나님이 중요하다고 말하니 말이다.

나는 기독교 윤리학, 또는 도덕신학과 엄밀한 의미의 신학을 분리하는 것이 자유주의 사회 질서의 전제가 반영된 결과라는 생각이 들었다. 신학과 윤리학의 구분은 공적/사적 영역의 구분을 정당화했는데, 이 구분은 강한 확신, 특히 강한 종교적 확신을 길들이려는 자유주의 사회 지향점의 핵심이다. 이 사실이 눈에 들어오자 정치 이론, 철학적 윤리학, 그리고 정신 장애자를 돌보는 분야에서 내가 진행한 연구와 집필, 강연이 서로 떼어 놓을 수 없이 이어져 있는 것도 눈에 들어왔다. 나는 이것이 내가 해야 할 말이라고 생각했고, 이 말을 하기로 다짐했다.

나의 생각을 완전히 바꿔 놓은 또 다른 사건은 처음엔 별일 아닌 듯 시작되었다. 어느 날, 예일을 떠날 때 읽었던 바르트에 관한 소책자의 저자 존 하워드 요더를 찾아가 보고 싶다는 생각이 들었다. 고센은 사우스벤드에서 멀지 않았기에, 나는 어느 토요일에 애덤을 태우고 고센으로 차를 몰았다. 메노파 연합 성경 신학교가 그곳에 있는 줄 알았던 것이다. 그러나 그 신학교가 있는 곳은 엘크하트였다. 고센에 있는 칼리지 교회에 들어가 보니 소책자들이 전시되어 있었는데, 그중 바르트, 라인홀드 니버, 사형 제도에 대한 몇 권의 저자가 요더였다. 내 기억이 맞다면 권당 10센트였다. 마침 돈이 있어서 그것들을 샀다.

사우스벤드로 돌아와 요더가 쓴 글을 탐독했고, 나는 충격을 받았다. 그는 정말 비범한 분석 능력의 소유자임이 분명했다. 글이 명료하고 힘이 있었다. 나는 압도되었지만, 그가 분명히 틀렸을 거라고 생각했다. 그는 메노파 신자가 아닌가. 메노파 신자들은 평화주의자였고, 평화주의는 오류가 틀림없었다. 그러나 강한 흥미가 일어서 인디애나 주 엘크하트의 전화번호를 알아보았다. 엘크하트의 신학교에 있는 요더의 전화번호도 알아냈다. 그리고 전화를 걸어 그와 만나기로 약속을 잡았다. 인디애나 주 엘크하트로 가는 길이 내 인생을 바꿔 놓을 줄은 전혀 몰랐다.

메노파 연합 성경 신학교는 인디애나 주 엘크하트 남쪽으로 건물들이 소박하게 모여 있는 학교였다. 존은 그중 한 건물의 역시 소박한 사무실에 있었다. 존이 나를 어떻게 생각했는지는 모르겠다. 그의 글이 심각하게 도발적인 것은 분명했다. 아마 그는 내가 메노파에 대해 예일에서 공부한 사람 특유의 온갖 선입견과 고정관념을 갖고 있으리라 생각했을 것이다. 그가 "문화와 대립하는 그리스도"의 입장일 거라는 고정관념 말이다.* 한마디로, 그는 우리의 대화가 어떻게 전개되건, 내가 입증 책임을 그에게 돌리리라고 여겼을 것이다.

존 요더는 키가 컸고, 많은 사람들이 그를 두고 심각해 보인다고 했다. 상당한 위압감을 줄 수 있는 사람이었다. 나도 그런 느낌을 받았어야 했겠지만 그렇지 않았다. 하지만 분명 대화를 나누기 쉬운 상대는 아니었다. 존은 시시한 잡담을 싫어했다. 내가 질문을 하면 최소한의 단어만 써서 대답하곤 했다. 존은 상대가 기독교 비폭력주의의 옹호자가 되도록 인간적 매력으로 설득하려는

---

* 리처드 니버가 『그리스도와 문화』에서 기독교와 문화의 관계에 대해 설정한 5가지 유형 가운데 하나다.

시도를 하지 않았다. 매력과 존 하워드 요더는 정반대 말이었다.

나는 대화를 이어 가려고 최선을 다했지만 쉽지 않았다. 그러다가 학술적인 대화를 시도해 봤다. "그럼, 지금은 어떤 연구를 하시나요?" 존은 내가 관심을 가질 만한 내용은 별로 없다고 말했지만, 선반에 가득한 등사 인쇄물이 눈에 들어왔다. 나는 그것이 그가 쓴 글이려니 생각해서 읽어 봐도 되느냐고 물었고, 결국 그의 글을 30센티미터 높이 분량이나 받아 가지고 나왔다. 그 신학교 서점에서는 『국가에 대한 기독교의 증언』(The Christian Witness to the State, 대장간)을 한 권 발견했는데, 1964년 캔자스 주 뉴턴에 있는 믿음과삶 출판사에서 출간된 책이었다.

사우스벤드로 돌아와 읽기 시작했다. 등사 인쇄물 중에 『예수의 정치학』(The Politics of Jesus, IVP)이라는 제목의 책이 있었다. 내가 존을 만난 것이 1970년 여름이었는데, 『예수의 정치학』은 1972년 에드만 출판사에서 출간된다. 그 책이 내게 칸트가 흄을 읽고 받았다는 정도의 영향력을 주었다고 생각하지는 않는다. 생각해 보면, 바르트를 읽었던 것이 요더를 만날 준비 작업인 셈이었다. 그러나 나는 요더의 책이 말하는 내용이 여러 선택지 중 하나로 고려할 수 있는 입장이 아니라는 것을 알아보았다. 스탠리 피시(Stanley Fish)는 학부생들에게 밀턴(John Milton)을 가르치다 보면 누군가가 밀턴의 시에 감탄하는 순간이 온다고 했다. 그러면 스탠리는 그 기회를 잡고 이렇게 말한다고 했다. "밀턴이 원하는 건 자네의 감탄이 아니야. 그는 자네의 영혼을 원해." 요더는 나의 영혼을 원하지 않았지만, 예수님이 나의 영혼을 원하신다는 사실을 분명히 알려 주었다. 쉽게 넘어갈 문제가 아니었다.

나는 「메노나이트쿼털리리뷰」(Mennonite Quarterly Review)에 실린 존의 에세이들과 컨선그룹(Concern Group)이 펴낸 일부 소책자들을 읽기 시작했다. 컨선그룹은 유럽에서 공부하는 젊은 메노파들의 집단으로, 급진적 종교개혁의 급진성을 회복하고 싶은 마음으로 뭉친 이들이었다. 나는 컨선그룹에서 펴낸 요더의 소책자 "종말론 없는 평화?"에 특히 깊은 인상을 받았고, '평화주의'가 기독론을 바로 파악한 다음에 채택 가능한 여러 입장 중 하나가 아니라는 것을 이해하게 되었다. 요더 때문에 나는 비폭력주의가 예수님이 우리에게 추천하신 권고 사항이나 이상(理想)이 아니라는 것을 알 수밖에 없었다. 비폭력주의는 하나님이 구원의 방법으로 강제력을 쓰기를 거부하셨다는 사실 안에 이미 들어 있다. 십자가 처형은 "예수의 정치학"이다.

존의 에세이 모음집인 『근원적 혁명』(The Original Revolution, 대장간)은 1971년에 출간되었다. 이 모음집에는 "종말론 없는 평화?"뿐 아니라 "근원적 혁명"이라는 짧은 에세이도 들어 있었다. 나는 덕(德)의 이론에 필연적으로 정치학이 따라온다고 생각했었는데, 요더의 교회관을 읽고 나서 그런 정치학이 필요로 하는 것을 찾았는지도 모르겠다고 생각하게 되었다. 때마침 매킨타이어의 『시대의 자기 표상에 대항하여』(Against the Self-Images of the Age)도 1971년에 출간되었는데, 그것은 우연이 아닌 것 같다. 그렇게 해서 나는 요더의 교회론이 매킨타이어의 이론에 있는 몇 가지 난점을 풀어낼 수 있다고 제안하는 연구를 진행하기 시작했는데, 어떤 이들은 이것을 두고 이상한 연구라고 불렀다.

그로부터 얼마 후 나는 '입장을 공개할' 기회를 얻었다. 요더에게 배우고 있던 내용을 드러낼 기회였다. 내가 노터데임에 오기 얼마 전부터 가톨릭 계통의 노터데임 신학과와 루터교 계통의 밸퍼라이조 철학과가 연례모임을 하고 있었다. 그것이 교회 일치의 좋은 기회라고 여긴 것이다. 내가 노터데임에서 보내는 첫해였지만 쉬다는 내게 교수진들이 모일 때 논문을 하나 발표하라고 했다. 나는 요더의 온갖 책을 읽었으니, 그의 연구 결과로 논문을 쓰기로 했다.

나는 내가 신학적 배경이 의심스러운 감리교도라고 밝히며 논문을 시작했다. 감리교도의 신학적 배경이 의심스러운 것은 말할 나위도 없는 일이었다. 더 나아가, 나는 미국에서 가장 가톨릭에 충실한 신학과 소속으로, 루터교 신학자들 앞에서 재세례파 신자들이 줄곧 옳았음을 주장하려 한다고 말했다. 그다음 요더의 저작을 소개하며 루터교 신자들과 가톨릭 신자들이 얼마나 공통점이 많았는지 보여 주려 했다. 모든 것을 고려해 볼 때, 두 교파 모두 재세례파 신도들을 죽이는 것이 좋은 생각이라고 여겼던 것이다. 그리고 그런 일이 실제로 벌어졌다. 역사적으로도 그랬고 나의 논문에 대한 반응도 그 못지않았다. 루터교 신학자들과 가톨릭 신학자들은 책임 있게 행동하려면 남을 죽일 각오도 필요하다는 사실을 한목소리로 보여 주려 했다.

나는 재세례파를 옹호하는 일이 쉽지 않을 것임을 이해하기 시작했다. 참으로, 그의 글을 읽지도 않고 그의 생각을 안다고 생각한 사람들이 내놓는 비뚤어진 비판들에 기꺼이 대답하는 요더의 인내가 얼마나 대단한 것인지 배웠다. 밸퍼라이조-노터데임 공동 행사에서 논문을 발표할 때만 해도 나는 내가 평화주의자라고 말할 수 없었지만, 1년 후 그렇게 말하게 된 순간이 찾아왔다. 나는 데이비드에게 압력을 가하면서 요더를 교수로 임명해야 한다고 했고, 존이 노터데임에서 가르칠 수 있게 하는 준비가 다 이루어졌다. 존은 그답게 명확한 직무가 있어야 한다고 하여 평화학을 가르치게 되었다. 그 결과, 신학과의 다른 교수들도 존을 알게 되었다. 그러던 어느 날 로버트 윌컨과 내가 이야기를 나누며 교수회의에 참석하러 가는 길이었는데, 당시만 해도 루터교 신자였던 로버트가 내게 요더라는 사람을 어떻게 생각하느냐고 물었다. 나는 깊은 인상을 받았다고 털어놓은 후, 주저하다가 불쑥 이렇게 내뱉고 말았다. "사실, 나는 평화주의자일세."

무엇에 이끌려 그런 말을 했는지는 하나님만 아시겠지만, 그 이후 나는 내가 한 그 말을 이해하려고 노력해 왔다. 비폭력적으로 사는 것, 내가 선호하는 표현을 쓰자면 평화롭게 사는 것의 의미를 배우는 일은 그런 선언이 불러오는 저항을 받아들임으로써 시작된다. 예를 들어, 요더에 대해 쓴 논문을 출간하는 데 얼마나 많은 시간이 걸렸는지 모른다. 내가 논문 원고를 보낸 모든 저널이 게재를 거부했는데, 내가 요더에 대해 한 말 때문이 아니라 요더가 한 말 때문이었다. 한 저널 편집인은 요더의 성서 읽기가 불트만 이전의 것이라는 이유로 그 논문을 거절했다.

요더와 한 무리로 얽히는 것이 '경력'에 좋지 않을 거라는 생각은 들지 않았다. 나는 야심만만했고, 세상을 변화시키고 싶었다. 논문도 최대한 빨리 써내고 있었다. 그런데 글을 잘 쓰는 법은 배우지 못했다. 글이 아니라 사상이 중요하다고 생각했다. 버렐은 나를 몰아붙여 내가 하는 말과 그것을 말하는 방식이 분리될 수 없음을 인정하게 만들었다. 이후 나의 글쓰기는 쓰는 과정을 거쳐 점점 나아졌다. 지금도 초기에 쓴 몇몇 글은 읽기가 고역이다.

나는 박사 학위 논문을 다듬어 책으로 내려고 했고, 버트챌이 노터데임 출판부에서 검토를 받아 보라고 했다. 출판부에서는 그 원고를 마틴 마티에게 보냈는데, 그는 그 원고가 "시대를 10년 앞선다"고 생각했기에 책이 잘 팔리지 않을 거라고 출판부에 보고했다. 결국 노터데임 출판부는 원고를 받지 않기로 했다. 거스탑슨이 샌안토니오의 트리니티 대학교 출판부에서 종교 분야의 새로운 논문 시리즈를 시작했다고 알려 주어서, 그리로 원고를 보냈고 그들은 출간을 결정했다. 무명작가의 책을 출간해 준, 당시 트리니티에서 가르치던 존 헤이스와 출판부 책임자 로이스 보이드에게 큰 빚을 졌다.

나는 에세이 몇 편을 연달아 썼는데, 한데 엮으면 다소 일관성 있는 책이 될 것 같았다. 그 책에 『비전과 덕』(*Vision and Virtue: Essays in Christian Ethical Reflection*)이라는 제목을 붙였다. 나는 출판의 정치에 대해 전혀 감이 없었기에, 그저 원고를 갖다 주기만 하면 된다고 생각했다. 사우스벤드에는 피데스 출판사라는 작은 출판사가 있었고 사무실이 노터데임 도서관 건너편에 있었다. 나는 작은 원고를 들고 도로를 건넜고, 『비전과 덕』은 피데스 출판사에서

1974년에 출간되었다. 『성품과 그리스도인의 삶』은 1975년에 트리니티 대학교 출판부에서 출간되었다.

1974년, 나는 종신 교수직이 보장된 부교수로 승진했다. 흔히 그렇듯 나는 그 과정에 별로 주의를 기울이지 않았다. 그때는 노터데임이 오늘날 연구 중심 대학교들에서 보편화된 종신 교수직 검토 절차를 만들기 전이었던 것 같다. 하지만 내가 문제가 있을 거라는 생각은 하지 않았다. 나는 종신 교수직을 받았다는 말을 데이비드에게 들었다. 그는 나에 대한 우려는 두 가지밖에 없다고 했다. 내가 관행보다 1년 정도 빨리 승진했다고 생각하는 교수들이 있다는 점과 언어를 좀더 주의해서 써야 한다는 점이었다.

언어를 주의해서 쓴다는 것은 이제까지의 습관을 벗고 비속어 사용을 자제해야 한다는 뜻이었다. 나는 계속 조적공처럼 말했던 것이다. 내 입에 붙은 말 중에는 당연히 노터데임 같은 곳의 사람들에게 불쾌하게 들리는 말들이 있었다. 그리고 나는 보통 사람들이 불쾌하게 여길 만한 단어들도 널리 썼다. 어릴 때부터의 습관이었다. 솔직히 말해 나에겐 대학교 생활의 특징인 중산 계급과 상위 중산 계급의 예절이 억압적으로 느껴졌다. 나는 사람들이 불쾌하게 여길 말을 불쾌감을 안겨 주려고 썼다. 몇 년 후 「링구아 프랑카」(*Lingua Franca*)라는 잡지에 실린 글에서 내가 "입이 거친 신학자"로 묘사되는 것을 보고서야 심각하게 모욕적인 단어들을 쓰지 않게 되었다. 나의 그런 측면이 '큰일'처럼 그려지는 일이 넌더리가 나고 지겨워졌기 때문이다.

나는 늘 '외부자'로 머문다는 평판이 있다. 아주 틀린 말은 아니다. 나는 대학교 세계 안에 있는 노동 계급 사람이다. 순응한 교회에 도전장을 던지는 급진적 그리스도인이다. 이런 유의 목록은 계속 이어질 수 있고, 자기기만으로 이어질 수도 있다. 사실, 나는 '외부자', 비판자, 반체제 인사가 되고 싶은 마음이 없다. 나는 고향을 찾고 싶다. 건설적인 역할을 하고 싶다. 나는 노터데임에서 그것을 발견한 줄 알았다. 하지만 내가 배우게 된 것은, 그리스도인에게는 이 땅에 고향이 없다는 사실이었다.

6

살아남기

복음의 눈을 통해 세계와 우리 자신을 볼 줄 알게 되면 세상은 심오하게 희극적인 곳으로 변한다. 달리 표현하자면, 그리스도인에게는 잃을 것이 없으니 진실을 말하는 편이 더 낫다고 할까. 그런 진실은 종종 우리를 놀라게 하고 기쁘게도 한다.

"예술가에겐 자유가 필요해. 보통 사람들의 기준으로 우리를 속박할 수 없어. 그러니까 당신은 톰 편과 나의 섹스를 반대할 수 없어." 무슨 일이 벌어지고 있는지 알 수가 없었다. 그저 앤이 진심일 리가 없다고 생각할 뿐이었다. 빈말이라는 기미는 전혀 없었지만, 그래도 그녀가 그런 말을 진지하게 할 거라 생각하기 어려웠다. 나는 톰과 그의 아내를 잘 알았다. 톰이 앤과의 관계를 원할 거라고는 상상할 수가 없었다.

톰은 예술가였고 노터데임의 미술학과에서 가르쳤다. 앤은 그의 수업 하나를 듣고 있었다. 그녀는 며칠 동안 잠을 잘 자지 못했다. 아니, 한숨도 못 잤을지 모른다. 원래 그녀의 수면 습관은 규칙적이지 않았다. 그녀는 수업시간에 받은 미술 과제에 집착했다. 밤늦도록 잠도 안 자고 강박적으로 그리고 또 그렸다. 내가 볼 때는 다 괴이한 이미지들이었다. 그녀는 톰 편의 마음에 들려고 필사적이었다. 나는 그녀의 언행에 겁이 났지만 상황이 어떻게 돌아가는 것인지 몰랐다. 그전까지 정신 발작 상태의 사람을 겪어 보거나 지켜 본 적이 없었던 것이다.

톰의 전화가 왔다. 그로서는 어려운 일이었겠지만 선택의 여지가 없다고 생각했을 것이다. 앤이 연구실로 찾아와 말도 안 되는 소리를 했고 자신과 어떤 일을 같이 하고 싶다며 상당히 부적절한 제안을 했다고 알렸다. 현실을 부정하고 아무 일도 없다고 생각하고 싶은 마음이 간절했지만, 뭔가 심각하게 잘못되었음이 너무나 분명했다. 한낮이었고 나는 어떻게 해야 할지 모른 채 집으로 달려갔다. 앤은 한층 더 괴이하게 행동하고 있었다. 거실 소파에 꼼짝 않고 누워서, 지구를 구원할 하나님의 메시지를 기다린다고 했다.

나는 애덤을 안고 페리와 베벌리 아널드 부부에게 데려갔다. 당시에 페리와 베벌리는 아이가 없었지만 애덤을 잘 알았고 애덤도 두 사람을 잘 알았다. 나는 앤에게 뭔가 이상한 일이 벌어지고 있다고 설명하고, 애덤을 얼마나 오랫동안 부탁해야 할지 모른다고 말했다. 그들은 염려하지 말라고 했다. 나는 급히 집으로 돌아갔다. 우리의 주치의는 롤런드 체임블리라는 멋진 사람이었는데, 사우스벤드 토박이인 롤런드는 노터데임을 졸업한 최초의 아프리카계 미국인에 속했다. 나는 그에게 전화를 걸어 앤의 상태를 최대한 자세히 설명했다. 그는 정신분열증 증세로 보인다고 말하며 실력 있는 정신과 의사의 이름을 알려 주었다. 그가 기꺼이 도와줄 거라고 했다.

나는 슈라이너 박사에게 전화를 걸어 앤의 상태를 설명했다. 그는 직접 봐야 할 것 같은데, 내가 그녀를 병원에 데려올 수만 있으면 살펴보겠다고 했다. 나는 앤을 설득하기 시작했다. 그녀는 애덤이 나를 두려워하기 때문에 자신이 애덤을 나에게서 구해 내려 한다고 했다. 우리는 각자의 몸에 갇혀 있는 영이며 그것이 바로 우리의 문제라고 했다. 원래는 우리 모두가 하나였는데 그중 일부가 몸속에 갇혔고, 하나님이 그들을 구하려고 몇몇 영을 땅으로 내려 보내셨다는 것이었다. 그런데 돌아가는 길의 사다리가 끊어져서 선택받은 이들 중 일부가 땅에 남게 되었다고 했다.

앤은 그런 영들을 구해 내기 위해 보냄받은 사람이었고, 애덤은 구출받을 수 있는 영들 중 하나였다. 그러나 내가 방해하고 있기 때문에 그녀는 애덤을 구해 낼 수 없었다. 나의 문제는 육체가 너무 강력하다는 것이라고 했다. 우리 몸에는 구멍이 가득하기 때문에 물을 충분히 마시면 몸이 녹아내릴 거라고, 그 사실을 알고 있으라고 했다.

앤은 읽은 것이 많았다. R. D. 레잉(Laing)의 글도 읽었다. 그녀는 정신병이란 미친 사회가 그 광기를 멀쩡한 개인들에게 투사하는 것에 불과하다는 레잉의 주장을 알고 있었다. 나는 1975년의 미국 사회가 멀쩡하다고 주장해야 하는 묘한 위치에 놓였다. 그녀는 내게서 귀에 못이 박히도록 들었던 미국 사회에 대한 철저한 비판을 가져와 자신의 세계 이해를 지지하는 논거로 사용했다. 나는 절박했다. 어떻게 하면 그녀를 설득해서 의사를 보러 가게 할 수 있을까?

그러다가 마침내, 그녀가 현실과 분리되었다고 설득하려 해 봐야 소용이 없다는 것을 깨달았다. 나는 앤이 좋아하는 대학원생 리처드 본디(Richard Bondi)를 집으로 불러서 하나님의 메시지를 기다리게 하고, 그사이에 우리는 슈라이너 박사를 만나고 오자고 제안했다. 앤은 자신의 깨달음을 리처드와 공유하고 싶어 했기에 그가 우리 집에 오는 것에 동의했다. 그 시간이 새벽 2시였다. 나는 리처드에게 전화를 걸었다. 물론, 리처드에게 상황을 설명할 수는 없었다. 그러나 그는 집으로 왔다. 고맙게도 그는 지구를 구하기 위한 하나님의 메시지를 받는 데 필요한 앤의 지시 사항을 잘 들어 주었다.

나는 슈라이너 박사에게 전화를 걸었고 그는 병원에서 보자고 했다. 앤을 차에 태웠다. 병원이 가까웠기에 우리가 슈라이너 박사보다 먼저 도착했다. 병원에 들어가자 우리는 다른 환자들과 격리된 방으로 안내되었다. 앤은 점점 더 불안해하면서 화를 냈다. 슈라이너 박사가 도착할 무렵 나는 완전히 절망해 있었다. 마침내 그가 나타나자 앤은 설명을 시작했다. 남편은 미쳤고 자기는 이 사람을 구해 내려 하는 것이라고, 그러나 남편은 완강했으며 악령에 홀려 있어서 자기 말을 도무지 듣지 않았다고 말이다. 그녀는 자신이 세상의 구원에 결정적인 역할을 감당해야 한다는 이야기를 거듭 되풀이했다. 슈라이너 박사는 말없이 들었다. 나는 계속 그녀를 설득하려 했다.

마침내 슈라이너 박사가 말했다. "부인께서 대단히 중요한 통찰을 갖고 계셨군요." 앤은 그 말에 기꺼이 동의했다. 그가 말했다. "그런데 지금 부인께서는 그것을 전달하는 데 어려움을 겪고 계십니다." 이어서 그는 한동안 잠을 못 잔데다 그런 부담스러운 책임을 짊어졌으니 많이 지쳤을 거라고 말했다. 앤은 이번에도 동의했다. 그러자 그는 그녀가 잠을 자는 데 도움이 될 만한 것을 제공해도 되겠느냐고 묻고, 그렇게 하려면 그녀가 병원에 머물러야 한다고 설명했다. 그녀는 동의서에 서명을 했고 결코 잊을 수 없는 분노가 서린 눈으로 나를 노려보았다.

그녀는 정신과 병동으로 안내되었다. 나중에는 목록을 달달 외우게 되지만, 그때만 해도 나는 항정신병약이 어떤 종류가 있는지 잘 몰랐다. 지금 생각하면 슈라이너 박사가 할돌을 처방했던 것 같다. 내가 떠날 무렵, 그녀는 잠이 들었다. 슈라이너 박사는 진단을 내리기에는 아직 너무 이르다고 말했다. 그녀가 정신병 발작을 일으킨 것은 분명하지만 그것은 다양한 요인들의 결과일 수 있다며, 그녀가 어떻게 지내는지 지켜봐야 할 것 같다고 했다. 우리는 향후 10년 동안을 그렇게 하게 된다.

앤은 병원에 적어도 일주일은 머물렀다. 정신병동은 참으로 이상한 곳이다. 그녀는 병동의 다른 사람들과 곧 친구가 되었다. 그들이 쉽게 유대감을 형성할 수 있었던 것은 오해받는 경험을 공유했기 때문이었다. 라이터 소지가 허용되지 않는다고 앤이 분개했던 기억이 난다. 그럼에도 불구하고 나는 그녀에게 담배 몇 보루를 사다 줘야 했고, 앤은 그것을 새로 사귄 친구들과 나누었다. 나는 그녀를 기쁘게 해 주기 위해 필사적으로 매달렸으며, 그녀가 요구하는 것은 뭐든지 다 했다.

내가 절대 앤을 기쁘게 할 수 없다는 사실을 깨닫는 데는 오랜 시간이 걸렸다. 내가 그녀를 기쁘게 할 수 없는 이유는 나의 존재 자체가 문제였기 때문이다. 앤이 볼 때, 나는 그녀의 의사를 무시하고 그녀를 병원에 집어넣은 사람이었다. 그녀가 직접 동의서에

서명했다는 사실은 기억에 남아 있지 않았다. 앤은 내가 그녀를 병원에 입원시키기 위해 소송을 제기했다고 생각했다. 그녀를 병원에 수용하기 위해 법정에 서야 한다면 기꺼이 그랬겠지만, 실제 상황은 그렇지 않았다. 그러나 앤에게 중요한 것은 벌어진 일에 대한 자신의 생각뿐이었다. 그녀가 판단한 문제점은 그녀를 미쳤다고 선언할 힘이 나에게 있다는 것이었고, 해결 방법은 내가 사라지는 것이었다.

하지만 그녀는 나 없이 살기는커녕 생존하는 것도 불가능했다. 그녀에겐 내가 필요했다. 그뿐 아니라, 그녀는 할 수 있는 한 나를 사랑했던 것 같다. 그리고 그녀는 애덤을 사랑했다. 집을 사랑했다. '정상 상태'가 손짓하여 그녀를 일상생활로 이끌어 냈다. 그녀는 퇴원했고 우리는 집으로 돌아왔다. 슈라이너 박사는 그녀에게 지속적으로 복용해야 하는 약물 처방을 주저했다. 그녀에게 벌어진 일을 어떻게 진단해야 할지 확신이 들지 않았던 것이다. 그는 그녀가 조울증(manic-depression)*일 수도 있다고 생각했지만, 그녀에게 리튬을 처방하고 싶어 하지 않았다. 부작용도 문제였지만, 약을 꾸준히 먹어야 하는데 그녀가 고분고분 그렇게 하지 않을까 봐 우려했던 것이다.

돌아온 '정상 상태'는 오래 가지 않았다. 조증이 곧 돌아왔다. 그때까지도 나는 사태 파악을 하지 못했다. 한동안 우리의 성관계는 뜸한 상태였다. 그런데 갑자기, 앤은 사랑을 나누는 것만이

• 현재는 '양극성 장애'(bipolar disorder)라는 말을 쓴다.

인생의 목적인 사람이 되었다. 나는 그것이 나쁘지 않다고 생각했다. 그리고 그녀는 '종교적'이 되는 데도 새롭게 관심을 보였다. 나는 그것도 나쁘지 않다고 생각했다. 어떻든 세상에 아무 문제가 없기만 간절히 바랐다.

그러나 세상은 문제가 없지 않았다. 내가 모르는 사이 그녀는 우리 돈을 몽땅 기부해 버렸다. 앤은 내가 로건센터 일에 참여하는 것을 달가워하지 않았었는데, 얼마 안 되는 우리의 재산을 로건센터에 전부 기부해 버린 것이다. 센터 소장이 내게 전화해서, 앤이 센터에 와서 수표를 줬다고 했다. 그녀의 행동이 어딘지 이상해서 내게 전화를 한 것이었다. 나는 다시 수표를 받아 왔고 슈라이너 박사에게 전화를 걸었다.

그는 앤이 발작을 일으킨 후 몇 번 그녀를 만났고, 잘 지내고 있다고 생각했다. 그러나 이제는 그녀가 조울증이고 리튬을 복용해야 하는 것이 분명하다고 말했다. 나로서는 그녀가 병원으로 돌아가게 만들 재간이 없었다. 무엇보다 정신과 병동에 대한 그녀의 거부감이 이해가 되었다. 다행히 그녀는 슈라이너 박사를 좋아했기에, 어찌어찌하여 그녀를 진료실로 데리고 갈 수 있었다. 슈라이너 박사는 그녀가 할돌을 다시 복용하도록 설득했다. 우리는 집으로 돌아갔고, 그녀는 금세 잠자리에 들었다. 다음 날 우리는 슈라이너 박사를 다시 방문했다. 그는 앤에게 조울증의 화학적 성질과 리튬이 최적의 약인 이유를 설명했고, 그녀는 리튬을 복용하는 데도 동의했다.

리튬을 복용하면 손 떨림이 생기는 사람들이 있는데 앤에게는 그런 증상이 생기지 않았다. 다만 체중이 좀 불었다. 그녀는 매달 혈액검사를 받아 리튬 수치가 너무 높지 않은지 확인해야 했다. 그녀는 슈라이너 박사를 처음에는 매주, 일정 기간 후에는 격주로 찾아갔다. 그때마다 그녀는 내가 같이 가야 한다고 우겼다. 본인이 아니라 내가 문제였기 때문이었다. 나는 기꺼이 같이 갔지만 우리 관계가 나아지는 데는 별 도움이 되지 않았다.

초기에 나는 앤 없이 혼자서 슈라이너 박사를 만난 적이 있다. 그렇게 하는 것이 좋겠다고 그가 제안했던 것 같다. 그는 우리에게 왜 아이를 더 낳지 않느냐고 물었다. 사실, 앤과 나는 그런 가능성을 생각도 하지 않았다. 우리 둘 다 아이를 더 가질 만큼 우리 관계에 확신이 없었던 것 같다. 나는 어머니의 에너지를 물려받았지만 나의 한계를 느꼈던 것 같다.

우리는 정신이 병든 사람들의 세계에 들어갔다. 우리가 함께했던 세월을 돌아보면, 사실 그 세계는 줄곧 곁에 있었다. 알아볼 눈이 내게 없었을 뿐이다. 양극성 장애에 유전적·화학적 소인이 있는 것은 분명하지만, 그런 소인을 가졌다고 해서 다 양극성 장애가 발현되는 것은 아니다. 장모님에게 양극성 장애와 관련된 행동 성향이 일부 있었고, 그 성향을 앤이 물려받은 것은 분명하지만, 무엇보다 앤이 처했던 이중구속(double-bind)*의 상황이 결정적인 역

---

* 한 사람이 둘 이상의 모순되는 메시지를 전하고, 그 메시지를 받은 사람은 그 모순 때문에 이러지도 저러지도 못하는 상태를 가리키는 말이다.

할을 한 것 같다. '네가 완벽하면 널 사랑하겠어. 하지만 넌 완벽하지 않으니 널 사랑할 수 없어.'

이런 완벽함의 요구가 양극성 장애자들이 벌이는 과대한 계획 수립과 관련이 있지 않을까 싶었다. 앤은 이룰 수 없는 정교한 계획을 종종 세웠다. 예를 들어, 우리 집의 방 하나는 그녀가 새로운 패션 라인을 만들어 낼 수 있을 거라고 생각했을 때 사들인 옷감으로 가득 차 있었다. 그녀는 자신의 포부를 이룰 수 없게 되면 그렇게 만든 다른 사람들을 비난했는데, 보통은 내가 그 대상이었다. 그녀가 조증 상태에 있을 때는 자신이 구원자 역할을 하도록 선택받았다고 상상했다. 그런 상상은 자신이 참으로 사랑받을 자격이 있음을 알리려는 절박한 시도였을지도 모르겠다.

양극성 장애와 관련된 정서적 습관은 일찍부터 자리 잡은 경우가 많다. 심각한 마음의 어려움을 겪었던 장모님이 앤의 삶을 지배했다. 앤의 증상이 처음 극적으로 발생한 것은 장모님 사망 1주기 때였다. 장모님은 1974년에 돌아가셨고 앤은 1975년에 '미쳤다.' 그렇게 된 것은 장모님의 죽음을 둘러싼 상황과 전적으로 관련이 있었던 것 같다.

내가 대학원을 다닐 때, 장모님이 내게 전화를 걸어 앤의 아버지가 몇 번이나 바람을 피웠다고 알렸다. 할리 부인(장모님)은 앤에게 말하지 말라고 했지만 나는 그럴 수가 없었다. 앤은 그 소식을 차분하게 받아들였고 우리는 우리의 삶을 이어 갔다. 착실한 중산계급이었던 장인 장모님은 계속 체면을 유지하며 살았다. 그러나 장모님은 남편을 벌하기로 다짐했다. 값을 치르게 할 생각이었다.

그래서 찾아낸 방법이 50대 중반에 심장 기능 부전으로 죽는 것이었다.

앤은 장례식 참석차 샌안토니오로 갔다. 내가 같이 가겠다고 했지만 앤은 나에게 집에서 애덤을 돌보라고 한사코 우겼다. 앤이 샌안토니오에 있을 때 정신병 발작을 했던 것 같다. 집에 돌아온 그녀는 어머니의 유품을 살피느라 여러 날 한숨도 못 잤다고 했다. 어머니가 침실 벽지의 패턴을 통해 자기에게 메시지를 보내고 있음을 발견했으며, 삼촌 중 한 사람에게 성적 매력을 느꼈고 그와 구강성교를 하는 상상을 했다고도 했다. 나는 그 모든 말이 상당히 이상하다고 생각했지만 어떻게 이해해야 할지 몰랐다. 그저 생활이 정상으로 돌아오길 바랐다. 한동안은 그렇게 되었다.

조울증은 질병이다. 자기에게 벌어지는 일이다. 살아남으려면 자신에게 벌어지는 일을 책임져야 하는데, 그건 정말로 어려운 일이다. 앤은 자신에게 벌어지는 일을 결코 책임질 수가 없었다. 내 탓을 하기는 너무나 쉬웠다. 나는 그녀가 불쌍했고, 그녀가 아프다는 사실을 기억하려고 애썼다. 하지만 그녀가 분노를 쏟는 대상인 내가 그녀의 고통을 기억하기는 쉽지 않았다. 그녀는 믿기 어려울 만큼 잔인했고, 그 잔인함 때문에 결국 나는 지쳐 버렸다.

정신이 병든 사람과 하루하루를 보내는 데는 정말 엄청난 에너지가 든다. 순간순간마다 내가 상대하는 사람이 누구인지 확신이 서지 않는다. '정상'으로 보여도 실제로는 전혀 다른 세계에 가 있을 수 있다. 아픈 기간이 길어질수록, 앤은 환상의 세계에 있으면서도 그 사실을 숨기는 실력이 늘었다. 그러나 그것이 그녀에게 쉬운 일은 아니었다. 앤은 야한 드레스를 입고 퇴근하는 남편을 맞이하는 조울증 아내에 대한 농담을 자주 했다. 남편의 반응은 리튬은 먹었느냐고 묻는 것이었다. 우리 모두가 승자 없는 게임에 영원히 갇힌 것 같았다.

앤은 1년에 서너 번 정도 삽화(episode)*를 겪었다. 보통은 삽화의 조짐을 2-3주 전에 미리 알 수 있었다. 그녀의 행동이 달라졌고, 입가 근육에 생기는 미세한 변화도 눈에 들어왔다. 하지만 조심해야 했다. 내가 그런 눈치를 챘다는 신호를 그녀가 읽어 내면 정신병 발작이 일어날 가능성이 더 높아졌기 때문이다. 반면, 너무 오래 기다리다 항정신병약을 먹어야 한다는 말을 제때 못 꺼내면 증상이 훨씬 심해지고 오래갔다. 게다가, 그녀가 늘 리튬을 복용하는지도 확실치 않았다. 그녀는 조증 상태를 그리워했기에 가끔은 리튬을 복용하는 시늉만 하기도 했다.

조증 삽화는 다양하고 다채롭게 찾아왔다. 그녀가 로버트 그레이브스(Robert Graves)의 『하얀 여신』(The White Goddess)을 읽기 시작하면 우리가 곤경에 처했다는 신호였다. 나는 그녀에게 더 읽지 말라고 하고 싶었다. 그 책을 읽으면 그녀가 '하얀 여신'이 되는 삽화가 생겨날 줄 알았기 때문인데, 실제로 그렇게 되었다. 이집트의 『사자의 서』(Book of the Dead)도 문제였다. 한번은 그녀가 사제이자 철학자인 어난 맥멀린에게 한동안 집중하더니 플라톤을 읽기 시작했다. 맥멀린은 전공 분야가 플라톤과 아무 관련이 없었다.

---

* 정신병 증상이 어느 정도 지속되는 기간을 말한다.

하지만 앤은 그가 플라톤주의자가 분명하다고 확신했고 그에게 플라톤에 대한 장문의 편지를 썼다. 편지 안에는 두 사람의 관계를 성적 합일로 완성시켜야 한다는 제안이 들어 있었다. 물론 그런 합일이 필요한 이유에는 플라톤적 근거가 있었다.

나는 이런 삽화에 도무지 익숙해지지 않았다. 그때마다 그녀가 조금씩 죽어 가는 것 같았다. 그녀는 분명 내 아내이자 애덤의 엄마였지만 나는 내 앞에 있는 사람이 누구인지 알 수 없었다. 내가 완전히 지쳐 버리기 전, 초기 몇 년 동안 나는 그녀의 조증이 발현될 때마다 한탄했고, 동시에 그녀가 할돌을 복용하게 하려고 노력했다. 결코 쉽지 않았다. 그녀의 증상이 가라앉기까지 여러 날이 걸리는 경우가 많았다. 그녀는 며칠씩 거의 잠을 자지 않았는데, 어느 날 밤에는 화들짝 놀랄 만큼 끔찍한 비명을 지른 적이 있다. 그때도 며칠 잠을 자지 못한 상태였는데, 자신이 벌레들에게 둘러싸여 산 채로 먹히고 있다고 생각했다. 그녀는 내게 벌레들을 털어 달라고 했고, 물론 나는 그렇게 했다. 그녀가 가엾었다.

그녀가 항정신병약을 피하려 하는 것을 나무랄 수는 없었다. 부작용이 심각했기 때문이다. 그녀는 초조성 우울증(agitated depression)을 겪기도 했는데, 그녀에게도 우리에게도 끔찍한 일이었다. 그럴 때면 그녀는 가만히 있지를 못했다. 올라갔다 내려갔다 하기를 반복하고 이런저런 일을 건드려 보지만 아무 일도 하지 못했다. 그런 시기에는 그녀의 병이 애덤과 나에게 아무리 힘들어도 가장 힘든 사람은 그녀 자신이라는 사실을 잊을 수가 없었다.

애덤은 엄마가 아플 때는 자기가 아이일 수 없다는 사실을 곧 배워야 했다. 애덤은 엄마에게 자신이 하나님의 아들이 아니라고 말해야 했다. 엄마가 라디오에서 듣는 것이 비밀 메시지가 아니라고 말해야 했다. 엄마에게 약을 먹으라고 말해야 했다. 그럴 때마다 애덤은 엄마 앞에서 어른이 되어야 했다. 아이에게도 엄마에게도 쉬운 일이 아니었다. 앤은 자기가 해야 할 일을 말해 주는 애덤을 종종 용서하기 힘들어했다. 애덤이 나이가 들수록, 앤은 점점 더 많은 어려움을 애덤 탓으로 돌렸다. 우리는 누구나 자신의 욕구에 집중하곤 하지만, 아플 때는 무제한적으로 거기에만 집중하게 된다.

질병이 심해짐에 따라 앤은 환청을 듣는 횟수가 잦아졌고, 우리도 그 소리를 들을 수 있어야 한다고 생각했다. 나는 그녀가 뭔가 소리를 들었고 그 소리 때문에 겁을 집어먹었다고 확신한다. 그녀에게 "소리를 듣지 마"라고 말해 봐야 소용없었다. 소리를 차단할 수가 없었다. 정신 질환에 시달리는 사람에게 "젠장, 감정을 추슬러 봐"라고 말하고 싶은 마음이 아무리 굴뚝같아도, 정신 질환자가 아프다는 것은 '감정을 추스를 수' 없다는 것임을 깨달아야 한다.

앤은 자기가 아프다는 사실을 다른 사람들에게 숨기려고 필사적으로 노력했다. 충분히 이해할 만한 반응이었다. 그녀는 다른 사람들이 알면 자기를 아픈 사람처럼 대할 테고, 그렇게 되면 정말로 아프게 될까 봐 걱정했다. 그래서 내게 자기 병을 누구에게도 말하지 말라고 했다. 물론 그 질병이 드러나는 방식으로 인해, 많은 사람이 그녀가 아프거나 뭔가 잘못되었다는 것을 눈치챘다.

그러나 나는 자신의 질병을 다른 사람들이 모르기를 바라는 그녀의 마음을 최대한 존중하려 노력했다.

정신 질환이 만들어 내는 세계는 그 자체만으로도 충분히 외롭지만, 자신이 겪고 있는 바를 친구들과 공유할 수 없기 때문에 거의 견딜 수 없는 곳이 된다. 앤이 처음으로 심각하게 아팠을 때, 데이비드 버렐은 방글라데시에 있는 성십자가수도회에서 가르치고 있었다. 그것이 그가 노터데임의 부와 권력에서 잠시 동안 달아나는 방법이었다. 결국 그는 사제였던 것이다. 그가 없었기에 나는 그와 대화를 나눌 수 없었고, 버트챌이 좀 도움이 되었지만 대체로 애덤과 나 둘이서 상황을 감당해야 했다.

애덤은 집에서 무슨 일이 벌어질지 알 수 없었기 때문에 친구들을 집에 데려오는 것을 망설였다. 애덤이 친구들을 집에 데려오기는 했는데, 가끔 앤은 그들에게 상당히 퉁명스럽게 굴었다. 아이들은 그 이유를 알아채지 못했겠지만, 애덤과 나는 알았다. 그러다 보니 애덤과 나는 둘이서 많은 시간을 보냈다. 여름철에 내 수업이 끝나면 우리는 노터데임의 호수에서 수영을 하고, 자전거로 사우스벤드 전역을 돌아다니고, 원반던지기를 끝없이 했다. 애덤은 어린이 야구단에서 뛰었기에 나와 함께 몇 시간씩 야구공을 던지고 받았다.

우리는 또 로완 그리어와도 멋진 시간을 보냈다. 로완의 가족은 미시간 호의 노스포트에 별장이 있었다. 로완 형제는 그곳을 물려받아, 괜찮은 상태로 유지하기 위해 매년 여름 그곳을 찾았다. 그는 그곳으로 가는 길에 사우스벤드의 우리를 방문했고, 몇 번은 우리가 노스포트로 그를 찾아가기도 했다. 그중 몇 번은 앤이 조울증 삽화에서 빠져나오던 때였다. 로완은 언제나 그답게 환대를 베풀어 주어 우리의 삶이 '정상'이라고 느끼게 했다. 노스포트의 동네 상점에서 '절인 볼로냐소시지'를 사는 것은 대단한 일로 보이지는 않겠지만, 애덤과 나는 우리를 '살아 있게' 해 주는 법을 아는 친구와 함께 있는 것이 너무 좋았다.

로완의 배려에는 문제가 딱 하나 있었다. 앤이 '교양 있는' 남자들과 '사랑에 빠지는' 경향이 있다는 점이었는데, 그런 사람들은 나와 전혀 닮은 점이 없었기 때문이다. 로완은 말 그대로 기품이 넘치는 사람이었다. 그래서 한동안 앤은 자기가 로완과 사랑에 빠졌다고 생각했다. 조울증이 많이 진행된 후에 그녀는 마음 가는 대로 행동했지만, 그때만 해도 상당히 초기였기 때문에 그런 호감을 행동으로 옮기지는 않았다. 로완은 그녀의 열병을 눈치채지 못했지만, 나는 우리 가족이 로완과 함께 있을 때 앤이 느끼는 스트레스를 감지할 수 있었다.

부모님은 어떻게든 돕고 싶어 하셨다. 그러나 그분들의 시도는 문제를 악화시킬 뿐이었다. 앤의 첫 번째 삽화가 지난 후 여름에 부모님이 우리를 찾아오셨다. 무슨 이유에서인지, 두 분은 당시 여섯 살이던 애덤이 조각칼 세트를 좋아할 거라고 생각하셨다. 아버지는 나무 조각을 하셨는데, 어머니가 애덤에게 나무 깎는 법을 알려 주면 좋을 거라고 말씀하신 게 분명했다. 여섯 살배기에게 날카로운 칼을 주는 사람이 어디 있겠냐마는, 어머니는 그렇게 하셨다. 애덤은 금세 엄지손가락을 베었고, 병원에 가서 꿰매야 했다. 앤은 당연히 격분했다. 모종의 평화 비슷한 것이라도 유지해 보려던 나는 앤과 어머니 사이에 다시 한 번 끼어 버렸다. 쉽지 않은 일이었다.

한번은 내가 휴스턴의 세인트토머스 대학교에서 여름학기를 가르쳐야 해서 애덤이 아칸소의 할머니 할아버지와 시간을 보내게 되었다. 우리는 휴스턴으로 차를 몰고 가다가 중간에 메나에 들러 부모님께 애덤을 맡겼다. 열흘 후 부모님이 애덤을 데리고 휴스턴으로 오셨다. 나는 그날 오전 수업이 하나 남아 있었기 때문에, 두 분에게 내가 강의를 마칠 때까지 로스코 예배당을 둘러보시는 게 어떠냐고 제안했다. 그 예배당에는 로스코(Mark Rothko)의 어둡고 거대한 그림들이 있으며, 그 그림들은 로스코가 목숨을 끊기 전에 완성한 것들이라고 말씀드렸다. 수업을 마친 후 점심 식사를 하기 위해 모였을 때, 나는 어머니께 예배당이 어떻더냐고 여쭈어 보았다. 어머니는 괜찮더라고 말씀하시고는 이렇게 물으셨다. "그런데 네가 말한 그림들은 어디에 있는 거냐?" 나는 어머니의 질문이 많이 슬펐다. 우리가 전혀 다른 세계에 살고 있음을 생생하게 보여 주는 질문이었기 때문이다. 앤이 어머니의 무지를 비웃으면서 우리의 거리는 더욱 멀어졌다.

앤의 병세에도 우리의 삶은 계속되었다. 상황은 결코 '정상'이 아니었지만 나는 하던 일을 계속했다. 노터데임 대학교에 가서 수업을 진행하고 다른 교수들과 어울렸다. 학위 논문 지도도 시작했다. 초청을 받으면 여러 대학교, 대학, 콘퍼런스에 가서 강의를 했다.

돈이 필요했기에 강의 초청을 기꺼이 수락했다. 그러나 내가 없는 사이에 앤의 증상이 발현될까 봐 두려웠다. 애덤은 그런 상황을 혼자서 감당하기에는 아직 너무 어렸다. 나는 이틀 밤 이상 자리를 비우지 않으려고 노력했다.

나는 강의를 좋아했고 사람들도 내가 강의를 잘한다고 생각하는 것 같았다. 많은 강연 원고가 에세이가 되었고, 나는 그것을 모아 책으로 엮어 냈다. 점점 나는 특정 주제에 대한 강연 요청에 따라 글을 쓰게 되었다. 나 자신의 더 큰 '연구 계획'과 연결시키지 않고 정해진 주제를 다루는 시도가 유익함을 알게 되었다. 그렇게 일하는 과정에서, 나는 예일에서 훈련받은 것과 다른 방식으로 생각하도록 무의식적으로 스스로를 훈련시키고 있었다.

어떻게 얻게 되었는지는 모르겠지만, 나는 '사상가'와 강연자로서 내가 가진 강점 중 하나가 유머 감각이라고 생각한다. 내 강의에서는 사람들이 많이 웃는다. 나는 웃는 것을 좋아하고, 사람들과 함께 웃는 것을 좋아한다. 꼭 웃기려고 하는 것은 아니지만 '짤막한 농담'을 잘하는 나의 재능은 내가 생각하는 방식과 관련이 있지 않을까 싶다. 복음의 눈을 통해 세계와 우리 자신을 볼 줄 알게 되면 세상은 심오하게 희극적인 곳으로 변한다. 달리 표현하자면, 그리스도인에게는 잃을 것이 없으니 진실을 말하는 편이 더 낫다고 할까. 그런 진실은 종종 우리를 놀라게 하고 기쁘게도 한다. 바라기는, 그런 놀라움과 기쁨이 강의를 즐겁게 만드는 원천이었으면 한다.

나는 청중을 즐겁게 하는 것을 좋아한다. 심오함은 지루함이나

딱딱함 같은 것이 아니다. 결국 강의는 일종의 오락 공연이다. 나는 내 강연이 실은 중간에 5분짜리 신학 광고가 들어 있는 '자니 카슨'(Johnny Carson)식의 토크쇼라고 농담하곤 했다. 물론 그런 식으로 가르치지는 않는다. 실은 강연 전체가 신학 광고이기 때문이다. 그러나 나는 학생들에게 설득력 있게 가르치려고 힘껏 노력했다. 수업이나 강연을 하러 가서 '혼신의 힘을 다하지' 않는 경우는 있을 수 없었다.

나는 의사소통에 열정이 있다. 그 한 가지 형태가 서신 교환이다. 노터데임이 교수들에게 비서진을 제공해서, 우리는 전화를 걸어 편지를 타이프로 치도록 불러 주면 되었다. 나는 최악의 기계치라 할 만한 사람이지만 편지 구술 시스템 사용법을 배웠다. 나는 모르는 사람들이 내 글을 읽고 보내온 편지를 받기 시작했다. 그들은 편지로 비판적인 질문을 던지거나 내가 틀린 부분을 알려 주었다. 나는 답장을 쓰는 버릇을 들였다.

노터데임에서 시작한 서신 교환은 이후에도 계속 이어졌다. 나는 내게 온 편지들을 더없이 귀한 선물로 여겼고 답장 쓰는 일을 목회 사역처럼 여겼다. 지금도 나는 편지를 구술하여 받아쓰게 하고, 매일 한 시간 정도를 들여 편지를 읽고 답장을 쓴다. 나의 가장 가까운 교우관계 중 일부가 그렇게 해서 시작되었다. 사실, 나에게 글쓰기는 몰랐던 친구들을 발견하는 방법이다. 에세이나 책을 쓰는 것은 병 안에 편지를 넣어 바다로 던지는 것과 같다. 그것이 어느 해변으로 밀려 올라갈지는 전혀 모른다. 그곳에 아무도 없을 때도 많지만, 때로는 몇 년이 지난 다음에 누군가 나타나 내가 쓴 것을 읽고 이해한다. 수많은 사람들이 내 글을 읽고 흥미를 느끼고 그에 대해 질문을 해 주니, 나는 정말 운이 좋은 사람이다.

사람들은 종종 내가 쓴 글의 양에 놀란다. 친구들은 병든 앤을 돌보고 애덤을 기르면서 어떻게 그럴 수 있었느냐고 묻는다. 확실하게 말하긴 어렵지만, 무엇보다 내가 독자이기 때문에 가능한 일이었다. 내가 계속 쓸 수 있었던 것은 계속 읽었기 때문이다. 앤의 병 때문에 읽기는 내게 더욱 중요한 것이 되었다. 저녁 식사 후, 애덤이 자러 가면 앤도 자기 세계로 들어갔다. 뭔가 일을 벌일 때도 있고 자러 가기도 했다. 그러면 내게 남는 것은 읽는 일뿐이었다.

나는 철학책과 신학책뿐 아니라 소설도 탐독했다. 한 작가의 작품을 하나하나 모두 읽어 나갔다. 여름이 시작되면 제인 오스틴(Jane Austin)의 소설을 다 읽기로 하고, 다음번 여름에는 조지 엘리엇(George Eliot), 그다음 해 여름에는 콘래드(Joseph Conrad)나 업다이크(John Updike)를 읽기로 하는 식이었다. 데이비드 솔로몬은 나보다 더한 열독자인 것 같았다. 그는 종종 내게 멋진 읽을거리들을 제안해 주었다. 그가 앤서니 트롤럽을 소개해 준 것을 나는 큰 은혜로 여기고 있다. 데이비드에게 트롤럽의 책을 다 읽었느냐고 물어본 적이 있는데, 그가 이렇게 대답했다. "아니, 아니지. 암울한 날이 앞으로 언제 닥칠지 모르는 일이거든. 그때가 오면 아직 읽지 않은 트롤럽의 소설이 필요하게 될 거야. 그런 날을 대비해 그의 소설 몇 권은 남겨 둬야 해. 그 사람, 마흔일곱 권밖에 안 썼거든." 내가 트롤럽의 소설을 다 읽었는지 모르겠다. 나도 몇 권 남겨 둬야 할 것 같다.

글을 쓰면서 나는 미처 깨닫지 못한 상태로 꽤 독특한 입장을 분명하게 밝히기 시작했다. 창의적이 되려고 일부러 노력한 것은 아니었다. 나는 신학자가 일부 철학자들처럼 어떤 '입장'을 가져야 한다고 생각하지 않는다. '입장'이라고 하면 신학자가 뭔가 '새로운' 것을 주장해야 한다는 인상을 줄 수 있는데, 나는 나사렛 예수의 십자가와 부활을 통해 우리가 새 시대를 살아가기 때문에 신학자들에게는 입장이라는 것이 없다고 믿는다. 신학자의 과제는 입장을 내세우는 것이 아니라 교회가 받은 것이 무엇인지 알도록 돕는 것이다. 그런데 나는 교회가 '받은 것'에 대한 상당히 독특한 견해가 나에게 있다는 것을 감지하기 시작했다.

자신의 견해를 두고 '독특' 운운하는 것이 거만해 보일까 봐 망설여진다. 그러나 나는 겸손해 보이는 것에는 큰 의미를 둔 적이 없다. 겸손해 보이려는 시도 자체가 그런 시도가 필요한 거만한 상태를 보여 주기 때문이다. 내가 쓴 내용의 중요성을 어떻게 평가할 수 있는지 모르겠지만, 나는 다른 사람들을 통해, 때로는 내가 한 일을 싫어하는 사람들을 통해 내가 생각하는 바가 다르다는 사실을 배웠다. 그런데 그 차이를 알아차리는 데는 시간이 필요했다.

노터데임에서부터 그 차이를 느끼기 시작했지만, 그 중요성을 인식하기 시작한 것은 듀크에 온 이후, 가르치는 과정을 통해서였던 것 같다. 듀크에서 나의 주요 업무 중 하나는 기독교 윤리학의 필수과목을 가르치는 것이었다. 그 과목은 백 명 이상의 석사 학생이 들을 때가 많았다. 나는 한 주에 몇 번씩 강의를 했는데, 학생들은 박사 과정 중인 수업 조교들이 이끄는 작은 세미나 형식의 수업에 매주 들어가야 했다. 나는 매주 수업 조교들과 만나 세미나 시간들에 대한 생각을 나누고, 학생들이 내가 전달하려는 내용을 '이해하는 데' 어려움을 겪지는 않느냐고 물었다. 예상한 대로 조교들은 그 과목의 중심 논증을 금세 파악하는 학생들이 있는가 하면, 도무지 이해하지 못하는 학생들도 있는 듯하다고 했다. 한번은 데이비드 스텁스라는 박사 과정 학생이 그 문제를 간단하게 정리해 주었다. 그 과목을 듣는 학생들은 "완전히 다른 기독교"와 맞닥뜨리게 된다는 것이었다.

내가 하는 일을 적절히 기술한 말인 것 같다. 하지만 내가 제시하는 "완전히 다른 기독교"는 그리스도인들의 일상생활에서 발견되는 과거와 현재의 기독교와 근원적으로 연속선상에 있다고 생각한다. 나는 기독교를 새로 만들어 낼 수 없고, 독창적이 될 마음도 없다. 내가 제시하는 기독교가 전혀 다르다면, 그것은 오로지 그리스도인으로서 우리가 하나님을 섬길 때 하는 고백들이 얼마나 비범한 것들인지 알아보게 하는 길을 내가 찾아냈기 때문일 것이다.

나는 창의적이 될 마음이 없다. 오히려 나는 절충적인 사상가다. 나는 다양한 기독교 전통을 활용해 기독교를 설명했고, 그렇게 제시된 기독교가 나를 포함한 많은 이들에게는 설득력을 발휘하고 나를 포함한 어떤 이들에게는 무섭게 느껴지는 것이다. 사람들은 때로 나에게 "예언자적"이라는 수식을 붙이거나 그렇게 나를 소개한다. 그럴 때면 나는 유명 대학교에서 교수 봉급을 받는 사람이 예언자적일 수는 없다고 응수하곤 하지만, 교회의 존재 자체는 분명히 예언자적이라고 생각한다. 나는 가톨릭과 재세례파의 재료들을 묘하게 조합해 그리스도인 됨의 의미를 설명해 왔고, 많은 이들이 그 설명을 설득력 있는 것으로 받아들였다. 내가 데이비드 버렐, 데이비드 솔로몬, 존 요더 같은 사람들에게 둘러싸인 노터데임에 있지 않았다면 많은 이들에게 그토록 설득력 있고 아름다운 모습으로 기독교를 보여 주는 일을 시작도 못했을 것이다.

많은 사람들이 이해하기 힘들어하거나 특이하게 생각하는 것은, 내가 근본적인 기독교적 신념들을 깊숙이 받아들이면서도 사회적으로 급진적인 윤리를 내세운다는 점이다. 그 신념들의 바탕에는 예수님이 온전한 하나님이자 온전한 사람이라는 주장이 깔려 있다. 그분이 온전한 하나님이자 온전한 사람이 아니라면 우리 그리스도인들은 우상숭배자가 분명하다. 사회적으로 급진적인 윤리는 이 신학적 확신에서 나온다. 우리가 예수님을 섬기는 것 자체가 정치이며, 예수님이 죽은 자들 가운데 부활하셨기에 비로소 존재하는 세상이 그 정치를 통해 만들어지기 때문이다. 그런 정치의 기본이 바로 폭력을 거부하는 것이다. 그러나 많은 이들은 세상을 책임 있게 설명하기 위해 폭력을 '기정사실'로 받아들여야 한다고 생각한다.

나는 글을 쓰면서 이 일련의 신념들을 탐색해야 한다는 것을 알게 되었다. 지금도 계속 그렇게 하고 있다. 나의 글쓰기가 탐색적인 이유는, 내가 믿는 바를 글로 표현하기 전에는 나도 내가 무엇을 믿는지 모르기 때문이다. 내게는 글을 쓰는 것이 믿음을 확인하는 방법이다. 나의 글쓰기가 주로 에세이 형태로 이루어지는 것은 내 작업의 탐색적 성격 때문이기도 하고, 내가 맡은 다른 책임들 때문에 에세이 정도가 늘 '적당해' 보였기 때문이기도 하다. 『진실성과 비극』(*Truthfulness and Tragedy*)과 『교회됨』(*A Community of Character*, 북코리아)은 둘 다 내가 노터데임에 있는 동안에 쓴 에세이를 모은 책인데, 이 에세이들은 나중에 『평화의 나라』(*The Peaceable Kingdom*)에서 결실을 맺은 개념 도구들을 개발하기 위한 시도로 이해할 수 있다. 내가 마침내 책을 쓸 수 있었던 것은 드문드문 글을 쓰면서 배운 내용 덕분이었다.

『평화의 나라』에 전부 다 '들어 있지' 싶다. 이후에 내가 말한 내용의 대부분이 그 책에 이미 담겨 있다. 그러나 만약 그렇다면, 모든 것이 미래로 투사되었기 때문에 모든 것은 해야 할 일로 남는다. 내가 노터데임에서 가르치고 쓰면서 발견한 것은, 복음의 종말론적 성격을 무시하지 않을 때 그것이 변화를 일으킨다는 사실이었다. 바르트는 이것을 로마서 주석 제2판에서 발견했고, 요더는 메노파 교회들 뒤편에 전시할 소책자를 쓰면서 발견했다. 바르트의 발견은 1921년 유럽 기독교의 한계에 갇히는 바람에 재발견될 필요가 있었고 때를 기다려야 했다. 나는 요더의 도움에 힘입어 하나님이 세상의 문화적 포로 상태(결국, 교회가 이런 상태를 만들어 내는 데 일조했다)로 있던 교회를 자유롭게 해 주셨다는 사실을 볼 수 있었다. 나는 『평화의 나라』에서 이 자유에 따라오는 바를 성찰하려 했고, 그 과정에서 그리스도인들의 '정치적 책임', 자녀를 가질 의향, 결혼관, 의료를 매개로 한 죽음과 서로를 보살피는 문제에 대한 생각, 의료 자체에 대한 이해 등을 어떻게 바라보아야 하는지 새롭게 생각하게 되었다. 이 주제들에 대한 우리의 질문을 전부 새롭게 바라보게 하고자, 나는 우리가 내놓을 대답은 모두 우리 존재의 우연적(contingent) 성격을 이해한 상태에서 나오는 것이어야 한다고 강조했다.

우리의 삶이 우연적이라는 말은 우리의 통제를 벗어나 있다는 의미다. '통제를 벗어난' 상태는 『평화의 나라』 및 내 저작의 상당 부분을 관통하는 중심 이미지다. 그 이미지가 나와 앤의 결혼에 딱 들어맞기는 하지만, 자전적인 것 같지는 않다. 사실, 그 이미지가 내게 다가온 것은 요더의 영향 때문이었다. 그의 가르침을 받은 후 나는 예수님을 따르는 것이 결과를 예상하거나 보장할 수 없다는 뜻이라고 생각하게 되었다. 통제하지 못하는 상태로 사는 법을 배우는 것, 절박한 안전 욕구 때문에 우연성을 버리거나 체제에 순응하지 않는 법을 배우는 것이 대안을 발견하는 방법이다. 그 외의 방법으로는 대안을 찾을 수 없을 것이다.

이런 의미에서 볼 때, 통제하지 못하는 상태는 니버식 현실주의의 대안이 된다. '현실주의'의 문제는 상상력을 닫아 버릴 수 있다는 것이다. 이것이 내가 요더에게 배운 신학적 교훈이었다. 그러나 불행히도 그 교훈을 앤과 함께하는 내 삶에 적용할 수 있을 것 같지는 않았다. 그녀의 병은 너무나 현실적이었다.

앤과 함께 살면서 내가 성장할 수밖에 없었음은 분명하다. 지금도 나는 장성했다는 말의 의미를 다 파악하지 못했지만, 내가 신학자로서 성숙하기 시작했음을 말해 주는 일이 벌어지고 있었다. 나는 그리스도인이 되어 가기 시작했던 것 같다. 데이비드 버렐이 더 이상 그레이스홀에 살지 않았기에 애덤과 나는 그가 집전하는 미사에 참석할 수 없었다. 더욱이 애덤이 자라면서 좀더 교회다운 곳에 참여하는 것이 중요하겠다는 생각도 들었다. 노터데임 대학교 캠퍼스의 본 성당은 세이크리드하트성당이었는데, 일요일마다 멋진 미사가 열렸다. 그리로 가는 게 자연스러워 보였다. 우리는 비가 오나 눈이 오나, 맑을 때나 진눈깨비가 내릴 때나 자전거를 타고 미사에 참석했다. 그 몇 년 사이에 우리는 세이크리드하트성당 미사에 가장 꾸준히 참석한 사람들이었을 것이다. 우리는 성탄절과 성주간(聖週間)을 특히 좋아했다.

나는 애덤에게 교회에 가자고 강요할 필요가 없었다. 세이크리드하트에서의 미사는 오감의 풍성한 잔치였다. 애덤은 설교를 이해할 나이가 되기 전부터 미사의 모든 순간을 사랑하는 듯 보였다. 물론 미사를 집전하던 많은 사제들이 잘 아는 사람들이어서 애덤이 그 자리를 편안하게 느꼈을 수도 있다. 우리가 성체를 받는 데 문제가 있을 거라는 생각은 들지 않았다. 나는 우리가 환영받는다고 생각했고 성체를 거절당한 적도 없었다. 노터데임은 공식적으로 전례 연구와 혁신의 장소였으며, 나는 애덤과 내가 그 혁신의 일부라고 생각했다.

우리가 노터데임 맞은편에 있는 모로 신학교에서 열렸던 미사에 참여했던 날을 결코 잊지 못할 것이다. 그날은 내가 가르쳤던 신학생들이 사제 서품을 받는 날이었다. 학생들 중 일부는 앤을 알았기에 우리 가족 모두가 초대받았다. 그녀는 조증 삽화에서 막 벗어나는 중이었고 그런 일들에 대해서는 좀더 관대한 편이었기에 그 자리에 참석했다. 성체를 받을 때가 되어, 애덤과 나는 제단으로 가는 행렬에 합류하려고 일어섰다. 그런데 앤이 애덤을 확 주저앉히고 제단으로 가지 못하게 했다. 그곳은 언쟁을 벌일 장소가 아니었다. 나는 성체를 받고 돌아왔다. 애덤의 볼에서는 커다란 눈물방울이 흘러내리고 있었다. 나는 다시는 애덤이 성찬 참여를 못하는 일이 없게 하리라 다짐했다. 애덤은 자신이 무엇을 놓쳤는지 알았다.

우리는 여러 해 동안 세이크리드하트성당에 다녔다. 노터데임에 재직한 지 얼마나 지나서였는지 모르겠지만, 내가 개신교보다 가톨릭에 더 가깝다는 생각이 들기 시작했다. 가톨릭 신자들을 가르치고, 가톨릭 신자들의 지원을 받고, 가톨릭 신자들과 함께 예배를 드리면서 내가 가톨릭 신자가 아니라고 한다면 정직하지 못한 일이라는 생각이 들었다. 나는 가톨릭 신자가 되는 것을 고려할 때가 되었다고 결론을 내렸다. 하지만 노터데임에서 가톨릭 신자가 되는 것은 미묘한 일이다. 권력 추구의 수단으로 보이기 쉽다. 노터데임 학생 시절에 사제직으로 부름받은 젊은이들도 같은 어려움에 직면한다. 그들은 정말 사제가 되고 싶은 것일까, 아니면 언젠가 노터데임의 총장이 되기를 바라는 것일까? 나는 내가 권력을 추구했다고 생각하지 않는다. 나는 고향을 찾고 있었다.

내가 가톨릭 신자가 되는 문제로 데이비드와 이야기를 나누었는데, 그는 현명하게도 자신이 그 문제를 분별해 줄 적임자가 아니라고 생각했다. 그는 나를 성십자가수도회 동료 중 가장 친한 친구인 존 거버에게 보냈다. 당시 존은 세이크리드하트성당 주임 사제였다. 그는 내게 지침은 줄 수 있지만 그것이 무슨 의미가 있을지 모르겠다고 말했다. 그는 내가 가톨릭 신자가 알아야 할 내용을 다 알 거라고 생각했다. 마리아에 대해 생각해 보고 그녀가 '하느님의 어머니'라고 믿게 된 것은 사실이다. 교황에 대해서도 생각해 봤는데 로마의 주교(교황)가 일치의 직무(office of unity)임을 인정할 수 있었다. 피임에 대해서도 생각했다. 그러나 그 문제에 대해서는 가톨릭 신자들이 틀렸다는 확신이 있었다. 그래도 나는 그들에게 배울 바가 많다고 느꼈다.

다음 단계로 넘어가기 전에 앤에게 말해야 할 것 같았다. 내 말을 듣고 그녀는 폭발했다. 내가 가톨릭 신자가 되면 더 이상 참지 않을 거라고 말했다. 내가 그쪽으로 뭔가 한 걸음만 더 움직이면 우리의 결혼은 끝이라고 말했다. 나는 결혼을 유지하기 위해 절박한 심정으로 할 수 있는 모든 일을 다 하고 있었다. 나는 결혼할 때 했던 약속을 지켜야 한다고 생각했다. 이혼이 두려웠고, 그것이 애덤에게 미칠 영향이 특히 두려웠다. 또한, 확실히 실패도 두려워했던 것 같다. 어쩌면 가톨릭 신자가 되는 것에 확신이 없어서 개종 계획을 포기할 구실을 찾고 있었는지도 모르겠다. 따지고 보면, 존 하워드 요더에게 그렇게 많은 영향을 받은 내가 어떻게 가톨릭 신자가 될 수 있겠는가? 앤의 반대에 부딪친 나는 가톨릭 신자가 되려던 생각을 접었다.

요더의 영향 탓인지 아니면 개신교에 대한 향수가 남아 있던 탓인지는 몰라도, 애덤과 내가 회중의 일원이 될 필요가 있겠다는 생각이 들었다. 세이크리드하트성당에서 예배를 드린 사람들은 서로를 알았지만, 회중으로서 서로를 붙들어 주기 위해서는 어떤 일도 할 필요가 없었다. 가톨릭 신자들은 교회의 위계 질서에 대해서는 잘 발달된 이론이 있지만 회중에 대한 이해는 별로 없다. 그래서 애덤과 나는 다른 예배 처소를 찾기 시작했고, 1년 동안 아프리카계 미국인이 주류인 가톨릭 성당에 다녔다. 우리는 그곳이 마음에 들었지만 교구민의 일원은 아니었다. 더욱이, 나는 성가대가 예배를 주도하는 모습에 지쳤다.

그러다 화장실에서 존 스미스를 만났다. 존은 내가 강사로 참여했던 사우스벤드 감리교 지방회 목회자 모임에 참석하고 있었다. 나는 거기서 이제 교회가 교회 되어야 할 때라는 단골 주제를 전했고, 휴식 시간에 턱수염이 덥수룩한 존과 나란히 소변기 앞에 서게 되었다. 존은 내게 어느 교회에 나가느냐고 물었다. 내가 "여기저기 다닙니다"라고 하자 그는 이렇게 응수했다. "전하는 내용에 충실하게 살지 않으시는군요." '이 사람은 괜찮은 사람이 틀림없어'라는 생각이 들었다.

존은 캘리포니아에 있다가 감리교 목회를 하기 위해 인디애나 북부로 돌아왔다고 했다. 그는 원래 인디애나 출신이었지만 캘리포니아 여자와 결혼해 그곳에서 목회를 했다. 하지만 결혼이 파경으로 끝났고, 그는 재혼해서 인디애나로 돌아왔다. 그렇게 돌아와서는 조건이 열악한 교회를 맡게 되었다. 사우스벤드 최악의 지역

중 하나가 된 곳에 있는 브로드웨이연합감리교회였다. 그 지역은 원래 스튜드베이커 공장에서 일하던 기술자들이 살던 곳이었는데, 공장이 문을 닫자 서서히 빈곤한 아프리카계 미국인 동네가 되어 버렸다.

브로드웨이교회는 원래 복음주의연합형제단 소속이었다. 복음주의연합형제단은 독일 감리교도들이었고 연합감리교로 통합된 지 얼마 되지 않았다. 존은 브로드웨이를 살려 낼 임무를 맡았다. 독일인들이 지은 교회 건물만은 멀쩡했던 것이다. 존이 브로드웨이에서 목사가 되었을 무렵, 거리명이 그대로 교회 이름에 붙었고 교인 수는 60명 정도였다. 하지만 존은 적은 교인 수에 굴하지 않고 아동보육 서비스를 제공하고 식품 저장 공간을 확보해 지역을 섬기기 시작했다. 지역사회를 향한 이 섬김은 '브로드웨이 기독교 교구 봉사'라고 불렸다.

내가 존을 만난 후 곧장 그의 교회로 간 것은 아니었다. 어느 일요일, 애덤과 나는 우리가 다니던 아프리카계 미국인 성당에 갔다가 성당 문이 닫혀 있는 것을 발견했다. 성가대 여행 때문이라고 나와 있었다. 그래서 브로드웨이교회에 가 보기로 했다. 교회 건물은 수백 명을 수용할 수 있을 만큼 컸는데 그때 예배에 참석한 교인은 30명 정도였던 것 같다. 존은 멋진 설교를 전했다. 그리고 제대로 하려면 그날도 성찬을 해야 하지만, 브로드웨이에서는 아직 그것이 관례가 되지 않았기 때문에 기다려야 한다고 분명하게 말했다. 아주 인상깊었다.

애덤과 나는 매주 일요일에 그 교회에 나가기 시작했다. 알고 보니 존은 예일대 신학대학원 출신으로 교육을 잘 받은 사람이었다. 우리는 회중 사역에 점점 더 많이 참여하게 되었다. 6개월 후, 존에게 교회에 등록하고 싶다고 말했다. 그는 내게 어느 교회 교인이었느냐고 물었다. 나는 모르겠다고 털어놓았다. 텍사스를 떠난 이후 한 교회의 교인이었던 적이 없는 것 같았다. 그는 그것이 교회 신자로서 나의 유감스러운 상태를 보여 준다고 말했다. 그리고 나를 교인으로 받기 전에 그가 나 같은 사람들을 위해 마련한 수업에 참여해야 한다고 했다. 나는 의무감을 갖고 기꺼이 1년 동안 참석했다.

나는 1980년 부활절에 교회의 등록 교인이 되었다. 브로드웨이교회는 존의 지도 아래 고난 주간을 온전히 지키기 시작했다. 부활절 새벽 네 시에 모여 불을 피우고 찬송가를 부르고 구원사를 모두 선포하고 부활을 기념했다. 꼭 죽어서 천국에 있는 기분이었다. 멋진 예전의 공동체였고, 공동체가 함께하는 멋진 기간이었다. 우리 교회에는 비범한 보통 사람들로 가득했다.

예를 들어, 콘래드 데이미언이 있다. 그는 인종 통합이 잘 안 된 사우스벤드의 고등학교에서 가르치는 교사였다. 그는 자신이 가르치는 학생들을 절대 포기하지 않았고 지역사회도 포기하지 않았다. 그는 교회에서 멀지 않은 곳에 집을 샀고, 꽤 많은 무단침입이 있었는데도 절대 이사 가지 않았다. 게다가, 헌신된 감리교 신자로서 그는 교회가 정의와 평화에 관심을 쏟도록 일깨우고자 오랫동안 열심히 노력했다. 콘래드는 성찬 예식이 가난한 사람들에게 먹을 것을 줄 뿐 아니라 그들과 함께 먹겠다는 헌신과 본질적으로 이어져 있음을 깨닫게 하는 데 결정적인 역할을 했다.

존은 교회가 매주 성찬을 했으면 좋겠다는 의향을 오랫동안 밝혀 왔다. 거의 매 설교마다 그는 우리가 제단으로 걸어갈 수 있다면 성찬식이 말씀을 확증하게 될 거라는 말로 설교를 마무리했다. 나는 예배위원회 위원장이 되었고, 우리는 감리교 역사에서 성찬식의 관행을 살피는 회중 연구 모임을 꾸렸다. 웨슬리의 '지속적인 성만찬' 이해에 특히 주목하게 되었다. 예배위원회는 연구하고 기도한 끝에 매주 성찬을 하자는 의견을 내놓았다.

당회는 이 안건을 상당히 호의적으로 논의했다. 존은 그 순간에 이르기 위해 몇 년을 노력해 왔다. 나는 투표를 제안했다. 그 순간, 토의 내내 아무 말이 없던 존이 갑자기 이렇게 선언했다. "이 문제로 투표를 해서는 안 됩니다." 나는 그가 미친 줄 알았다. 이것이 그가 원하던 바가 아니었던가. 하지만 그는 성찬의 핵심은 교회의 일치라고 설명했다. 다수결 투표로 이 문제를 결정한다면 그 일치를 배신하는 일이 될 터였다. 그는 교인들 중에는 이 조치를 받아들일 준비가 안 된 사람들도 있을 거라고 했다. 그래서 모임을 소집하여, 의구심이 있는 사람들이 매 주일 성찬식을 하는 변화에 대해 우려하는 바를 들어 보겠다고 했다. 그들이 강하게 반대한다면 기다려야 할 터였다.

그는 모임을 소집했다. 우려를 밝히는 사람들이 있긴 했지만, 모두가 매주 성찬식을 시도해 볼 의향이 있다고 말했다. 우리는 매주 성찬을 시작했다. 그리고 얼마 지나지 않아 성찬식을 매주 하지 않았던 시절을 기억할 수 없게 되었다. 게리 캠프라는 젊은

이와 그의 어머니가 성찬상으로 가는 길을 늘 이끌었다. 게리는 약간의 정신 장애가 있었고 그의 어머니는 연로했다. 게리가 귀가 어두웠기에 두 사람은 언제나 앞줄에 앉았다. 제단에 모일 때가 되면, 게리가 신중한 동작으로 천천히 어머니를 모시고 성찬 난간으로 갔다. 그들이 제대로 도착할 때까지 교회 전체가 숨을 죽였다. 그런 다음 우리도 합류했다. 게리와 어머니가 없을 때는 성찬식을 진행해도 되는지 교인들이 주저하는 것이 느껴졌다. 교회 전체가 그 자리에 있지 않았기 때문이다. 물론, 우리는 그들 없이도 성찬식을 행했다. 하지만 그들의 부재가 너무나 뚜렷하게 느껴졌기에 우리는 그들에게 성찬의 빵과 포도주를 가져다주었다. 성찬식을 놓친 다른 사람에게도 마찬가지였다.

콘래드는 교회 봉사위원회의 위원장이었다. 레이건 행정부 초기 몇 년간 사우스벤드의 실업은 심각했다. 굶주리는 사람까지 생길 정도였다. 우리는 푸드뱅크를 갖춰 놓고 어려운 사람들에게 음식을 제공했다. 그러나 콘래드는 배고픈 사람들을 먹이는 일에 좀 더 적극적으로 접근해 보자고 제안했다. 그는 하나님께서 우리를 먹여 주시는 것이 얼마나 중요한지 배웠으니 지역의 배고픈 사람들을 먹이기 위해 노력해야 한다며, 이웃을 위해 식사를 준비해 보자고 했다. 그 식사가 성찬은 아니지만, 성찬식이 우리를 어떤 사람들로 만들었는지 알리는 증언이 될 거라고 말했다. 우리가 삼킨 것이 다시 우리를 삼키고 있었다.

우리 교회가 감당하기에는 큰일이었다. 교인 수가 70-80명으로 늘어났다지만, 여전히 미자립 교회라고 할 만한 수준이었다. 그렇지만 콘래드의 제안대로 해 보기로 했다. 교인들을 다섯 팀으로 나누어, 각 팀이 매주 성찬식이 끝난 후 동네 사람들이 먹을 한 끼 식사를 준비하기로 했다. 알아보니 정부 창고에서 몇 가지 식재료를 구할 수 있었고, 그중에는 치즈도 있었다. 사우스벤드의 일부 식료품 가게와 식당들은 상당히 너그러워서 우리에게 남은 음식을 주었다. 그 주에 식사를 맡은 팀은 일찍 와서 예배 후에 대접할 식사를 준비했다.

얼마 지나지 않아 꾸준히 우리 교회에 와서 식사를 하는 사람이 많아졌다. 나는 요리를 썩 잘하지는 못했지만, 식재료를 써는 일과 설거지는 잘했다. 애덤도 주저 없이 봉사에 합류했다. 우리가 제공하는 음식을 먹은 사람이 우리 교회에 나오는 경우는 드물었지만, 몸집이 큰 부인 한 명이 교회에 나오기 시작했다. 그녀는 우리가 그녀를 도울 수 있도록 우리를 도와 달라는 참으로 멋진 기도를 드렸다. 우리는 하나님께 도움을 구하는 것이 익숙하지 않은 자유주의자들의 무리였다. 그녀는 우리에게 기도하는 법을 가르쳐 주었다.

어느 주일 이른 아침, 어떤 젊은이가 교회의 한 교실의 문을 거칠게 열어젖혔다. 오전 예배를 앞두고 주일학교 수업이 진행 중이었다. 그는 뭔가에 취한 것 같았는데, 우리에게 무엇을 하는 거냐고 물었다. 그날 설교를 들을 준비 차원에서 성경을 읽고 있다고 설명하자, 곧바로 차분해지더니 교실로 들어왔다. 그리고 성경을 집어 들고 곧장 성경 읽기에 참여했다. 우리는 그에게 같이 예배를 드리고 식사도 하고 가라고 권했지만 그렇게 되지는 않았다.

애덤은 브로드웨이교회를 사랑했고 다양한 활동에 곧장 뛰어들었지만 입교를 받지 못한 상태였다. 당시 애덤은 열세 살이었다. 교회에는 입교를 받을 만큼 나이가 찬 아이들이 많았다. 존은 자신의 가장 중요한 임무 중 하나가 아이들을 준비시켜 입교하게 하는 것이라고 믿었다. 성서와 교회사 공부로 이루어진 그 과정은 1년이 걸렸다. 그 기간 동안 존과 입교 후보자들은 네 번에 걸쳐 서로 언약을 맺었다. 이스라엘의 언약이 갱신되어야 했던 것처럼, 하나님과 교회, 그리고 서로와 맺은 언약도 갱신되어야 한다는 것이 존의 설명이었다. 교회의 일원이 되는 결정의 중요성을 강조하려 한 것이었다.

마지막 언약을 맺는 날은 고난 주간 직전이었다. 고난 주간을 한 주 앞둔 어느 날 아침 식사 시간에, 애덤은 교회가 자신에게 큰 의미가 있지만 마지막 언약을 맺을 수 없을 것 같다고 말했다. 그때 앤은 격렬하고 끝이 보이지 않는 조울증 삽화를 겪고 있었다. 애덤은 사는 것이 너무 힘들다고 말했다. 여기서 어떻게 책임을 더 맡을 수 있는지 모르겠다고 했다. 나는 아들이 생각을 바꾸도록 설득하는 대신 그저 목사님과 이야기해 봐야 한다고만 했다. 괜찮다면 목사님께 전화를 걸어 고난 주간 전에 만날 시간을 내실 수 있는지 물어보겠다고 했다.

애덤이 학교에 간 사이 존에게 전화를 걸어 약속을 잡았다. 종려 주일 직전의 토요일 이른 아침, 나는 애덤을 데리고 존을 찾아갔다. 두 사람이 대화를 나누는 동안 나는 커피숍에 있었기에 대화가 어떻게 진행되었는지는 몰랐다. 앤은 교회에 나오지 않았지만, 존은 그녀가 아프다는 것과 상대하기 매우 까다로운 사람이라는 것을 알고 있었다. 나는 두 시간 후에 돌아왔다. 애덤이 차에 타더니 마지막 언약을 맺기로 했다고 말했다. 목사님이 자기 얘기를 공감하며 들어 주셨고 본인도 그렇게 느낄 때가 종종 있다고, 자신도 사람들의 기대에 다 부응할 수가 없다고 말씀하셨다고 했다. 존은 애덤에게 나를 실망시킬까 봐 염려하지 말라며, 그보다 혼자서는 그리스도인이 될 수 없음을 깨달아야 한다고 말했다. 우리는 교회의 일원이 됨으로써 서로 도움을 주고받으며, 받는 법을 배워야 줄 수도 있게 된다고 했다.

지혜로운 목회자를 허락하신 하나님께 감사한다. 그 부활절에 애덤은 교회의 일원이 되었다. 멋진 고난 주간이자 부활절이었다. 그 시간은 세이크리드하트성당에서 열린 부활절 미사의 웅장한 드라마와 전혀 달라 보였을지 모르지만, 애덤과 나는 우리를 받아 주고 구원 드라마에 참여하게 해 준 세이크리드하트와 브로드웨이 사람들 덕분에 그리스도인일 수 있었다. 나의 교파적 정체성이 모호한 것은 부인할 수 없는 사실이지만, 나는 노터데임의 가톨릭 신자들과 부활절 아침에 브로드웨이연합감리교회에 모인 소수의 사람들 사이에 심오한 일치가 있음을 믿지 않을 수 없다. 이런 공동체들이 없었다면, 애덤과 나는 살아남지 못했을 것이다.

세이크리드하트성당과 브로드웨이연합감리교회에서 애덤과 나는 우리 두 사람이 친구일 뿐 아니라, 우리 둘만이 친구였던 상태에서 우리를 건져 준 친구들이 있음을 발견했다. 앤의 질병이 우리의 생활을 지배했던 세월 동안 나는 우정이라는 선물을 받았다. 참으로, 나에게 우정의 은사가 있음을 발견했다. 나는 사람들을 사랑하고 신뢰한다. 나의 사랑과 신뢰가 지혜롭지 못할 때도 있지만, 나는 모험을 감수하는 쪽을 선호한다. 나는 어리석지 않다. 바보들과 가식을 좋아하지 않는다. 그러나 흥미롭고 복잡하고, 심지어 까다로운 사람들을 좋아한다. 하나님께 감사하게도, 종종 그들도 나를 좋아한다.

내게 그리스도인과 친구는 너무나 밀접하게 얽혀 있어서 둘을 떼어 낼 수 없고 그러고 싶지도 않다. 아리스토텔레스와 아퀴나스의 영향으로, 나는 덕을 강조함에 있어 우정이 필수적이라고 생각했었다. 그러나 우정은 점점 더 내게 실존적으로 없어서는 안 되는 것이 되어 갔다. 나는 아리스토텔레스의 '인격의 우정론'(character friendship)에서 많은 것을 배웠지만 이 우정론이 전부일 수 없다는 것을 알았다. 나 자신이 정신 장애가 있는 사람들과 친구가 되고 있었기 때문이다.

더욱이, 내가 어떻게 데이비드 버렐 같은 친구를 예상할 수 있었겠는가? 데이비드와 나는 아리스토텔레스가 친구 사이에서 기대할 법한 동등한 존재가 아니었다. 그는 나보다 똑똑하고 교육도 잘 받았으며, 가톨릭 사제에다 수도회 회원이고 '상류 계급' 출신이었다. 그러나 우리는 절친한 친구가 되었다. 그럴 수 있었던 것은 둘 다 비트겐슈타인을 좋아했을 뿐 아니라 비트겐슈타인이 가르친 대로 공통의 판단을 공유했기 때문인 것 같다. 알고 지낸 지가 이제 거의 40년이 되었지만, 데이비드와 나는 1년 이상 떨어져 있다가 다시 만나도 늘 하던 대화를 주저 없이 이어 갈 수 있다. 여기서 '대화'는 서로를 정직한 사람으로 붙들어 주려는 공통의 헌신적 자세를 가리키는 말이다.

나는 기독교적 신념의 진리성에 관한 질문들이 진실한 우정을 유지하는 데 필요한 질문들과 별개라고 생각하지 않는다. 그리스도인은 그리스도인과만 친구가 될 수 있다는 말이 아니다. 나의 가장 소중한 친구들 중 일부는 그리스도인이 아니다. 그리스도인으로 사는 것이 설득력 있고 참된 일이라면, 그 참됨은 우정을 통해 드러나고 시험될 거라는 뜻이다.

우정은 복잡하지만, 어떤 우정은 더욱 그렇다. 노터데임의 멋진 대학원생 메리 조 위버(Mary Jo Weaver)는 나와 애덤뿐 아니라 앤에게도 좋은 친구가 되었다. 메리 조는 제2차 바티칸 공의회 이전의 가톨릭을 배우고 자랐고, 인디애나 대학교 종교학과에서 탁월한 학자가 된다. 그녀는 우리 가족에게 특별한 존재였는데, 앤이 제정신이 아니고 잔인하게 굴 때도 기꺼이 우리와 함께했기 때문이다. 메리 조는 학생이었고, 학생들과의 우정은 언제나 복잡한 법이다. 그러나 그녀는 내 학생은 아니었다. 그녀는 장 라포르테 밑에서 필론(Philo)을 주제로 학위 논문을 쓰고 있었다. 우리 우정이 복잡했던 이유는 그녀가 학생이라서가 아니라, 가능한 상황이었다면 우리 두 사람이 서로를 사랑했을 거라는 막연한 느낌 때문이었다.

메리 조는 졸업한 후 조세피눔 신학교에서 교수 생활을 시작했다. 그곳은 오하이오에 있는 교황 직할 신학교였는데, 독일인 가톨릭 신자들이 아일랜드인이던 지역 주교의 관할하에 있고 싶지 않아서 교황청 소속의 신학교가 되도록 조치를 취한 것이었다. 메리 조는 내가 조세피눔에서 강의를 하도록 주선했다. 비록 강의는 시원찮았지만, 나는 미국 교황 사절의 방에서 잘 수 있는 기회를 얻었다. 메리 조는 인디애나에 간 후에도 한동안 나와 연락을 유지했지만, 하우어워스 가족의 고통 속으로 들어가는 일이 점점 힘들어졌던 것 같다.

로버트 윌컨과 조 블렌킨숍도 좋은 친구들이었다. 내가 로버트를 방문했던 기억이 난다. 그때 나는 오래 머물 수가 없었다. 애덤이 자고 있긴 했지만 앤과 둘이만 두고 싶지 않았던 것이다. 내가 일찍 자리를 떠야 하는 이유를 설명하지는 않았는데, 로버트는 이렇게 말했다. "이해하네. 하지만 자네가 그리워." 그것은 멋진 선물이었다. 당시 루터교 미주리 교구 소속이던 로버트는 그가 세인트루이스에서 배운 가톨릭 루터교의 이점뿐 아니라 시카고 대학교 신학대학원이 줄 수 있는 것이 무엇인지 알게 해 주었다. 조와 나는 종종 테니스장에서 서로를 이기려고 달려들었다. 그는 구약성경에 대한 개신교의 해석이 가톨릭에 반대하는 논쟁술로 형성된 것임을, 다시 말해 개신교도들은 예수님을 루터의 모습으로 그려 내고자 제2성전 유대교를 사제들이 지배하는 율법주의 종교로 바꾸었다는 사실을 가르쳐 주었다. 나는 대학 내의 사람들과도 친구가 되었다. 법학부 학장 톰 셰이퍼(Tom Shaffer)는, 말하자면 나를 받아들여 주었다. 톰은 와이오밍 출신의 침례교도였는데, 가톨릭 신자와 결혼하여 서부 출신답게 관대한 영혼을 소유한 가톨릭 신자가 되었다. 그와 낸시 부부는 일곱 자녀를 두었다. 톰은 법을 사랑했지만 법이 사람들을 섬기기 위해 존재한다는 사실을 결코 잊지 않았다. 나는 톰과 함께 가르치는 것이 좋았다. 그의 접근 방식이 다소 독특했기 때문이다. 나와 마찬가지로 그도 점점 더 요더의 영향 아래로 들어갔다.

나는 요더의 절친한 친구 중 하나였다고 생각한다. 말해 놓고도 그 말의 의미는 잘 모르겠다. 많은 사람들이 요더를 만나고 나서 위압적이고 오만하다고 생각했다. 내가 볼 때 그는 수줍음이 많았을 뿐이다. 존이 '큰 뇌'를 가진 것은 의문의 여지가 없다. 나는 정말 '큰 뇌'를 가진 사람을 두 명 안다고 종종 말하고 하는데, 바로 요더와 알래스데어 매킨타이어다. 그들과 같은 사람은 본 적이 없다. 존도 그랬고 알래스데어도 대인관계에서 다소 거북해했는데, 그것이 지성과 무슨 관련이 있는지는 모르겠다. 나는 그들의 수줍음이 나와의 관계를 방해하게 내버려 두지 않았다. 알래스데어는 멋들어진 유머 감각의 소유자이고, 존도 그랬다. 그는 특히 놀림받는 것을 즐겼다.

오늘까지도 존이 나를 어떻게 생각했는지 확신이 없다. 한번은 그와 함께 노터데임 대학원 신입생들 앞에서 프레젠테이션을 한 적이 있었다. 내가 먼저 나가서 존의 책을 읽고 비폭력주의를 받아들이게 된 이야기를 했다. 자신은 '전공 분야'가 없다고 종종 말했던 존은 재세례파 선조들의 대변인으로 자신을 소개했고, 전쟁과 비폭력주의 윤리학 강좌를 하도록 노터데임에 고용되었다고 밝혔다. 그는 자신이 30년 동안 기독교 비폭력주의를 대변한 끝에 딱 한 사람을 설득시켰다고 말했다. 나는 그것이 나를 두고 한 말이라고 생각했고, 그 성취에 대해 그가 다소 착잡한 심정이라는 것을 느낄 수 있었다. 그러나 나는 존 요더를 사랑했다. 그도 나를 사랑했던 것 같다.

나는 폴 램지도 사랑했다. 노터데임에 온 직후의 어느 여름 내내 폴이 쓴 모든 글을 읽고 또 읽었다. 나는 그의 사상에 대해 책을 한 권 쓸 생각으로 많은 양의 메모를 했다. 결국 책은 쓰지 않기로 했지만, 낙태, 의학, 전쟁에 대해 어떻게 생각해야 하는지 많이 배웠다. 내가 처음 폴을 만난 것은 예일대 학생 시절이었다. 거스탑슨 교수는 우리 학생들이 폴과 함께 세미나를 하도록 주선해 주었고, 폴은 우리 각 사람에게 자신의 책 『기독교 윤리와 연좌농성』(Christian Ethics and the Sit-In)을 한 권씩 선물했다. 그의 표현을 빌면 "인쇄소에서 나오자마자 유산된 책"인지라 주체할 수 없이 많이 떠안게 되었다고 했다. 그래서 학생들에게 그 책을 한 권씩 준 것인데, 나는 그 선물을 늘 고맙게 생각할 것이다. 그 책이 그의 상당히 중요한 저작 중 하나라고 믿기 때문이다.

폴 램지의 저작이 나의 생각에 얼마나 깊은 영향을 끼쳤는지 아는 사람이 별로 없는 것 같다. 나는 『국가에 반대하여』(Against the Nations)를 폴과 존 요더에게 헌정했다. 그 책의 서문에서 밝힌 대로, 정당한 전쟁론을 정치윤리로 생각하는 법을 폴에게서 배우지 않았다면 요더의 논증이 갖는 의미심장함을 이해하지 못했을 것 같아서다. 그러나 폴은 나에게 지적 영향만 끼친 것이 아니었다. 내가 노터데임에 있는 동안에도 우리가 얼굴을 본 것은 매년 기독교 윤리학회 모임 정도였는데, 그 시간을 통해 그는 나의 친구가 되어 주었다.

기독교 윤리학회 모임들을 통해 서로를 알아 가면서, 무슨 이유에서인지 폴은 나를 좋아하게 되었다. 아마 우리 둘 다 미시시피에 뿌리를 두고 있었기 때문이 아닐까 싶다. 폴은 사람을 가리지 않고 널리 사귀었다. 그는 사람도 좋아하고 논쟁도 좋아했다. 폴의 아내 에피도 앤처럼 정신 질환을 앓고 있었다. 그는 아내를 보살피고 그녀와 함께 있는 법을 배운 과정을 아주 솔직하게 말해 주었다. 나는 그가 신실하게 버텨 가는 모습에 감탄했고 그를 보며 많이 배웠다. 폴은 결코 자신을 불쌍하게 여기지 않았다.

노터데임의 일부 가톨릭 신자들은 내가 노터데임의 '도덕신학자'가 된 것을 우려했는데, 그 덕분에 나는 또 다른 멋진 친구를 얻었다. 그들은 가톨릭 도덕신학자가 필요하다고 생각했고, 그 생각은 옳았다. 가톨릭 도덕신학은 하나의 클럽이다. 나는 그 클럽의 일원이 아닌 것이 분명했다. 내가 아무리 가톨릭 도덕신학을 호의적으로 제시한다 해도 나는 가톨릭 신자가 아니었다. 게다가 내가 말한 것처럼 가톨릭교가 하나의 세계라면, 그 세계에는 사제들을 훈련할 누군가가 있어야 했다. 나는 누군가의 고해성사를 들어 본 적도 없었다.

그런 사람을 찾기에 아일랜드만 한 곳이 어디 있을까? 그렇게 해서 에드나 맥도너(Edna McDonagh)가 나와 애덤의 인생에 들어왔다. 아름다운 모든 것을 더없이 사랑하는 에드나는 우리에게 아일랜드로 가는 문이자 가톨릭교에 대한 더없이 풍성한 이해로 가는 문이 되어 주었다. 에드나는 속속들이 가톨릭 신자였으므로 그가 가톨릭 신자라는 사실을 굳이 생각할 필요가 없었다. 그는 가톨릭의 본산에서 왔고 교회법으로 박사 학위를 받았지만, 도덕 신학을 너무 잘 알았기에 그것을 나머지 신학과 분리된 채로 내버려 둘 수가 없었다. 애덤과 나는 종종 에드나와 함께 세이크리드하트의 미사에 참석했다. 그는 개신교 신자들의 차를 얻어 타고 미사에 참석하는 일이 멋지다고 생각했다.

나와 애덤은 이런 친구들 덕분에 살아남았다. 그러나 매일의 스트레스는 언제나 '그 자리에' 있었다. 그러다 우연히 스트레스를 다룰 수 있는 방법을 발견했다. 바로 달리기였다. 앤에게 첫 번째로 극적인 삽화가 나타나고 1년 후, 나는 위스콘신 주 라크로스의 비테르보 대학(지금은 대학교가 되었다)에서 강의를 하게 되었다. 그 대학은 영속 성체조배* 프란체스코 수녀회(Franciscan Sisters of Perpetual Adoration)가 운영하고, 성 프란체스코의 유물을 프란체스코 수녀회에 제공한 이탈리아의 도시 비테르보의 이름을 따서 학교명을 지은 곳이었다. 나는 여름학기에 그곳 수녀 몇 명을 가르쳤었는데, 그들이 친절하게도 나를 연례모임 강사로 초청해 주었다.

그 친절하고 놀라운 여인들은 내게 가톨릭교라는 복잡하고 비범한 세계를 대표하는 사람들이었다. 그들은 한 세기가 넘도록 그 수녀회의 이름에 걸맞게 살아왔다. 성찬식을 앞두고 기도가 끊어

---

* 성체 앞에서 경배하는 행위를 말한다.

지는 일이 없도록 한 것이다. 성찬식 전에는 하나가 잠들 경우에 대비해서 늘 두 수녀가 함께 기도했다. 수녀들은 강의를 맡은 신시내티의 신학교 구약학 교수인 메일리 신부와 나를 제대로 대접하기 위해 라크로스 관광을 시켜 주었다. '관광'에는 영속 로사리오 베네딕트 수녀회(Benedictine Sisters of the Perpetual Rosary) 수도원 방문도 포함되어 있었다.

우리를 맞아 준 베네딕트 수녀회 수녀는 남아 있는 여섯 명 중 한 사람이었다. 나는 그녀가 아름답고 평화롭다고 생각했다. 그녀는 60대 후반이었지만 여섯 명 중에서 가장 어렸다. 영속 성체조배 프란체스코 수녀회와 달리, 이들은 수녀회의 이름에 걸맞게 살지 못했다. 그녀는 자신들이 영속적으로 로사리오(묵주 기도)를 드리지 못한다고 했다. 대부분의 시간을 연로한 수녀들을 돌보는 데 써야 하기 때문이었다. 그들은 그 지역 성당들에서 쓸 성찬용 빵을 굽는 것으로 수녀회를 유지했다. 우리가 일어나서 떠나려 할 때, 그 수녀는 우리와 그녀 사이의 낮은 벽 너머로 손을 뻗어 메일리 신부의 손을 잡고 이렇게 말했다. "오! 신부님, 부디 소명을 위해 기도해 주세요. 많은 젊은이들이 밖으로 나가 세상을 더 정의롭고 평화롭게 만들고 싶어 한다는 것을 알아요. 하지만 하나님께서는 우리의 기도가 필요해요. 그러니 부디 소명을 위해 기도해 주세요."

영속 로사리오 베네딕트 수녀회는 이제 더 이상 존재하지 않을 것 같다. 영속 성체조배 프란체스코 수녀회도 내가 방문했을 때보다 수녀의 수가 더 줄었을 것이다. 나는 그 여인들을 잃어버림으로 인해 우리가 더 가난해졌다고 확신한다. 그들은 보상이나 인정을 거의 받지 못한 채 가톨릭 교육 기관과 병원을 지탱해 왔다. 또한 그들은 하나님께 우리의 기도가 필요하다는 사실을 제대로 이해했고, 계속 기도해 왔다.

나는 테니스를 칠 상대를 찾기를 바라며 테니스 라켓을 비테르보로 챙겨 갔었다. 하지만 운이 없었다. 나는 운동을 해야 할 필요성을 느끼고 있었다. 내 몸에 대해 그렇게 깊이 생각한 것은 아니지만, 나는 과체중이었기 때문이다. 그러다 여러 사람이 달리기를 시작했다는 데 생각이 미쳤고, 나도 한번 달려 볼까 하는 생각이 들었다. 테니스화를 신고 길을 나섰다. 테니스화는 달리기에 적당한 신발이 아니었지만, 그런 인식도 없었고 별로 문제가 되지도 않았다. 얼마 못 가서 숨이 턱까지 차는 바람에 더 뛸 수가 없었던 것이다. 내 몸에 대해 뭔가 조치를 취하리라 다짐했다.

나는 몸 상태를 좋게 만들겠다고 마음먹고 집으로 돌아왔다. 시어스 백화점으로 가서 운동화를 하나 샀다. 얼마 후 「러너스 월드」(Runner's World)에서 달리기용으로 만들어진 사상 최악의 신발이라는 평가를 받게 되는 운동화였다. 그러나 나는 괜찮았다. 밤늦게 달리기 시작했다. 서서히 거리를 늘렸고, 더 좋은 신발을 샀다. 노터데임의 새 스포츠센터에 교직원 라커룸이 있다는 것도 알게 되었다. 나는 매일 정오마다 달렸다. 체중이 빠지고 몸 상태가 좋아졌다. 알고 보니 달리기는 우정을 나누기에도 좋은 운동이었다. 얼마 후 내가 가르치는 대학원생들도 나와 함께 달렸다. 찰리 펀치스는 같이 달리는 동안 내가 많은 글의 논지를 정리하도록 도와주었다.

노터데임의 정식 명칭은 노터데임 더 랙(Notre Dame du Lac, 호수의 성모)이다. 나는 노터데임의 원래 이름에 나오는 두 호수 둘레를 즐겨 달렸다. 전해 오는 이야기에 따르면, 노터데임을 설립한 프랑스인 소린 신부가 이곳에 왔을 때는 겨울이었다고 한다. 눈과 얼음이 두 호수를 완전히 덮고 있었기에 그는 호수가 둘이 아니라 하나인 줄 알았다. 봄에 얼음이 녹고 나서야 호수가 둘이라는 것을 알게 되었으나, 문법을 바로잡기에는 이미 너무 늦었다. 나는 두 개의 호수 둘레를 달리는 것이 싫증나지 않았다. 봄에는 박태기나무와 층층나무가 장관이었다. 여름이면 애덤은 수영을 하고 나는 달렸다.

세인트메리 대학 뒤편에도 멋진 코스가 있었다. 세인트메리는 여성들의 교육을 위해 성십자가수녀회에서 설립한 학교였다. 세인트메리에도 노터데임처럼 미개발 사유지가 넓게 펼쳐져 있었다. 나는 세인트조지프 강을 따라 난 길을 종종 달렸다. 그러다 보면 만나기 마련인 토끼, 마멋, 여우, 사슴을 보는 것이 좋았다. 가끔 등장하는 스컹크조차 반가웠는데, 물론 녀석과 내가 각기 제 길을 가는 경우에 그랬다는 말이다.

앤은 점점 많이 아팠고, 그녀가 아플수록 나는 더 멀리까지 달렸다. 하루에 8-11킬로미터를 달리는 때도 종종 있었다. 아무리 더워도, 아무리 추워도 달렸다. 비와 눈이 아무리 많이 와도 달렸다. 한번은 체감온도가 영하 44도일 때도 달린 적이 있다. 나는 애덤이 살아남게 하리라 다짐했다. 나도 살아남으리라 다짐했다. 나는 달렸고, 어쨌든 우리는 살아남았다.

견디기

심각한 정신 질환을 앓는 사람과 같이 살아야 하는 이들에게 내가 줄 수 있는 최선의 조언은 일단 살아남아야 한다는 것이다. 당신이 살아남지 못하면 누구도 살아남지 못한다. 살아남기 위한 노력은 이기적인 것이 아니다. 삶이 이어질 수 있다는 희망의 끈을 놓지 않으려면 살아남기 위해 노력해야 한다.

나는 애덤과 함께 살아남으리라 다짐했다. 그러나 살아남는 일은 쉽지 않았고 달리는 것만으로는 충분하지 않았다. 여러 해에 걸쳐 나는 정신 질환이 있는 이들과 같이 사는 사람들을 위해 시간을 냈다. 그런 상황에 따라오는 버림받은 느낌, 외로움, 절망감을 알기 때문이다. 마치 세상이 무너져 내리는 것 같다. 이런저런 약을 먹고 상황이 나아지기를 바라지만, 그런 희망은 비현실적인 경우가 너무 많다. 희망 없이 살 수는 없지만, 그럼에도 정신 질환자의 가족은 기대를 접고 사는 법을 배워야 한다. 바로 5분 뒤에 어떤 일이 닥칠지 예측할 수 없기 때문이다.

심각한 정신 질환을 앓는 사람과 같이 살아야 하는 이들에게 내가 줄 수 있는 최선의 조언은 일단 살아남아야 한다는 것이다. 당신이 살아남지 못하면 누구도 살아남지 못한다. 살아남기 위한 노력은 이기적인 것이 아니다. 삶이 이어질 수 있다는 희망의 끈을 놓지 않으려면 살아남기 위해 노력해야 한다. 나는 양극성 장애를 앓는 사람이 모두 앤만큼 아프거나 화를 내지 않는다는 것을 기억하려고 노력했다. 앤의 경우 분노와 양극성 장애가 모두 그녀를 사로잡고 있었으며, 나를 지치게 만든 것은 질병이 아니라 그녀의 분노였다.

나는 앤의 삶을 나아지게 하려고 온갖 시도를 했다. 하지만 내가 배운 생존의 교훈은 내가 무슨 일을 하건 상황이 더욱 악화된다는 것이었다. 나는 어머니의 왕성한 에너지를 물려받은 것 같다. 그래서 수업을 하고 강연을 하고 글을 쓰고 애덤을 기르면서도 앤과 함께하는 삶을 매일매일 어쨌든 헤쳐 나갈 수 있었다. 하지만 그런 에너지는 정신병에 걸린 사람은 물론, 그를 견뎌야 하는 자신에게도 축복인 동시에 저주가 될 수 있다. 나는 가끔, 내가 그렇게 상황을 꾸려 갈 수 있었기 때문에 결국 앤이 무너진 것은 아닐까 하는 생각이 든다. 내가 그런 상황을 감당할 수 없었다면 그녀는 자신의 인생에 좀더 책임을 질 수밖에 없었을 것이다. 내가 그녀의 폭언을 마냥 견디는 대신 자리를 박차고 나갔다면, 그녀는 나를 탓하는 것이 막다른 길이라는 판단을 내렸을 수도 있다. 그러나 좋든 나쁘든, 나에겐 계속 전진할 에너지가 있었다.

내가 왜 계속 노력했던 건지 모르겠다. 잇따르는 조증 삽화를 겪고 나면 한때 내가 사랑한다고 말했던 사람이 더 이상 보이지 않는다. 나는 앤과 결혼을 했지만 그것은 아무 의미가 없었다. 그녀는 우리가 부부가 아니라고 생각한다고 대놓고 말하곤 했다. 또 종종 자기가 다른 사람과 사랑에 빠졌다고 생각했다. 그렇기 때문에 나와 잠자리를 하면 간통이 된다고 했고, 가끔은 내게 바람을 피우라고 권하기도 했다. 자기가 나와 "사랑을 나눌" 일은 없을 거라는 것이 이유였다. 남편도 아닌 남자와 잠자리를 하는 것은 그녀의 고상한 원칙이 허락할 수 없는 일이었다.

'결혼한' 상태였지만 나는 사실상 독신이었다. 이보다 더 고약한 처지도 없다. 가끔 앤이 같이 자러 가자고 할 때가 있었다. 그러나 그것은 그녀의 조증 삽화가 시작되었거나 임박했다는 신호였다. 내가 심각한 욕구 불만 상태이긴 했으나, 그녀가 '제정신이 아닐 때' 그녀를 '이용'하는 것은 내키지 않았다. 그런 표현이 적절한지는 모르겠지만, 하여간 그것이 부정할 수 없는 현실이었다.

누가 나를 유혹하는 상황을 상상하고 그렇게 되기를 바라기도 했다. 그러나 그런 일은 없었다. 내가 사람들에게 어떤 신호를 보내고 있었는지 모르지만, 다가가도 되는 상대로 보였을 리가 없다. 나도 내 자신을 잘 알고 있었다. 불륜의 죄책감을 짊어지고 싶지 않았다. 길이 어떻게 끝날지 앞이 보이지 않았지만, 내가 충실하지 않으면 끝이 더욱 안 좋을 것임은 분명했다. 더할 나위 없이 총체적인 곤경이었다.

부부관계도 물론 그리웠지만 무엇보다 그리운 것은 따뜻한 손길이었다. 앤은 나에게 손님용 침실에서 자라고 했고 나를 거의 만지지도 않았다. 나는 그녀의 손길도 그리웠지만 다정한 말이 참으로 그리웠다. "오늘 하루는 어땠어?"처럼 진심 어린 간단한 말이라도 좋았다. 그러나 고통에 사로잡힌 앤은 내게 손을 내밀 여유가 없었다. 애덤에게 손을 내미는 것도 점점 더 힘들어했다.

"이 상황이 힘들다는 거 알아. 함께 견뎌 줘서 고마워." 그녀가 이렇게 말했다면 우리의 결혼이 파경으로 끝나는 것을 막을 수 있지 않았을까 하는 생각을 가끔 해 본다. 그러나 그녀는 절대 그런 말을 하지 않았다. 분노가 그녀를 사로잡았고 그 표적은 바로 나였다. 가끔은 내가 인간으로 보이지도 않을 거라는 생각이 들었다. 그녀가 늘 폭언을 일삼는 것은 아니었지만, 한번 폭발할 때면 한없이 잔인해졌고 빈도도 점점 더 잦아졌다.

애덤과 나에게는 서로가 있었다. 한번은 짐 버트챌이 애덤을 기숙학교에 보내는 것이 어떠냐고 물은 적이 있다. 한 번도 해 보지 않은 생각이었다. 노동 계급 출신의 사람은 아이를 기숙학교에 보내는 것을 아예 고려하지도 않는다. 내 시각에서 아이를 기숙학교로 보내는 것은 버리는 것과 같았다. 하지만 내가 짐의 제안을 거절한 것은 계급적 사고방식 때문만은 아니었다. 나는 그에게 이렇게 대답했다. "애덤을 보낼 수는 없어요. 난 애덤이 필요해요."

물론 우리는 서로가 필요했다. 그러나 애덤이 나를 필요로 한 것보다는 내 쪽이 더 간절했을 것이다. 우리는 서로를 의지하는 법을 배웠다. 그런 상황이 상당히 복잡하긴 했지만 파괴적이었다고는 생각하지 않는다. 우리는 함께 있는 시간을 순수하게 즐겼다. 언젠가 미국종교학회 연례회의가 뉴욕 시에서 열렸다. 애덤이 여덟 살 때였던 것 같다. 애덤의 비행기 표를 구해 뉴욕으로 함께 가려고 아침 식사로 먹는 시리얼 포장지 상단에 인쇄된 박스톱(boxtop)을 열심히 모았다. 그렇게 충분한 박스톱을 모아서 함께 뉴욕으로 날아갔다. 애덤은 내가 논문을 발표할 때 들으러 왔는데, 논문의 주제는 기독교 윤리학의 미래였다. 내가 그 자리에 아들을 데려온 것을 이상하게 생각하는 사람들도 있는 눈치였지만 내가 볼 때는 아무 문제가 없었다.

우리는 멋진 시간을 보냈다. 시내 버스투어를 다녔고 관광객들이 하는 온갖 일들을 했다. 리처드 뉴하우스(Richard Neuhaus)가 우리를 저녁 식사에 초대해 주었다. 멋진 행사였는데, 그 자리에서 애덤은 폴 램지와 유명인 몇 사람을 만났다. 당시에 리처드는 루터교 신자였는데, 우리에게 일요일 오전 미사에 같이 가자고 했다. 우리는 그 미사에 참석했다. 공동 주택에서 열린 그 미사에는 20명 정도가 모였다. 리처드가 30분 정도 설교를 했고, 애덤은 그 설교를 좋아했다. 여러 해 동안 리처드와 나는 많은 사안에서 의견을 달리했지만, 그때 그 시간을 마련해 준 것에 대해 언제까지나 감사할 것이다.

그 여행에 애덤은 앤이 준 책 한 권을 가져왔는데, 우리가 리처드의 집에 갔던 일요일 아침에 책을 호텔방에 두고 왔다는 것이 떠올랐다. 이미 계산을 하고 호텔에서 나온 이후였다. 그 사건은 우리가 어떤 두려움 속에서 살았는지 잘 보여 준다. 우리 둘 다 책을 잃어버렸다는 사실을 애덤 엄마가 알게 되면 어떤 일이 벌어질지 두려워했다. 달리기가 유용할 때가 있다. 나는 반바지를 걸치고 맨해튼 중심가로 달려가 책을 찾아왔다. 덕분에 행복하게 사우스벤드로 돌아올 수 있었다.

애덤과 나는 카누를 타고 세인트조 강을 내려가는 것을 좋아했다. 한번은 앨프리드 케이진(Alfred Kazin)과 함께 가기도 했다. 그가 노터데임에서 한 학기 동안 가르치고 있을 때였다. 애덤과 나와 앨프리드 케이진은 페리와 베벌리 아널드 부부의 집에서 함께 저녁 식사를 하게 되었는데, 우리가 그에게 다음 날 세인트조 강에서 카누를 탈 계획이라고 하자 그는 따라가도 되느냐고 물었다.

그러면서 탐험가 놀이를 하자고 했다. 우리는 그 지역을 찾아온 최초의 탐험가들이고 인디언들이 우리를 발견하면 가만두지 않을 테니 그들을 조심해야 한다고 말이다. 말할 것도 없이 멋진 여행이었다.

애덤은 케이진 같은 사람들을 좋아했고 어른들 앞에서도 전혀 주눅 들지 않았다. 제 엄마가 아프다 보니, 애덤은 학교 바깥에서는 주로 어른들과만 어울리게 되었다. 애덤은 어른들의 대화에 귀를 기울이고 끼어들기도 했다. 나는 애덤에게 말할 때 '단순화시켜'야 한다는 생각이 들지 않았다. 몇 년 뒤, 애덤은 자기에게 유년기가 없었다고 말했는데, 그것은 사실이 아니다. 그때 있었던 일을 많이 잊어서 그런 것뿐이다. 하지만 애덤이 어른의 책임을 맡아야 했고 어릴 때부터 주로 내 친구들과 어울려 지내야 했던 것은 사실이다. 그리고 그 친구들 중에 대학원생들의 비중이 점점 높아졌다.

조 가위도 그중 하나였다. 그는 미국의 가톨릭교를 주제로 박사 공부를 하고 있었지만 내가 이끄는 세미나에도 몇 과목 참여했다. 한번은 조가 내게 동료 학생들과 대화하는 것처럼 애덤과 이야기할 수 있다고 한 적이 있었다. 별로 놀랍지 않았다. 대학원생들은 노터데임에서의 내 생활에서 점점 더 많은 부분을 차지했으므로, 나와 연결된 애덤의 삶에서도 대학원생들이 더 중요해지는 것은 자연스러운 현상이었다. 나는 노터데임에서 일을 시작하자마자 대학원생들에게 세미나 과목을 가르치기 시작했다. 그리고 종신 교수직을 받은 후에는 박사 학위 논문 지도를 시작했다.

학위 논문 지도가 특별히 중요하다거나 그 일을 맡고 싶다고 생각한 적은 없지만, 이후 논문 지도는 줄곧 내 삶의 중심이 되었다.

'나의 활동'에 대한 최종 평가가 어떻게 내려질지 모르지만, 사람들이 나를 무엇보다 교사로 여기지 싶다. 그렇게 되기를 바란다. 내가 처음부터 교사가 되겠다고 나선 것은 아니지만, 나를 교사로 여긴 좋은 사람들 덕분에 나와 애덤의 삶이 상상을 뛰어넘는 방식으로 풍성해졌다. 혹시라도 내가 좋은 교사노릇을 했다면, 그것은 그들을 통해 가르치는 법을 배웠기 때문일 것이다. 물론 학생들은 각양각색인지라 일반화하기 어렵지만, 나는 논문 지도를 맡았던 모든 학생을 친구로 여긴다고 말할 수 있다.

나는 모든 학생이 다르다는 사실을 기억하려고 노력한다. 학생들이 나와 어떤 관계를 원하는지 그들이 결정하도록 맡긴다. 노터데임에서 가르치기 시작했을 때, 나는 논문 지도를 맡은 학생들과 나이 차가 그리 많지 않았다. 내가 그들을 상대로 '전문가로서의 거리'를 적절히 확보한 것 같지는 않다. 그래야 한다고 생각한 기억도 없다. 나는 그저 우리가 함께 노력하고 있다고만 생각했다. 중요한 것은 딱 하나, 우리가 하는 일이 중요하다고 믿는 것뿐이었다. 내가 좋은 교사였고 내 생각대로 멋진 박사 논문 몇 편을 지도했다면, 아마 내가 대단히 설득력 있는 학문을 가르치는 일을 맡았기 때문일 것이다.

나는 학생들을 끌어오거나 '내게' 논문 지도를 받게 만들려는 시도를 한 적이 없다. 학생들은 놀라움 그 자체로 그저 나타난다.

예를 들어, 노터데임에서 만난 첫 번째 학생들 중에 텍사스 출신의 젊은 가톨릭 신자 존 포파이든(John Popiden)이 있었다. 그가 어떻게 노터데임에 오게 되었는지는 기억나지 않는데, 아무튼 그는 초기 미국에서 일어난 감옥 개혁을 위한 노력을 주제로 박사 논문을 썼다. 그는 필라델피아 감옥을 개혁하려던 퀘이커 교도들과 계몽주의가 제시한 조건에 따라 감옥을 조직하려던 뉴욕을 비교했다. 존이 어떻게 그런 논문을 구상했는지, 내가 무슨 근거로 그 논문을 지도할 역량이 된다고 생각했는지는 모르지만 하여간 내가 논문 지도를 맡았다. 그 덕분에, 나중에 미셸 푸코(Michel Foucault)가 감옥에 대해 알려 준 내용이 전혀 생소하지는 않았다.

내 학생으로 끌어온 대학원생이 한 명 있기는 했다. 보니 레인(Bonnie Raine)은 목회신학 분야에서 박사 과정을 밟기 위해 노터데임에 왔다. 내가 관심이 있는 분야는 아니었지만, 보니는 필요한 수업을 다 들었고 논문 제출 자격시험도 합격했기에 논문만 쓰면 되는 상태였다. 그런데 주제를 찾는 데 어려움을 겪고 있었다. 보니는 로건센터에서 버림받은 정신 장애자들의 보호자 역할을 하는 보호서비스위원회 사회복지사로 일했는데, 그 위원회 소속이었던 나는 종종 보니와 함께 우리가 돌보는 이들을 찾아가곤 했다. 보니는 정신 장애자들을 대하는 능력이 탁월했다. 그녀는 나의 제안을 받아들여, 바르트의 기독론을 활용해 정신 장애자들을 돌보는 일을 이해하는 좋은 논문을 썼다. 성십자가수도회 소속 수녀인 캐럴 데코토(Carol Descotaux)는 나중에 보니의 박사 논문에서 출발하여 장 바니에(Jean Vanier)의 라르슈(L'Arche) 운동과 브라질의 기초 공동체들의 발전을 다룬 최초의 논문들 중 하나를 썼고, 만성적인 고통을 신학적으로 어떻게 이해해야 하는지 탐구했다.

일부 박사 논문들은 내가 가르친 수업의 결과물이었다. 우정으로서의 사랑을 다룬 폴 워델의 논문과 성품 형성에서 열정의 역할을 다룬 사이먼 해럭(Simon Harak)의 논문은 아퀴나스에 대한 내 세미나의 결과물이었다. 나는 리처드 본다 찰리 핀치스(Charlie Pinches) 같은 학생들이 철학, 역사, 정치 이론 분야의 세미나에서 배운 내용을 활용해 우리의 신학적 사고를 풍성하게 하는 성과를 내놓는 것이 좋았다. 리처드는 '특수한 관계'가 '공평무사'하지 않기 때문에 따로 정당화가 필요하다는 칸트의 추정에 이의를 제기한 첫 번째 사람들 중 하나였다. 찰리가 2002년에 출간한 『신학과 행동』(Theology and Action)에서 전개한 논증은 1984년에 쓴 기술(記述)에 대한 논문에서 처음 펼쳤던 것이었다.

나는 이런 훌륭한 학생들과 함께 일하는 것이 좋았다. 그렇게 좋은 학생들과 동료들, 좋은 교회, 좋은 친구들이 있었고 애덤이 있었기에 나는 내 자신이 안됐다는 생각을 한 적이 없다. 적어도 내가 기억하기로는 자기 연민에 빠지지 않았다. 앤과 애덤과 내가 겪어야 했던 일은 힘들었다. 그러나 계속 나아가는 것밖에 방법이 없다는 생각도 했다. 나에게는 할 일이 있었다. 나는 신학자였다.

앤과 함께하는 삶이 신학자로서 나의 일에 어떤 영향을 끼쳤느냐는 질문을 가끔 받는다. 모른다는 것이 정직한 답변일 것이다. 내 책 『진실성과 비극』의 제목이 어떤 식으로든 자전적인 것이 분명하다고 생각한 이들도 있었지만, 나는 우리의 상황을 비극이라고 여기지 않았다. 비극보다는 비애감(pathos)이 우리의 결혼 생활을 기술하기에 더 적절한 단어 같다. 앤과 함께 살면서 나는 삶을 통제할 수 없을 때 살아가는 법을 배웠다. 통제할 수 없는 삶이 내 신학적 통찰에 영향을 끼쳤을 수 있겠지만, 앤과 애덤과 함께한 시간이 내가 배운 신학을 펼치는 방법을 좌우한 것처럼 여기는 것은 지나친 억측인 듯하다.

내러티브가 기독교적 확신에 필요한 문법이라고 강조하던 내가 나 자신의 이야기를 신학을 전개하는 방식과 분리시키고 싶어 하는 것이 이상해 보일 수 있겠다. 게다가 이 신학적 회고록에서 그런 주장을 펼치다니 더욱 이상해 보일 것이다. 그러나 내러티브에 대한 강조는 우리 자신의 '경험'을 아무렇게나 가져다 신앙 언어의 의미를 시험하거나 결정하는 데 쓰라는 요구가 아니다. 그보다는, 내러티브의 중요성을 내세우는 주장들은 '하나님이 무(無)로부터 창조하신다'고 확신하기 위해 있어야 할 일련의 확고한 형이상학적 주장들을 필요로 한다.

우리의 존재가 필연적이라면, 우리의 존재를 설명하기 위한 이야기가 필요하지 않을 것이다. 그런데 창조는 하나의 이야기다. 설명은 하나의 이론이면 충분할 것이다. 요점은 단순하지만, 흔히 그렇듯 단순성은 개념적으로 쉽사리 포착되지 않는다. 나는 『평화의 나라』에서, 내러티브에 대한 강조가 우리 삶을 결정하는 이야기의 중요성을 밝힌 발언일 뿐 아니라 탄탄한 형이상학적 주장이기도 하다고 말한 바 있다. 이야기는 중요하지만, 우리의 삶이 내러티브의 대상이 될 수 있고 마침내 그렇게 되어야 한다는 사실은 존재하는 모든 것의 우연적 특성을 보여 주는 확증이자 증언이다. 물론 '존재하는 모든 것'이라는 말은 세상을 있는 그대로 이해하는 것과 가장 잘 사는 법에 대한 주장들을 분리하는 것이 불가피함을 가리키는 형이상학적 표현이다.

데이비드 버렐, 로버트 젠슨(Robert Jenson), 존 밀뱅크(John Milbank)와 달리, 나는 형이상학적 정신을 타고나지 않았다. 그렇지만 신학을 제대로 하려면 먼저 형이상학을 바로잡아야 한다는 생각은 내가 볼 때 오류, 그것도 형이상학적 오류다. 나는 형이상학을 전개한다. 그러나 바르트에게서 배운 대로, 형이상학적 환원주의를 피하기 위해 간접적인 방법으로 형이상학적 논의를 전개한다. 따라서 신학자로서 나의 과제는 무엇보다 우리가 믿는 것이 참이라는 말의 의미를 분명하게 밝히는 데 필요한 내용들을 서로 연결하는 것이다. 연결 작업에는 형이상학적 주장들이 따라오지만, 그렇다고 해서 형이상학 자체를 목적으로 삼으라는 뜻은 아니다. 형이상학에 대한 나의 우려는 그리스도인들이 믿는 바를 간략하게 설명하려는 모든 시도에 대한 우려의 한 측면일 뿐이다.

『신학 서문』(Preface to Theology)에서 존 요더는 신약성경의 핵심에 있는 종말론적 주장을 회피하고자 복음의 알맹이와 껍질을 구분하려는 여러 시도에 대해 평한다. 요더는 신약성경이 새 예루살렘에 대해 말할 때 의미하는 것이 "하나님은 사랑이시다"가 전부라면, 우리가 말할 내용 중에 세상이 아직 듣지 못한 것은 하나도 없다고 말한다. 요더는 '하나님은 사랑'이라는 테마의 수많은 변주들을 소개하고, 역사 속에 계시된 하나님의 뜻에 담긴 종말론적 특성을 피하기 위해 일반화를 시도하게 되면 어떤 문제가 생기는지 지적한다. 그렇게 이해된 복음은 찰나적이고 시간도 공간도 몸도 없는 것이 되고 만다. 요더에 따르면, 무시간적으로 이해되는 성취는 좋은 플라톤주의이지만 성경에 충실한 내용은 아니다.

요더는 성경이 제시하는 영원은 비(非)시간적인 것이 아니라고 말한다. 요더의 표현대로 하면, 그것은 "시간과 덜 비슷한 것이 아니라 오히려 더 비슷하다. 그것은 더 높은 수준에서 시간과 비슷하다. 하나님 나라는 비(非)물질적이지 않으며 현실보다 더 현실과 비슷하다." 십자가와 부활이 실제 사건이라면, 하나님의 뜻의 성취와 완성은 정말로 역사적인 것이 분명하다고 요더는 주장한다. 그러므로 성경의 하나님은 무(無)시간적이지 않다. 오리게네스(Origen)와 테르툴리아누스(Tertullian)가 로고스는 영원부터 하나님과 함께 계셨다고 주장한 것처럼, 우리는 비시간적인 하나님을 상상할 수 없다. 우리가 상상할 수 있는 것은 초시간적 하나님, 즉 우리보다 더 시간적인 하나님이다. "여러 방향에서 우리보다 먼저 계시고, 뒤에 계시고, 앞에 계시고 우리 위에 계신 분, 움직임에 있어서 적시성과 의미심장함의 특성을 더 가진 분이다."

교회의 첫 번째 과제는 세상을 더 올바르게 만드는 것이 아니라 세상을 세상으로 만드는 것이라는, 어떤 이들이 너무나 불쾌하게 여기는 나의 주장은 이 신학적 형이상학과 관련된 것이다. 세상이 내러티브의 대상이 되기 위해서는, 즉 세상이 이야기를 갖기 위해서는 세상을 세상으로 만드는 사람들이 존재해야 한다.

이것은 우리가 끝을 보았기 때문에 시작이 있었음을 안다고 전제하는 종말론적 주장이다. 모든 것의 원인이 되는 그 무엇이 있어야 한다는 주장은 그리스도인들이 말하는 창조가 아니다. 창조에는 '그때 거기'의 특성이 있지만, '그때 거기'는 아니다. 창조가 말하는 것은 하나님의 지속적인 행하심, 그리스도의 삶과 죽음과 부활에서 드러난 사랑으로 우리에게 사랑을 베풀기를 바라시는 하나님의 지칠 줄 모르는 소원이다.

내러티브가 기독교적 확신에 필요한 문법이라는 말은 존재의 이런 종말론적 특성을 뜻한다. 확신컨대 이것은 나의 '경험' 때문이 아니라 내가 존 하워드 요더라는 사람과 그의 연구 결과를 만났기 때문에 내 저작에서 한자리를 차지하게 된 형이상학적 주장이다. 물론 요더와 나의 만남 자체가 하나의 '경험'이었기 때문에 이런 문제들이 복잡한 것이다. 조지 엘리엇은 『아담 비드』(*Adam Bede*, 나남)에서 이런 복잡성을 잘 포착하고 있다. 엘리엇은 아서가 헤티를 배신한 행동을 두고 이렇게 말한다. "우리가 우리의 행동을 결정하는 것 못지않게 우리의 행동이 우리를 결정한다. 한 사람의 중대한 행동을 구성하는 외적 사실과 내적 사실들의 독특한 결합이 지금까지 어떻게 이루어졌고 앞으로도 어떻게 이루어질지 알기 전까지는, 우리가 그의 성품을 안다고 생각하지 않는 편이 나을 것이다." 나는 나 자신의 성품에 대해 안다고 생각하고 싶지 않다. 왜냐하면 엘리엇이 말한 대로 "우리의 행동에는 끔찍한 강제성이 있어서, 정직한 사람을 사기꾼으로 만들어 버리고는 그런 변화를 받아들이게 만들 수 있기" 때문이다.

우리를 그토록 자주 거짓말쟁이로 만드는 것은 우리가 하는 일이 아니라 그 일을 정당화하는 변명이다. 그런 변명은 가능한 선에서 최선을 다했다고 자신을 위로하는 말을 스스로에게 들려줌으로써, 우리 삶이 그때 그럴 수밖에 없었음을 내세우려는 방편이 된다. 이 회고록에서 내가 자신을 속이지 않았다고 말할 수는 없다. 그러나 적어도 나는 내가 하는 거짓말들을 잡아낼 점검표를 가지고 있다. 그리스도인이라면 복음에 비추어 자신의 삶을 이해하려고 노력해야 한다. 그래서 나는 내 이야기의 진실성을 스스로 판단하지 않는다. 내가 아니라 복음을 따라 사는 사람들이 나의 진실한 부분과 스스로 속인 부분을 판단해 줄 것이다.

'복음에 비추어'라는 말은 하나님 예배함을 배우는 것이 내 삶의 관건임을 말해 준다. 어떤 이들은 자연스럽게 하나님을 예배하게 되는 것 같은데, 나의 경우는 그렇지가 않다. 나는 많은 부분에서 마치 하나님이 존재하지 않는 것처럼 살아간다. 하지만 나는 교회의 기도로 기도하는 법을 배운 친구들의 기도가 없었다면 내가 살아남지 못했을 것임을 안다. 내가 전진할 수 있게 해 준 이들과 함께 하나님을 예배하는 법을 배우는 데 내 삶이 달려 있다. 예배를 통해, 세상은 자신과 서로에게 진실하기 위해 필요한 진리를 배운다.

대부분의 사람들은 신학자가 되지 않아도 그리스도인이 될 수 있지만, 내 경우는 다른 것 같다. 물론 신학자라는 직업은 그리스도인으로 사는 데 불리하게 작용할 수도 있다. 하나님을 믿는다고 월급을 받는 셈이니 '직업적 신자'가 될 유혹을 받을 수밖에 없기 때문이다. 그 결과, 자신이 믿는다고 말하는 내용에 의문을 제기하기 어려워진다. 그러나 나는 그런 유혹에 굴복한 적은 없다고 생각한다. 내가 교회 안에 들어온 것은 거짓된 삶을 살고 싶지 않아서였다.

그것이 지금도 유효하기를 기도한다. 내가 그리스도인인 이유가 그럼으로써 내가 진실하게 살 가능성이 더 높다고 믿기 때문이기를 바란다. 진리의 문제를 '믿음'이라는 용어로 표현하는 것이 주저된다. 나는 그리스도인들이 당면한 난제가 우리가 말하는 바를 믿지 않는 것(이것도 문제가 될 수 있겠지만)이 아니라, 우리의 믿음이 교회나 세상을 전혀 바꾸지 못하는 것처럼 보이는 것이라고 생각하게 되었다. 달리 표현하자면, 기독교적 확신의 진리성에 대해 내가 초기에 품었던 우려는 정치적인 것이었지 인식론적인 것이 아니었다. 나는 이 사실을 깨닫고 나서, 세상의 실제 모습을 알려면 하나님이 일으키시는 변화를 분명히 표현할 수 있기 위한 전제 조건으로서 분명한 실체를 갖춘 교회가 필요하다고 강조하기 시작했다.

존 요더의 영향을 받아 교회의 정치적 성격을 점점 더 강조하게 되었다고 해서, 많은 비판자들이 말하는 것처럼 내가 비합리주의자이거나 분파주의자인 것은 아니다. 내가 콘스탄티누스주의(Constantinianism)에 대한 요더의 비판을 활용하는 것은 사실이다. 하지만 나중에 콘스탄티누스주의적인 것으로 여겨진 흐름 중 적어도 일부는 예수의 정치학을 실천하는 예시가 되려는 시도로 이해할 수 있다고 본다. 이 부분을 내가 명확히 드러내지 못한 것 같다. 하지만 그런 시도들도 실패한 것이 분명하고, 그 결과로 콘스탄티누스주의의 심각한 문제점이 드러났다. 교회가 정치적 책임을 다한다고 하다가 오히려 정치적으로 '보이지 않게' 된 것이다. 나는 교회의 이런 정치적 실종 상태를 바로잡기 위한 활동에 나섰다. 얄궂게도, 그리스도인들이 만들어 낸 정치에 따르면 그리스도인은 특정한 '믿음'을 가진 사람들인데, 그 믿음은 '사적인' 것으로 치부되었다. 요더의 영향 아래 나는 예수의 정치가 우주적 결과가 따르는 공적인 일임을 이해하게 되었다.

알래스데어 매킨타이어도 요더 못지않게 내 삶과 활동에 중요한 인물이었다. 알래스데어와 나는 어울리지 않을 것 같았지만 친구가 되었다. 내가 기억하기로, 우리는 알래스데어가 노터데임의 철학과에서 한 주간 강의를 하러 왔을 때 처음 만났다. 그는 자기와 잘 어울리지 않는 사람들에게 끌리는 듯하다. 그가 그 때문에 나를 좋아하게 된 것인지는 모르고, 나로서는 신비할 따름이지만 하여간 그는 나를 좋아하는 듯했다. 물론, 알래스데어는 그 이름만으로도 나를 주눅 들게 한다. 한번 읽은 내용은 한 글자도 잊어버리지 않는 것처럼 보이는 지독히 똑똑한 사람 앞에서 무슨 말이나 행동을 한단 말인가?

나는 노터데임에서 알래스데어를 만나기 전부터 그의 저작을 공부한 그의 학생이었다. 사회과학과 행위 이론의 철학을 다룬 그의 초기 에세이들을 읽고 많은 것을 배웠다. 그의 책 『시대의 자기 표상에 대항하여』에서는 자본주의가 자유주의 정치학과 뗄 수 없이 이어져 있음을 배웠고, 『윤리의 역사 도덕의 이론』(*A Short History of Ethics*, 철학과현실사)을 통해서는 현대 윤리학 이론의 한계를 이해하게 되었다. 그 못지않게 중요한 것은 사회, 정치, 윤리이론을 그 역사적 배경과 분리하지 않는 알래스데어의 접근 방식일지도 모르겠다. 그가 일했던 방식과 생각하는 방식이 이런저런 인물이나 사안에 대해 그가 내린 구체적인 판단 못지않게 중요했던 것 같다.

그는 1981년에 『덕의 상실』(*After Virtue*, 문예출판사)을 출간했는데, 나는 이 책이 세상을 바꿔 놓았다고 생각한다. 적어도 내가 일하는 세계는 바꿔 놓았다. 『덕의 상실』을 읽기 전, 나는 덕에 대한 이론을 전개했었다. 실천 이성이 작용하도록 하고 우리 삶을 일관성 있게 이해하기 위해서는 내러티브가 필요하다고 제안하며, 내러티브와 덕에 뿌리내린 새로운 도덕에는 자유주의 정치 관행과 정치학에 대한 비판이 따라올 거라고 썼다. 그러나 『덕의 상실』이 보여 준 명료한 논증에 힘입어 비로소 나는 『평화의 나라』 같은 책을 쓸 수 있었다.

많은 사람들이 알래스데어와 내가 노터데임에서 같이 재직했다고 생각하지만, 나는 그가 노터데임 교수진에 합류하기 1년 전에 그곳을 떠났다. 우리는 여러 해가 지난 후에야 듀크에서 동료가 되었다. 하지만 알래스데어는 내가 노터데임에 있던 마지막 몇 년 동안 그곳을 자주 찾았다. 한번은 그가 윤리학에 대한 새로운 시각을 제시할 만한 저서 시리즈를 편집하자는 제안을 했는데, 나로서는 그런 일을 그와 함께한다는 것이 그저 기쁠 따름이었다.

노터데임 측과 당시 노터데임 대학교 출판부 편집장이던 우리의 좋은 친구 짐 랭퍼드(Jim Langford)는 그 시리즈의 출간에 동의했다. 우리는 그것을 개정 시리즈(Revisions)라 이름했고, 1983년에 내고 싶은 책들을 정리한 동명의 책을 한 권 편집했다. 나는 우리가 함께 출간한 책들을 무척 자랑스럽게 여긴다. 시리즈 초기에 나온 책 중 하나가 제프리 스타우트(Jeffrey Stout)의 『권위로부터의 탈출』(*The Flight from Authority*)이었다. 그 시리즈는 원래 의도를 달성했다. 윌리엄 프랑케나의 『윤리학』을 필두로 하는 주류 패러다임의 분석적 불모성과 다른 방식으로 윤리학을 전개하는 대안적 길을 열어 놓고, 그 길에 정당성을 제공한 것이다.

나의 신학에서 요더와 매킨타이어가 어떻게 균형을 잡을 수 있는지 모르겠다는 사람들이 있다. 두 사람을 동시에 활용할 때 나의 저작에서 긴장이 발생하는 것을 부인한다면 어리석은 일이겠지만, 나는 그것이 많은 결실을 맺는 긴장이라고 생각한다. 요더는 신학적 주장을 위해 철학이 필요하다고 생각하지 않았다. 하지만 나는 신학이 제대로 이루어지려면 철학이 필요하다고 생각한다. 매킨타이어가 대표하는 철학적 작업이 없다면 신학은 내부자들만 접근할 수 있는 난해한 학문이 될 우려가 있다. 알래스데어(와 아리스토텔레스)는 하나님에 대한 지식과 인간 됨의 의미가 뗄 수 없이 이어져 있음을 보이는 데 필요한 개념적 도구들을 내게 제공해 주었다.

나는 죽 노터데임에 재직하면서 이런 문제들을 생각하는 데 아쉬움이 없었지만, 상황은 곧 달라졌다. 나는 1979년에 정교수로 승진했다. 학교 측에서 나의 정교수 승진을 고려하고 있을 때, 조지타운 대학교 케네디센터에서 내게 생명윤리학 케네디 석좌 교수 자리를 제안했다. 짐 칠드레스가 여러 해 동안 그 자리를 맡아 오다가 버지니아 대학교에 돌아가기로 결정했던 것이다. 나는 면접을 봤고 석좌 교수직을 제안받았다. 당시에 내 연봉이 3만 달러가 되지 않았는데, 석좌 교수직은 연봉이 3만 5천 달러였고 집을 사는 데 보조금도 나왔으며 노터데임보다 가르치는 부담도 적었다. 매력적인 제안이었지만 어떻게 해야 할지 결정할 수가 없었다. 나는 지금도 그런 문제들로 교섭해야 할 상황이 되면 어쩔 줄을 모른다.

그 제안에 대해 데이비드 버렐과 상의했다. 어떻게 대응해야 할지 모르기는 그도 마찬가지였다. 데이비드는 나를 학장에게 보냈는데, 학장은 내가 좋아하던 철학자였다. 학장은 노터데임은 내가 떠나기를 바라지 않는다고 간단하게 말하고는, 교무처장인 남아공 출신의 수학자 팀 오메라에게 나를 보냈다. 나는 노터데임이 내가 케네디센터에서 받은 조건을 맞춰 줄 수 없을 거라고 생각했다. 석좌 교수직은 개의치 않았지만 연봉은 솔깃했다. 교무처장은 내게 어떻게 하고 싶으냐고 물었고, 나는 머무르고는 싶지만 집안에 어려운 사정이 있어서 그 돈이 필요하다고 말했다. 그가 말했다. "3만 6천 드리겠습니다." 내가 말했다. "좋습니다."

그런 다음 그는 신학과 사람들이 여러 해 동안 제대로 된 연봉을 받지 못한 것은 순전히 우리 탓이라고 설명했다. 왜 그동안 연봉 인상을 요구하지 않았느냐며, 신학 연구를 중요하지 않게 생각하면 안 된다고 말했다. 그런데 나는 신학이 중요한 학문이 아니기 때문에 연봉 인상을 요구할 수 없다고 생각한 적이 한 번도 없었다. 그 생각은 지금도 마찬가지다. 어쨌든 머물 수 있어서 기뻤다. 처음으로, 우리 가족은 재정적으로 쪼들리지 않게 되었다.

그렇게 해서 나는 노터데임 신학과의 정교수로 자리를 잡았다. 하지만 데이비드가 신학과 학과장을 한 지가 9년이었다. 그는 그 자리에 있을 만큼 있었고, 학과장 재임명을 위해 손을 쓰지 않았다. 우리 신학과 사람들은 잘 몰랐지만, 대학교 본부 측에서는 신학과가 "너무 개신교적"이라는 우려가 있었다. 데이비드가 신학과 학과장으로 있는 동안 슈버트 오그던의 제자였던 젊은 신학 교수가 임용되었다. 우리는 사사건건 의견이 달랐지만 좋은 친구가 되었다. 하지만 그는 강의실에서 가톨릭이 신성시하는 것들을 기꺼이 들이받았고("물론 예수님은 형제들이 있었지")* 헤스버그 신부는 노터데임 신학과에서 무슨 일이 벌어지는 것이냐고 묻는 동문들의 전화를 여러 통 받았다. 거기다 신학과는 어느 젊은 성십자가수도회 사제에게 종신 교수직을 주지 않았는데, 이것이 더 문제가 되었을 수도 있다. 그는 멀로이 신부와 친한 친구 사이였던 것이다. 멀로이 신부는 헤스버그 신부의 뒤를 이어 노터데임 대학교 총장이 되는 인물이다.

신학과의 새로운 학과장을 찾는 작업 뒤에는 이런 배경이 놓

• 가톨릭에서는 예수님의 형제들이 실은 사촌, 또는 이복형제였다고 본다.

여 있었다. 초빙위원회가 꾸려졌겠지만, 위원회에 누가 참여했는지는 모른다. 우리는 곧 성십자가수도회 회원이 아닌 최초의 신학과 신임 학과장이 리처드 맥브라이언(Richard McBrien)이라는 말을 들었다. 보스턴 대학에서 평신도교육연구소 소장을 맡았던 사제였다. 리처드는 『가톨릭사상』(Catholicism)이라는 단순한 제목의 두꺼운 책을 썼다. 그 책에 일관된 신학적 시각이 있다면, 대중화된 칼 라너라고 할 수 있겠다. 신학과의 가톨릭적 성격을 되살린다는 명분으로 대학 측에서 가톨릭 자유주의자를 고용한 것이다.

나는 곧 가톨릭 세계의 다른 면을 접하게 되었다. 그런 면이 존재한다는 사실을 막연히 알고는 있었지만, 그동안은 데이비드의 비범하고 넓은 신학적 비전 덕분에 대체로 피할 수 있었다. 로버트 윌컨과 조 블렌킨솝은 데이비드가 파티를 열 줄 모르고 일상적인 행정 업무에 약하다고 종종 불평했다. 첫 번째 지적은 분명 옳았지만 두 번째는 아니었다. 나는 데이비드가 두 사람이 생각한 것보다 뛰어난 행정가였다고 본다. 내가 볼 때 데이비드의 주된 약점은 돼지 귀로 비단 지갑을 만들 수 있다는 것이었다. 그는 누가 봐도 평범한 사람들 안에서 '강점'을 끄집어냈다. 어쨌거나, 우리 세 사람을 포함한 많은 이들이 볼 때 데이비드는 분명 옳은 일에 관심을 가졌던 사람이었다.

하지만 딕 맥브라이언의 관심사는 주로 자기 자신인 것 같았다. 특히 텔레비전 프로그램에 출연해 바티칸이 반동적 보수주의자들로 구성되어 있음을 확인해 주는 발언을 하는 데만 관심이 있는 듯했다. 그는 자신이 로마가톨릭 사제가 되지 않았다면 미국

상원의원이 되려고 했을 거라는 글을 쓴 적이 있었다. 사제나 상원의원이 되고 싶어 하는 것 각각은 문제될 게 없지만, 나로서는 그 두 가지 포부가 한 사람 안에 공존할 수 있다는 것이 이해가 되지 않았다. 그러나 그때만 해도 나는 아일랜드 가톨릭교를 제대로 이해하지 못했고, 특히 미국 북동부 여러 도시들에서 때로 그 어설픈 모방을 볼 수 있는 줄도 몰랐다.

딕은 '정치적'이었다. 나는 나도 '정치적'인 사람이라고 생각했지만, 딕에 비하면 완전히 아마추어였다. 나는 학과장이 손을 쓰면 학과의 방향이 얼마나 빨리 바뀔 수 있는지 몰랐다. 분명히 말해야겠다. 딕은 늘 내게 친절했다. 초기에 그는 나야말로 학과에서 잃고 싶지 않은 사람이라고 말했다. 그러나 이어서 우리 신학과가 버렐의 지휘하에 예일, 하버드, 유니언과 경쟁할 수 있는 초교파적 신학과가 되려고 했다고 설명했고, 그것은 잘못된 일이었으며, 우리가 교파적으로 가톨릭 학교가 되어야 하고 보스턴 대학과 마케트 대학 같은 학교들과 경쟁해야 한다고 했다.

나는 너무 놀라 어안이 벙벙했다. 나는 개신교도들이나 교파를 이루는 것이라고 대답했다. 가톨릭은 교회를 이루는 공동체다. 그는 그 점을 이해하지 못했는데, 그것이 그가 오기 전에 우리가 하려던 일을 이해하지 못한 결정적인 이유였다. 우리는 가톨릭교만이 유대교와 기독교의 여러 형태를 대표하는 교수들과 기독교가 보여 주는 불일치의 고통 및 일치의 가능성을 드러내는 방식으로 역사와 신학을 연구하려는 교수들을 한데 아울러 하나의 신학과를 유지할 수 있음을 알았던 것이다. 그런데 가톨릭 신자들이 자신들을 하나의 교파로 생각한다는 것은 미국의 가톨릭교가 개신교의 한 형태가 되어 버렸다는 의미였다.

그 세대 신학자로선 이해할 만한 일이지만, 딕은 신학이 제2차 바티칸 공의회 이후로 가톨릭 보수주의자들과 자유주의자들이 벌이고 있는 전투에 쓸 무기라고 생각했다. 우리는 그런 전투를 피하는 학과가 되려고 했었다. 가톨릭 보수주의자들과 자유주의자들 사이에 전선이 형성되는 방식이 대개 지적으로 흥미롭지 못했기 때문이다. 그 전투는 가톨릭교의 고립된 성격을 대변하고 재생산했다. 아이러니하게도, '세상에 열려' 있기 원했던 가톨릭 자유주의자들은 대부분 '세상'에서 살아 본 적이 없었고, 그 결과 교회보다 세상에 더 긍정적이었다. 그러나 일부 가톨릭 보수주의자들의 방어적인 '요새 심리'(fortress mentality)가 교황 요한 23세[*]의 정신을 배반했다는 자유주의자들의 생각은 옳았다.

버렐이 학과장으로 있는 동안, 신학과 교수들의 피정에는 중요한 신학 서적을 읽고 토론하는 시간이 항상 있었다. 그러나 딕은 피정의 초점이 학과를 어떻게 조직할 것인지에 맞춰져야 한다고 했다. 딕이 일으키는 변화들에 대해 논의할 때, 적어도 당시에는 딕의 동맹이었던 에드 멀로이는 상황이 복잡하지 않다고 말했다. 그는 버렐의 지휘 아래 특정 집단의 사람들이 권력을 쥐었었고, 이제 교체되어 새로운 집단이 힘을 갖게 될 거라고 말했다. 정

• 요한 23세는 교회가 시대의 요구에 적응해야 하며, 세상을 향해 자신을 열어 놓아야 한다는 생각으로 제2차 바티칸 공의회를 소집했다.

치적으로 순진했던 나는 몽크가 같은 성십자가수도회 소속인 데이비드의 편을 들 거라고 생각했다. 그러나 완전히 틀렸다. 수도회 내에서 세대 간의 긴장이 있으리라고는 생각 못했던 것이다.

내가 볼 때, 맥브라이언이 가장 바라는 것은 로마를 미국화하는 것이었다. 그는 미국교회가 더 민주적이 되기를 원했다. 교회를 더 민주적으로 만드는 데에는 긍정적으로 할 말이 많다. 하지만 기왕 시작한 비유를 이어 가자면, 딕이 일을 추진하는 모습을 보면 그의 진정한 관심사는 미국 내 로마가톨릭교의 첫 번째 대통령이 되는 것 같았다. 사실, 그가 신학과를 장악하는 방식은 전혀 민주적이지 않았다. 부임 후 얼마 지나지 않아 딕은 내가 교수 회의에서 너무 "자기주장이 강하다"고 말했다. 나 때문에 일부 교수들이 하고 싶은 말을 못 하므로, 회의 석상에서 되도록 말을 하지 말라고 했다. 그는 반어적 상황이 무엇인지 전혀 모르는 사람이었다.

딕은 또한 내가 노터데임의 학부생들에게 "허비"되기에는 지적으로 너무 "고성능"이니 대학원생을 대상으로 한 수업만 열라고 했다. 나는 신학과와 연계된 모로 신학교의 도덕신학 첫 과정은 가톨릭 신자가 가르쳐야 한다고 늘 생각하긴 했지만, 내가 학부생들을 가르치면 안 된다고 생각한 적은 없었다. 나는 학부생들을 가르치는 일이 좋았다. 그들을 포기하기 싫었다. 이후 나는 학부생들을 계속 가르치긴 했지만, 인문예술대학에서 개설한 새로운 과정의 교수진으로 그들을 만났다. 학부생들이 서구 지적 전통의 '고전들'을 접하게 하는 것이 그 과정의 취지였는데 무척 즐거운 일이었다. 갈릴레오, 라이엘(Charles Lyell), 다윈(Charles Darwin) 같은 사람들의 사상을 다룰 기회가 되었기 때문이다. 고전을 가르치는 것은 좋았지만 학부생들에게 신학을 가르치는 일이 그리웠다. 그들이 신학에 관심을 갖게 하려고 노력하는 과정이 그리스도인이 되는 것이 얼마나 신나는 일인지 발견하는 좋은 방편임을 여러 번 경험했기 때문이다.

헤스버그 신부를 위시한 노터데임의 다른 이들이 딕 맥브라이언을 신학과 학과장으로 임명하는 일을 배후에서 지휘했다. 그리고 딕은 우리의 꿈을 죽이고 있었다. 물론, 우리 신학과 사람들이 헤스버그 신부 같은 이들에게 그 꿈을 이해시키기 위해 했어야 마땅한 정치적인 작업을 소홀히 했다는 점은 인정한다. 우리의 꿈은 종교학과가 되느냐, 아니면 교파적인 신앙을 고백하는 학과가 되느냐의 양자택일을 피하는 것이었다. 이 꿈의 실현 여부는 사람들에게 달려 있었다. 교회의 미래에 대한 일련의 판단과 비전을 공유한 개신교 신자들과 가톨릭 신자들 말이다. 우리가 가야 할 길을 또렷이 보지 못한 것은 사실이지만, 그때 목표로 설정했던 그것이 지금도 내 삶을 움직이고 있다.

나는 무엇보다 학내의 변화가 데이비드에게 갖는 의미 때문에 괴로웠다. 교황 바오로 6세는 헤스버그 신부에게 성지에 에큐메니컬센터를 세우도록 요청했었다. 헤스버그 신부는 데이비드에게 예루살렘에 가서 센터를 이끌어 달라고 요청했는데, 그 센터는 원래 노터데임을 위해 계획된 것이었다. 데이비드는 그것이 학과장을 마친 후에 감당하기에 좋은 일이라고 생각했다. 그래서 맥브라이언이 학과를 접수한 첫해에 데이비드는 노터데임에 있지 않았다. 그는 돌아온 후에도 계속 기분 좋게 일을 해 나갔지만, 그가 이전과 달리 주변부로 밀려나는 모습을 지켜보기는 힘들었다.

그 기간에 나는 내가 존경하지 않는 사람들을 위해 일할 수 없음을 알게 되었다. 나는 옳다고 생각하는 일을 위해서는 죽어라고 일할 의향이 있다. 요청을 받으면 나의 '경력'에 도움이 안 되는 일도 기꺼이 맡고 그런 과목도 기꺼이 가르쳤다. 나는 그것이 이타적인 행동이라 생각하지 않았다. 그저 미래를 세워 나가는 데 관심이 있다면 당연히 해야 하는 일로 여겼다. 나는 언제나 기꺼이 '내 일'을 제쳐 놓고 공동 사업의 유익을 위해 해야 할 일들을 했다. 그러나 존경하지 않는 사람들을 위해서는 일할 수가 없다. 그리고 믿을 수 없는 사람들을 존경할 수가 없다.

나는 딕에게 수수께끼 같은 인물이었을 것이다. 한번은 그가 앤과 나에게 저녁을 사겠다고 한 적이 있다. 나는 좋다고 말하고는 조깅을 하러 나갔다. 그다음에 내가 한 일은 아마 트롤럽의 소설들을 통해 받은 영향 탓이었을 것이다. 나는 그 길로 딕을 만나러 가서, 그와 함께 식사를 할 것처럼 말했던 것은 진실하지 못한 행동이었다고 얘기했다. 사실 나는 그를 신뢰하지 않고 그가 학과를 이끌어 가는 방식도 인정할 수 없다고 했다. 우리가 공공장소에서 식사를 같이 하는 것은 솔직하지 못하고 거짓된 모습이 될 터였다. 내가 학과 안에서 최대한 좋은 시민으로 처신할 것임은 믿어도 좋지만 그의 친구인 척하라는 것은 지나친 요구라고 했다. 그것이 우리 두 사람이 나눈 마지막 진지한 대화였다.

한편, 신학과는 가톨릭적인 성격을 적절히 확보하기 위해 새로 임명된 교수들로 채워졌다. 나는 방해가 되지 않으려고 노력했다. 나는 이제 개신교도였다. 그전까지 나는 늘 존 요더에게 교수회의 때 너무 조용하다고 말해 왔었다. 그는 종신 교수직이 보장된 정교수이므로 학과에 책임이 있다고 지적하면서 말이다. 만약 그가 손님이라는 생각으로 학과 내에서 조용히 있는 거라면, 메노파는 자신들이 '세상으로부터 물러나야 한다'고 생각하는 사람들이라는 고정관념을 확증해 줄 따름인 것이다. 나는 이렇게 말하곤 했다. "젠장, 존, 학과에서 힘이 있잖아요. 그것을 써야 해요." 데이비드가 학과장으로 있을 때는 그 말이 옳았다고 생각한다. 하지만 이후 조용한 손님으로서 요더의 태도는 신학과의 새로운 정권에 대해 예언자적인 역할을 감당했다.

내가 불만이 있다는 사실은 비밀이 아니었다. 나는 인문예술대학 학장에게 불평을 털어놓았다. 그러나 학과의 전면적인 변화는 위에서 내려온 지시에 따른 것이 분명했다. 짐 버트챌이 교무처장에서 물러난 지는 몇 년 되었고, 그가 신학과로 돌아온다 해도 할 수 있는 일이 별로 없었다. 헤스버그 신부가 버트챌이 교무처장에서 물러나야 한다고 결정했던 이유는 분명하지 않았다. 당시에는 버트챌이 오만한 행태를 보이고 가톨릭 신자 고용을 강조하는 바람에 너무 많은 교수들의 공분을 샀던 거라고 추측할 뿐이었다. 그러나 나중에 알고 보니 다른 심각한 문제들이 있었고, 짐은 그로 인해 비싼 대가를 지불해야 했다. 노터데임에 남아 있을 수 없게 된 것이다. 그러나 나에게는 여전히 소중하고 좋은 친구다.

누군가 내가 노터데임을 떠나는 것이 좋겠다는 생각을 했다. 대학에서는 노터데임 런던 프로그램을 시작한 터였다. 나는 런던에서 가르쳐 보겠느냐는 제안을 받았다. 한 가지 사소한 문제가 있었으니, 바로 앤이었다. 그러나 그녀는 잉글랜드로 가는 것에 반대하지 않았다. 슈라이너 박사는 얼마 전 세상을 떠났고 앤은 새로운 정신과 의사를 썩 좋아하지 않았다. 런던에 가면 더 좋은 보살핌을 받을 수도 있었다. 우리는 고작 6개월 가 있을 테니, 어쩌면 조증 삽화를 제어할 수 있을지도 몰랐다. 애덤도 막 고등학교 생활을 시작했기에 런던에서 학교를 다니기 좋은 시기였다. 우리는 런던으로 떠났다.

런던에 도착하자, 앤은 노터데임이 우리가 살던 주택에 얼마나 많은 돈을 지불하고 있었는지에 집착하기 시작했다. 우리는 켄싱턴 공원에서 멀지 않은 멋진 곳에 자리를 잡았다. 베이스워터 지하철역 근처였다. 앤은 끊임없이 돈 걱정을 했고, 매일 장을 봐야 한다는 사실을 믿을 수 없어 했다. 우리는 할리 가(街)의 한 정신과 의사를 찾아 그녀의 혈중 농도를 정기적으로 확인했다. 그녀는 행복하지 않았지만 대체로 제정신을 유지했다. 앤은 낯선 장소에서 삽화를 겪는 것을 두려워했던 것 같다. 조증 상태에 빠지지 않으려고 절박하게 노력하는 것을 느낄 수 있을 정도였다.

우리는 불안으로 가득한 잊지 못할 파리 여행을 떠났다. 앤은 파리에서 여러 박물관을 둘러보고 싶어 했지만, 일단 거기 도착하자 그 도시가 혼란스럽고 위협적이라고 느꼈다. 그녀는 우리가 길을 잃을까 봐 겁을 냈는데, 물론 우리는 길을 잃었다. 주요 박물관도 둘러보았다. 3일째부터 그녀는 호텔을 떠나지 않으려 했다. 나는 그녀가 삽화로 접어드는 거라고 확신했다. 하지만 어찌어찌해서 그녀를 런던으로 데려갈 수 있었다. 면도날 같은 혼란 위에서 살아가던 그 시절을 떠올리면 지금도 마음이 힘들다.

애덤은 런던을 사랑했다. 애덤은 홀랜드 공원에 있는 학교에 다녔는데, 국립 학교도 이튼처럼 좋을 수 있다는 것을 보여 주기 위해 노동 계급을 대상으로 세운 학교였다. 이튼만큼 좋지는 않았지만 제국의 아이들이 교육을 받는 멋진 곳이었다. 애덤은 인도, 파키스탄, 동남아시아 출신의 친구들과 던전앤드래곤 게임을 끝도 없이 했다. 그리고 금세 지하철 이용법을 익혀서 친구들과 함께 런던에서 가고 싶은 모든 곳을 찾아다녔다.

학교 사회 수업에서 마르크스를 배우자 애덤은 하이게이트에 있는 마르크스의 무덤을 방문하고 싶다고 했다. 우리는 토요일 아침 일찍 노던 라인을 타서, 아이 조부모님 댁을 찾아가는 펑크족 가족과 나란히 앉았다. 그 가족은 할아버지 댁에 갔다가 주말에 친구들과 어울려 놀 거라고 했다. 꼿꼿이 세운 핑크색 머리에, 적당히 피어싱을 하고 체인을 감은 부부가 유모차에 아이를 태우고 부모님 댁을 찾아가는 곳은 런던밖에 없을 것이다.

하이게이트에 도착하고 보니 그날이 마르크스 탄생 기념일이었다. 공산당이 가두 행진을 위해 모여 있었고, 도처에 현수막과 스피커가 있었다. 공산당원들보다 경찰 병력이 더 많은 것 같았다.

미국에서는 결코 볼 수 없을 집회였다. 우리는 레닌주의자와 마르크스주의자 중 어느 쪽이 혁명을 진정으로 배신했는지를 놓고 벌이는 활발한 토론도 들었다. 애덤과 나는 잉글랜드를 사랑했다.

교회에 간다면 감리교회에 다녀야 한다고 생각해서, 포토벨로 로드 너머 꽤 먼 곳에 있는 교회를 하나 찾았다. 한 달 동안 우리는 걸어서 한 시간 거리의 감리교회를 다녔다. 그곳은 "피플스교회"라는 꼬리표가 붙었는데, 주로 흑인들로 구성된 교회라는 뜻이었다. 우리는 그곳 교인들을 좋아했지만 예전은 질색이었다. "하나님은 마법의 동전 같아요. 잃어버려도 우리에게 돌아오시지요." 어느 주일에 이 찬양을 들은 후, 나는 애덤에게 다시는 이 교회에 오지 않을 거라고 말했다.

결국 피커딜리의 세인트제임스교회에 나가기 시작했다. 웨스트엔드 중앙에 있는 렌교회 중 하나*였고, 도널드 리브스가 주임사제였다. 당시만 해도 나는 그가 누군지 몰랐고, 그가 논란의 여지가 있다고 보는 사람들이 있는 줄도 몰랐다. 나는 그가 세인트제임스교회에 가져다준 지성과 에너지에 감탄했다. 웨스트엔드에는 음악가, 미술가, 배우들이 많이 살았고 리브스는 그들을 예배에 활용하는 법을 알았다. 정오 무렵이면 그는 교회 측면에 설치한 외부 설교단에 서서 지나가는 행인들을 대상으로 설교하곤 했다. 그는 신앙과 정치에 대한 연속 강좌를 마련했고, 그 시간에 나는

• 1666년 런던 대화재로 88개의 교구 교회들이 불타자 건축가 크리스토퍼 렌이 그중 51개의 교회를 설계했는데, 그중 하나라는 말이다.

토니 벤(Tony Benn)과 셜리 윌리엄스(Shirley Williams)의 강연을 들었다. 나중에 나는 웨스트민스터대성당의 저명한 의전 사제가 세인트제임스교회와 도널드를 두고 "유행을 좇는다"고 말하는 것을 들었는데, 그것이 사실이라면 그들의 모습이야말로 우리가 따라야 할 '유행'일 것이다.

나는 세인트제임스교회에서 설교도 했다. 본문은 누가복음 24장 13-49절이었다. 평소 설교할 기회가 많지 않았는데, 세인트제임스교회에서 한 설교였을 뿐 아니라 엠마오 도상의 대화에 대해 설교할 기회여서 좋았다. 나는 설교가 논증이 되어야 한다고 믿었고, 예수님이 빵과 포도주 안에 임재하시기 때문에 더 이상 몸으로 나타나실 필요가 없다고 주장했다. 그 내용을 곰곰이 생각한 것에서 시작하여 결국 10년 후에 『성경을 풀어 놓으라』(Unleashing the Scriptures)를 썼다. 도널드는 그 설교가 "상쾌하다"고 했다.

나는 가망 없는 영국 애호가다. 잉글랜드에 있는 동안 트롤럽의 소설을 구할 수 있는 대로 모두 구해 읽었고, 노터데임 학생들을 위해 잉글랜드 버스 여행을 거의 주말마다 조직해 트롤럽 소설의 무대가 된 세상을 둘러보았다. 나는 잉글랜드교회에 대한 과목을 하나 가르쳤는데, 노터데임 출신 가톨릭 신자들이 자신이 발로 딛고 선 잉글랜드라는 세상을 형성한 기독교의 한 형태에 대해 배우면 유익하겠다고 생각했기 때문이다. 나중에 듀크에서 내게 박사 지도를 받게 되는 빌 캐버너는 내가 노터데임 대학교 런던 프로그램에서 가르친 몇 개의 수업을 들었다. 그가 엘리엇의

『아담 비드』에 매료되었던 기억이 난다.

영국 지성계를 잘 배울 기회도 얻었다. 나는 당시 더럼에 있던 스티븐 사이크스(Steven Sykes)를 불러, 노터데임 프로그램을 듣는 모든 학생 앞에서 강의를 하게 했다. 니콜라스 래시는 그가 노터데임에 강의를 하러 왔을 때 만난 사이였는데, 그도 이 강좌에서 강의를 했다. 나는 보답으로 케임브리지에서 강연을 했다. 강의가 끝난 후 내가 질문이 별로 없어서 어리둥절하다고 말하자, 니콜라스는 텍사스 억양 때문에 내 말을 잘 알아듣지 못한 학생과 교수도 있을 거라고 했다.

블렌킨숍 부부가 안식년으로 옥스퍼드에 와 있었는데, 친절하게도 우리를 초대해 주었다. 초대에 응해 갔을 때 허버트 매케이브를 처음으로 만났다. 허버트가 술에 취해 있어서 그와 원하는 대화를 나눌 수는 없었지만 그를 만나게 되어 무척 감격했다. 나중에 옥스퍼드를 다시 찾을 일이 있어서 그와 도미니코 수도회 소속 퍼거스 커(Fergus Kerr)와 대화를 나눌 기회를 얻었다. 나는 내가 알게 된 세상이 너무 좋았다.

우리는 아일랜드에도 갔다. 에드나가 메이누스로 돌아와 신학교에서 가르치고 있었다. 그는 나를 초대해 일주일 분량의 강의를 맡겼다. 모든 것이 마법 같았다. 한밤중에 일어나 불 속에 이탄(泥炭)을 넣는 일마저 좋았다. 대강절이 시작되고 있었다. 나는 아침 6시에 신학교 미사에 참석했는데, 600명의 신학생들이 유럽 최대의 성가대 자리를 채우고 있었다. 그들은 진부하게 느꼈을지 몰라도 내게는 비범한 광경이었다. 나는 수녀들과 함께 제단 맞은

편 몇 안 되는 뒤쪽 신도석에 앉았다. 그 학생들 중 내 강의를 이해하는 사람은 없었을 것 같다. 대부분의 학생들은 라인홀드 니버를 들어 본 적도 없었다.

잉글랜드에서 나는 멋진 휴식 시간을 보냈다. 신학과에서 일상적으로 벌어지는 정치에서 벗어날 수 있었고, 사우스벤드와 노터데임에서의 삶이 힘들어졌어도 내게 주어진 것이라는 생각을 품고 돌아왔다. 하지만 내게 다른 선택이 있음을 알리는 작은 제안이 있었다. 나는 잉글랜드로 떠나기 전에 듀크대 신학대학원 학생인 마이클 카트라이트(Michael Cartwright)에게 노터데임에서 나와 함께 연구할 수 있는 가능성을 묻는 편지를 받았었다. 아칸소 출신인 그는 내 저작을 많이 읽은 것 같았고, 착실한 감리교 신자로서 덕과 성화(聖化)의 관계에 대해 나의 저작에서 발견한 내용들을 자세히 살펴보고 싶다고 했다.

나는 그에게 답장을 보내, 그를 학생으로 받고 싶지만 노터데임의 상황이 바뀌고 있으며 내가 노터데임에서 계속 가르치게 될지 장담할 수 없다고 알렸다. 마이클은 내 편지를 토미 랭퍼드(Tommy Langford)에게 보여 주었고, 토미는 그 편지를 얼마 전 듀크 신학대학원 원장이 된 데니스 캠벨(Dennis Campbell)에게 보여 줘도 되겠느냐고 물었다. 데니스는 잉글랜드에 있던 내게 전화를 걸어, 미국으로 돌아오면 듀크를 방문할 수 있는지 물었다. 듀크로 올 가능성을 생각해 보라는 것이었다. 데니스는 신학대학원에서 기독교 윤리학을 오랫동안 가르친 왈도 비치가 곧 은퇴한다며, 그러면 그 자리를 내가 대신할 가능성이 있다고 했다. 나는 방문할 수 있다고 말했다.

데니스와의 통화에 마음이 혹하기는 했지만, 노터데임을 떠난다는 것은 상상하기 어려웠다. 나는 노터데임과 결혼한 것이나 마찬가지였다. '호수 효과'로 내리는 폭설과 잿빛 겨울이 지긋지긋하긴 했지만 사우스벤드가 좋았다. 노터데임 대학교와 브로드웨이 연합감리교회에 깊이 마음을 주었기에, 내가 다른 곳에서 살면서 가르친다는 것이 상상이 되지 않았다. 맥브라이언이 영원히 신학과 학과장으로 있지는 않을 터였다. 나는 학장을 통해 다른 학과로 전과하는 가능성도 타진하고 있었다. 이사에 대해 앤이 어떻게 생각할지도 걱정이었다.

하지만 에드나가 아일랜드로 돌아가면서 내가 노터데임을 떠날 결심을 하게 하는 최종적이고 결정적인 계기가 생겼다. 에드나는 퍼트리샤 쉘레스(Patricia Schoelles)라는 세인트조지프 수녀회 소속 수녀의 박사 논문을 지도하고 있었다. 퍼트리샤는 내가 여름학기에 가르친 학생 중 하나로, 나는 그녀에게 신학 공부를 더 하라고 권했었다. 그녀는 훌륭한 학생이었음에도 수녀회의 많은 여성들처럼 자신의 지적 능력을 과소평가하고 있었다. 그녀는 박사 과정을 신청해서 허가를 받았고, 에드나가 노터데임에 있는 대부분의 기간 동안 그의 조교를 맡았다.

그녀는 디트리히 본회퍼와 요하네스 메츠(Johannes Metz)의 저작을 활용해 사회윤리로서의 제자도에 대한 논문을 쓰고 있었다. 아일랜드로 돌아가기로 결정했을 때, 에드나는 패트의 양해를 구한 다음 내게 그녀의 논문 지도 교수가 되어 줄 수 있느냐고 물었다. 나는 기꺼이 그렇게 하기로 했다. 그녀가 박사 논문에서 진행한 연구 내용이 마음에 들었다. 그것은 미국에서 진행된 최초의 중요한 메츠 연구 중 하나였고, 최근에 나온 뛰어난 학문적 성과를 활용하여 신약성경의 제자도를 잘 설명해 냈다.

나는 박사 논문을 승인했다. 내가 볼 때는 위원회의 검토를 받을 준비가 된 논문이었다. 대학원 교과과정 책임자인 유진 울리히는 에드나가 자리에 없어서 심사위원이 한 명 부족하다며, 리처드 맥브라이언이 심사위원이 되면 어떻겠느냐고 물었다. 나는 동의했다. 학과 내에서 우리가 어떤 싸움을 벌이건 그 문제를 학생의 논문 평가에 끌어들일 거라고는 생각하지 않았던 것이다. 더욱이 그 논문은 교회학 분야에 속했고, 가톨릭교 내부의 과잉 규정된 학문 구분에 따르면 딕은 교회학자를 자처하는 사람이었다. 모든 일이 순조로울 거라고 생각했다.

그리고 얼마 후, 패트의 전화를 받았다. 그녀는 세인트조지프 수녀회 대학에서 가르치기 위해 뉴욕 로체스터로 돌아가 있었는데, 맥브라이언이 전화해서 말하길 그녀의 논문이 가톨릭교와 양립할 수 없는 교회론을 대표하기 때문에 통과시킬 수 없다고 했다. 맥브라이언은 제자도를 사회윤리로 설명하는 그녀의 입장에 따르면 교회가 세상에서 물러나야 한다는 뜻이 된다고 설명했다. 그것은 사회적 책임을 강조하는 가톨릭의 입장과 충돌한다는 것이었다. 패트는 이렇게 대답했다. "하지만 저는 수녀입니다." 딕은 그 말의 요점을 파악하지 못했다.

딕이 그런 이데올로기적 이유로 논문 통과를 거부했다니 믿을 수가 없었다. 그는 팻의 입장이 아닌 것을 그녀의 입장이라고 간주했다. 그녀가 내세운 논증에 그런 함의가 명백하게 들어 있는 것도 아니었다. 딕은 그저 나와 요더의 활동이 불러일으킨 논쟁을 통해 알게 된 용어들에 비추어 그녀의 논문을 읽었고, 그 논문이 "종파적"이라는 판단을 내린 것이었다. 얄궂게도, 그런 용어는 개신교 자유주의 신학에서 만들어 낸 것이었다. 개신교 자유주의 신학이 어디서 죽게 되는지 알고 싶다면, 일부 가톨릭 신학자들이 하는 일을 들여다보면 된다.

팻은 분개했다. 그녀는 거의 "집어치우라 그래요. 나는 박사 학위가 그리 필요하지도 않아요"라고 말할 태세였다. 나 역시 그리 기분 좋은 상황은 아니었지만, 딕에게 화가 난다고 해서 팻에게 필요한 조언을 외면할 수는 없었다. 그래서 나는 그녀를 진정시킨 후 생각할 시간을 달라고 했다. 우리에게 필요한 것은 라너의 권위라는 생각이 떠올랐다. 어쨌든 메츠는 라너의 학생이었다. 1960년대 초, 라너가 『신학 연구』에 실은 논문에서 제2차 바티칸 공의회는 교회가 이제 디아스포라의 교회라는 발견을 대변한다고 말했던 기억이 났다. 나는 팻에게, 제자도의 주제는 라너가 제2차 바티칸 공의회 이후 교회의 디아스포라적 특성에 주목함으로써 말하고자 한 바를 표현하고 있음을 시사하는 방식으로 논문의 마지막 장을 재구성해 보자고 제안했다.

팻은 그런 논지로 마지막 장을 다시 썼다. 딕은 이제 그녀의 수정본을 받아들일 수밖에 없지 않겠는가? 그러나 나는 그의 행동을 참을 수가 없었다. 내가 맡은 대학원 학생들이 정치적 외풍에 시달려야 하는 학교에 머물고 싶지 않았다. 그즈음 데니스가 다시 전화를 걸어와 여전히 듀크를 방문할 생각이 있는지 물었다. 나는 그럴 생각이 있었다. 앤도 기꺼이 이사를 고려하고 있었다. 그녀는 면접을 보러 가는 자리에도 같이 갈 생각을 했다.

듀크로 가서 면접을 봤다. 1983년 가을이었다. 나는 일자리를 제안받을 거라고 생각했고, 교직원들 앞에서 내가 하고 있는 일과 향후 연구 계획을 발표했다. 『평화의 나라』가 그해 봄에 출간되었다. 『국가에 반대하여』와 『고통받는 자들과 함께하기』가 제작 중이었으며 곧 나올 예정이었다. 교수들 중 일부가 나를 '적임자'가 아닌 위협적인 인물로 여길 수 있으리라고는 전혀 생각하지 못했다. 몇 년 후, 당시 입학처장이던 폴라 길버트와 결혼한 다음에야 나는 그날 저녁 식사 시간에 폴라가 나의 언어 사용이 남녀가 섞인 자리에서 문제의 소지가 없는지 판단하는 임무를 맡았었다는 사실을 알게 되었다. 내가 욕쟁이라는 평판이 있었던 것이다. 그들은 내가 특정한 비속어를 쓰지 않을까 우려했다. 나는 그런 평판을 받을 만했고, 얼마든지 비속어를 쓸 수도 있었을 것이다. 그러나 그날 저녁에는 운이 좋았는지 비속어를 쓰지 않았다. 앤과 내가 더럼에서 돌아온 지 얼마 후, 데니스가 교수진에서 나를 받아들이기로 했다고 전화로 알려 주었다.

나는 어떤 세계에 발을 들여놓는지 알지 못했다. 터무니없게 들릴 수 있지만, 신학대학원 교수가 된다는 것의 의미를 한 번도 생각해 보지 않았다. 나는 노터데임에서 14년 동안 있었고, 대학교의 신학과 소속이었다. 듀크에서도 상황이 대체로 비슷할 거라고 생각했다. 면접을 보면서 신학대학원 원장과 교무처장을 만났다. 나는 노터데임에서처럼 듀크에서도 대학교 내에서 상호작용이 있을 거라고 생각했다. 이제 내가 가르칠 학생들이 대부분 목회자의 길로 들어서는 이들이리라고는 생각하지 못했다.

듀크로의 이직이 개신교 세계로 돌아오는 일이라는 것도 몰랐다. 노터데임에서 오랜 세월을 보내면서 내가 가톨릭적 습관에 깊이 젖어 있었다는 사실을 깨닫지 못한 것이다. 예를 들어, 나는 「크리스천센추리」(Christian Century)보다 「커먼윌」(Commonweal)과 「아메리카」(America)를 읽는 것이 더 중요하다고 생각했다. 듀크에 도착한 이후 학교 도서관에서 「베네딕틴웨이」(Benedictine Way)를 구독하지 않는 것을 알고 깜짝 놀랐다. 나는 사우스벤드에서 감리교회를 다녔지만 '개신교'가 말하는 세계와 단절되어 있었다.

나는 데니스 캠벨이 누군지도 몰랐다. 그는 나보다 2-3년 늦게 예일에 입학했는데 학생 시절에 만난 기억이 없었다. 그는 예일에서 신학교를 마친 후 듀크에서 박사 학위를 받았다. 나는 그가 로버트 쿠시먼의 영향을 받았을 것이고 감리교를 복음주의 가톨릭의 한 형태로 이해하는 나와 입장을 공유할 거라고 생각했다. 내가 존 스코어를 통해 처음 엿보았던 감리교회 개혁에 헌신된 사람이 나를 듀크로 데려온 거라고 생각했다. 그러나 그것이 잘못된 생각이었음을 곧 알게 되었다.

한때는 데니스도 듀크대 신학대학원을 목회자 지망생들에게 진지한 신학적 훈련을 제공하여 감리교를 개혁하는 데 헌신하는 곳으로 만들려는 포부가 있었을지도 모른다. 그러나 그는 딕 맥브라이언과 다르지 않았다. 야심만만했지만 야심에 걸맞은 재능을 갖춘 것 같지는 않았다. 그는 학장이 되고 싶어 했지만, 그저 학장이 되는 것 외에는 달리 학장이 되고 싶은 이유가 없는 듯 보였다. 나는 인생을 그렇게 꾸려 가는 사람을 이해할 수가 없었다.

물론 공정하게 말하자면, 데니스도 나라는 사람을 통해 무엇을 만나게 될지 전혀 예상하지 못했을 것이다. 그가 내 글을 읽었는지는 모르지만, 나의 생각이 얼마나 급진적인 성격을 띠게 되었는지 이해하지 못한 것 같다. 나는 그에게 내가 '평화주의자'라고 말했고 그로 인해 모든 것이 달라졌다. 그는 그 말을 이해하지 못했다. 그는 세상을 끌고 가야 하는 사람들을 방해하지 않는 한 평화주의자는 괜찮다고 니버식으로 생각했던 것 같다. 요더가 내게 가르쳐 준 기독론과 비폭력주의의 상호 구성관계는 데니스에게 낯선 생각이었다. 그는 수많은 자유주의 및 보수주의 개신교 신학자들과 마찬가지로, 내가 요더에게 배운 종말론적으로 생각하는 법을 제대로 알지 못했다. 달리 표현하자면, 그는 우리 그리스도인들이 우리와 신앙을 공유하지 않는 이들과 다른 시간을 살아간다는 말의 의미를 상상도 하지 못했다.

데니스가 전화를 걸어와, 내게 자리를 제안하기로 했다는 교수진의 투표 결과를 알려 주더니 내가 마음을 정했는지 물었다. 내가 잠정적으로 '그렇다'고 대답할 준비가 되면, 다음 단계는 교무처장과 '교수 임용, 승진, 종신 교수직 위원회'(APT위원회)에 제출할 서류 일체를 준비하는 것이라고 했다. 앤은 듀크를 방문했을 때 관심을 한 몸에 받는 것을 즐겼던 터라 서류 절차를 밟아도 좋다는 데 동의했다.

임용과 종신 교수직 보장 절차는 결과적으로 두 달이 넘게 걸렸다. APT위원회와 관련된 까다로운 절차는 듀크에서 오랫동안 자리를 잡지 못하고 있었다. 나중에 나는 듀크의 APT위원회에서 8년 넘게 일하게 되고 이 위원회에서의 역할로 높은 평가를 받게 된다. 하지만 그 시점에 듀크대 측에서 나의 서류 일체를 평가하는 데 들인 두 달의 시간은 내 쪽에서 감당하기가 버거웠다. 나는 이미 맥브라이언에게 편지를 써서 듀크와 논의 중이라는 사실을 알린 터였다. 그는 틀림없이 좋아했을 테지만 문제는 그게 아니었다. 우리가 듀크에서 돌아온 후, 앤이 짐 버트챌과 사랑에 빠진 것이다.

그즈음 앤은 자신의 망상과 집착을 나에게 숨기는 데 상당히 능숙했기 때문에, 나는 그녀가 노터데임 안에 있는 그의 숙소를 지켜보고 있었다는 사실을 몰랐다. 그녀가 사실상 그를 스토킹했다는 사실도 몰랐다. 심지어 그녀는 그의 숙소를 몇 번이나 무단 침입하기까지 했다. 그가 돌아오면 함께 잠자리에 들기를 바랐던 것이다. 마치 부조리극에 나오는 장면 같았다. 그러나 분명 연극이 아니라 피할 수 없는 현실이었다.

드디어 짐이 이 일의 전말을 알게 되었다. 가정부가 짐의 숙소에서 앤을 발견했고, 앤의 주장대로 그녀가 그의 숙소에 있어도 괜찮은지 물었던 것이다. 짐은 내게 전화를 걸어 상황을 설명했다.

내가 앤에게 따지자, 그녀는 짐이 자신과 지독한 사랑에 빠졌다고 주장했다. 그저 그가 원하는 대로 할 뿐이라고 했다. 짐은 집으로 와서 앤에게 자신은 그녀와 사랑에 빠지지 않았고 같이 잠자리에 들 생각도 없다고 말했다. 앤은 그 말을 듣더니 나가 버렸고 그의 말을 믿지 않았다.

그러던 중 마침내 데니스가 전화를 걸어서 내게 공식적으로 일자리를 제의할 수 있게 되었다고 말했다. 연봉은 노터데임에 있을 때보다 몇천 달러 더 많을 거라고 했다. 나의 관심사는 돈이 아니었다. 나는 당시 상황에서 노터데임을 떠날 수 있는지 따져 보았다. 그 무렵 애덤은 고등학교 2학년이었고 정말 잘 지내고 있었다. 학과 내에서 내가 벌이는 싸움도 잘 알고 있었다. 애덤은 이사를 하고 싶지는 않았지만, 2학년이 시작되는 그 시점이 3학년이 얼마 안 남은 때보다는 훨씬 낫다고 생각했다. 하지만 앤을 설득해 이사를 가는 것이 난관이었다.

노터데임에는 내가 떠나야 할지 남아야 할지를 상의할 사람이 얼마 없었다. 나는 데이비드, 짐, 데이비드 솔로몬과 이야기를 나누었다. 그러나 그들이 무슨 말을 하겠는가? 나는 좋은 학교에서 좋은 제안을 받았다. 학과의 상황은 한동안 변하지 않을 터였다. 노터데임 측에서 역제안을 해 오기를 기대한 것은 아니었다. 노터데임을 떠날 생각이라면 이번이 더없이 좋은 기회였다. 나는 최종 결정을 내릴 한 주간의 말미를 받았다.

내가 듀크대의 자리를 마침내 수락할 수 있었던 것은 교회 덕분이었다. 듀크에서 면접을 보고 돌아온 후, 나는 브로드웨이 교인들에게 노터데임에서의 내 처지를 설명하고 듀크에서 제안이 올 수도 있다고 말했다. 나는 그들에게 기도를 부탁했고, 그다음에는 그들이 하라는 대로 하겠다고 했다. 내가 진심이었는지 아닌지는 하나님만 아실 것이다. 나는 일자리를 공식적으로 제안하는 전화와 편지를 받은 후, 교인들에게 이제 결정을 내려야 할 때인데 내 마음은 그들의 손에 달렸다고 말했다. 우리는 하나님의 인도하심을 구하며 기도했다. 교인들은 많은 논의 끝에 내가 듀크로 가는 것이 좋겠다는 결론을 내렸다. 그곳에서 내가 감리교회를 보다 직접적으로 섬길 수 있기 때문이었다. 단, 내가 브로드웨이에 있으면서 배운 것들을 듀크의 학생들에게 가르치겠다고 약속하는 것이 조건이었다. 나는 그 약속을 지키려고 노력했다.

앤은 여전히 상태가 좋지 않았다. 나는 그녀 없이 결정을 내려야 했다. "당신이 원하는 대로 해." 그녀가 말했다. 내가 원한 것은 그녀가 나를 사랑하는 것이었다. 내가 원한 것은 우리가 진정으로 같이 사는 것이었다. 내가 원한 것은 애덤에게 엄마가 있는 것이고 '정상'이라고 불릴 만한 상태로 사는 것이었다. 노터데임에 있으면서 그중 하나라도 가능해진다면 나는 기꺼이 머물렀을 것이다. 데니스에게 전화를 걸어 듀크로 간다고 전했다.

그런 다음 자전거를 타고 데이비드를 보러 갔다. 가면서 울었다. 데이비드는 이스라엘에서 돌아온 후, 노터데임의 기혼 대학원생들을 위한 모임 장소이자 예배 공간으로 쓰이던 방 두 칸짜리 집에 살고 있었다. 그는 그들의 교목이었다. 데이비드는 나의 결정에 놀라지 않았고 그것이 올바른 결정이라 생각한다고 말했다. 그는 우리가 지금까지 잘 달려왔고 어쩌면 이제 흩어지는 것이 좋을지도 모르겠다며, 그래도 계속 연락하면서 지낼 거라고 했다. 당시에 나는 그와 연락이 끊어질까 봐 걱정이 되었다. 나는 데이비드를 잘 알았다. 그의 우선순위는 하나님, 교회, 수도회, 노터데임이었다. 그가 이슬람 선교에 마음을 쓰는 것을 볼 때, 이후 전 세계로 다닐 것이 분명했다. 그러나 그의 말이 옳았다. 우리는 연락이 끊어지지 않았다.

다음 날 존 요더에게도 말했다. 존의 연구실은 도서관 지하에 있는 다른 모든 연구실과 마찬가지로 작았고, 언제나 종이에 파묻힐 기세였다. 그는 물건을 그냥 버리는 일이 없었다. 종이도 늘 양면을 다 썼다. 나는 그의 연구실로 들어가 앉으려고 의자 위의 물건을 치웠다. 여러 해 동안 존과 나는 동료이자 친구로 지냈지만, 나는 존이 나를, 우리의 관계를 어떻게 생각하는지 알 수가 없었다. 내가 떠난다고 말하자 그는 내가 그리울 거라고 했고 눈이 촉촉하게 젖었다. 떠나는 나를 포옹하기까지 했다. 그가 그렇게 반응할 줄 예상하지 못했지만, 그렇게 놀라지는 않았다.

노터데임을 떠나기 얼마 전, 내가 노터데임 면접을 볼 때 만났던 에드 오코너가 연구실 문을 노크했다. 내 연구실은 공과대학 건물에 있는 아주 비좁은 방이었다. 내가 그리로 연구실을 옮기고 노터데임에서의 마지막 2년 동안 거기 있었던 이유는 그 방에 창문이 있기 때문이었다. 에드는 보수적인 가톨릭 신자였지만 맥브라이언이 신학과에 일으킨 변화를 대체로 지지했다. 그는 중요한 문제를 논의하려고 하는데 들어가도 되느냐고 물었다. 나는 들어오라고 했다. 그는 "원죄 없는 잉태"(Immaculate Conception)*를 그린 무리요(Bartolome Esteban Murillo)의 그림 전시전이 노터데임에서 열린다는 발표를 듣고 내가 교수회의 시간에 했던 발언 때문에 화가 났다고 말했다. 나는 런던에 있을 때 왕립 미술원에서 열린 무리요 그림 전시회에 간 적이 있었다. 그때 '원죄 없는 잉태' 그림들을 너무 많이 봤던 터라 교수회의 때 불쑥 이렇게 말했다. "'원죄 없는 잉태' 그림은 하나만 보면 다 본 거예요." 에드는 그 발언이 무례했다는 말을 하러 온 것이었다. 그는 내가 '원죄 없는 잉태'에 무슨 반감이 있는지 알고 싶어 했다.

나는 그를 불쾌하게 한 것이 정말 미안했다. 그래서 주저 없이 사과했다. 나는 그런 말을 하게 된 배경을 설명하고, '원죄 없는 잉태'에 대해 그리 많이 생각하지 않았다고 말했다. 내가 그 교리에 대해 개신교적인 편견을 갖고 있었을지도 모르겠지만 '원죄 없는 잉태' 교리가 성경에서 필요한 외삽(extrapolation)인지 기독론에서 요구하는 것인지 알 수가 없었다. 에드는 그 교리가 기독론적인 것이 아니라 인간학적인 것이라고 대답했지만 나는 그 의미를 이해할 수 없었다.

에드는 그 말의 의미를 이해하려면 독실한 가톨릭 신자가 되어야 한다고 설명했다. 나는 노터데임에서 14년 동안 있었지만 가톨릭 신자가 아님을 인정했다. 그동안 그가 보여 준 환대에 감사

• 성모 마리아가 하나님의 특별한 은총을 입어 원죄에 물들지 않고 잉태됨을 뜻하는 말이다. '원죄 없이 잉태되신 성모'라고도 한다.

하고, 내가 '원죄 없는 잉태'에 대해 했던 말을 가지고 기꺼이 찾아와 할 말을 해 준 것이 특히 고맙다고 말했다. 그가 직접 나를 찾아와 문제점을 이야기한 것은 내가 진리를 알아볼 능력이 있을 거라고 생각했다는 뜻이었다.

몇 년 후 나는 데이비드 솔로몬의 의료 윤리학 하계 강좌에서 강연을 하나 맡게 되어 노터데임에 돌아왔다. 아침 일찍 일어나 달리기를 시작했는데, 호수로 가는 길에 세이크리드하트성당 곁을 지나던 중 갑자기 에드가 모퉁이를 돌아서 나타났다. 이른 미사를 드리러 가는 길임이 분명했다. 그는 나를 보고 정말 좋아했다. 미소까지 지었다. 나는 그에게 만나서 너무 좋다고 말했고, 그는 내가 보고 싶었다고 말해 주었다. 그리고 아쉬운 목소리로 "노터데임에는 나 같은 사람들이 더 이상 없어요"라고 말했다. 그 말의 의미를 정확히 알 수는 없었지만, 나는 그의 말을 선물로 받았다. 에드 오코너가 존재함을 아는 것, 데이비드 버렐이 존재함을 아는 것, 성십자가수녀회가 존재함을 아는 것, 에드나 맥도너가 존재함을 아는 것, 그 세계의 일부였던 것, 이 모두는 내가 언제까지나 감사하게 여길 선물이다.

8

여러 시작과
하나의 끝

목회의 중심은 말씀과 성례다.…하나님의 백성이 모여서 하나님을 예배해야 한다는 사실은 그 자체로 '윤리'에 대해 생각하는 방식에 중요한 의미가 있을 뿐 아니라 인간이 어떤 존재인지 고려할 수 있는 적절한 맥락을 제공한다.

듀크로 가기로 한 것은 앤의 조증 삽화가 진행 중일 때 그녀의 동의 없이 내가 내린 결정이었다. 그녀는 듀크를 방문하고 나서 한동안은 옮기는 쪽으로 마음이 끌리는가 싶더니 버트챌과 사랑에 빠진 후에는 노터데임에 머무르려고 했다. 그러다 할돌이 듣기 시작했다. 삽화에서 벗어나면서 그녀는 듀크로 가는 것이 '좋은 생각'임을 받아들였다. 그녀는 더럼으로 이주하는 계획을 세웠다. 집을 매물로 내놓았더니 금세 팔렸다. 나는 이사 과정에서 앤이 주인 의식을 발휘하길 바랐다. 내가 그녀를 신뢰하고 있음을 보여주는 것도 중요할 것 같았다. 그래서 그녀 혼자 더럼으로 가서 집을 사기로 했다. 그녀가 만족하는 결정이라면 어떤 집이든 전혀 상관없었다.

그녀는 집을 산 뒤 사우스벤드로 돌아왔고 우리는 이사할 준비를 했다. 그때 문제가 생겼다. 짐 버트챌에 대한 그녀의 집착이 되살아난 것이다. 또 다른 삽화가 시작된 앤은 애덤과 나는 듀크로 가고, 본인은 사우스벤드에 남아 짐과 결혼해야 한다고 했다. 짐은 다시 우리와 만나 자신은 그녀를 사랑하지 않고 그녀와 결혼할 마음도 없다고 분명히 말했다. 그 말이 믿기지 않는 기색이 역력했지만 앤은 약을 먹기로 했다. 조증 상태에서 벗어나면서 더럼으로 가는 데 동의했고 심지어 이사를 기다리는 것처럼 보이기까지 했다.

우리는 학기가 시작되기 전에 자리를 잡기를 바라며 초여름에 더럼으로 이사했다. 이사는 지옥 같았지만 다행히 이삿짐센터 사람들이 사우스벤드와 더럼에서 제시간에 나타났다. 앤은 이사와 관련된 온갖 세부 사항에 몰입했다. 나는 그녀가 하자는 대로 했다. 그녀가 구입한 집이 특별히 마음에 들지는 않았다. 방들은 어둡고 너무 작았다. 그러나 그런 문제들에 대체로 관심을 두지 않았다. 앤과 충돌할 만한 문제는 웬만하면 피하고 싶은 마음도 있었다. 상대가 내 일에 간섭하지 않는 한 나도 상대가 하고 싶은 대로 하도록 내버려 두는 자기 본위의 불간섭주의였다.

더럼으로 이사한 여름에 나는 마흔넷이 되었다. 그때는 내 나이가 몇인 줄도 몰랐다. 내가 아직 젊다는 사실도 의식하지 못했다. 미래에 대한 계획이라고 해 봐야 애덤이 대학에 가는 것과 또 하루를 무사히 넘기는 것뿐이었다. 정신 질환이 있는 사람과 함께 살 때는 하루를 무사히 넘기는 것이 큰일이다. 듀크의 교수진에 합류하는 것이 내 인생을 어떻게 바꿔 놓을지 나는 전혀 몰랐고 상상할 수도 없었다.

내가 더럼과 사우스벤드, 듀크와 노터데임의 극적인 차이에 적응해야 한다는 생각 역시 하지 못했다. 우선, 나는 스스로를 남부 사람이라고 생각했지만 정작 남부에서 살아 본 적은 없었다. 소나무 사이에서 살아 본 적도 없었다. 소나무가 주는 밀실 공포증의 느낌을 극복하기까지 꽤 시간이 걸렸다. 나는 텍사스 사람이다.

텍사스에서는 나무들이 하늘을 가리지 않는다. 텍사스 사람들이 하늘을 "거대한 하늘"이라 부르는 데는 이유가 있다. 인디애나는 물론 텍사스가 아니지만, 인디애나의 고속도로 변에서 가장 키가 큰 것은 옥수수였다. 노스캐롤라이나에서 밤에 운전을 하면 도로 양편에 죽 늘어서서 모든 빛을 가려 버리는 키 큰 소나무들 때문에 어두운 터널에 갇힌 듯한 느낌이 들었다. 그 순간에는 내가 살아남을 수 있을지 자신이 없어졌다. 기존에 있던 내 삶의 터널들만도 벅찼다.

남부 사람들 주위에서 살아 본 적도 없었다. 우리 부부는 그 유명한 남부의 환대를 받는 처지가 되었다. 신학대학원 교수들이 환대를 베풀어 종종 우리를 식사에 초대했다. 우리 가정에 어려움이 있다는 것을 눈치챈 사람이 있었는지 모르지만, 알 수밖에 없었을 것 같다. 한번은 저녁 식탁에서 집주인이 앤에게 담배는 곤란하다고 말했다. 그 말에 앤은 그대로 집을 나가 식사가 끝날 때까지 차안에 있었다. 그러나 그들은 남부 사람들이었다. 뭔가 잘못되었다는 생각을 했을지 몰라도 겉으로 드러내지는 않았다.

그들이 친절한 사람들임에는 의문의 여지가 없다. 하지만 솔직히 말해, 나는 몇 년 만에 남부의 예의가 철저히 계산된 잔인함이라는 판단을 내리게 되었다. 감리교도들이 남부 사람들에게 배웠는지 그 반대인지는 모르겠다. 그러나 감리교도들과 남부 사람들 모두가 수동 공격적 행동을 예술의 경지로 끌어올린 것은 분명하다. 적어도 내 입장에서, 그것은 남부 감리교의 큰 문제다.

텍사스 사람들은 결점이 많지만 점잖게 행동하는 것으로 사람을 통제하려 하지는 않는다. "원하는 게 뭔지 말해. 그래야 원하는 것을 주든 네놈을 없애든 결판을 낼 것 아니야." 이것이 텍사스 스타일이다. 남부에서는 문제를 이렇게 해결하지 않는다. 예의를 갖춰야 하니 할 말을 대놓고 못한다. 예의는 좋은 면이 아주 많지만, 다른 미덕들과 분리된 모든 미덕이 그렇듯 왜곡될 수 있다. 특히, 예의는 힘 있는 사람들이 자기에게 유리한 쪽으로 상황을 끌고 갈 수 있는 교묘한 조종 수단이 될 수 있다.

듀크 대학교와 듀크대 신학대학원은 남부적이었다. 듀크는 미국의 대학교치고는 '신생'이었는데, 지금 우리가 아는 듀크 대학교는 사실 1920년대에 와서야 시작되었다. 듀크 대학교는 인상적인 건축으로 유명해진 인상적인 사람들을 고용하여 건물을 지었다. 그 결과, 교수들은 노터데임의 도서관 지하와 같은 혜택을 누릴 수 없었다. 학과들 간 교수들의 상호작용도 별로 없었고, 학과 안이나 전문대학원 안에서도 상황은 마찬가지였다.

듀크대 신학대학원의 성격을 규정하는 큰 사건이 둘 있었는데, 내가 알기까지는 시간이 좀 걸렸다. 로버트 쿠시먼은 13년 동안 신학대학원 원장으로 있었다. 그는 존경할 만한 사람이었고 자신의 지적 판단력을 의심하지 않았다. 실제로 그의 판단은 옳은 경우가 많았다. 하지만 뉴잉글랜드 출신이라서 그랬을까? 그의 독재적인 대학원 운영 방식은 대학원 교수진이 참기 어려운 지경까지 이르렀다. 결국 그는 쫓겨나다시피 대학원장 자리에서 물러나게 되었고 그 일로 모두가 마음이 좋지 않았다. 그 싸움은 내가 듀크에 오기 10년도 더 전에 일어났지만 동료 교수들 중 일부는 여전히 그때의 상처를 안고 있었다.

신학대학원에 영향을 준 또 다른 결정적 사건은 일부 교수들이 흑백 분리 교육에 반대하는 시위에 참여한 것이었다. 신학대학원이 듀크에서도 아프리카계 미국인 학생들을 받아들인 첫 번째 전문대학원 중 하나였다는 것은 높이 살 만한 일이었다. 물론 그 결정은 논란을 불러일으켰다. 하지만 그보다 더 논란을 빚은 것은 채플힐 연좌시위에 참여한 세 교수가 체포된 일이었다. 내가 아는 한, 모든 교수는 통합 교육이 "좋은 생각"이라고 여겼다. 문제는 그 목표를 달성하는 수단이었다. 일부 교수진은 듀크 대학교 교수들이 시위에 참여하는 것이 적절하지 않다고 여겼다. 점잖은 사람들은 그런 행동을 하지 않는다는 것이다.

물론 나는 교수진에 합류할 때 이런 일을 전혀 몰랐다. '드러내 놓고 거론되는' 화제가 아니었기 때문에, 이런 역사를 알게 되는 데 어느 정도 시간이 걸렸다. 과거의 싸움이 어떤 긴장을 남겼든 그것은 숨겨졌다. '예의'가 모든 것을 지배했다. 새로운 동료들의 마음을 상하게 하려는 의도는 없었지만, 일부 교수들은 나의 직접적인 화법을 받아 주기가 좀 어려웠을 것 같다. 그러나 나는 노터데임의 철학과 사람들과 어울려 본 터라, 대학교 구성원들은 누구를 상대로 하더라도 자기 견해를 강하게 고집하는 사람들이라고 생각했다.

노터데임에서 듀크로 옮기면서 가장 크게 다가온 차이점은 사람들이었다. 물론 사람들은 내가 지금까지 남부와 듀크에 대해 규정지어 말한 것처럼 일반화할 수 없다. 듀크에는 스튜어트 헨리

(Stuart Henry)가 있었다. 나는 예일에서 스튜어트를 처음 만났는데, 그때 그는 라이먼 비처(Lyman Beecher)에 대한 책을 쓰기 위해 연구를 하고 있었다. 우리가 예일에서 서로 알게 된 것은 스튜어트와 존 스코어가 가까운 친구였기 때문이다. 존은 듀크에 오래 머물면서 당시 미국교회사를 가르치던 젊은 스튜어트 교수와 식사를 같이 하고 미술 전시회나 콘서트도 같이 다녔다. 우리 가족이 더럼에 도착하고 나서 얼마 지나지 않아, 스튜어트는 우리의 친구가 되어 주는 것을 자신의 본분으로 삼았다.

스튜어트 헨리는 노스캐롤라이나 주 콩코드 출신이었다. 그는 데이빗슨 대학과 루이빌 장로교 신학교를 졸업한 후에 미시시피 주 머리디언에서 여러 해 동안 한 교회를 섬겼다. 그는 교인들을 사랑했지만 인종 차별주의 때문에 결국 교회를 떠났다. 그런 뒤에 듀크대 신학대학원으로 진학하여 셸턴 스미스(Shelton Smith) 밑에서 박사 학위를 했다. 셸턴 스미스는 예일에서 듀크로 자리를 옮겨 듀크대 신학대학원을 유명하게 만든 사람이고, 미국교회사 분야의 발전을 이끈 최초의 학자들 무리에 속한다. 스튜어트는 윌리엄 포크너(William Faulkner)에 대해 쓰고 싶어 했지만, 스미스 때문에 조지 휫필드(George Whitefield)로 논문을 쓰게 되었다.

스튜어트는 칼뱅주의자였다. 그에게 세상은 어두웠다. 그러나 가엾은 스튜어트는 감리교 신자들과 함께 해야 하는 저주를 받았다. 그들은 세상에 어둠이라곤 없다고 생각하는 이들 같았다. 스튜어트는 신학생 시절에 한 여성과 사랑에 빠졌지만, 그녀는 다른 남자와 결혼을 했다. 남부의 신사였던 스튜어트는 사랑을 배신할 수 없어서 전형적인 남부의 독신 신사로 남았다. 그리고 그런 상태로 상당히 행복하게 지냈다. 옷차림은 매일 똑같았다. 검은 양복, 하얀 셔츠, 검은 넥타이였다.

스튜어트는 빈틈없는 사람이었다. 작은 것 하나도 놓치지 않았다. 그는 앤에게 문제가 있다는 것을 금세 알아차렸고, 나뿐 아니라 애덤에게도 한결같은 친구가 되어 주었다. 우리가 친한 친구로 지낸다는 사실에 많은 친구들이 어리둥절해한다. 나는 직설적인 텍사스 사람이었고 스튜어트는 교양 있는 남부 사람의 전형이었기 때문이다. 그러나 방식이 달랐을 뿐 스튜어트와 나는 사실을 있는 그대로 말하는 열정을 공유했다. 우리가 서로를 좋아한 것은 우연이 아니었다.

듀크에서의 내 첫해는 그가 은퇴하는 해였다. 그로서는 안타까운 일이었다. 스튜어트는 학생들을 사랑했으며 그들을 포기하고 싶어 하지 않았다. 나중에 나도 그의 학생 중 한 사람을 사랑하게 되었다. 그녀의 이름은 폴라 길버트였다. 그녀는 듀크대 신학대학원을 졸업했고 미국교회사 박사 과정에 입학해 조지아 하크니스(Georgia Harkness)로 논문을 썼다. 내가 듀크에 왔을 때 그녀는 신학대학원 입학처장으로 일하고 있었는데, 나는 그녀가 놀랄 만큼 아름다운 여성이라고 생각했다. 그녀의 존재를 알아챌 수밖에 없었다. 그러나 그때까지 굳어진 삶의 방식 탓에 '그녀의 존재를 알아채는' 것 이상으로 할 수 있는 일이 없었다.

애덤과 나는 새 교회를 찾기가 힘들었다. 브로드웨이교회가 우리의 기대치를 너무 높여 놓은 탓이었다. 애덤은 설교를 듣고 엉터리 신학을 감별해 낼 수 있었고 예전적으로도 세련된 교인이 되어 있었다. 우리는 감리교회들을 여러 군데 다녀 봤는데, 어느 곳에서도 뿌리를 내릴 수 없을 것 같았다. 결국 우리는 더럼에서 지낸 2년 동안 채플힐의 성공회교회인 십자가교회에 주로 나갔다. 그러다 애덤이 대학으로 떠나기 직전에 괜찮겠다 싶은 '신생' 감리교회를 발견하여 다니기 시작했다.

더럼에는 비록 브로드웨이연합감리교회는 없었지만 더럼불스(Durham Bulls)가 있었다. 애덤과 나는 영화 〈19번째 남자〉(*Bull Durham*)가 나오기 전부터 불스를 알았다. 불스는 애틀랜타의 2군 싱글A 팀이었다.* 그들은 역사적인 더럼불스 구장에서 경기를 했다. 그곳이 역사적인 경기장임을 아는 이유는 경기장 아나운서가 경기장 이름을 말할 때마다 어김없이 "역사적인"이라는 말을 붙였기 때문이다. 애덤은 머리가 좋아서 공부를 꾸준히 하지 않아도 좋은 성적을 유지할 수 있었고, 덕분에 우리는 더럼불스의 경기를 관람할 시간이 많았다. 애덤과 나는 홈경기를 거의 매번 보러 갔다. 싸고 재미있고 같이 보는 관중들도 좋았다. 오래지 않아 박스석과 더 비싼 좌석 위 1루 근처 자리를 이용하는 우리 관중들은 서로 만날 것을 당연히 기대하게 되었다.

두 번째 여름은 특히 기억에 남을 만했다. 로니 갠트가 2루수

• 미국 프로야구는 한국야구의 2군과 비슷하게 메이저리그에 인재를 공급하는 마이너리그가 운영된다. 최하위급인 루키 리그를 시작으로 A, AA, AAA의 4등급으로 나뉜다.

를 맡았고, 제프 블라우서는 유격수였다. 데이비드 저스티스는 우익수를 섰다. 그때 우리는 배리 본즈까지 보았다. 그는 린치버그 파이리츠의 중견수를 맡았다. 당시에는 유명선수가 아니었지만, 나는 그가 우익 방면의 브레임사(社) 건물을 넘기는 홈런을 치는 것을 보았는데 비거리가 152미터 이상 되는 듯했다. 그는 가젤처럼 뛰어다니며 중견수 역할을 해냈다.

더럼으로 이사하기 전부터 내게 야구와 신학은 뗄 수 없이 이어져 있었다. 나는 듀크에서 만난 새로운 동료 교수 제프리 웨인라이트(Geoffrey Wainwright)도 그렇다는 사실을 알게 되었다. 제프리는 뉴욕의 유니언 신학교에서 나보다 1년 먼저 듀크에 왔었다. 크리켓을 무엇보다 좋아하는 영국인인 제프리의 가장 두드러진 미덕은 야구 사랑이었다. 듀크에서 지낸 처음 몇 년간 우리는 종종 함께 경기를 보러 갔다. 한번은 불스가 컵 2군팀을 꺾고 플레이오프에 진출하기를 바라며 윈스턴세일럼까지 경기를 함께 보러 간 적도 있다. 갠트의 실책이 계기가 되어 윈스턴세일럼이 이겼지만, 그는 브레이브스로 가서 좌익수를 맡게 된다. 야구와 신학이 뗄 수 없는 것임을 증명이라도 하듯, 제프리는 야구 경기를 같이 보러 다니는 친구에 머물지 않고 신학자에게는 하나님을 예배하는 것이 핵심이라는 사실을 잊어선 안 된다고 가르쳐 주었다.

애덤은 경기를 보러 가는 것을 좋아하다 못해, 불스를 위해 일까지 하기 시작했다. 경기장에서 음료수, 견과류, 핫도그 등을 팔았는데, 그 일을 즐겼을 뿐만 아니라 굉장히 잘했다. 얼마 안 가 그 일은 애덤의 여름방학 일거리 중 하나가 되었다. 나는 그 아이가 사람들을 놀리는 것을 보는 것이 좋았다. 예를 들어, 애덤은 "스시 있어요, 여기 스시 있어요"라고 외치길 좋아했는데, 당시는 야구가 여피(yuppie)*들의 스포츠가 되기 전이었다. 애덤은 팬들이 경기장에서 보고 싶어 하는 캐릭터 중 하나가 되었다. 사우스벤드에는 강이 있었다. 더럼에는 야구가 있었다. 그리고 여우원숭이가 있었다.

나는 달리기를 하다가 듀크 숲에서 여우원숭이 군체를 발견했다. 여우원숭이들은 마다가스카르에서 온 멋진 영장류다. 듀크 출신의 한 인류학자가 마다가스카르에서 연구를 수행하다가 여우원숭이들이 멸종 위기에 처한 사실을 알게 되었다. 녀석들을 구해 내기로 결심한 그는 듀크 씨가 듀크 대학교에 기증한 넓은 숲의 한쪽에 여우원숭이 군체가 자리를 잡게 해 주었다. 다양하고 다채로운 모습의 여우원숭이들에게는 매료되지 않을 수가 없다. 여우원숭이 군체는 이제 유명해져서 사전 예약을 해야 방문할 수 있지만, 우리가 더럼에 왔을 때만 해도 울타리 주위를 그냥 거닐 수 있었다. 여우원숭이들은 호기심이 많은 녀석들이라, 종종 우리가 그들을 보는 건지 그들이 우리를 보는 건지 헷갈렸다. 녀석들을 바라보는 것은 애덤과 내가 좋아하는 활동이 되었다.

나는 8월 말까지는 듀크의 공식적인 직원이 아니었는데, 듀크 의료보험에 가입하려면 듀크대에 고용되어 있어야 했다. 앤을 돌봐 줄 의사를 찾기까지 한 달 이상을 기다려야 한다는 뜻이었다.

* 도시에 사는 젊은 전문직 종사자를 가리킨다.

그래도 크게 염려하지는 않았다. 앤의 상태는 상당히 괜찮아 보였고 조금만 기다리면 된다고 생각했기 때문이다. 그녀는 노스캐롤라이나의 여름이 너무 뜨거워서 대체로 집 안에 머물렀다. 땀을 너무 많이 흘리면 리튬 수치에 영향이 있을까 봐 우려했던 것이다. 그녀가 리튬 수치를 염려한다는 사실은 뭔가 문제를 감지했다는 뜻이었다. 하지만 당시에는 자신에게 문제가 있다는 사실을 부인했다. 늘 그랬듯 우리 집의 유일한 문제는 나라고 확신했다.

애덤의 학교와 듀크에서 가르치는 나의 첫 학기가 시작되기 이틀 전, 앤은 미쳐 버렸다. 나는 절박했다. 그때는 듀크의 의료보험 적용을 받았지만 아직 의사를 찾지 못한 상태였다. 흔히 그랬듯 앤은 잠을 자지 못했고, 자신이 짐을 구원하기 위해 사우스벤드로 돌아가야 한다고 굳게 믿고 있었다. 앤은 짐이 귀신에 홀렸고 귀신을 쫓아낼 수 있는 사람은 자기뿐이라고 말했다. 더없이 끔찍한 타이밍이었다.

그 일이 있기 몇 주 전, 정신의학과의 젊은 레지던트가 나에게 전화를 걸어 내 수업을 수강할 수 있는지 물었다. 그의 이름은 키스 미더였다. 나는 그에게 내가 가르치는 모든 과목에 들어와도 된다고 대답하고, 문득 말해 두는 것이 좋겠다는 생각이 들어서 우리 가정의 상황을 설명했다. 그는 혹시 자기가 필요할 경우에 대비해 전화번호를 알려 주었다. 앤이 심각한 삽화에 빠져들자 나는 그에게 전화를 걸어 상황을 설명했다. 그러자 그는 그를 지도 감독하는 전문의 루슨 박사에게 가서 앤을 봐 줄 수 있는지 물었다. 루슨 박사는 그녀를 살펴볼 의향이 있지만 병원에 있는 정동 장애 병동으로 데리고 와야 한다고 설명했다.

나는 학기 첫날을 맞이한 애덤을 학교로 데려다준 뒤, 앤을 어떻게 병원으로 데려가나 싶어 막막한 마음으로 집으로 돌아왔다. 그녀는 아무 도움도 필요하지 않다고 단호하게 말했다. 한 시간가량 그녀를 '설득'하다가, 나는 그녀의 어깨를 두 손으로 붙들고 흔들면서 당신이 원하든 아니든 병원으로 데려갈 거라고 말했다. 그때까지 앤에게 완력을 쓴 적이 한 번도 없었는데, 어떤 이유에서인지 그 방법이 효과가 있었다. 그녀는 갑자기 차분해지더니 같이 가기로 동의했다.

듀크 병원은 낯설었다. 조증이 발현한 사람과 원무과를 찾는 일은 전혀 즐겁지 않았다. 듀크의 교수로 등록되는 서류작업이 진행 중인 상황에서 내가 진짜 듀크 직원이라는 사실을 입증하려는 시도도 마찬가지였다. 나는 병원의 '체계'를 가까스로 통과해 마침내 루슨 박사의 진료실에 도착했다. 앤의 분노가 돌아왔다. 그녀는 자기를 입원시켰다고 나를 비난했고 루슨 박사의 독일계 억양을 놀렸다. 그러나 앤은 그녀의 생명 작용을 더 잘 이해할 필요가 있다는 의사의 설득에 넘어가 결국 그곳에서 하룻밤을 머물기로 했다.

그녀는 증상을 가라앉혀 주는 항정신병약을 복용했다. 그녀가 처음 입원하던 때가 재현되는 것 같았다. 그녀는 내가 자신을 입원시킬 힘을 갖고 있다며 분노했다. 내가 무슨 말을 하겠는가? 실제로 그 힘을 쓴 적은 없었지만 내게 그런 힘이 있는 것은 분명했다. 그녀는 내가 자기의 간수라고 계속 주장했다. 우리가 더 '정상적인 생활'을 시작할 수 있다는 희망은 사라졌다. 앞으로도 전과 똑같은 생활이 이어질 것이었다.

앤의 극적인 삽화가 처음 나타난 것은 1974년으로, 내가 노터데임에서 종신 교수직을 받은 직후였다. 두 사건 사이에 어떤 관계가 있는지는 모르겠지만, 어떤 식으로든 이어져 있지 않을까 싶다. 묘하게도 그녀는 종신 교수직을 나에 대한 의존 상태에서 벗어날 안정의 상징 같은 것으로 생각했던 것 같다. 더럼으로 이사한 1984년까지 우리가 얼마나 많은 정신병 삽화를 겪었는지는 모르겠다. 내가 분명히 아는 것은 그녀가 종종 망상의 세계에 살면서도 그 사실을 숨기는 데 아주 능숙해졌다는 것뿐이다.

무엇이 나를 계속 전진하게 붙들어 주었는지 모르겠다. 나는 그녀가 '나아질' 거라는 희망을 포기한 지 오래였다. 그저 삽화의 빈도를 조절할 길을 찾거나, 적어도 그녀가 그것을 원하기를 바랄 뿐이었다. 그러나 앤은 나와 결혼했기 때문에 자신이 아픈 것이라는 생각을 버리지 않았다. 내가 자기 인생에서 빠져 줄 때 비로소 건강을 되찾을 거라고 생각했다. 내가 무슨 일을 하건 앤의 입장에서는 방해거리에 불과했다. 나는 방해가 되지 않으려고 노력했지만 어떻게 해야 하는지 도무지 알 수 없었다.

고통스러웠지만 대안이 보이지 않았다. 흥미롭게도 거기에는 이기적인 이유도 작용했다. 나는 앤과의 결혼 생활에서 '벗어날' 길을 찾을 경우, 나의 일을 설득력 있게 만들어 주던 중대한 우위를 잃을까 봐 염려했다. 현대의 수많은 신학적 윤리학이 보여 주는 피상적 특성을 피하는 데 나의 고통이 필요한 것은 아닐까 하는 생각도 들었다.

그러나 무엇보다 애덤 생각이 늘 먼저였다. 나중에 대학생이 된 애덤은 앤이 우리를 학대하게 내버려 둔 내게 화를 냈다. 애덤은 화낼 만했다. 그러나 그때의 나에게는 대안이 보이지 않았다. 그리고 우리 같은 가정에서 사는 것이 아무리 힘들어도, 나중에 애덤이 나이가 더 들면 부모가 결혼 생활을 유지한 것을 기쁘게 여기게 되기를 바랐다.

앤이 나아질 거라는 희망은 별로 없었지만 나는 그녀가 삶을 함께 꾸려 가면서 어느 정도 주인 의식을 가질 수 있을 거라는 생각은 놓지 않았다. 그래서 내 책들의 서문에 그녀에게 전하는 감사의 인사를 계속 적었다. 그녀가 혹시 내 책을 집어 든다면 서문은 읽으리라고 생각했기 때문이다. 1986년에 출간된 책 『고통받는 자들과 함께하기』에 나는 이렇게 썼다. "언제나처럼 나는 모든 면에서 앤과 애덤에게 빚지고 있다. 말 그대로 두 사람 덕분에 내 삶이 가능하기 때문이다. 그들은 매일매일 나를 있는 그대로 받아 준다. 나의 많은 결점들에 살짝 짜증을 내기도 하지만 그래도 사랑으로 받아 준다. 그들의 존재는 내게 측량할 수 없는 선물이다." 그 구절이 완전히 거짓은 아니었으나 앤이 내 존재를 사랑으로 받아 준다는 말은 사실이 아니었다.

나는 『고통받는 자들과 함께하기』의 서문을 1985년에 썼다. 그것이 내가 뭔가를 써서 그녀의 사랑을 이끌어 내려고 시도한 마지막 경우였다. 1988년에 나는 『오늘날 그리스도인의 존재』(*Christian*

Existence Today)를 썼는데, 그 책을 애덤에게 헌정했다. "아버지와 아들 사이에 진정한 우정의 가능성은 희박하다는 아리스토텔레스의 지적은 옳지만, 애덤은 나의 좋은 친구다. 그것은 내가 이생에서 기대할 권리가 없는 선물이다. 그 선물을 허락하신 하나님을 나는 매일 찬양한다." 그것은 사실이었다. 애덤 덕분에 내 삶은 살 만한 것이 되었다.

듀크에서의 첫 번째 조증 삽화 이후, 생활은 그럭저럭 돌아갔다. 앤은 루슨 박사를 2주에 한 번씩 만났다. 애덤은 새 학교와 친구들에게 적응하고 있었다. 나는 매일 학교에 가서 수업을 하고 동료 교수들을 알아 갔다. 그러나 우리의 삶은 결코 정상이 되지 못했다. 아니, 얼마 후에 나는 앤의 가장 무서운 삽화 중 하나를 겪게 된다.

노터데임을 떠나기 전, 나는 사우스벤드의 의료 윤리학 콘퍼런스에서 강연을 해 달라는 성십자가수녀회의 요청을 수락했었다. 수녀회는 광범위한 병원 체계를 갖추고 있었다. 그들은 윤리학이 그 체계에 어떤 역할을 해야 하는지 살펴보고 싶어 했다. 나는 출장을 떠날 때 종종 앤에게 같이 가자고 하곤 했었는데, 내 아내 역할을 연기하고 싶지 않다며 번번이 거절했다. 그런데 사우스벤드로 갈 일이 있다고 했더니 그녀는 자기도 같이 가고 싶다고 했다. 나는 그것이 긍정적인 반응이라고 생각했는데, 사실 앤은 또 다른 삽화에 들어가 있었다. 내가 알아채지 못한 것뿐이었다. 그녀는 자기의 상태를 아주 능숙하게 위장할 수 있었다. 나는 앤을 데리고 사우스벤드로 가기로 했다. 그녀가 노스캐롤라이나로 돌아올 마음이 없었다는 사실은 전혀 몰랐다.

우리는 사우스벤드로 날아갔다. 앤은 호텔 방에 들어가자마자 자기는 돌아가지 않을 거라고 선언했다. 그녀는 짐과 결혼하기 위해 온 것이었다. 삽화를 겪고 있는 것이 분명했다. 나는 그것을 알아채지 못했고, 알고 보니 그녀는 약을 몽땅 더럼에 두고 왔다. 앤은 호텔을 나가 택시를 타고 짐을 찾으러 갔다. 나는 슈라이너 박사가 죽은 후에 그녀를 돌봐 온 우리베 박사에게 전화를 걸어 상황을 설명하고, 그녀를 진정시킬 만한 약을 처방해 달라고 간청했다. 그는 인근 약국의 약사에게 전화로 처방전을 불러 주었다.

달려가서 처방된 약을 찾아왔다. 다시 호텔로 돌아왔지만 앤은 그때까지 돌아오지 않고 있었다. 나는 강연을 해야 했다. 잘 아는 사람이었던 행사 책임자에게 상황을 설명했다. 어찌어찌 강연을 마치자마자 곧장 앤을 찾아 나섰다. 알고 보니 짐은 시내에 없었다. 하나님께 감사했다. 앤은 짐을 찾지 못하고 호텔로 돌아와 있었다. 나는 우리베 박사를 통해 받은 약을 내밀며 복용하라고 사정했다. 짐을 찾지 못해 낙심해서, 그녀는 약을 먹고 잠자리에 들었다. 다음 날 아침, 나는 그녀를 더럼으로 돌아가는 비행기에 태울 수 있었다. 그러나 나에 대한 그녀의 분노와 짐에 대한 집착은 사라질 줄 몰랐다.

내가 앤을 견딜 수 있었던 것은 다른 면에서 너무나 잘 살았기 때문이 아닐까 하는 생각이 가끔 든다. 나는 듀크에서 멋진 새 일터를 얻었다. 특히, 배울 것이 많은 새로운 동료들이 있었다. 나는 스펀지처럼 주위의 물을 다 빨아들인다. 듀크는 분명히 노터데임과 달랐다. 나는 새로운 물 속에 있었고 흡수할 것이 많았다. 프레드 허작(Fred Herzog)이 듀크에 있다는 것은 내가 해방신학을 피할 수 없다는 뜻이었다. 노터데임에 있을 때 해방신학 관련서적을 읽었지만, 이제는 해방신학자인 동료가 옆에 있었다. 존 웨스터호프(John Westerhoff)의 연구실은 내 연구실 바로 옆이었다. 존은 기독교 교육학을 가르쳤고 온갖 자료를 읽었다. 그는 멋진 토론 상대였다. 릭 리셔(Rick Lischer)에게 배울 것이 많다는 사실은 금세 분명해졌다. 노터데임에는 설교에 대해 리셔처럼 신학적으로 생각하는 사람이 아무도 없었다. 나는 설교학이 제대로만 이루어지면 무척 흥미로운 분야라는 것을 깨닫게 되었다.

하지만 듀크에 가톨릭교가 존재하지 않는 것을 발견하고 다소 놀랐다. 금세 나의 소중한 동료가 된 데이비드 스타인메츠(David Steinmetz)는 학생들이 위대한 가톨릭 전통에 익숙해지도록 가르쳤다. 그리고 롤런드 머피(Roland Murphy)는 구약성경을 가르치는 카르멜회 수사였다. 세상에서 가장 사랑스러운 사람 중 하나인 롤런드에게서는 가톨릭교가 퍼져 나왔지만, 그는 가톨릭교를 가르치지 않았다. 데이비드와 롤런드가 있음에도 불구하고 가톨릭교는 듀크에 존재하지 않았다. 누구도 라너, 폰 발타자르(Hans Urs von Balthasar)를 알아야 한다거나 리처드 매코맥(Richard McCormack)과 찰스 커런(Charles Curran) 같은 가톨릭 도덕신학자를 아는 것이 중요하다고 생각하지 않았다. 시간이 지나고 테레사 버거(Teresa Berger)의 교수 임용과 더불어 상황이 달라지지만, 그때가 되어서도 듀크에는 여전히 가톨릭교가 존재하지 않았다. 노터데임에 개신교가 존재하지 않았던 것과 마찬가지라고 하겠다.

나는 비트겐슈타인과 매킨타이어를 읽는 교수가 거의 없다는 사실에도 놀랐다. 종교학과의 빌 포티트가 나보다 비트겐슈타인을 더 잘 알았지만, 그는 종교학과 교수였지 신학대학원 소속이 아니었다. 나는 이 구분이 중요하다는 것을 알게 되었고, 노터데임이 나를 대학교 시민으로 만들어 놓았다는 사실을 깨달았다. 이제 나는 신학교에서 일한다는 의미를 발견하고 있었다. 혼란스러웠다. 신학교는 분명 구체적인 임무를 갖고 있지만, 나는 그런 과제가 지적인 면에서 사람을 제한하는 결과를 낳을 이유는 없다고 보았다. 오히려 정반대가 되어야 한다고 생각했다. 교회 앞에 놓인 많은 요구 사항을 고려할 때, 신학이 전문직의 학문으로 규정되는 것을 피하는 것이 중요하다고 생각했다.

가톨릭계 대학교에서 개신교 신학교로 전환하는 데 따르는 어려움이 없지는 않았지만, 내 수업은 잘 진행되었다. 나는 학생들이 좋았다. 데니스가 내 조교로 붙여 준 젊은 신학대학원생이 특히 좋았다. 그의 이름은 그렉 존스(Greg Jones)였다. 그는 총명하고 매력적이고 야구를 좋아했다. 나는 그가 신학대학원 원장을 맡은 지 1년도 못되어 세상을 떠난 전(前) 신학대학원장 재미슨 존스의 아들인 줄 몰랐다. 내가 그렉에 대해 아는 거라곤 그가 나와 함께 야구와 신학을 논하는 것을 즐겼다는 사실뿐이었다. 나는 그가 신학대학원생답지 않게 읽은 것이 많다고 생각했다.

그렉은 신학적 통찰력이 있고 야구를 좋아했을 뿐 아니라 일도 잘했다. 일하는 법을 어떻게 배웠는지 모르겠지만, 그는 열심히 일하고 제대로 일했다. 그렉은 신학대학원에서 학위를 마무리하는 중이었던 그의 아내 수전의 도움을 받아 내 연구실을 정리해 주었는데, 덕분에 연구실은 내가 실제로 물건을 찾을 수 있는 정돈된 곳으로 변했다.

그렉은 내가 그에게 맡긴 첫 번째 과제 중 하나를 지금도 즐겨 이야기한다. 헤이스팅스센터*에서 열린 모임에서 알래스데어는 내게 한스게오르크 가다머(Hans-Georg Gadamer)의 책 『진리와 방법』(Truth and Method, 문학동네)을 추천해 주었다. 나는 그렉을 도서관에 보내 『방법과 진리』가 있는지 알아보게 했다. 내가 제목을 잘못 알려 줬으니 그렉은 책을 찾을 수가 없었다. 그는 비슷한 제목으로 찾아볼 생각도 못했다. 내가 책을 잘못 알 리 없다고 생각했던 것이다. 그래도 스탠리 하우어워스 아닌가. 그는 내가 툭하면 철자를 잘못 쓰고 어순을 엉터리로 쓰는 버릇이 있다는 걸 몰랐다. 지금도 대학원생들은 내게 난독증이 있느냐 없느냐를 두고 의견이 분분하다. 나는 도서관에 가다머가 쓴 책이 하나 있을 거라고 말했고, 저자의 이름을 받아 든 그렉은 나의 실수를 알아채고 그 책을 찾아 돌아왔다.

당시에는 그와 나 모두 우리의 삶이 향후 그렇게 밀접하게 엮이게 될 줄 예상하지 못했다. 상대방의 이야기를 하지 않고는 어느 한쪽의 이야기를 할 수 없을 정도가 되리라는 것을 말이다. 그

---

* 1969년 설립된 독립적 비영리 생명윤리학연구소로, 생명윤리학 분야를 개척했다.

렉과 나는 많이 다르다. 나는 그처럼 똑똑하지도 않고, 그와 같은 행정 능력을 갖추지도 못했다. 하지만 나는 하나님이 우리의 강점과 약점으로 서로를 보완하게 하셔서, 각자가 다른 방식으로는 기대할 수 없었을 더 큰 사람이 되게 하셨다고 믿는다. 나는 그렉이 나를 더 나은 신학자로 만들어 주었다고 확신한다. 다른 이들에게는 그 사실이 잘 안 보일 수도 있겠지만, 나는 그의 박사 논문이자 저서인 『변화받은 판단력』(*Transformed Judgment: Toward a Trinitarian Account of the Moral Life*)을 통해 많은 것을 배웠다.

데니스가 그렉을 나의 조교로 붙여 주고 나서 여러 해가 지난 뒤, 신학대학원 원장으로 15년간 재직한 데니스가 물러나고 그렉이 후임 원장으로 임명되었다. 그 후에 나는 그렉의 두 아들 네이선과 벤을 데리고 불스 경기를 보러 간 적이 있다. 네이선은 열 살 정도였을 것이다. 네이선은 내가 누구인지 알아내려고 했다. 나는 네이선의 아빠와 엄마의 선생님이었고 아빠의 박사 논문을 지도했다고 말했다. 그러자 네이선은 주저 없이 이렇게 말했다. "알겠어요. 하지만 지금은 우리 아빠가 아저씨 상사예요." 나는 그 말이 더없이 옳다고, 그것이 좋은 일이라고 대답했다.

그렉이 나의 '상사'가 되게 한 사건들은 슬프고도 중요하다. 그렉의 아버지가 50대라는 젊은 나이에 세상을 떠났을 때 그렉은 신학대학원 학생이었다. 아버지의 죽음은 뜻밖의 사건이었고 그렉과 그의 가족에게 큰 충격이었다. 물론 신학대학원에도 큰 재난이었다. 1958년부터 1981년 사이에 원장은 둘뿐이었고, 전국적으로 어렵게 물색한 끝에 찾아낸 인물이 재미슨 존스였던 것이다.

데니스 캠벨이 신학대학원 원장이 된 것은 재미슨 존스가 죽은 다음의 일이었다. 데니스가 원장이 된 사연은 토미 랭퍼드에게서 시작된다. 토미는 로버트 쿠시먼이 쫓겨나다시피 물러난 후에 원장이 되었다. 토미도 나의 절친한 친구가 되는데, 많은 이들은 우리의 우정 역시 묘하다고 생각했다. 토미는 스튜어트처럼 노스캐롤라이나 토박이였고, 데이빗슨 대학에서 공부한 후 듀크대 신학대학원에 가서 쿠시먼 박사 밑에서 박사 학위를 받았다. 그는 마이클 폴라니(Michael Polanyi)에게 깊은 영향을 받은 철학적 신학자였지만, 그의 연구 분야는 감리교의 신학적 발전에 집중되어 있었다. 내가 감리교 신학에 대한 그의 지식을 언급하기가 주저되는 것은 그가 편협한 지성의 소유자라는 인상을 줄 수 있기 때문이다. 사실, 토미는 지성과 마음이 모두 탁 트인 사람이었고 재능 있는 행정가이기도 했다.

나는 쿠시먼 교수가 자신의 후임으로 신학대학원장 자리에 오른 토미를 결코 용서하지 않았을 것이라고 확신한다. 어느 모로 보나 토미는 자신의 복잡한 임무를 더할 나위 없이 잘 감당했다. 토미가 훌륭한 원장일 수 있었던 것은 사람들을 함부로 판단하지 않으면서도 탁월한 판단력을 발휘했기 때문이다. 그는 다른 사람들의 부족한 점과 약점을 분명히 알아보면서도 그것들을 그들에게 불리한 쪽으로 사용하지 않았다. 오히려 학교의 유익을 위해 모든 사람 안에서 최고의 모습을 끌어내려고 노력했다.

토미는 10년 동안 신학대학원장으로 있었다. 그는 가르치는 일을 좋아했고 강의실로 돌아가고 싶어 했기 때문에, 결국 듀크의 행정부를 설득하여 원장 자리에서 물러났다. 그 후 신임 원장을 찾기 위한 전국적 탐색이 시작되었다. 탐색 작업을 알리는 보고서를 보면 그것이 어려운 작업이었음을 알 수 있다. 무엇보다 그 자리에 합당한 인재풀이 두텁지 않았기 때문이었다. 마침내 당시 덴버의 일리프 신학교 학장이던 재미슨 존스가 그 자리를 제안받았다. 그러나 그가 신학대학원장 업무를 제대로 시작하기도 전에 죽으면서, 듀크 대학교 총장과 교무처장은 곤란한 지경에 놓이게 되었다. 전국을 뒤진 끝에 겨우 적임자를 찾아냈는데, 사람을 다시 새롭게 물색해야 할 판이었다. 해결책은 내부 후보자들 중에서 원장을 임명하는 것이었다.

재미슨 존스가 오기 전에, 토미는 데니스 캠벨을 평생교육원 책임자로 임명했었다. 그 자리는 교수직이 아니었다. 데니스는 듀크에서 박사 학위를 취득했지만 일부 교수들의 시각에서 보면 그의 자격 조건은 교수로 임용되기에 충분하지 않았다. 데니스는 듀크로 오기 전에 사우스캐롤라이나의 한 여자대학에서 가르쳤었다. 그는 듀크로 오고 싶은 마음이 간절했기 때문에 교수 임용이 되지 않은 상태로 평생교육원을 맡는 것도 매력적이라고 여겼다.

데니스에게는 뛰어난 기술이 하나 있었다. 힘 있고 중요한 사람들 사이에서 처신하는 법을 안다는 것이었다. 노스캐롤라이나 주지사와 상원의원을 역임한 당시 듀크 대학교의 총장 테리 샌퍼드는 데니스에게 좋은 인상을 받았다. 그래서 재미슨 존스가 뜻밖의 죽음을 맞은 후, 데니스가 그를 대신해 신학대학원장이 되었다. 물론 나는 듀크 교수가 되는 데 관심이 있느냐는 데니스의 질문을 받고 듀크로 오기까지 그런 내막을 전혀 몰랐다. 내가 아는 거라곤 그가 나를 듀크로 데려오고 싶어 했다는 사실뿐이었다. 그것만으로 그를 좋아하게 되기에 충분했다. 나는 신학대학원장의 마음에 들 준비가 되어 있었다. 그런데 듀크에서 첫 2년을 보내는 동안, 나는 데니스의 몇 가지 판단이 이상하다고 생각했다. 그가 감리교회에 그리스도 중심성을 돌려주는 방식으로 감리교의 개혁을 꾀한다고 생각한 탓이었다. 알고 보니 그런 생각은 신학적 공상에 사로잡혀 현실을 부인하는 나의 실상에 대한 생생한 증언에 불과했다. 데니스와 나는 충돌할 수밖에 없었지만, 그것은 아직 먼 미래의 일이었다.

토미와 그렉, 그리고 다양한 교수들과의 만남은 신학자로서 나의 모습에 영향을 끼치기 시작했다. 내가 『십자가 위의 예수』(*Cross-Shattered Christ*, 새물결플러스) 같은 책에서 했던 신학적 작업이 노터데임에서도 과연 가능했을지 자신이 없다. 나는 듀크에 온 이후에 신학자라는 나의 정체성을 발견했다. 그 발견은 사람들을 목회자로 훈련시키는 책임을 맡은 것과 여러 면에서 관련이 있는 것 같다. 또한 폴라와도 깊은 관련이 있는데, 목회에 헌신된 그녀의 모습은 사람들을 목회자로 훈련시키는 일이 왜 중요한지 내게 끊임없이 상기시켜 준다. 내가 듀크에서 다른 신학자가 되었다고 말하는 것을 이상하게 여길 사람들도 있을 것이다. 결국 도덕적 삶에 대해 생각하는 일에 신학적 언어가 어떤 방식으로 필요한지 보여 주는 것이 처음부터 나의 과제가 아니었던가? 참으로 그러했지만, 나는 듀크에서 더욱 풍성한 신학적 팔레트를 발견했다.

예를 들어, 듀크에 온 이후 나는 성서의 중요성에 점점 많은 관심을 갖게 되었다. 브로드웨이교회에서도 가끔 설교를 했었지만, 이제는 신학대학원 예배 때 정기적으로 설교를 맡게 되었기 때문이다. 설교를 준비하려면 성경 본문에 주목해야 한다. 듀크에 온 덕분에 나는 성경을 읽을 수밖에 없었다. 오거스태나에서 성경과목을 가르친 이후로 성경을 그렇게 꼼꼼히 읽은 적이 없었다.

설교뿐 아니라 학생들도 내게 큰 영향을 끼쳤다. 내가 듀크로 오는 데 촉매제 역할을 했던 마이크 카트라이트는 듀크에서 박사 과정에 등록했다. 그와 그렉은 신학대학원을 같이 다닌 사이였다. 마이크는 노스캐롤라이나 주 타운스빌에서 교회를 몇 년 섬기다가 박사 학위를 취득하러 온 것이었다. 그는 성서의 중요성에 대한 나의 논증이 함의하는 바를 내가 회피하지 못하게 했다. 그의 박사 논문이자 저서로 출간된 『기독교 윤리학을 위한 공동체적 해석학을 지향하는 관행, 정치학, 실천』(*Practices, Politics, and Performance toward a Communal Hermeneutic for Christian Ethics*)에 힘입어 나는 성경에 대해 추상적으로 말만 할 수 없다는 사실을 알게 되었다. 나는 성경을 실천에 옮겨야 했다.

윌 윌리몬(Will Willimon)도 내게 영향을 주었다. 그는 나의 절친한 친구가 되었을 뿐 아니라 내 인생도 바꿔 놓았다. 우리는 서신 교환을 통해 처음 만났다. 나는 노터데임에 있을 때 그에게 편지를 써서, 그의 책 『예배와 윤리』(*The Service of God*)에 대한 찬사를 보냈었다. 당시 그는 사우스캐롤라이나의 한 교회를 섬기고 있었는데, 내가 신학대학원 교수로 합류한 그해에 듀크 대학교 교목이 되었다.

월과 그의 아내 팻시는 내게 뜻밖의 선물이었다. 무엇보다 월과 같이 있으면 재미있었다. 내 삶에는 그런 사람이 필요했다. 그는 똑똑했고, 서로를 알아 가면서 보니 공통점도 많았다. 예를 들면, 우리 둘 다 예일 출신이고 바르트의 영향을 받았다. 하지만 차이점도 컸다. 우선 그는 야구에 전혀 관심이 없었다. 월은 나보다 훨씬 더 감리교도다웠는데, 이 말은 사람들이 자기를 좋아해 주기를 바란다는 뜻이다. 그는 내가 만난 누구보다 철학적 역량이 부족한 사람이기도 하다. 하지만 그 때문에 그가 뛰어난 설교자일 수 있는 것 같다. 그는 결코 진리가 좋은 이야기를 방해하게 내버려 두지 않는다.

한번은 월이 나를 유명하게 만들겠다고 말한 적이 있다. 내가 유명해졌다면 그것은 틀림없이 그의 잘못이다. 우리는 내 집 뒷마당에 앉아서, 우리가 볼 때 진보와 보수로 양분된 개신교 신학의 대안이 될 만한 신학의 특징을 규정하는 글을 구상했다. 조지 린드벡의 『교리의 본질』(Nature of Doctrine)이 막 출간된 때였다. 그 책을 읽은 우리는 한스 프라이, 데이비드 켈시(David Kelsey), 윌 캠벨(Will Campbell), 존 요더, 워커 퍼시(Walker Percy), 플래너리 오코너(Flannery O'Connor) 등 다양한 사람들과 관련된 새로운 신학적 흐름을 기술할 수 있다고 보았다. 우리는 기독교적 인격 형성에서 교회와 예전에 중심적인 위치를 돌려주는 신학적 변화가 있어야 한다고 주장하고 싶었다. 집 뒷마당에서 그 문제를 이야기하던 우리는, 대부분의 목회자와 신학자의 문제가 하나님이 존재하지 않아도 무방한 방식으로 목회와 신학 활동을 해 나가는 것이라는 결론을 내렸다. 우리는 그것이 논란의 여지가 없는 판단이라고 생각했다.

우리는 글을 완성하여 「크리스천센추리」에 실었다. 그 짧은 글이 그토록 격렬한 반응을 불러일으킬 줄 몰랐다. 그렇게나 많은 사람들이 그 글을 싫어한다는 사실은 우리에게 비뚤어진 쾌감을 주었다. 뭔가 제대로 건드렸다는 감이 왔다. 『하나님의 나그네 된 백성』(Resident Aliens, 복있는사람)의 씨앗이 뿌려진 것이다. 분명 그 씨앗은 내가 처음 요더를 읽었을 때 뿌려졌을 테지만, 생각에는 시간이 필요하다. 더욱이, 나는 요더에게 배운 내용을 주류 개신교라는 내가 처한 현실에 비추어 다시 생각해야 했다. 나는 듀크대 신학대학원의 정교수였고 윌은 듀크 대학교와 듀크 채플 교인들 모두의 목사였다. 그보다 더 주류에다 개신교적일 수는 없었다. 윌과 나는 요더가 신신콘스탄티누스주의(neo-neo-Constantinianism)라고 부른 형태의 삶을 섬기는 이들이었다. 이 말은 우리가 섬기는 교회가 법적·도덕적 권력은 상실했지만 '진보'로 보이는 것과 자기를 동일시함으로써 주류의 위치를 유지하려 하는 곳이라는 뜻이었다.

윌과 나는 이런 목표가 더 이상 실행 가능하지 않다고 생각했다. 하지만 우리가 주류 개신교도라는 사실을 부인하려 하지도 않았다. 우리는 기독교 세계 이후의 시대에 계속 나아갈 방법을 알아보려 했다. 요더도 나도 완전히 새롭게 시작할 자리가 있는 것처럼 말한 적이 없다. 처음부터 그것은 여기에서 어떻게 계속 나아갈 것인지의 문제였고, 그렇기에 내가 '분파주의'라는 공격을 받는 것이 늘 이상했다. 요더와 윌리몬과 나는 교회가 다양한 형태로 세상에 순응하게 만든 사람들이 나쁘거나 신실하지 못한 사람들이었다고 말하지 않았다. 그들 중에 물론 나쁘거나 신실하지 못한 이들도 있었겠지만, 대부분은 최선을 다했을 거라고 생각한다. 그러나 그 '최선'이 더 이상 이치에 맞지 않았다.

나는 더 나아갈 방법을 모색하다가 하먼 스미스(Harmon Smith)에게 기독교 윤리학 핵심 강좌를 같이 진행해 보자고 제안했다. 윤리학 분야의 선배 교수이던 하먼은 미시시피 출신의 감리교도로, 잭슨의 밀샵스 대학을 졸업하고 듀크대 신학대학원에서 박사학위까지 받았다. 그는 교수진에 합류한 후 쿠시먼 교수의 보좌관으로 차출되었다. 쿠시먼 교수는 종종 괜찮은 사람들을 교수진과 상의도 없이 데려다 썼는데, 얄궂게도 하먼은 나중에 쿠시먼 교수가 신학대학원장 자리에서 물러나게 만든 반란에서 결정적인 역할을 맡았고, 그 과정에서 감리교를 떠나 성공회 사제가 되었다.

누군가에게 하먼은 '재수 없는 자식'일 수도 있었다. 그는 어리석은 짓은 용서하지 않았고, 누구도 두려워하지 않았다. 채플힐 연좌시위에서 체포된 용감한 사람들 무리에도 그가 있었다. 더욱이, 그는 실력 있는 신학자였으며 의료 윤리학에서 중요한 연구를 수행했다. 나는 듀크에 오기 전부터 기독교 윤리학회 모임을 통해 그를 알고 있었다. 그는 내가 듀크로 오기 몇 년 전에 듀크에서 강의를 하도록 주선해 주기도 했다. 그는 내가 듀크로 오는 것에 대해 대단히 호의적이었다. 나의 임명에 거부권을 행사할 수도 있었지만, 그는 나를 동료로 맞이하기를 간절히 바랐다. 물론, 나도 그가 좋았다. 그가 나를 좋아하고 내가 듀크로 오기를 바랐으니 당연한 일이었다. 하지만 하먼이 그냥 좋은 것도 사실이었다.

하먼은 수업을 같이 진행해 보자는 나의 제안에 긍정적으로 반응했다. 예전을 중심으로 수업을 꾸리자는 생각에는 나보다 더 열심을 냈다. 평신도이지만 신학대학원 교수로서 나의 역할이 목회자들을 훈련시키는 것임을 알게 되면서, 나는 기독교 윤리학을 생각할 때 예전을 중요하게 여기게 되었다. 목회의 중심은 말씀과 성례다. 우리는 남은 평생 성찬식을 집례하게 될 사람들을 훈련시키고 있었다. 우리는 윤리학 수업을 예전적으로 조직함으로써 학생들이 앞으로 받게 될지 모를 유혹, 즉 그들이 제단에서 하게 될 일이 교회가 세상에서 해야 하는 증언에 결정적인 역할을 한다는 사실을 무시하고 싶은 일체의 유혹을 물리칠 수 있기를 바랐다. 하나님의 백성이 모여서 하나님을 예배해야 한다는 사실은 그 자체로 '윤리'에 대해 생각하는 방식에 중요한 의미가 있을 뿐 아니라 인간이 어떤 존재인지 고려할 수 있는 적절한 맥락을 제공한다. 이런 면에서 "예배 중 인사를 나누는 것"의 중요성에 대한 하먼의 강의는 고전이라 할 만했다.

하먼의 책 『두세 사람이 모인 곳』(*Where Two or Three Are Gathered: Liturgy and the Moral Life*)은 그 수업의 결실이었다. 우리는 윤리학을 맡은 다른 동료가 은퇴하기 전까지 그 과목을 여러 차례 함께 가르쳤다. 당시에는 학생들이 기본과목을 여러 교수 중에서 선택할 수 있어야 한다는 규정이 있었기 때문에, 하먼과 나는 더 이상 같이 가르칠 수 없었다. 나는 그 과목을 계속 예전을 중심으로 가르쳤는데, 나뿐 아니라 수업 조교였던 많은 대학원생들에게도 유익했던 것 같다. 그 학생들이 가장 중요한 훈련을 받은 자리는 내가 가르친 대학원 세미나들이 아니라 그 수업에서 나를 도운 과정 그 자체였다고 생각한다. 내가 샘 웰스와 함께 편집한 『블랙웰 기독교 윤리 안내서』(The Blackwell Companion to Christian Ethics)에 실린 많은 에세이의 저자들이 그 윤리학 수업을 도왔던 이들이다.

이쯤 되면 내 생각과 내가 아는 사람들을 분리할 수 없다는 사실이 분명히 드러났을 거라고 생각한다. 사람들이 전부다. 내가 가진 재능 중 하나는, 공통점이 많지만 다른 방식으로는 만날 일이 없었을 사람들을 연결해 주는 능력인 듯하다. 사람들을 두루 이어 주는 것은 원래부터 내가 잘하던 일인데, 대개 대학원생들과 하는 작업을 통해 이루어진다. 나는 듀크에 온 지 2년째 되던 해에 대학원 박사 과정의 책임자가 되었는데, 사람들을 이어 주기에 정말 좋은 자리였다. 나에게 행정 전략이란 것이 있다면, 그것은 학생들이 서로를 발견하도록 돕는 일일 것이다. 내가 생각하기에 대학원은 학생들이 서로를 교육시키도록 돕는 대가로 교수들이 돈을 받는 이상한 곳이다.

노터데임과 듀크에서 내가 맡은 가장 높은 행정 보직이 박사 과정 책임자였다는 사실이 흥미롭다. 어쩌면 조직에서 각 구성원은 자신의 무능력이 드러나는 단계까지 승진한다는 '피터의 원리'

(Peter Principle)의 사례일지도 모른다. 하지만 나는 그 일을 꽤 잘해 냈다고 생각한다. 그리고 듀크에서는 박사 과정에서 오랫동안 행정 지원을 맡아 준 게이 트로터가 내가 해야 할 일을 할 수 있도록 도와주었다. 나는 대학원 박사 과정 책임자로 6년 동안 일했다.

듀크의 대학원 박사 과정은 종교학과와 신학대학원의 협동 과정이다. 처음 듀크에 왔을 때, 나는 종교학과와 신학대학원 사이에 상당한 긴장이 있다는 말을 들었다. 원래 박사 과정은 신학대학원에 속했지만, 쿠시먼 박사가 마침내 한발 물러나 종교학과 교수들이 들어올 수 있도록 허락했다. 토미 랭퍼드가 당시 종교학과 학과장이었는데, 토미는 쿠시먼 교수가 대학원 과정에 종교학과를 포함시키지 않으면 자기가 물러나겠다고 위협했노라고 내게 말했다.

나는 대학원 과정의 책임자로서 열심히 노력했지만, 신학대학원과 종교학과의 갈등의 역사를 극복하지 못했다. 나는 종교학과의 한 교수에게, 혹시 시간의 왜곡이 일어나 마이모니데스(Maimonides)*와 아비센나(Avicenna)**와 토마스 아퀴나스가 나타난다면 그들을 종교학과 교수진으로 임명하는 데 동의하겠느냐고 물은 적이 있다. 그는 이 위인들이 "신앙고백적 사상가들"이므로 동의하지 않을 거라고 말했다. 근대주의의 인식론적 자만의 최후 피난처는 종교학과인 것 같다. 하지만 종교학과 교수들과 신학

* 1135-1204, 유대인 철학자다.
** 980-1037, 본명은 이븐 시나(Ibn Sīnā)로, 이슬람의 철학자이자 의사다.

대학원 교수들 간의 긴장이 학생들을 가르치는 데는 영향을 미치지 않았다고 말할 수 있어서 기쁘다.

모든 대학의 종교학과가 듀크대 종교학과처럼 이데올로기적으로 경직되어 있는 것은 아니다. 특히, 나는 버지니아 대학교의 종교학과가 신학을 정당한 학문이자 필요한 학문으로 여긴다는 것을 알게 되었다. 듀크에서 3년째 되던 해, 당시 버지니아 대학교 종교학과의 학과장이던 짐 칠드레스는 내게 그곳 학생들을 위한 대학원 세미나 하나를 맡아 달라고 청했다. 나는 기꺼이 그 일을 맡았다. 사실, 나는 돈이 필요했다. 듀크에 온 지 얼마 안 된 터라 학비 지원을 받을 수가 없었기 때문이다. 애덤의 대학 학비를 내야 했다. 일주일에 하루, 나는 샬럿츠빌로 차를 몰고 가서 세 시간짜리 세미나를 인도한 다음 집으로 돌아왔다. 하루가 꼬박 걸리는 일이었다. 그런 식으로 버지니아 대학교에서 대여섯 번 가르쳤다. 시간이 가면서 버지니아와 듀크 학생들이 서로의 논문을 읽고 논평하는 연례모임을 갖기 시작했다. 나는 노터데임에서 시카고 대학교 대학원생들과 비슷한 일을 한 적이 있었다.

나는 버지니아에서 대학원생들을 알아 가는 것이 좋았다. 그들의 논문심사위원회에도 여러 번 참여했다. 버지니아 대학교 종교학과의 강한 신학적 입장이 하나님의 유머 감각을 반영한다는 생각이 들었다. 설립자 토머스 제퍼슨은 줄리언 하트, 진 로저스(Gene Rogers), 랭던 길키(Langdon Gilkey), 존 밀뱅크 같은 사람들이 버지니아에서 가르칠 거라고는 상상도 못했을 것 같았기 때문이다. 게다가 나는 또 어떤가? 그는 내가 버지니아에서 가르치는 것 역시 상상할 수 없었을 것이다. 버지니아에서의 세미나 중 특히 기억에 남는 것은 내가 '큰 책' 수업이라 불렀던 세미나였다. 우리는 찰스 테일러의 『자아의 원천들』(*Sources of the Self*, 새물결), 알래스데어 매킨타이어의 『누구의 정의? 어떤 합리성?』(*Whose Justice? Which Rationality?*), 존 밀뱅크의 『신학과 사회 이론』(*Theology and Social Theory*)을 읽었다. 운 좋게도 수업에 나보다 더 많이 아는 학생이 있었다. 그의 이름은 데이비드 하트였다.

바깥에서의 생활은 좋았으나, 집에서의 생활은 긴장의 연속이었다. 앤이 무슨 일로 폭발할지 몰랐다. 그녀는 점점 더 혼자 지냈다. 걷잡을 수 없을 정도로 분노하기도 했다. 때로는 폭력적이라 할 정도였다. 나는 그녀가 아프다는 것을 알았고, 그 병의 화학 작용도 알았고, 유전적 요인이 어느 정도 작용한다는 것도 알았다. 그러나 그녀의 상태는 점점 '뭔가에 홀린' 것처럼 보였다. 뭔가에 씌인 사람 같았다. 도저히 불가능할 것 같은 잔인한 행태를 달리 어떻게 설명한단 말인가?

과장된 말로 들릴지 모르겠지만, 나는 그녀가 나를 물리적으로 공격할지 모른다는 염려가 들기 시작했다. 다음 날 아침에 깨어나지 못할 수도 있다고 생각하며 잠자리에 들곤 했다. 그녀가 애덤을 해칠 수는 없을 거라는 믿음이 그나마 유일한 위안이었다. 적어도 아이만큼은 물리적으로 해칠 수 없었다. 그러나 애덤이 나이가 들수록, 그녀는 점점 더 애덤과 공감하는 것을 힘들어했다.

애덤이 고3 때 '내셔널 메리트 장학금' 후보에 올랐다. 애덤이 내게 그 얘기를 했고 당연히 우리는 좋은 소식을 축하했다. 애덤이 제 엄마에게 얘기를 했더니 그녀는 이렇게 대답했다. "그거 못 받기만 해 봐라." 애덤은 장학생 선발의 다음 단계도 통과했는데, 엄마가 기분이 좋아서 그 소식을 잘 받아들일 수 있을 때까지 기다려야겠다고 내게 말했다. 어느 날 저녁 식사 시간에 분위기가 모처럼 화기애애했다. 애덤이 소식을 전하자 앤은 이렇게 대답했다. "오." 그게 전부였다.

상황이 더없이 좋아도 10대 소년으로 사는 것은 쉽지 않다. 그런데 애덤은 어려운 가정생활을 헤쳐 가야 하는 부담까지 져야 했다. 애덤이 고등학교 3학년 초였던 어느 밤, 나는 애덤의 비명 소리를 들었다. 급하게 애덤의 방으로 달려가 보니 아이가 대발작을 일으키고 있었다. 얼굴이 백지장처럼 하얗게 질려 있었다. 나는 애덤을 침대에 붙들어 놓으려고 안간힘을 썼지만 애덤은 나를 뿌리치고 바닥에 굴러 떨어졌다. 나는 앤에게 소리를 질러 응급구조 대원에게 전화를 걸어 도움을 청하라고 했다. 그녀는 그렇게 했지만 응급차가 오기 전에 애덤은 꼼짝도 하지 않게 되었다. 나는 애덤이 죽었다고 생각했다. 절망 그 자체였다. 그러나 응급팀이 도착해서 아이가 살아 있다고 안심시켜 주었다.

우리는 애덤을 응급실로 데려갔다. 듀크의 훌륭한 신경과 전문의인 매시 박사는 애덤을 철저히 검사했다. 온갖 검사를 다 한 후 특발성 뇌전증(간질)이라는 진단이 나왔다. 애덤이 발작을 하기 쉽지만 그 이유는 모른다는 뜻이었다. 한 주 후 애덤은 다시 발작을 했고 항경련약을 복용하게 되었다. 애덤은 이후 다시는 발작을 하지 않았지만, 발작을 한 경력 때문에 운전은 할 수 없게 되었다. 고등학교 3학년 학생이 감당하기에는 너무도 지독한 결과였다. 그러나 다행히, 애덤의 여자친구는 가까운 곳에 살았다.

애덤과 나는 대학들을 둘러보러 떠났다. 프린스턴과 해버퍼드를 염두에 두고 있었는데, 애덤은 존 스코어 때문에 사우스웨스턴도 생각하고 있었다. 우리는 해버퍼드를 방문하고 좋은 인상을 받았다. 내가 잘 알던 론 시먼이 그곳의 교무처장으로 있었고, 적어도 해버퍼드가 신학을 무시하지는 않겠다는 생각이 들었다. 더욱이 그곳의 퀘이커적 배경을 생각하면, 애덤이 그곳에서 비폭력주의자가 된다는 것의 의미를 곰곰이 생각해 볼 수 있을 것 같았다. 애덤은 해버퍼드로 가기로 했다.

학기 시작을 앞두고 애덤을 해버퍼드에 데려다주던 그날을 잊을 수 없을 것 같다. 우리는 1984년형 도요타 스테이션왜건 안에 짐을 잔뜩 실었다. 애덤은 들떴고 그런 애덤을 바라보며 나도 흥분했다. 전에 애덤이 집을 떠나 '거버너스 스쿨'(Governor's School)*에서 한 주를 보낸 적이 있지만 이번은 상황이 전혀 달랐다. 애덤의 기숙사 방에 짐을 풀고 나자 내가 할 일이 없어져 금세 더럼으로 돌아와야 했다. 오는 내내 울었다. 애덤이 떠난 것이 무엇을 의미하는지 그때는 몰랐다.

당시에 앤은 테그레톨을 복용하고 있었는데, 항경련제인 테그레톨은 양극성 장애가 있는 사람들이 차분함을 유지하는 데 도

• 미국의 여러 주에서 우수한 고등학생들을 대상으로 만든 여름학교다.

움이 되는 것 같았다. 나는 다양한 정신병에 시달리는 사람들을 돕기 위해 노력하는 의사들을 무척 존경하지만, 그런 시도들은 정말이지 도박이었다. 어떤 약이 들을지 또는 안 들을지 알 수가 없었다. 예를 들어, 전기 자극 요법(EST)은 앤이 병을 앓던 시절에는 널리 쓰이지 않았지만, 이제는 그녀와 같은 질환을 가진 사람들에게 효과 좋은 치료법으로 손꼽히는 듯하다.

테그레톨과 리튬을 같이 복용하면 앤이 좀더 안정되는 것 같았다. 상태가 좋아졌다고 느낀 그녀는 직장을 잡아 보기도 했다. 남성복 매장에서 일자리를 구했는데, 이틀 만에 해고되었다. 그녀가 하는 말을 들어 보니, 매장을 자기 뜻대로 운영해야 한다고 생각한 것 같다. 주인이 그런 태도를 좋게 받아 주었을 리가 없었다. 그녀가 스스로 상황을 통제하고 있다고 느낀다는 것은 나에 대한 분노가 점점 더 거세진다는 뜻이었다. 그녀의 정신과 의사는 우리 부부의 관계가 나아질 수 있는지 상담을 받아 보라고 했다. 앤은 그 제안을 거부했지만 나는 좋은 생각이라고 보았다. 그녀는 마침내 동의했다.

애덤은 해버퍼드에서의 첫 학기를 마치고 크리스마스에 집에 와서 우리와 함께 있다가 1월에 학교로 돌아갔다. 애덤이 떠난 후 우리는 상담을 받기 시작했다. 어떤 이유인지, 제삼자가 같이 있으니 상황이 오히려 악화되는 듯했다. 앤은 상담 과정을 주도하며 내게 조롱을 쏟아부었다. 상담사는 나를 변호하지 않으면서 그런 태도는 아무 도움이 안 된다는 사실을 앤이 깨닫도록 도우려 했다. 세 번째 상담 시간에 앤은 자리를 박차고 나가면서 다시는 돌아오지 않을 거라고 선언했다. 그녀는 나를 떠날 거라고 말했다.

나는 지쳐 버렸다. 애덤은 곁에 없었고, 앤이 나를 떠날 거라고 선언했을 때 미친 상태가 아닌 것 같았다. 나는 마침내 그녀에게 하고 싶은 대로 하라고 말했다. 그녀는 사우스벤드로 돌아갈 생각이었다. 우리는 차가 두 대였는데 앤이 도요타 세단을 갖기로 했다. 갖고 있던 돈도 대부분 그녀에게 주었다. 인디애나에 살던 내 학생의 형이 앤의 가구와 옷가지를 사우스벤드까지 실어 주기로 했다. 나는 뉴욕 시에서 열리는 종교와공공생활센터 모임에 참석했는데 애덤이 필라델피아에서 그리로 왔다. 그리고 앤이 떠난다는 것을 알게 되었다. 우리는 뉴욕 현대미술관으로 가서 파울 클레(Paul Klee) 전시회를 보고 식사를 했다. 우리에게는 서로가 있었다.

나는 집으로 돌아왔다. 텅 비어 있었다. 나는 눈물을 쏟으며 허물어졌다. 그 모든 날을 돌아보자 슬펐다. 미래가 어떻게 펼쳐질지 알 수 없었지만 과거로 돌아가는 일은 없을 터였다. 나의 결혼은 마침내 파경으로 끝났다. 그 의미가 무엇이든 나는 늘 하던 대로 할 것이었다. 한 발 한 발 앞으로 내딛으며 계속 나아갈 것이었다. 나는 다음 날 자리에서 일어나 늘 하던 대로 일하러 갔다.

퇴근하고 빈집으로 돌아오는 일은 참 낯설었다. 그러나 사실 집은 비어 있지 않았다. 고양이들이 있었다. 나는 당당한 고양이 애호가다. 우리 가족이 사우스벤드에 살 때 미시간 주 나일스에서 샴고양이 두 마리를 샀었다. 애덤이 니프와 터크라는 이름을 지어 주었다. 니프는 '똑똑하지 않았'지만 터크는 똑똑하고 우아했다. 이상하게 들릴지 몰라도, 두 녀석이 집에 있다는 것을 아니까 내가 완전히 혼자는 아니라는 느낌이 들었다. 하지만 그래도 외로웠다. 물론 나는 여러 해 동안 외롭게 지냈지만, 그것과는 또 달랐다. 정확히 말하면 앤이 떠나서 외로운 것이 아니라, 24년 만에 처음으로 더 이상 기혼 상태가 아니라서 외로웠다.

앤이 떠나고 상담을 받던 중에 기혼 상태가 아니라는 말의 의미가 실감나게 다가왔던 것 같다. 나는 앤과 함께 부부 상담을 받았던 상담가에게 계속 상담을 받았다. 그녀의 이름은 조앤 턴불이었고 지혜로운 여인이었다. 첫 번째 상담에서, 그녀는 앤과 매일 함께 사는 것이 어땠느냐고 물었다. 나는 앤의 안면 경련이 삽화로 접어든다는 신호일 때가 있기 때문에 안면 경련이 있는지 늘 지켜봤다고 말했다. 조앤은 이렇게 응수했다. "일자리를 하나 잃은 게 분명하군요." 그녀의 말이 옳았다. 나는 일자리를 하나 잃었다. 내가 원하지 않았던 일자리였지만, 나는 그것이 그리웠다. 나는 조앤에게 계속 상담을 받으러 갔다. 앤과 함께 보냈던 세월이 상처를 남겼기 때문이다. 나는 그 상처들이 내 삶을 결정하기를 바라지 않았다.

나는 일상적인 일을 계속해서 해 나갔다. 앤이 떠났다는 소식이 어떻게 알려졌는지 모르겠지만, 데니스에게는 있는 그대로 이야기했다. 그는 내가 속한 대학원의 원장이었고 나는 그런 문제가 '사적인' 것이 아니라고 보았기 때문이다. 내 삶에서 벌어지는 일이 학교에 영향을 미칠 수 있었다. 가능한 한 솔직하고 싶었다. 친구들과 학생들에게도 말했다. 특히, 그렉과 수전 부부가 나를 식사에 초대했던 기억이 난다. 그들과 함께 기도하는데 눈물을 주체할 수가 없었다. 내 곁에 있어 준 친구들을 허락하신 하나님께 감사한다.

조앤과의 상담 도중 한번은 내가 참 외롭다고 했더니 사람을 사귀어 보라고 했다. 나는 마흔여섯이었고 대학 이후 데이트를 해 본 적이 없었다. 그런데 그때 내 마음속에는 폴라 길버트라는 신비로운 인물이 있었다. 내가 아는 한, 그녀는 결혼한 적이 없었다. 사귀는 사람도 없는 것 같았다. 나이는 정확히 몰랐지만 나보다 많이 어린 것만은 분명했다. 알아보니 그녀는 서른넷이었다. 그녀에게 자꾸만 마음이 갔지만 어떻게 다가가야 할지 도무지 알 수가 없었다.

　우리는 학교에서만이 아니라 교회에서도 보았다. 애덤이 대학에 가기 전에 함께 다니기 시작한 새 교회에 그녀도 다니고 있었다. 그녀도 우리처럼 그 교회의 시작이 괜찮다고 생각한 것 같았다. 예를 들면, 그 교회는 우리가 바라는 대로 매 주일 성찬식을 하는 것을 원칙처럼 여겼다. 내가 신학대학원 채플 시간에 설교를 한 적이 있는데, 그때 성찬 집례는 폴라가 맡았다. 그녀는 비범했다. 폴라가 성찬을 집례할 때는 하나님이 이제 곧 나타나실 것을 아는 사람 앞에 서 있음을 알게 된다. 나는 폴라에게는 하나님이 그냥 '다가온다'고 느꼈다. 하나님이 그녀와 그런 식으로 함께하신다는 사실이 두려우면서도 흥미로웠다. 지금도 그렇다.

　야구 시즌이 시작되었다. 어느 주일, 오후 두 시에 불스 경기가 예정되어 있었다. 그날 예배 장소는 한 데이케어센터였다. 예배는 10시쯤 시작했는데 사람이 많지 않았다. 나는 폴라에게 예배 후에 야구 보러 가겠느냐고 불쑥 물었다. 그녀는 좋다고 했다. 한 시 반에 데리러 가겠다고 하고 집으로 돌아왔는데, 무슨 일을 벌인 건가 싶었다. 한 시 반이 다가올수록 자신감이 점점 없어졌다. 그렉에게 전화를 걸어 같이 갈 수 있는지 물었다. 그럴 수 없다고 했다. 폴라와 나는 그렇게 데이트를 하게 되었다. 1987년 4월 12일이었다.

폴라의 집 앞에 차를 세웠을 때 그녀는 바깥에서 식물을 살피고 있었다. 나도 모르는 사이 그녀에게 이미 빠져 있었는지도 모르겠지만, 그녀가 자신이 심은 것들을 주의 깊게 돌보는 모습을 본 순간 나는 완전히 반해 버렸다. 물론 비이성적인 일이었다. 그러나 합당한 일이기도 했다. 폴라는 구체적인 것을 사랑하는 사람이다. 그녀는 피튜니아 한 송이 한 송이의 독특한 아름다움을 시간을 들여 바라볼 줄 안다. 그녀는 이후 내 삶의 속도를 늦추어 줄 것이었다.

나중에 폴라는 그날의 만남이 데이트인지 확신이 들지 않았다고 말했다. 차에서 기억나는 거라곤 내가 그녀의 집 벽돌 작업이 엉터리라고 험담한 것뿐이라고 한다. 우리는 야구장으로 갔다. 경기장에 와 있던 내 친구들도 금세 폴라에게 반해 버렸다. 한 명은 파울볼을 받아 그녀에게 기념으로 주기까지 했다.

우리는 7회까지 자리를 지키다가, 그녀가 여우원숭이 군체를 본 적이 없다고 해서 함께 여우원숭이를 보러 갔다. 그녀는 여우원숭이들을 좋아했고 곁에 있는 이상한 남자에 대해 궁금해했다. 내가 동물을 좋아할 거라고 생각하지 않았던 것이다. 나는 저녁을 같이 먹자고 했고, 함께 내 집으로 가서 셰프 샐러드를 만들었다. 각자의 배경에 대해 말한 것 외에는 대화 내용이 기억나지 않는다. 그녀는 결혼한 적이 없었다. 여러 사람을 꽤 진지하게 사귀었지만 당시에는 사귀는 사람이 없었다.

우리는 함께 샐러드를 먹었다. 아직 이른 저녁이었다. 나는 그녀에게 영화를 보러 가자고 했다. 우리는 채플힐에서 덴마크 영화를 보았다. 그다음 젤라토를 좀 먹고 집으로 돌아가 함께 있었다. 그녀를 보내고 싶지 않았지만, 어쩌면 데이트가 아니었을지도 모르는 끝없는 데이트도 언젠가는 끝나야 했다. 마침내 그녀를 집으로 데려다주고, 헤어지기 전에 다음 날 저녁 식사 약속을 잡았다. 20년도 더 전의 일이다.

다음 날 저녁 식사를 같이 하면서 나는 그녀에게 청혼을 했다. 그녀는 내가 미쳤다고 생각했다. 자기가 누군지도 모르지 않느냐고 내게 물었다. 물론 나는 그녀가 어떤 사람인지 몰랐다. 하지만 그녀가 그리스도인이라는 것을 알았다. 나는 그녀를 사랑했고 원했다. 나머지는 살면서 풀어 나가면 될 터였다. 폴라는 지혜롭다. 인간관계의 복잡성을 나보다 훨씬 잘 이해한다. 그녀가 내게 준 선물은 더할 바 없이 사랑에 굶주린 남자를 피해 달아나지 않은 것이었다. 우리는 점심이나 저녁을 같이 하며 거의 매일 만나기 시작했다. 세상에, 나는 그녀와 같이 있는 것이 너무 좋았다.

물론, 공식적으로 나는 여전히 기혼 상태였다. 내가 폴라와 데이트를 하는 것이 신학대학원의 어떤 사람들에게는 불쾌할 수 있겠다는 생각이 들었다. 폴라와 나는 데니스를 찾아가 우리가 사귀고 있다고 말했다. 나는 폴라가 허락하기만 한다면 그녀와 결혼할 생각이며, 문제가 된다면 다른 일자리를 찾아보겠다고 데니스에게 말했다. 그는 우리가 신학대학원 안에서 적절하게 처신하기만 한다면 아무 문제가 없다고 말했다. 문제는 나중에 다른 모습으로 찾아온다.

앤은 짐 버트챌과 결혼할 계획으로 사우스벤드로 돌아갔다. 그녀는 아파트를 얻고 자신이 떠나지 않을 것이라는 사실을 그에게 알리는 작업에 나섰으나, 짐은 자신이 그녀와 결혼하지 않을 거라고 분명히 밝혔다. 나는 그녀와 재산을 나누기 위해 더럼의 집을 매물로 내놓았다. 앤은 최대한 빨리 이혼하고 싶어 했다. 노스캐롤라이나 주는 무과실 이혼을 허용했지만, 부부가 한 지붕 아래 살지 않은 기간이 1년이 넘어야 했다.

더럼의 변호사를 구해 합의 이혼 서류 준비를 맡겼다. 앤은 이혼 서류에 서명할 준비가 되어 있었지만, 나는 이혼에 대한 이의 제기가 없기를 바랐고 앤이 궁핍해지지 않도록 하고 싶었다. 그래서 사우스벤드의 좋은 변호사를 고용해 그녀를 대행하게 했다. 내 변호사는 반대했지만, 합의 이혼 서류에 내가 앤에게 매달 부양비를 지급하기로 명시했다. 그녀는 이혼 서류에 서명했다.

어느 날, 강연차 다른 곳에 나가 있다가 학교로 돌아가니 게이 트로터가 내가 없는 사이 앤이 전화를 해서 전화를 달라고 했다고 전해 주었다. 전화를 걸었더니 그녀의 동생 데이비드가 전화를 받았다. 데이비드는 미시간 주 랜싱에서 정신 건강 상담사로 일하고 있었다. 그가 전화를 받아서 놀랐다고 말하자 데이비드는 이렇게 대답했다. "아! 모르셨어요? 누나가 자살을 시도했어요. 스스로 가슴을 찔렀어요. 칼날이 부러지는 바람에 다행히 출혈이 많지 않았어요. 겁에 질려 911로 전화했고요. 지금 병원에 있어요. 괜찮을 겁니다." 나는 그의 말을 잠자코 들었다. 대답하는 데 시간이 좀 걸렸다. 마침내 말을 할 수 있게 되자 나는 이렇게 말했다. "나, 안 가볼 거네."

내가 그 문장을 말할 수 있기까지 긴 세월이 걸렸다.

9

폴라

내가 볼 때, 그리스도인으로 사는 것은 답 없이 사는 법을 배우는 과정이다. 이렇게 사는 법을 배울 때 그리스도인으로 사는 것은 너무나 멋진 일이 된다. 신앙은 답을 모른 채 계속 나아가는 법을 배우는 일이다.

앤이 자살을 시도했다는 소식을 듣고 그날 하루를 어떻게 보냈는지 기억이 나지 않는다. 나는 그날 저녁 애덤에게 전화를 걸어 사실을 말해 주었다. 어떻게 잤는지도 기억이 안 난다. 그저 정해진 일과에 집중했다. 다음 날 일찍 일어나 일하러 나갔다. 대개 그렇듯이 존 웨스터호프가 벌써 연구실에 나와 있었다. 존과 나는 일찍 일어나는 사람들이라, 스튜어트 헨리 정도를 제외한 다른 사람들이 아직 이불 속에 있을 시간에 연구실에 나왔다. 우리는 하루를 시작하기 전에 몇 분 정도 시간을 내어 그동안 무슨 일이 있었는지 주고받고 각자 읽고 있는 책 이야기를 했다.

나름의 고민거리가 많은 존은 원래 연합그리스도교회 목사였다가 성공회 사제가 된 사람이다. 나보다 나이가 많았고 소중한 조언자이자 친구였다. 우리는 『기독교 교육』(Schooling Christians)이라는 책을 함께 편집하기도 했다. 그 책은 합당한 주목을 받지 못한 책이다. 이후 존은 은퇴하여 애틀랜타로 거처를 옮기게 된다. 그러나 아직은 먼 일이었다. 그날 아침 그는 내 곁을 지켜 주었다. 앤이 자살을 시도했다는 소식을 듣고 존이 보인 반응은 그가 내게 준 선물 중에서 가장 소중했다.

이전에도 나는 종종 존에게 앤의 일을 들려주었기 때문에 그는 앤이 떠난 사실을 알고 있었다. 나는 자살을 시도한 앤에게 가보지 않기로 결정했다고 그에게 말했다. 그것을 결정이라 부를 수 있다면, 거기에는 앤이 떠났을 때 이제 우리의 관계는 돌이킬 수 없게 되었다는 생각이 담겨 있다고 했다. 오랜 세월 내가 그녀의 질병에 대응하는 하나의 패턴이 있었는데, 이제는 그런 패턴에 말려들지 않을 거라고 했다. 설령 자살 시도 같은 일이 생긴다고 해도 말이다. 그 결정은 앤이 내 탓을 할 수 있는 한 질병에 대처하는 데 필요한 조치를 취하지 않을 거라는 사실을 인식한 결과이기도 했다. 그러나 가지 않는 것은 힘들었다. 그녀는 내가 24년 동안 함께 살았던 사람이었다. 우리는 젊은 시절 사랑한 연인 사이였다. 함께 삶을 꾸려 왔고, 그녀는 우리가 함께 먹은 많은 식사를 준비했다. 집을 사고 그 집을 함께 꾸미기도 했다. 또 그녀는 애덤의 엄마였다. 최선을 다해 애덤을 돌보고 사랑했다. 무엇보다 힘든 것은, 앤이 이제 완전히 혼자라는 사실 때문에 느껴지는 깊은 슬픔이었다. 나는 이 모든 것을 존에게 털어놓았다.

존이 말했다. "아니, 그렇지 않아요. 하나님이 그녀와 함께 계십니다." 그다음 우리는 그녀를 위해 기도했다. 나는 하나님이 앤과 함께하셨고 지금도 함께하신다고 믿는다. 그것은 그녀의 삶이 나아졌다는 뜻은 아니다. 데이비드는 앤을 랜싱으로 데려갔다. 나는 그녀가 이제 그에게 분노를 돌릴 테니 마음의 준비를 하라고 당부했다. 그녀는 자기 삶을 좌우하는 듯한 사람은 누구든지 증오하기 때문이다. 이후 나는 정확히 그런 일이 벌어졌음을 짐작하게 하는 그녀의 전화를 드문드문 받았다.

앤의 아버지인 할리 씨가 몇 년 후 내게 전화를 걸어, 딸에게 부양비를 주고 있는지 물었다. 나는 그렇다고 대답했다. 그녀가 몇 달간 집세를 내지 않았고, 그녀가 살던 공동 주택의 주인이 할리 씨에게 전화를 해서는 보안관을 불러 그녀를 쫓아내겠다고 한 모양이었다. 집주인은 자신과 이웃들이 그녀를 두려워하기 때문에 보안관을 불러야 한다고 했다. 할리 씨는 랜싱으로 가서 상황을 수습할 수 있는지 보겠다고 했다.

앤이 더럼을 떠난 후 어떻게 살았는지 상상해 볼 생각은 전혀 없다. 한번은 그녀가 전화를 걸어와 애덤이 어떻게 지내고 있는지 알고 싶다고 했다. 나는 애덤이 대학에서 잘 지내고 있다고 말해 주었다. 그녀는 애덤의 전화번호를 물었다. 애덤이 엄마와의 연락을 원하지 않는다고 말한 바 있었지만, 앤이 안된 마음이 들어 전화번호를 알려 주었다. 그러고 나서 애덤에게 전화를 걸어 엄마가 전화할 거라고 말했다. 애덤은 크게 화를 냈다. 나는 애덤이 전화번호를 바꾸면 비용을 지불하겠다고 말했다. 그러나 애덤이 그렇게 하기 전에, 그녀가 애덤의 자동응답기에 메시지를 남겼다.

애덤은 내게 전화를 해서 엄마와 통화하겠다고 했다. "빨리 끝내고 싶어요." 애덤은 엄마와 통화한 후에 나와 이야기를 해야겠으니, 전화기 옆에 있으라고 했다. 조금 뒤 애덤은 앤과의 통화 내용을 녹음해서 내게 들려주었다. "엄마, 애덤이에요." "애덤 누구?" "애덤이라고요. 엄마 아들이요. 엄마가 전화하셨잖아요. 그래서 무슨 일인가 하고 전화 드린 거예요." "아, 그냥 네가 어떻게 지내는지 궁금했어." 그 무렵 애덤의 숨소리가 들렸다. 호흡이 거칠어지고 있었다. 애덤이 말했다. "엄마, 저 너무 힘들어요. 끊어야겠어요." 그녀는 그저 이렇게 말할 뿐이었다. "그래라."

가엾은 앤. "애덤 누구?" 가엾은 애덤. 아들에게 사랑한다고 말할 수 없는 사람과 연결된 모든 가엾은 사람들. 그 통화를 듣고서야 나는 앤과 함께 사는 일이 애덤에게 얼마나 힘든 짐이었는지 마침내 이해했다. 나는 애덤이 불평할 때마다 정신 질환자 엄마와 사는 것보다 훨씬 더 힘든 문제가 있는 사람들이 많다고 응수하곤 했다. 그러나 나중에 애덤이 한 말이 옳았다. "아빠는 30대였잖아요. 저는 일곱 살이었어요." 나에게는 방어 수단이 있었지만 애덤은 그렇지 못했다는 것을 그제야 깨달았다. 애덤은 화낼 만했던 것이다. 그러나 애덤은 분노에 사로잡힌 사람이 되지 않았다. 그는 훌륭한 사람이다.

앤이 죽은 지가 10년 가까이 되었다. 앤은 그녀의 어머니처럼 50대 후반에 울혈성 심부전으로 죽었다. 그녀는 통제된 시설에서 어느 정도 독립성을 누리며 살았다. 내가 이런 사실을 아는 것은 앤의 동생 데이비드가 전화를 걸어서 그녀의 치과 기록을 찾을 수 있는지 물었기 때문이다. 그녀는 죽은 지 여러 날 지난 후에 발견되었기에, 검시관은 치과 기록이 있어야 신원을 확실히 할 수 있다고 생각했다. 나는 치과 기록을 구해 주려 했지만, 그녀가 더럼에서 이용하던 치과 의사는 죽고 없었다. 치과 기록이 없는 상태로 검시관은 마침내 그녀가 죽었다고 선언했다.

데이비드는 앤과 연락을 이어 가려 했지만 누나가 종종 자기를 밀어냈다고 설명했다. 그녀를 어떻게든 품으려고 노력했던 데이비드와 그의 가족이 감탄스러울 따름이다. 그러나 앤의 죽음은 그녀의 인생이 얼마나 외로웠는지 절감하게 했다. 그 외로움이 그녀가 자초한 것이었다고 해도, 슬픈 일이라는 사실에는 변함이 없다. 그렇게 살다 간 인생에 대해 도대체 무슨 말을 할 수 있을까?

나는 기독교 신학자다. 사람들은 내가 그런 질문에 답할 수 있을 거라고 생각한다. 그러나 나는 그런 질문에 어떻게 대답해야 할지 모른다. 오히려, 내가 기독교 신학자로서 살아온 지난 세월 동안 배운 것이 있다면 누구도 그런 질문에 대답을 시도해서는 안 된다는 것이다. 그런 질문을 하는 것이 인간의 본성이지만, 입을 다물고 있는 것이 지혜로운 일이다. 나는 내 경험을 염두에 두고 『침묵에 이름 붙이기』를 썼다. 신정론*에 반대하는 그 책의 주장은 어렵게 배운 것이었다. 기독교가 세상을 이해할 수 있게 만들어 주는 '해답'이라고 생각하는 발상은 지금 세상의 모습이 불가피한 것이라는 생각을 그리스도인들에게 주입하는 현실 순응적 교회의 모습을 반영한다.

그런 '해답'은 기독교를 하나의 설명으로 바꿔 놓을 수밖에 없다. 그러나 내가 볼 때, 그리스도인으로 사는 것은 답 없이 사는 법을 배우는 과정이다. 이렇게 사는 법을 배울 때 그리스도인으로 사는 것은 너무나 멋진 일이 된다. 신앙은 답을 모른 채 계속 나아가는 법을 배우는 일이다. 문제를 지나치게 단순화시킨 것이

---

* 세상에 존재하는 악과 고통의 문제에 대해 신의 의로움과 선함을 변호하려는 주장이다.

긴 하지만, 적어도 이런 주장은 그리스도인으로 사는 것이 내게 지독히도 흥미진진하게 다가오는 이유를 이해하게 해 준다.

나는 내가 그와 같은 그리스도인이자 신학자가 되고 있다고 생각했지만, 다른 사람들은 나를 다르게 이해하기 시작했다. 특히 짐 거스탑슨이 그랬다. 주로 짐 때문에, 사람들은 내가 신학적·정치적 반동분자라는 고정관념을 갖기 시작했다. 윌과 내가 『하나님의 나그네 된 백성』을 쓰기도 전의 일이었다. 짐은 1985년에 열린 가톨릭 신학회에서 린드벡, 요더, 그리고 나를 공격하는 강연을 처음으로 했다. 그에 따르면 나는 "분파주의적, 신앙주의적 부족주의자"였다. 짐은 보수적인 성향이 조금도 없었음에도, '정치적 올바름'이라는 혐의로 진보적 학자들을 수세로 모는 보수주의자들과 비슷한 전략을 채택했다. 혐의를 부정하는 것은 오히려 그런 혐의가 있다는 분석이 정당함을 확증해 줄 따름이다.

   나는 내 입장에 대한 짐의 정의 및 기타 유사한 정의가 내가 쓴 저작의 상당 부분을 규정하더라도 내버려 두었다. 창조냐 구속이냐, 분파냐 교회냐와 같이 이분법적 전제가 만들어 낸 양자택일의 선택지는 아무리 부정해도 그때마다 문제가 재생산되는 것 같다. 나는 지금도 1985년에 출간된 『오늘날 그리스도인의 존재』의 서문에서 짐에게 해야 할 답변을 다 했다고 생각하지만, 그 책은 내 저서 중 가장 안 읽힌 책에 속할 듯하다. 데이비드 스타인메츠와 듀크의 철학자 에드 마호니가 래버린스 출판사를 막 시작했을 때, 나는 도움이 되고 싶어서 그 책을 그들에게 맡겼다. 그 결정을 후회하지는 않지만, 많은 독자들을 만날 수 있는 방법은 아니었다.

그러나 설령 그 책이 많이 알려졌다 해도 사정이 크게 달라졌을 것 같지는 않다. 질문 자체를 바꾸려고 시도할 때는 그런 변화에 저항하는 사람이 많다는 사실을 알아야 한다. 사람들은 자기가 이미 아는 답을 좋아한다. 나의 작업에 강하게 반발한 사람들은 내가 『그리스도와 문화』에 나오는 리처드 니버의 유형들을 비판하거나, 라인홀드 니버가 '민주주의'를 신학적으로 정당화하는 것에 의문을 제기하는 것을 생각도 못할 일로 여겼다. 시간이 지나고 보니 그들 중 상당수가 리처드나 라인홀드를 읽어 보지도 않았던 것 같다. 그들의 답이 미국의 주류 개신교가 호흡할 공기와 마실 물이 되어 그것을 지탱해 주었기 때문이다. 나는 질문을 바꾸고 싶었다. 기존의 답들이 교회를 질식시키고 있었다.

하지만 나는 주류 개신교의 계승을 위해 만들어지고 그 일에 전념하는 신학교에서 가르치고 있었다. 내게 먹이를 주는 손을 물어뜯을 이유는 없었지만 그 손을 핥고 싶지도 않았다. 자유주의 주류 개신교를 허물어뜨리는 것이 나의 목적은 아니었으며, 굳이 그럴 필요도 없었다. 이미 스스로 자폭의 길로 성큼성큼 나아가고 있었기 때문이다. 내가 하려는 일은 종교를 너무 진지하게 여기지만 않으면 '종교를 갖는 것도' 괜찮다고들 생각하는 시대에 그리스도인들이 교회를 유지하는 데 필요한 습관들을 기르도록 돕는 것이었다. 나는 기독교를 진지하게 받아들이지 않고는 기독교가 좋은 것이 될 수 없다고 말하려 했다. 예를 들면, 그리스도인들은 자녀를 기를 때도 자신들이 전쟁에 반대하는 백성의 일원이라는 점을 이해하도록 길러야 한다.

나는 그리스도인들이 어디에 있건 그들의 특징적인 말과 행동이 그들의 삶을 어렵게 만들 거라고(아닐 수도 있지만) 추정했다. 무엇보다 예수님과 바울이 이런 추정에 대해 분명한 성경적 확증을 제공하고 있으므로 『하나님의 나그네 된 백성』을 사람들이 과격한 책으로 받아들이는 것이 상당히 이상했다. 윌과 내가 한 일이라곤 설교 같은 기본적인 행동들도 급진적인 의미를 지닐 수 있음을 시사한 것이 전부였다. 우리는 기독교를 다시 만들어 낸다고 생각하지 않았다. 오히려 우리의 생각은 정반대였다. 하나님은 자유주의 개신교처럼 순응된 교회조차도 사용하실 수 있다. 우리는 피터 모린(Peter Maurin)의 표현처럼 그리스도인들에게 우리가 다이너마이트 통 위에 앉아 있음을 상기시켜 주려 했다.

물론 이런 입장은 기존의 질서에 만족하는 사람에게 상당히 위협적으로 보일 수 있다. 데니스 캠벨이 나의 존재를 복잡한 심정으로 바라보는 것이 느껴졌다. 나를 데려온 것은 그의 공적이었다. 나는 그가 영입한 몇몇 다른 교수들과 더불어 쟁쟁한 신입 교수였다. 원래 그는 감리교단 최고의 지성인들을 신학대학원으로 데려오려고 한 것 같다. 그것에 대해서는 그의 공로를 인정할 만하다. 그러나 그는 내가 어떤 입장을 얼마나 강하게 대변하게 될지 예상하지 못했다.

나는 데니스가 하고 있다고 생각하는 일에 열정이 가득했다. 그래서 윌에게 『하나님의 나그네 된 백성』을 토미 랭퍼드와 데니스 캠벨에게 헌정하자고 했다. 월은 다소 주저하는 듯했지만 반대하지 않았다. 나는 나와 동료들이 일할 수 있는 환경을 조성해 준 사람들에게 감사를 표하는 것이 중요하다고 생각했다. 토미와 데니스 같은 사람들은 자신들의 지적 열정을 희생하고 학교의 유익을 위해 일하지 않았던가. 나는 데니스가 신학 연구에 그런 열정을 가진 적이 없었다는 사실을 몰랐다. 데니스가 열정을 가진 일은 대학원장이 되는 것뿐이었다. 그 자리를 원하는 것은 나쁜 일이 아니지만 거기에는 대학원장으로서 의미 있는 일을 해내고 싶은 마음이 같이 있어야 한다. 하지만 아무리 봐도 데니스는 그저 신학대학원장 자리에 계속 있기만을 원하는 듯했다.

처음에 데니스는 우리의 책을 그에게 헌정한다는 말을 듣고 매우 좋아했다. 그러나 나중에 그 책의 일부를 읽었던 모양인지, 월과 내가 책에서 말한 내용 중에 동의하지 않는 부분이 있다고 분명히 말했다. 그는 책의 어떤 부분에 문제가 있다고 생각하는지 말하지 않았지만, 나는 그의 심기가 어떻든 별로 개의치 않았다. 훨씬 더 중요한 과제가 내 앞에 놓여 있었기 때문이다. 어떻게 폴라 길버트에게 결혼 승낙을 받아 낼 것인가?

나는 완전히, 꼼짝없이 사랑에 빠졌다. 멋진 기분이었다. 내 모습은 지독한 꼴불견이었을 테지만 상관없었다. 폴라도 사랑받는 것이 기분 좋았을 것이다. 나는 그녀도 나를 사랑한다고 확신했다. 물론 나는 사랑이 결혼의 근거로 충분하지 않다고 주장했던 사람이었다. 그 주장이 옳다는 생각에는 변함이 없었지만, 폴라와 내가 결혼해야 한다는 확신도 분명했다. 우리가 결혼하면 친구들이 좋아하리라는 이유만으로도 결혼의 당위성은 충분했다.

특히 스튜어트 헨리가 좋아할 터였다. 폴라는 그가 세상에서 제일 좋아하는 사람 중 하나였다. 스튜어트는 그녀를 좋아했고 우리가 함께 있으면 흐뭇해했다. 우리는 종종 스튜어트와 함께 식사를 했는데, 보통은 우리가 그의 집에 들러 그를 태우고 식당으로 갔다. 스튜어트는 듀크 근처의 오래된 공동 주택에서 살았는데, 방마다 "헨리 그레이"라고 적혀 있었다. 그는 원숭이를 좋아했고, 누이인 애들레이드와 함께 매년 여름 여행을 가서 사 온 작은 원숭이 조각상 컬렉션을 갖추고 있었다. 스튜어트 덕분에 폴라와 나의 사랑은 우리를 사랑하는 다른 사람들까지 품을 수 있었다.

사랑, 특히 초기 단계의 사랑은 사람을 취하게 만들고 고립시킨다. 사랑하는 사람의 순전한 경이로움에 몰두한 나머지 다른 사람의 존재는 불필요해 보인다. 그러나 폴라와 나는 서로에게 도취했으면서도 다른 사람들로부터 분리되지 않을 수 있었다. 서로 사랑하는 법을 배우는 초기 단계에 켈리 워커 존스와 로건 존스 부부가 특히 중요한 역할을 했다.

켈리와 로건은 우리를 잘 받아 줘야 마땅했다. 원래 두 사람을 엮어 준 것이 폴라였기 때문이다. 입학처장이었던 폴라는 신학대학원의 모든 사람을 알고 있었고, 가끔은 누군가에게 다른 누군가를 소개해 주곤 했다. 그녀는 감리교도인 켈리와 모라비아교도인 로건이 공통점이 많을 거라고 생각했다. 그녀의 생각은 옳았다. 그들은 결혼했다. 켈리는 나중에 폴라의 업무를 도왔고 그동안 로건은 임상 목회 교육(Clinical Pastoral Education, CPE) 훈련을 마쳤다. 우리는 종종 밖에서 식사를 함께했는데, 내게는 특히 중요한 일이었다. 따지고 보면 나는 '노땅'이었지만, 켈리와 로건은 나를 자기들 무리의 일부처럼 대해 주었다.

하지만 폴라와 나의 관계에 잘 적응하지 못하는 사람들도 있었다. 예를 들어, 내 대학원생들 중 일부는 우리가 사귄다는 사실을 알고 크게 놀랐다. 우리가 서로에게 끌린다는 것이 그들에게는 상상도 못했던 상황이었으리라. 신학대학원생 시절에 입학처장으로 폴라를 접했던 그렉 존스와 마이클 카트라이트는 그녀를 새로운 시각에서 봐야 했다. 이런 '인식론적 위기 상황'에 잘 대처해 준 그들에게 언제까지나 감사할 거라고 기쁘게 말할 수 있다.

처음에 내 밑에서 공부하려고 노터데임에 왔지만 그 무렵에는 듀크에 있었던 데이비드 젠킨스도 우리 관계에서 특히 중요한 사람이었다. 데이비드는 예일에서 목회학 공부를 했다. 나는 런던에서 가르칠 때 그를 처음 만났다. 당시에 그는 노스캐롤라이나 오리엔탈에서 어느 연합감리교회 목사로 섬기고 있었고 "웨슬리의 발자취를 따르러" 온 감리교도 여행단을 이끌고 있었다. 우리는 긴 산책을 함께했는데(다행히 웨슬리의 발자취를 따른 것은 아니었다) 그때 그는 내게 노터데임에서 박사를 공부하려 한다고 말했다. 나는 그가 마음에 들어서 지원하라고 격려했다. 몇 년 후 데이비드에게 노터데임 박사 과정에 지원하기 전에 왜 나를 그렇게 만나고 싶어 했는지 묻자, 그는 박사 과정이 도제 교육이라는 사실을 깨달았기에 이상한 사람 밑에서 도제를 하고 싶진 않았다고 했다.

그런 판단으로 미루어 나는 그가 진지한 사람이라는 것을 알 수 있었다.

그는 노터데임에 오래 머무르지 않았다. 그는 떼제 공동체를 방문하여 그곳에서 수사가 되는 것이 어떨지 살펴보러 갔고, 내게 편지를 보내 떼제에는 웃음이 충분하지 않다고 썼다. 그러고는 계획을 바꾸어 런던으로 가서 라르슈 공동체 '바인'에서 보조로 일했다. 덕분에 나는 라르슈 공동체에 대해 좀더 알아볼 필요가 있음을 처음 깨닫게 되었다.

데이비드는 마침내 박사 학위를 하러 돌아오기로 결정했는데, 목적지가 노터데임이 아니라 듀크였다. 박사 학위를 준비하는 동안 그는 듀크 대학교 웨슬리재단의 책임자 역할도 맡았다. 데이비드 이전까지 듀크 대학교 웨슬리재단은 대체로 죽은 조직이었다. 그는 성찬 집례와 중앙아메리카 선교 여행을 통해 웨슬리재단을 되살려 냈다. 그는 폴라에게 웨슬리재단 학부생들을 위한 성찬식 집례를 맡겼다. 폴라와 내가 사귀기 전부터 우리 두 사람을 잘 알던 그가 폴라에게 우리가 서로 잘 맞을 거라고 말한 것은 큰 의미가 있었다.

많은 사람들의 생각은 달랐다. 우리 두 사람을 모두 알았던 데이비드 같은 사람들은 폴라와 내가 얼마나 다른지 잘 파악하고 있었다. 폴라는 내향적이고 나는 외향적이라는 말로는 우리의 차이점을 충분히 나타낼 수 없었다. 폴라는 명상적인데 나는 그렇지 않다. 다른 시대, 다른 사람으로 태어났다면 폴라는 수녀원장이 되었을 것이다. 그녀의 중심에는 하나님을 추구하는 잔잔함이 있다.

그녀는 성직자에 합당한 사람이고, 나는 성직이 아닌 일에 합당하다. 나는 그렇게 확신한다. 내 삶에서 그녀의 소명을 지원하는 일보다 더 중요한 것은 거의 없다.

그러나 그녀의 소명이 문제의 일부였다. 그녀는 자신이 목회로 부르심을 받았다고 확신했지만, 결혼에 부르심을 받았다는 확신은 없었다. 그녀가 결혼에 대해 "부르심"이라는 용어를 썼다는 것 자체가 그녀가 다르다는 점을 보여 준다. 나는 그 차이가 좋았지만, 그 때문에 그녀가 나와 결혼하지 않는 일은 없었으면 했다.

우리는 온갖 부분에서 달랐음에도 성장 배경은 비슷했다. 우리 둘 다 일할 줄 아는 전통적이고 선량한 부모 밑에서 자랐다. 그녀의 어머니는 걸스카우트 같은 조직에서 자원봉사자로 일했고, 아버지는 철도 회사에서 일했다. 폴라는 자라면서 노동조합과 감리교에 대해 호의를 가졌다. 그녀는 노동 계급 출신인 나보다 사회적 서열이 높은 중산 계급 출신이었지만, 우리 둘 다 사람은 일을 해서 생계를 유지해야 한다고 생각했다.

내가 폴라에게 매력을 느낀 이유 중 하나는 자기 일을 헌신적으로 감당하는 모습 때문이다. 그녀는 해야 할 일이라면 보상을 기대하지 않고 헌신한다. 또한 누구를 위해, 누구와 함께 일하든지 그들이 사람이라는 사실을 절대 잊지 않는다. 그녀에게는 사람들을 올바로 보살피려면 그들에게 진실을 말해야 한다는 '목회적 감각'도 있다.

그녀가 바로 내가 듀크에서 만난 폴라였다. 그녀는 '강한 여성'이었고, 주로 남자들로 이루어진 세계를 분노나 원한에 사로잡히지 않고 잘 헤쳐 왔다. 어떻게 그럴 수 있었는지 모르겠다. 폴라가 어렸을 때 어떤 모습이었는지 나는 전혀 모른다. 그녀는 우리가 좀더 일찍 만났다면 내가 그녀를 좋아하지 않았을 거라고 했다. 아마도 그녀의 말이 옳을 것이다. 그러나 나는 그녀의 성숙한 면모가 좋았다. 물론 우리가 사귀기 시작한 때에도 그녀는 젊었으나, 많은 면에서 나보다 세상 이치를 더 잘 알고 있었다. 그리고 그런 모습은 이후에도 달라지지 않았다. 나는 상당히 비현실적인 데가 있다. 폴라가 신뢰하지 않는 누군가를 내가 신뢰할 때마다, 그녀는 옳고 나는 틀렸다. 정말이지 약오르는 일이다.

폴라는 앨라배마 주 모빌 출신으로 뼛속까지 남부 사람이다. 그녀는 몽고메리 헌팅던 대학에 진학했다. 헌팅던은 원래 어린 소녀들을 남부의 숙녀로 만드는 교양 학교(finishing school)였으나, 폴라가 진학할 무렵에는 교양 과정이 있고 감리교적 성격은 희미한, 사우스웨스턴과 상당히 비슷한 학교가 되어 있었다. 그녀는 그곳의 교육을 최대한 활용해서 영문학과 종교학을 전공했다.

폴라는 자신이 그리스도인임을 의심한 적이 없었으나, 어릴 때는 목회자가 될 거라는 생각 또한 한 적이 없었다. 그녀가 목회의 길을 생각하게 된 것은 '북부'로 가서 신학대학원에 다니면서부터였다. 그녀는 헌팅던 대학에서 만난 한 교수의 권유로 듀크대 신학대학원에 오게 되었다. 신학대학원에서는 여름에 현장연수를 나가야 하는데, 폴라는 이를 계기로 자신이 목회로 부름받았음을 발견했다. 사람들도 그녀에게 목사 안수를 받으라고 했다. 그녀는 연합감리교회 앨라배마/웨스트플로리다 연회에서 안수를 받았다.

그런데 그녀는 박사 학위 공부를 하라는 듀크대 교수들의 권고도 받았다. W. D. 데이비스(Davies)는 그녀가 신약학을 전공하기를 바랐지만, 그녀는 스튜어트 밑에서 미국교회사를 연구하기로 결정했다. 폴라가 박사 논문 자격시험을 마치자, 당시 신학대학원장이던 토미 랭퍼드는 그녀에게 입학처장직을 맡아 달라고 요청했다. 그녀는 조지아 하크니스로 논문을 쓰고 있었는데, 입학처 업무 때문에 논문 진행 속도가 느려졌다. 그러다 우리가 사귀기 얼마 전에야 박사 논문을 마쳤다.

목회자가 된다고 해서 그 사람이 진실한 그리스도인이라고 장담할 수는 없다. 하지만 나는 폴라가 진실한 그리스도인이라는 사실을 금세 알 수 있었다. 우리가 사귀기 시작한 시점은 고난 주간 직전이었는데, 나는 폴라와 함께 고난 주간을 보내는 것이 고난 주간을 제대로 지키는 일임을 알게 되었다. 그녀의 삶의 핵심은 하나님을 예배하는 것이다. 어떻게 그럴 수 있는지 나는 모른다. 그것이 폴라의 본질이라는 것을 알 따름이다. 그녀에게 목회는 '돕는 직업'을 의미하는 것이 아니다. 목사 안수를 받지 않아도 사람들을 도울 수 있다. 그녀는 목사로서 자신의 소임이 성찬식을 집례하는 것이라고 생각한다.

나는 그런 폴라에게 결혼하자고 설득하고 있었다. 결혼이 좋은 생각이 아닐 수도 있다는 생각이 들기도 했다. 독신이 그리스도인의 일차적 생활 방식이라는 요더의 말에 설득되었기 때문이다. 그리스도인은 결혼하거나 아이를 가져야만 할 필요가 없다. 교회는 생물학적 귀속이 아니라 증언과 회심을 통해 자라는 백성으로 구성된다. 결혼을 당연시하고 결혼하지 않은 독신자들이 그 이유를 해명해야 하는 교회는 '자기' 아이들을 보호하기 위해 살인도 불사하는 이들로부터 '우리' 아이들을 보호한다는 명분으로 폭력을 정당화하기 십상이다. 아이들이 아니라 그 앞에 붙는 소유 대명사들이 문제다. 나는 결혼해 달라고 폴라를 설득하면서도, 그녀가 정말 독신의 삶으로 부름받았을 수도 있다는 생각이 들었다. 이럴 수도 저럴 수도 없는 처지였다.

물론 다른 문제들도 있었다. 그녀는 서른넷이었고 나는 마흔여섯이었다. 우리가 사귀기 얼마 전에 그녀는 집을 한 채 샀고, 그 집을 대단히 자랑스럽게 여겼다. 그 집을 포기하고 싶어 하지 않았다. 혼자 사는 습관이 몸에 배었기에 매일매일 다른 사람과 맞춰 살아야 하는 상황도 원치 않았다. 그녀의 고양이들이 내 고양이들과 잘 지낼지도 의문이었다.

내가 스탠리 하우어워스라는 사소한 문제도 있었다. 그녀가 나라는 사람을 감당해야 하는 상황을 원할까? 게다가 성인이 된 아들의 어머니가 된다는 것이 그녀에게 어떤 의미가 있을까? 그 외에도 그녀가 지적한 큰 문제가 있었다. "우리 관계가 지속될지 확신이 없어요. 당신의 인생에는 사람들이 너무 많아요." 그것은 사실이었다.

폴라와 내가 사귀고 있을 때 기독교 윤리학회가 더럼에서 모였다. 나는 학회에 가는 것을 즐기는 학자가 아니지만 기독교 윤리학회에서는 죽 착실한 회원이었고 예일을 졸업한 이후 그 모임에 거의 빠지지 않았다. 그 학회가 진정한 대화의 자리가 되도록 열심히 노력한 친구들이 많았다. 훈련받은 내용들은 달랐지만, 대체로 학회 사람들은 충실한 토의가 가능할 정도로 충분한 공통점이 있었다. 나는 학회 회원들이 지지하는 '윤리'가 종종 신학적으로 너무 빈약하다고 생각한다. 그렇지만 학회 연례모임은 마음에 든다. 나는 내가 두 번씩이나 회장으로 선출되지 못한 유일한 사람이라는 점에서 특별하다고 생각한다.

더럼 모임과 관련한 모든 준비는 내가 맡았고, 실질적인 업무는 그렉과 수전 존스 부부가 도맡았다. 그 모임과 연계해서 우리는 폴 램지를 위한 연회를 계획했다. 폴과 나는 그의 논문집 『정당한 전쟁론과 평화주의』(Speak Up for Just War or Pacifism)를 함께 작업했는데, 그가 그 원고를 기부할 곳이 마땅치 않다는 것을 알게 되었다. 어쩌다 보니 폴은 그 논문들을 듀크에 보내는 데 동의했고, 그 연회는 폴이 그 선물을 듀크 대학교에 수여하는 공식적인 자리가 될 터였다. 우리가 『정당한 전쟁론과 평화주의』를 마무리한 직후 폴이 자신이 죽어 간다는 사실을 알게 되었기 때문에 그 행사는 더욱 의미 있는 시간이 되었다. 우리는 학회 내에 있는 폴의 친구들이 많이 참석할 수 있도록 학회 모임에 앞서 연회를 먼저 열기로 했다. 폴은 아팠지만 행사에 참석해 열띤 연설을 했다.

그때 학회장이 요더였다. 회장이 학회 전체를 대상으로 연설을 하게 되어 있어서 존은 "우리 하나님을 섬김과 세상을 다스림"이라는 제목의 특별히 유창한 강연을 했다. 폴라와 나는 폴 램지와 같이 앉아서 존 하워드 요더의 말에 귀를 기울였다. 존은 송영을 부르듯 세상을 바라보는 법을 배우는 것, 살아 계신 어린 양과 교제하여 세상을 다스린다는 것이 때로는 겸손하게 풀뿌리 문화를 만들어 가는 뜻일 거라고 말했다. 이교도 왕이 한 번에 한 문제를 풀도록 돕는 뜻일 때도 있을 것이고, 우상숭배를 요구하는 이교도 왕의 명령에 불순종하는 뜻일 때도 있을 것이다. 폴 램지는 요더가 하는 말을 누구보다 잘 알아들을 귀가 있었다. 그는 존의 연설에 아낌없는 찬사를 보냈다. 그리고 이 중대한 행사가 지나고 얼마 후 세상을 떠나고 말았다.

내 인생에 사람이 너무 많다는 폴라의 우려는 옳았다. 그러나 그들을 직접 만나면서 그녀는 뜻밖에도 그들을 좋아하게 되었고, 그들도 그녀를 좋아한다는 것을 발견했다. 폴라와 내가 서로를 존경하는 기독교 윤리학계 두 거인의 모습을 목도할 수 있었던 그 때가 우리 삶의 더없이 중요한 순간 중 하나로 남아 있다. 나는 '윤리학'이라는 개념 자체가 좋은 생각인지에 대해 강한 의심을 품어 왔지만, 폴 램지와 존 하워드 요더가 참석했던 기독교 윤리학회 모임에는 앞으로도 계속 참석할 생각이다. 그리고 내가 폴라를 사랑하는 것은 무엇보다 죽어 가는 내 친구 옆에 겁 없이 앉아 있던 그녀의 모습을 기억하는 일이기도 하다.

나는 사랑에 푹 빠졌다. 그러나 사랑에 빠졌을 때는 사랑하는 상대를 제대로 보기 어려운 법이고 우리는 자신에게도 서로에게도 이해하기 힘든 신비다. 당시 내가 폴라가 누구인지 분명히 봤는지는 모르겠으나, 그녀가 내게 좋은 사람이라는 것은 알았다. 그리고 나도 그녀에게 좋은 사람이기를 바랐다. 독신으로 살면 정돈된 삶이 가능하다. 내가 폴라의 삶을 복잡하게 만들고 있는 것은 분명했다. 지금도 나 때문에 그녀의 인생은 계속 복잡해지고 있다. 내 삶은 요란하고 그녀의 삶은 조용하다. 내가 그녀에게 준 선물은 사람들로 북적대는 생활이지만 그녀가 내게 준 선물은 잔잔함이다.

우리는 떨어질 수가 없었다. 나는 구애하는 것이 좋았다. 거의 매일 그녀와 저녁 식사를 같이 했다. "오늘 하루 어땠어요?"라고 묻는 것은 큰 기쁨이었다. 사랑은 함께하는 작은 일들로 이루어진다. 물론 야구는 작은 것이 아니고 우리가 사귈 무렵에도 폴라는 야구를 좋아했지만, 그때는 그녀가 브레이브스를 쫓아다니지 않았다. 나는 쫓아다녔다. 폴라는 금세 브레이브스 팬이 되었다. 특히 토미 글래빈에게 홀딱 반했고 포기할 줄 모르는 그의 모습에 감탄했다. 어느 날 저녁 식사 자리에서 그녀는 다정한 눈으로 나를 바라보며 말했다. "우리는 겨우 스리 아웃이에요." 우리 관계가 잘 풀릴 수도 있겠다는 생각이 들었다.

우리는 서로의 가족을 만나기로 했다. 폴라의 여동생 로라가 우리를 보러 더럼으로 왔다. 내 가족들도 와서 폴라를 만났고 그녀에게 반했다. 적어도 아버지는 그랬다. 어머니가 그녀를 어떻게 생각하셨는지는 확신할 수 없지만, 내가 행복해하는 모습을 보고 기뻐하신 것은 분명하다. 우리는 그녀의 부모님이 계신 모빌로 갔다. 길버트 씨 부부는 내가 상당히 이상하다고 생각했을 것이 분명한데도 나를 좋아하는 것 같았다. 나는 길버트 씨에게, 허락해주시면 폴라와 결혼할 생각이라고 말했다. 나는 적어도 그 정도는 남부 사람이었다.

애덤은 대학 3학년이었다. 같은 교회에 다녔기 때문에 폴라와는 이미 아는 사이였다. 애덤은 사랑에 빠진 아버지가 낯설게 느껴졌을 것이다. 애덤과 폴라는 서로 좋아하는 것 같았지만, 내가 폴라를 사랑하고 그녀와 결혼하고 싶어 했으니 애덤과 나의 관계도 달라질 수밖에 없었다. 그런 변화가 우리 부자에게 의미하는 바를 나보다 애덤이 더 분명히 느꼈던 것 같다. 애덤은 우리와 같이 있는 것을 좋아했고 내가 사랑에 빠져 행복해하는 모습을 보며 기뻐했지만, 그로 인해 가족 안에서 자신의 입지가 어떻게 될지 혼란스러워했다. 그래서 우리가 결혼할 때 애덤은 "이것이 진짜 이혼"이라고 말했던 것이다.

그러나 나는 여전히 폴라를 설득해야 했고 폴라는 여전히 망설였다. 남부 사람인 그녀는 "글쎄요"가 하나의 분명한 입장이라고 생각했다. 나는 이미 집을 팔았다. 우리는 함께 새집을 보러 다녔고, 둘 다 마음에 드는 집을 찾아 공동 명의로 매입했다. 우리가 만난 지 1년 정도 되었을 때도 나는 조앤의 상담을 계속 받고 있었다. 한번은 폴라가 마음을 정했으면 좋겠다고 조앤에게 불평하자, 조앤은 인간관계에는 끊임없는 수고가 필요하다는 사실을 내가 잊었거나 배우지 못한 것 같다고 지적했다. 앤과 함께한 시간들은 힘들었지만, 그것은 '관계'가 아니었다. 앤의 질병 때문에 나는 사랑의 수고가 결코 끝나지 않는다는 사실을 배우지 못했는지도 모르겠다.

결국 나는 폴라에게, 그녀를 사랑하지만 "글쎄요"와 함께 얼마나 오래 지낼 수 있을지 모르겠다고 말했다. 결혼이 성사되지 않을지도 모르겠다는 생각이 들었다. 그렇게 생각하고 싶지 않았지만, 그 무렵 나는 폴라가 나 없이도 살 수 있다는 사실을 알 만큼 그녀를 잘 파악하고 있었다. 그런데 1988년 10월 27일에 기적이 일어났다. 우리는 인디애나폴리스 공항에 있는 컨트리키친이라는 식당에서 시원찮은 나초 한 접시를 같이 먹고 있었다. 그런데 그녀가 나와 결혼하겠다고 말했다. 다시 말해 달라고 부탁해야 했다. 그녀는 결혼하겠다고 했다.

왜 인디애나폴리스 공항의 시원찮은 나초를 먹으면서 폴라가 나와 결혼하기로 결심했는지 모르겠다. 우리는 드포 대학교에서 돌아오는 길이었고 우연히 그 식당에 갔다. 입학처장인 폴라는 듀크를 대표해서 '신학교의 날' 행사를 후원하는 대학들을 종종 방문했는데, 그날도 행사 참석을 위해 인디애나 주 그린캐슬의 드포 대학교를 찾아가던 길이었다. 나는 드포에서 멘덴홀 강연도 하고 명예박사 학위도 받을 예정이었다. 해비타트 운동의 설립자 밀러드 풀러(Millard Fuller)도 나와 같이 명예박사 학위를 받기로 되어 있었다.

강연장은 재미슨 존스가 섬겼던 감리교회인 멘덴홀 채플이었다. 거기서 나는 『하나님의 나그네 된 백성』이라는 책으로 나오게 되는 자료의 초기 원고들을 가지고 두 차례에 걸쳐 강연을 했다. 그런데 강의 도중 폴라가 진지하게 내 말에 귀를 기울이고 있는 것이 보였다. 마치 스스로에게 이렇게 말하고 있는 것 같았다. "이 이상한 사람은 자신이 하는 말을 정말 믿는구나." 행사는 훌륭했고 폴라와 함께할 수 있어서 더욱 더 특별한 시간이었다. 드포에서 무슨 일이 '있었기에' 폴라가 마침내 결혼을 결심했는지 나는 모른다. 그러나 나는 행복한 남자가 되어 더럼으로 돌아왔다.

친구들에게 우리의 약혼을 알리고 함께 그녀의 반지를 샀다. 우리 삶의 자리는 더럼과 듀크였으니 듀크 예배당에서 결혼하는 것이 합당했다. 듀크 예배당에서 결혼하고 싶어 하는 사람들이 너무 많아서 쉽지 않은 일이었지만, 폴라는 1989년 5월 18일로 날짜를 잡았다. 우리는 친구들과 가족들에게 소식을 알렸다. 그리고 윌 윌리몬과, 폴라의 친한 친구이자 듀크 예배당의 협동목사인 낸시 페리클라크에게 주례를 부탁했다.

결혼식 날짜가 잡히고 결혼 준비가 진행되는 상황에서, 갑자기 폴라가 신학대학원에서 미래를 기약할 수 없게 될 가능성이 생겼다. 전에 그녀는 데니스 캠벨에게 지금 하는 일을 매우 좋아하지만 신학대학원 안에서 보다 넓은 행정 경험을 해 보고 싶다고 말했었다. 당시 그녀는 입학처장이자 학생생활처장이었고 캠퍼스 내 요크 예배당 목사로도 활동하고 있었다. 뿐만 아니라, 연합감리교회 지역교회 목회자를 위한 여름학교를 책임졌고 미국교회사 기초과목을 가르쳤다. 어떻게 그 일을 다 해냈는지 모를 일이었다.

데니스는 그녀에게 새로운 과정을 기획하는 새로운 자리를 맡아 보겠느냐고 제안했다. 데니스가 폴라에게 기대한 역할이 정확히 어떤 것이었는지는 분명하지 않았다. 그렇지만 우리는 그녀가 신학대학원을 운영하는 일에 더 친숙해질 기회가 될 거라고 판단했다. 폴라는 학교에서 요청하는 일을 맡아서 하면서도 나름의 포부를 가지고 있었다. 언젠가 신학대학원의 부원장이 되리라는 생각이었다. 더 이상 입학처장은 아닐 테지만, 그녀는 새로운 직위를 맡고서도 이전에 하던 많은 일을 계속 할 생각이었다.

한편, 데니스는 내게 "목회의 여성화"로 규정할 수 있는 현상을 우려한다고 몇 번이나 이야기한 적 있었다. 한때 목회에 따라오던 지위와 명예가 사라지면서 남자들이 더 이상 목회를 매력적으로 여기지 않는다는 뜻이었다. 반면 오랫동안 목회에서 배제되었던 여자들은 점점 더 그 분야에서 새로운 가능성과 기회를 발견하고 있었다. 이런 상황을 우려한 데니스는 신임 입학처장으로 젊은 남자를 고용했다.

폴라는 새로운 직책에서 해야 할 일이 명확하지 않아 답답해 하면서도 데니스가 요청하는 일은 언제라도 할 용의가 있었다. 하지만 데니스에게는 다른 계획이 있었다. 2학기가 시작되자, 데니스는 폴라에게 그녀의 자리가 갱신되지 않을 테니 다른 일자리를 찾아보는 것이 좋겠다고 전했다. 거기에 덧붙여 신학대학원 내에는 그녀의 일자리가 없을 거라고 말했다. 폴라는 충격을 받았다. 우리 둘 다 결혼으로 인해 신학대학원 내에서 그녀의 지위가 달라질 거라고 생각하지 않았다. 그러나 데니스는 그녀에게 이렇게 말했다. "당신 남편은 종신 교수직이 있소. 당신은 없어요. 그는 남아 있고, 당신은 떠나야 해요."

폴라는 신학대학원을 사랑했다. 그녀의 존재는 목회의 길로 들어서는 여성들에게 특히 중요했다. 그녀가 다른 일을 한다는 것은 상상하기 어려웠다. 그녀는 데니스에게 그 뜻밖의 결정이 당황스러우며, 그 결정이 임박한 결혼에 어떤 영향을 끼칠지 모르겠다고 했다. 데니스는 다소 누그러지더니 다음 해에는 고용을 보장하겠다고 말을 바꾸었다. 그때 우리는 데니스가 대학교의 같은 학과나 대학원에서 부부를 고용하는 일에 반대할 줄은 몰랐다. 나중에 그는 내게 영문학과가 스탠리 피시와 제인 톰킨스를 같이 고용한 것이 얼마나 안 좋은 판단인지 설명했다. "두 사람이 이혼하면 어떻게 하겠어?" 나는 뭐가 문제인지 알 수 없었다.

우리는 불확실한 미래에 직면했지만, 뭔가 해결책이 나올 수 있기를 바랐다. 일단은 다가오는 결혼식에 집중했다. 준비할 것이 아주 많았다. 나는 도움이 되려고 열심히 노력했지만 별 도움이 안 된 것이 분명하다. 그래도 나는 결혼 준비 과정을 더없이 즐겼고 결혼식은 더욱 즐거웠다. 우리는 결혼식 전날에 결혼식 리허설과 리허설 디너*를 즐겁게 치렀다. 폴라와 나는 매운 멕시코 음식을 굉장히 좋아한다. 아니, 매운 음식이라면 폴라가 나보다 훨씬 많이 먹는다. 데이비드 젠킨스가 채플힐에 있는 '플라잉부리토'라는 식당을 소개해 주었는데, 필 캠벨이 소유하고 운영하는 곳이었다. 이후 폴라와 나는 적어도 한 주에 두 번은 그곳에서 식사하게 되었다. 할라피뇨가 잔뜩 들어간 부리토 '레이징불'이 우리의 단골 메뉴였다. 필은 하바네로로 그보다 더 매운 '얼티밋 레이징불'을 만들었는데, 우리가 그것을 처음 맛본 손님이었다. 필은 우리 리허설 디너의 요리를 맡아 주었다.

• 결혼식 전날 가까운 가족과 친지가 함께하는 저녁 식사를 가리킨다.

우리는 결혼식이 예전의 일부가 되기를 원했다. 십자가를 든 사람을 선두로 예배 행렬이 입장했다. 애덤이 성경을 높이 들었다. 신학대학원 학생들이 자원하여 성가대를 맡아 주었다. 윌이 설교를 했는데, 사자와 어린 양이 함께 눕는다는 본문을 인용하는 바람에 결혼식의 증인으로 모인 하객들 사이에서 뜻밖의 웃음이 터져 나왔다. 우리는 혼인 서약을 주고받았고, 낸시 페리클라크가 성찬을 집례했다.

친구들이 많이 와 주었다. 메릴랜드의 로욜라 대학에서 가르치던 그렉이 수전과 함께 왔고, 폴라와 나의 친구 짐 버클리도 왔다. 데이비드 버렐과 짐 버트챌도 왔다. 그들이 와 준 것은 우리에게 큰 선물이 되었다. 그들은 벌써 폴라를 아주 좋아하게 되었다. 나는 노터데임을 떠났지만, 그들은 듀크까지 와서 우리 삶의 이 특별한 사건을 지켜봐 주었다. 샬럿츠빌의 버지니아 대학교에서 교수로 있는 로버트와 그의 아내 캐럴 윌컨이 왔고 듀크 대학교 사람들도 모두 참석했다. 예상보다 더 많은 하객들 덕분에 피로연 음식이 거의 떨어질 뻔했다.

우리는 결혼했다. 나는 결혼했다. 더할 나위 없이 행복했다. 우리는 아일랜드, 스코틀랜드, 잉글랜드로 신혼여행을 떠났다. 그런 여행을 감당할 힘이 있었다니 그때만 해도 젊었나 보다. 아일랜드에서 우리는 글렌달록, 캐셜, 케리 순환도로, 모허 절벽, 버른, 골웨이를 거쳐 더블린에 이르렀다. 에드나는 그의 친구 개럿 피츠제럴드가 우리의 결혼을 축하하는 파티를 열고 싶어 한다고 말했다. 그래서 우리는 개럿이 준비한 멋진 만찬에 참여했다. 그는 그 무렵에 아일랜드의 수상에 해당하는 티샥(Taoiseach)이 된 사람이었다. 그런 사람을 정치 지도자로 세울 수 있는 이들은 아일랜드인들뿐일 것이다. 알코올로 축제 분위기가 한껏 달아오르자 그는 내게 몸을 기울이고 물었다. "매킨타이어의 업적을 어떻게 생각하십니까?"

에드나는 다른 약속이 있어서 피츠제럴드의 만찬에 오지 못했지만, 다음 날 메이누스의 세인트패트릭 대학에서 우리를 대접했다. 일요일이었으므로 우리는 먼저 미사에 참석한 다음 메이누스로 갔다. 에드나는 메이누스에서 종종 친구들을 대접하곤 했다. 어느 해인가는 너무 많은 친구들을 대접하느라 한 해 봉급을 다 써 버리기도 했다. 우리는 멋진 시간을 보냈다. 션과 게일 프레인 부부는 피츠제럴드의 만찬에도 메이누스에도 있었다. 나는 션이 여름철에 노터데임에 와서 가르쳤을 때 그를 만난 적이 있었다. 모두가 폴라를 좋아했다. 나는 노터데임 덕분에 사귈 수 있었던 친구들에게 폴라가 사랑받는 모습을 보는 것이 좋았다.

우리는 스코틀랜드에서 런던으로 가는 기차를 탔지만 더럼에서 내렸다. 결혼 전 3월에 내가 더럼 대학교에서 목회 강연을 한 적이 있었는데, 우리의 신혼여행 계획을 알게 된 댄과 페린 하디 부부가 그들의 집을 빌려주겠다고 제안했다. 우리가 결혼식을 마치고 더럼에 오게 될 무렵 집을 비울 테니 대성당 경내에 있는 그들의 거처에서 묵으라는 것이었다. 우리는 대성당에서 들려오는 저녁 찬양 예배 소리를 들으며 멋진 시간을 보냈다. 더럼을 떠난 뒤에는 런던으로 가서 스튜어트 헨리와 그의 누이 애들레이드를 만났다. 그들은 연례휴가의 한 코스로 이탈리아에 갔다가 막 돌아오는 길이었다. 같이 식사를 하러 나선 길에 스튜어트가 폴라의 목숨을 구했다. 그녀는 엉뚱한 곳을 보다가 버스에 치일 뻔했던 것이다.

우리의 결혼 생활이 시작되었다. 신혼여행이 일종의 징조였던지, 우리의 생활은 이후에도 교회, 친구들, 여행으로 이루어졌다. 우리는 더럼에서 채플힐의 올더스게이트연합감리교회에 다녔다. 처음 사귀기 시작할 때 다녔던 교회는 불행히도 교회 성장 전략의 유혹에 넘어갔기에 우리는 조용히 그 교회를 떠났다. 폴라는 수전 올레드 목사가 있는 올더스게이트에 가자고 했다. 수전은 '늦게 소명을 받은' 목사였다. 그녀와 폴라는 신학교 시절 친구였는데 폴라가 수전을 높이 평가했다. 수전은 지적 능력이 뛰어난 편은 아니었지만, 그녀가 교회에서 보여 준 모습은 그리스도인들이 예배하는 하나님이 존재하지 않는다면 이해할 수 없는 것이었다.

나는 수전이 좋았고 올더스게이트교회 교인들이 좋았다. 출석 인원은 60-80명 정도였다. 올더스게이트에 인상적인 특징은 전혀 없었다. 그것이야말로 내가 그 교회를 좋아했던 이유였다. 그 작은 교회는 노숙자 쉼터에서 일요일 저녁 식사를 준비하는 일을 맡았고, 세 사람이 목회자로 부름을 받았다. 그 작은 교회는 '화해의 회중', 즉 동성애자들을 받아들이는 교회가 될지를 놓고 1년 동안 연구하고 논의했다. 그 작은 교회에는 소프트볼 팀이 있었는데, 최고의 선수가 여자였고 나도 선수로 참여했다. 그 작은 교회는 교회력을 지켰고 거의 매 주일 성찬식을 했으며 고난 주간에 있는 모든 예배를 빠짐없이 드렸다.

여러 해 동안 폴라와 나는 우리가 가진 모든 것을 올더스게이트교회에 바쳤다. 폴라는 종종 성찬을 집례하고 설교도 했다. 나도 가끔 설교를 했다. 폴라가 성찬식을 집례할 때 설교하는 것이 특히 좋았다. 나는 짧게나마 초등학교 6학년 학생들을 가르치기도 했다. 기간이 짧았던 것은 내게 6학년 학생들을 가르칠 만한 특별한 재능이 없는 것 같았기 때문이다. 우리는 올더스게이트교회에서 예배하는 이들의 고요하고 선한 삶을 보며 겸손해졌다. 예를 들어, 완다는 제2차 세계대전 당시 해군 암호해독가였다. 그녀는 젊은 일본인 여성들에게 퀼트 짜는 법을 가르치면서 일본을 폭격한 것이 얼마나 끔찍한 일이었는지 알게 되었고, 평신도 주일에 그것을 우리에게 이야기했다. 그녀는 퀼트 짜는 사람들의 반전 운동에 동참했다. 그들은 평화의 퀼트로 국방부를 에워쌌다.

사람들은 종종 묻는다. "당신이 말한, 세상의 중심이 되는 교회는 어디 있나요? 세상의 모습을 올바로 알기 위해 꼭 필요한 그 교회는 어디 있습니까? 전쟁을 끝내는 교회는 어디 있습니까?" 그 교회는 올더스게이트 같은 회중 안에 있다고 나는 전심으로 믿는다. 비단 올더스게이트교회만이 아니다. 그런 회중들은 어디에나 존재한다. 우리가 그 실체를 알아볼 수 있어야 한다. 수전은 설교를 시작하면서 자기라면 "교회를 생각해 낼" 수 없었을 거라고 말하곤 했다. 그녀는 올더스게이트교회를 상상할 수 없었겠지만 하나님은 그러실 수 있고 그렇게 하셨다. 정말 멋진 표현이다.

올더스게이트교회 같은 곳에 모인 우리는 세상을 위한 하나님의 상상력의 산물이다. 폴라와 내가 그런 회중에게 환영을 받다니 그 얼마나 큰 선물인가. 그들이 우리의 결혼을 기뻐했으니 그것은 또 얼마나 큰 선물인가.

수전의 남편 허브는 채플힐에서 오랫동안 중학교 교장으로 일했던 멋진 사람이었다. 허브는 수전과 그의 학생들, 캐롤라이나 도자기를 사랑했다. 신임 교육감 때문에 은퇴한 허브는 꽃꽂이 재능을 교회에 바쳤고, 나중에 뇌졸중으로 사망했다. 채플힐에서 너무나 많은 사랑을 받았던 그였기에 작은 올더스게이트교회 건물에서는 장례식 조문객들을 다 수용할 수 없을 것이 분명했다. 그러자 올더스게이트교회 옆에 있던 세인트토머스모어가톨릭성당 측에서 여자인 폴라가 예배를 인도하고 성찬식을 집례할 줄 알면서도 건물을 빌려주었다.

교회는 폴라와 함께하는 내 삶의 중요한 구성 요소다. 우리의 결혼 생활이 달리 어떤 식으로 이루어질 수 있는지 모르겠다. 우리는 다른 사람들과 다르다. 한 친구가 우리를 보고 교회에 너무 자주 간다고 말한 적이 있다. 그 말은 사실이다. 우리는 교회에 '자주' 간다. 교회에 가는 일보다 더 마음이 가는 일을 생각할 수 없기 때문이다. 우리가 함께하는 즐거운 일들이 많이 있지만, 우리가 함께한다는 의미 안에는 함께 교회에 '많이' 가는 것이 들어 있다.

우리의 결혼 생활에서는 친구들도 중요한 부분을 차지한다. 친구들은 부부관계를 풍성하게 만들어 줄 수도 있고 위협할 수도 있다. 친구들은 사람을 변화시키는데, 그 과정에서 결혼 생활의 모습도 달라질 수 있다. 우리는 흔히 부부관계의 본질을 우정으로 생각한다. 그러나 실제로 결혼의 근거는 우정이 아니라 두 사람이 서로 끝까지 함께하겠다고 서로와 하나님 앞에서 한 약속이다. 그런 약속은 우정에 좌우되지 않는다. 오히려 그 약속에 힘입어 여러 모험을 감수함으로써 우정이 가능해진다. 물론 좋은 부부는 서로 친구가 되지만, 다른 친구들이 가져다주는 관계의 변화를 통해 둘의 사이가 더욱 좋아진다. 폴라와 내가 친구일 수 있도록, 그리고 다른 이들과의 우정을 통해 우리의 결혼 생활과 우정이 한층 풍성해지도록 허락하신 하나님께 감사드린다.

폴라는 종종 친구가 하려는 말을 내가 '알아듣도록' 돕곤 한다. 데이비드 젠킨스는 자신이 동성애자라는 사실을 내게 알리려고 했다. 그는 종종 교회에 같이 왔던 젊은이가 자기와 함께 살자고 했다는 얘기를 내게 했다. 나는 그가 외로울까 봐 염려했던 터라 괜찮은 생각인 것 같다고 대답했다. 그러자 그는 더럼 시 채용 관행에서의 성차별 반대 법안에 서명한 더럼 시장을 지지하는 가두 행진에 참가할 생각이라고 말했다. 나는 그 법률이 정당하다고 생각했기에 참가하라고 권했다. 옆에서 보다 못한 폴라가 내게 데이비드가 동성애자라는 말을 해 주었다.

동성애자들 간의 관계를 '결혼'이라고 부를 수 있는지에 대해서는 확신이 없다. 그러나 데이비드와의 우정이 폴라와 나의 결혼 생활을 풍성하게 해 준다는 것은 분명하다. 그리스도인들이 기독교적 결혼관에 대한 확신이 차고 넘쳐서, 그리스도의 몸을 세우는 데 보탬이 될 수 있는 동성애자들 간의 관계를 환영할 수 있는 날이 오기를 바라고 기도한다. 내가 이런 소망을 품고 기도하게 된 것은 나와 폴라가 데이비드와 나누는 우정과 긴밀한 관계가 있다. 나는 상황이 정말 그렇게 되어야 한다고 생각한다.

우리는 토미와 앤 마리 랭퍼드 부부와 특히 가까워졌다. 내가 폴라와 사귀면서 그녀와 결혼하고 싶다고 토미에게 처음 털어놓았을 때 그는 이렇게 말했다. "잘될 것 같군요." 앤이 떠나기 한 해 전, 토미는 나의 비밀을 들어 주는 친구가 되었다. 한번은 앤이 내게 특히 지독한 폭언을 퍼부었는데, 그는 내게 이사를 나가는 것도 생각해 보라고 했다. 앤 마리와 토미 부부는 스튜어트 헨리와 가까운 사이이기도 했으므로 우리는 종종 같이 식사를 했다. 토미는 폴라와 내가 듀크에 머무는 데 중요한 역할을 한 지혜로운 사람이다.

그레이디와 로위나 하딘 부부도 우리의 친한 친구였다. 그레이디는 퍼킨스 신학부에서 오랫동안 설교학을 가르치다 은퇴했다. 둘은 원래 노스캐롤라이나 출신이었다. 그레이디가 은퇴하자 나는 데니스 캠벨에게 그를 듀크로 다시 데려와 설교학 강의를 맡길 좋은 기회라고 말했다. 그는 다시 돌아왔고, 퍼킨스에서 코크스베리 서점을 운영했던 로위나는 서점에서 일자리를 얻었.

나는 하딘 부부를 텍사스에서 처음 알게 되었다. 그들의 큰딸 루이즈가 잠시 사우스웨스턴에 다녔기 때문이다. 나는 그녀를 조지타운에서 댈러스까지 몇 번 태워 주기도 했다. 그레이디와 로위나는 교회 인맥을 통해 우리 부모님을 알고 있었고, 아버지와 나는 하이랜드파크에 있던 그들의 집에 벽돌을 추가로 쌓은 적이 있었다. 그레이디는 사우스웨스턴에서 인종 문제로 열린 심포지엄에 참석하여 강연을 한 적이 있었는데, 그 행사에서 나는 인종 차별주의자들을 비판하는 연설을 했다. 나중에 그레이디는 내 연설이 너무나 독선적이어서 인종 차별주의자가 되고 싶은 유혹을 받았노라고 말했다. 그는 뛰어난 수사적 재능을 가진 멋진 사람이었다. 폴라와 나는 그의 설교를 좋아했다.

우리는 하딘 부부와 그들의 딸들이 좋았다. 그들의 막내딸 낸시가 더럼에 살았기에 우리는 한동안 가까이 지냈다. 그레이디가 빠르게 번지는 암 때문에 세상을 떠나자 폴라가 그의 장례식을 집례했는데, 그것은 우리의 삶이 얼마나 깊이 이어져 있었는지 보여 주는 증표였다. 이후 로위나는 뇌졸중으로 말을 잘할 수 없게 되었지만 그래도 수년 동안 우리 부부에게 중요한 사람이었다.

점점 늘어 가는 우리의 친구들이 모두 대학교와 관련된 사람은 아니었다. 그 무렵 학부생들이 예술가들을 위한 봄 축제를 열었고, 폴라와 나의 결혼 1주년이 다가오고 있었다. 우리는 둘 모두가 좋아하는 물건을 사고 싶었다. 한 젊은이가 봄 축제에 참가해 자신의 대리석 조각품들을 전시했다. 학부생들에게 대리석 조각품을 파는 것은 어려운 일이었다. 그러나 폴라와 나는 그와 그의 작품에 반했다. 다음 날 그는 많은 작품들을 우리 집으로 가져왔고, 그렇게 빌 무어(Bill Moore)와 우리의 오랜 관계가 시작되었다.

그동안 빌의 작품을 얼마나 많이 구입했는지 정확히는 모르겠지만, 우리 집 내부와 정원은 그의 조각품들로 가득하다. 폴라와 나는 돈을 많이 번다. 적어도, 우리의 출신을 생각하면 많이 버는 것 같다. 지역의 예술가들을 돕는 것보다 돈을 더 잘 쓰는 방법이 어디 있을까? 운 좋게도 우리가 사는 지역에는 훌륭한 예술가들이 많다. 우리는 여행을 가서도 예술품을 즐겨 산다. 여행지를 추억할 수 있는 작품들을 집으로 가져오는 일이 매우 즐겁다. 우리가 특히 아끼는 작품 중 하나는 아일랜드 조각가 이모진 스튜어트(Imogen Stuart)의 마리아와 아기 예수상이다. 에드나가 이모진과 그녀의 작품을 우리에게 소개해 주었다.

결혼할 때만 해도 아름다움이 우리에게 이렇게 중요해질지 예상하지 못했다. 우리는 놀랄 만큼 취향이 비슷하다. 추상 미술을 좋아하고 대담한 색채와 우아한 곡선을 좋아한다. 빛, 밝은 빛이 우리 집에 넘쳐흐른다. 매주 우리는 농산물 직판장에 가서 꽃을 사고, 폴라가 꽃꽂이를 해서 집안 곳곳을 장식한다. 우리는 운이 좋은 사람들이다.

우정은 종종 장소 때문이기도 하다. 여러 해 동안 우리는 스탠리 피시와 제인 톰킨스 옆집에 살았는데, 우리 부부는 그들을 좋아했다. 스탠리는 대단히 경쟁심이 강하면서도 친절한 사람이다. 나는 스탠리와 함께 달리는 것을 너무나 좋아했다. 한번은 그와 함께 동네를 달리면서 내가 그의 비밀을 안다고 말했다. 그가 자유주의자들을 비판하지만 그 역시 꼼짝없는 자유주의자라는 사실이었다. 그는 멈춰 서서 나를 바라보더니 이렇게 말했다. "아무에게도 말하지 말게."

폴라와 나는 정원에서 일하는 것이 좋다. 우리는 늘 뭔가를 심지만 결국 사슴이 와서 먹어 버린다. 그렇다고 사슴 탓을 할 수는 없다. 우리가 사슴이 사는 숲에 살기 때문이다. 스탠리는 우리 부부가 언제나 뜰에서 뭔가를 하고 내가 직접 잔디를 깎는 것을 이해하기 어려워했다. 반면 제인은 정원 일이 평화를 위해 일하는 한 방법이라고 생각했다. 그녀는 제1차 이라크 전쟁에 화가 나서 꽃나무 한 그루를 사서 뒷마당에 심었다. 내가 땅을 팠다. 스탠리와 제인은 이사를 간 지 오래되었지만 우리는 여전히 제인이 심은 평화의 나무를 즐겁게 감상한다.

결혼 1주년에 오스트레일리아로 갈 계획은 원래 없었다. 폴라와 함께 가끔 어디로 갈지 상의만 하고 있었다. 둘 모두 언젠가 오스트레일리아와 뉴질랜드에 가 보리라는 생각은 있었는데, 마침 뉴사우스웨일스 대학교 뉴칼리지 학장인 브루스 케이로부터 뉴칼리지 강연을 해 달라는 초청이 왔다. 우리는 흔쾌히 수락했다. 당시만 해도 오스트레일리아로 가는 것이 얼마나 중요한 일이 될지 몰랐다. 이후 우리는 브루스와 루이즈 케이 부부와 가장 가까운 친구가 된다.

나는 뉴칼리지 강연이 윌과 내가 『하나님의 나그네 된 백성』에서 취했던 철학적·신학적 입장을 좀더 구체적으로 전개할 좋은 기회라고 생각했다. 이후 뉴칼리지 강연은 『기독교 세계 이후?』(*After Christendom?*)로 출간되어 『하나님의 나그네 된 백성』의 후속편 비슷하게 되었다. 나는 『기독교 세계 이후?』가 『하나님의 나그네 된 백성』보다 더 많은 논란을 불러일으킬 거라고 예상하지 않았다.

로완 윌리엄스(Rowan Williams)의 아우구스티누스 해설을 활용한 것이 책 제목의 물음표가 우연히 붙은 것이 아님을 보여 줄 거라고 생각했다.

『기독교 세계 이후?』는 『하나님의 나그네 된 백성』보다 더 학술적인 책을 쓰려는 시도가 아니었다. 그보다는 『하나님의 나그네 된 백성』을 손쉽게 일축하는 몇 가지 주장을 반박하고 싶었다. 결국 상황을 악화시키고 말았지만, 그것이 내 탓만은 아닌 것 같다. 그런 결과는 대중서와 학술서에 대한 엉터리 구분과 관련이 있지 싶다. 모든 그리스도인이 신학자의 저술을 읽을 필요는 없지만, 학계 바깥의 일부 그리스도인들은 분명히 그래야 한다. 나 역시 다른 학자들처럼 그런 그리스도인들을 위해서도 책을 쓴다.

나를 비판하는 학자들이 『기독교 세계 이후?』에 담긴 논증들을 자주 무시하여 기분이 좋지 않다. 나의 '과장'에 초점을 맞추는 사람들은 생각을 자극하는 과장의 기능을 너무 쉽게 놓친다. 예를 들어, 『기독교 세계 이후?』의 부제에서 정의가 '안 좋은 생각'이라는 주장에만 초점을 맞춘 비판자들은 내가 본문에서 발전시킨 자세한 논증에 대체로 주목하지 않는다. '자유, 정의, 기독교 세계가 안 좋은 생각이라면 교회는 어떻게 행동해야 하는가'라는 부제는 본문의 각 장 제목에 균형을 잡기 위해 출판사에서 붙인 것이다. 물론 도발적인 제목이다. 그러나 도발성 때문에 책 전체를 무시하는 것은 답답한 노릇이다. 젠장. 나는 충실하게 연구를 하고 책을 썼다. 어떤 비판자들은 책 제목에 기분 나빠했을 뿐, 내가 리처드 로티(Richard Rorty)나 존 롤스를 잘못 이해했다고 생각하지는 않았다. 내가 기예(craft)에 대해 매킨타이어를 오해했다거나 대안적 인식론에 대해 잘못 생각하고 있다고 말하지 않았다. 내가 국가 권력의 성장과 성 혁명에 대해 상정한 관계가 잘못되었다고 말하지도 않았다.

오스트레일리아에서 『기독교 세계 이후?』의 초고가 되는 강연을 했을 때는 반응이 좋았다. 내 강연이나 저작은 언제나 미국보다 잉글랜드와 오스트레일리아 같은 곳에서 더 호평을 받았다. 왜 그런지 분명하게 말할 수는 없지만, 오스트레일리아 같은 곳에는 시민 종교(civil religion)가 없기 때문이 아닐까 추측해 본다. 로크가 미국의 공공철학자라면, 오스트레일리아에서는 벤담(Jeremy Bentham)이 그 역할을 한다. 그 차이는 극명한데, 오스트레일리아 사회가 일반화된 종교성에 의존한다고 생각하는 사람은 없기 때문이다. 따라서 오스트레일리아의 그리스도인들은 국가의 미래가 자신들에게 달려 있다는 부담을 느끼지 않는다.

물론, 내가 오스트레일리아에서 더 호평을 받는 것은 그쪽 사람들이 텍사스 사람들과 묘하게 닮았기 때문일 수도 있다. 그들의 역사를 보면 텍사스 사람들처럼 남들의 기대에 부응해야 할 필요가 없었다는 것을 알 수 있다. 오스트레일리아에서는 조상 중에 유죄 판결을 받은 범죄자가 있음을 드러내는 것이 유행이다. 오스트레일리아 사람으로 살면서 가식적으로 행동하기란 어려운 일이다. 그래서 오스트레일리아 사람들은 텍사스 사람들과 상당히 비슷하다. 겉과 속이 다르지 않은 것이다.

폴라는 대단한 독서가다. 우리는 함께 있는 시간에 책을 많이 읽는데, 둘 다 살인 추리 소설을 좋아한다. 어떤 나라를 방문하게 되면 먼저 그 나라의 살인 추리 소설을 구해 읽는다. 오스트레일리아로 갈 준비를 하면서 우리는 아서 업필드(Arthur Upfield)를 알게 되었다. 업필드는 영국인이었지만 생애 대부분을 오스트레일리아에서 보냈다. 그는 탐정 소설을 썼는데, 오스트레일리아 원주민과 백인의 피를 반반씩 물려받은 멋진 탐정을 창조했다. 그 탐정은 현대식 탐정 기법과 오스트레일리아 원주민의 지혜를 결합하여 미스터리를 해결했다. 우리는 업필드에게서 오스트레일리아에 대해 많이 배웠다.

브루스가 공항까지 마중을 나왔다. 우리는 뉴질랜드에 들르지 않고 곧장 오스트레일리아로 날아온 길이었다. 오스트레일리아에서 강연을 마친 후 뉴질랜드에서 휴가를 보낼 계획이었기 때문이다. 덕분에 여행이 서른여섯 시간이나 걸렸지만, 오클랜드를 경유하면서 샤워도 하고 좀 쉬기도 했다. 우리는 기분이 좋았고, 브루스, 루이즈와 저녁 식사를 함께해서 즐거웠다. 나는 식사 도중에 잠이 들었다.

부부와 부부 간의 우정은 복잡한 사안이다. 변수가 너무 많다. 하지만 우리는 브루스, 루이즈와 금세 친구가 되었다. 우리가 그리스도인들이라는 사실이 핵심이었다. 게다가 우리에게는 비슷한 사연이 있었다. 브루스는 가족 중에 그리스도인이 없었지만 그리스도인이 되고 성공회 사제가 되었다. 그러다 시드니 성공회에 상당한 불만을 품고 오스트레일리아를 떠나 스위스 바젤에서 신약학 박사 학위를 받았고, 잉글랜드 더럼의 세인트존 대학에서 가르쳤다. 그런데 슬프게도, 그의 아내가 어린 두 아이를 남겨 놓고 세상을 떠났다. 이후 그는 뉴칼리지 학장 자리를 제안받고 오스트레일리아로 돌아왔다.

루이즈는 잉글랜드에서 의사로 훈련받은 오스트레일리아 사람이었다. 그녀는 헌신된 그리스도인이었으며, 뉴칼리지 이사회에 속한 것을 계기로 브루스와 알게 되었다. 폴라처럼 그녀도 결혼한 적이 없었다. 브루스는 그녀와 결혼하기 위한 작업에 나섰다. 폴라가 나를 기다리게 했던 것처럼 루이즈가 브루스를 기다리게 했는지는 모른다. 우리가 만났을 무렵, 그들의 아들은 이미 대학교에 다니고 있었고 딸은 대학 입학을 앞두고 있었다.

브루스와 루이즈는 우리의 결혼 1주년 기념일에 우리를 블루산맥으로 데려갔다. 가는 길에 폴라는 코알라와 웜뱃, 수많은 왈라비들을 쓰다듬었다. 그날은 마법 같았다. 산속에 있던 밝은 빛깔의 새들이 우리를 매료시켰다. 우리는 브루스 부부와 함께 있는 것이 좋았다. 돌아오는 길에 오래된 호텔에 들러 차를 마셨는데, 눈앞에 펼쳐진 아름다운 석양을 바라보며 넋을 잃었다.

우리는 일주일 넘게 그들과 같이 있었다. 오스트레일리아에 다시 올 일이 없을 거라고 생각했었지만, 떠날 무렵이 되자 생각이 바뀌었다. 우리는 친구가 되었고, 그 말은 우리의 우정이 어떻게든 거리를 극복해야 한다는 뜻이었다. 브루스가 오스트레일리아 성공회의 사무총장이 되면서 가끔 잉글랜드와 미국으로 출장을 올 수 있었다. 한번은 그가 일주일 넘게 우리 집에 '간혀' 있어야 했다. 모임에 참석하러 왔지만 거기에 갈 수가 없었기 때문이다.

2001년 9월 11일에 열리기로 했던 모임이었다.

우리는 지금까지 오스트레일리아를 두 번 방문했고 앞으로도 다시 갈 것이다. 브루스 부부와 잉글랜드에서 함께 지냈고, 미국 서부를 함께 다녔으며, 아일랜드에서도 멋진 휴가를 같이 보냈다. 태즈메이니아를 같이 관광하기도 했고 그들에게 미국 남부의 일부를 보여 주기도 했다. 그리스도인으로 산다는 것이 무엇이든, 거기에는 적어도 자신에게 있는 줄 몰랐던 친구들을 발견하는 일이 포함된다. 브루스와 루이즈는 우리에게 그런 은혜였다.

브루스가 나를 위해 오스트레일리아 순회 강연을 준비했고, 덕분에 우리 부부는 오스트레일리아 전역을 누비게 되었다. 우리는 수도인 캔버라와 멜버른, 퍼스를 둘러보았고, 퍼스에서 뉴질랜드로 날아가 차를 한 대 빌려서 그 비범한 땅을 두루 구경했다. 폴라와 나는 여행을 계획하지 않는다. 어느 곳이든 그냥 가서 우리 앞에 펼쳐진 광경에 놀라고 행복해한다. 뉴질랜드는 어디든 보는 이에게 행복을 선사할 것이다.

오스트레일리아와 뉴질랜드를 여행하면서, 우리는 더럼에서 직면한 새로운 현실에 적응할 시간과 거리를 확보할 수 있었다. 돌아와 보니 폴라는 여름 교육과정을 책임지는 것을 끝으로 신학대학원에서 물러나게 되어 있었다. 그 교육과정은 신학교에 갈 형편이 안 되는 감리교회 봉사자들을 위해 여름철에 제공하는 과정이다. 평신도 교육과정의 학생들 중에는 대학에 다녀 본 적이 없지만 예수님 때문에 인생이 달라진 전직 트럭운전사들도 있다. 여름 교육과정 학생들은 폴라를 좋아했고, 폴라도 그들을 좋아했다. 그녀가 신학대학원에서 맡은 마지막 임무가 교육과정 지도였던 것은 그녀에게 합당한 결정이었다.

오스트레일리아로 떠나기 전, 서던메소디스트 대학교(SMU)에서 그곳에 신설된 윤리학 석좌 교수 자리에 관심이 있는지 내게 연락을 해 왔다. 내 친구 빌 메이가 이미 한 자리를 차지하고 있었다. 나는 빌에게, 내가 속한 신학대학원 원장에게 화가 나 있을 뿐 아니라 폴라에게 일자리가 필요하다는 우리의 사정을 설명했다. 알고 보니 SMU의 교무처장에게 교무처장보가 필요했고 폴라가 그 자리의 후보가 될 수도 있는 상황이었다. 우리는 댈러스에서 면접을 봤고 둘 다 일자리 제안을 받았다. 석좌 교수직 연봉은 10만 달러가 넘었고 수업 부담은 1년에 두 과목에 불과했다.

나는 데니스 캠벨과 당시 교무처장이던 토미 랭퍼드에게 그 사실을 알렸다. 데니스가 나를 사무실로 불렀다. 그는 SMU에서 온 채용제안서를 들고 노골적인 경멸의 눈길로 나를 바라보았다. 그는 듀크대 신학대학원에는 그에 상응하는 석좌 교수 자리가 없다고 말했다. SMU의 제안에 상응할 만한 연봉 제안을 할 수도 없다고 말했다. 그는 내가 SMU의 자리를 받아들일 거라고 생각하고 있었다. 그 결정이 나만의 것이었다면 그 판단은 아마 옳았을 것이다. 그러나 그는 폴라를 제대로 이해하지 못하고 있었다.

나는 듀크에 온 지 6년째에 접어들고 있었고 듀크 대학교와 신학대학원이 마음에 들었다. 특히 대학원생들이 좋았다. 나는 그 멋진 사람들과 함께하는 일을 놓치고 싶지 않았다. SMU의 석좌 교수 자리에는 엄청난 연구 예산이 따라왔고, 나는 그 돈으로 듀크에서 박사 과정 학생들과 연구를 진행해도 좋다는 확답을 받은 터였다. 하지만 데니스는 그런 일을 허락할 수 없다고 말했다. 그가 나를 막을 수 없을 거라고 생각했지만, 그런 식의 말에는 화를 참을 수가 없었다.

설상가상으로, 그는 내가 그에게 아내인 폴라의 일자리를 마련해 내도록 강요하고 있다는 식으로 말했다. 말도 안 되는 소리였다. 그녀가 신학대학원에서 일하기를 바란 이유는 그녀의 일이 신학대학원을 위해서 대단히 가치 있는 일이었기 때문이었다. 나는 폴라가 신학대학원에서 하는 일이 그녀가 목회자로 받은 소명에 순종하는 방법 중 하나라고 생각한다고 설명했다. 그러자 데니스는 폴라는 목사로 부르심을 받지 않았다고, 그런 소명을 받았다면 학교 밖으로 나가 교회를 맡았을 거라고 말했다. 나는 이렇게 말했다. "데니스, 이것이 우리가 나누는 마지막 진지한 대화일 겁니다." 그런 다음 그의 집무실을 나왔다.

토미는 우리가 떠나지 않았으면 했다. 교무처장인 그가 대학원장의 결정을 번복할 수는 없었지만, 폴라에게 일자리를 구해 줄 수는 있었다. 마침 평생교육원에 자리가 하나 있었다. 폴라는 그곳 책임자인 주디스 루더먼을 만나 면접을 봤고 일자리 제안을 받았다. 나는 여전히 SMU로 갈 생각이었다. 돈이나 석좌 교수 따위는 관심도 없었다. 폴라가 부당한 대우를 받는 것이 마음에 들지 않았을 뿐이다.

우리는 토미와 몇 번 대화를 나누었다. SMU와 듀크가 급이

다른 학교라는 것은 잘 알았지만, 나는 늘 허세에는 별 관심이 없었다. 토미가 교무처장직을 맡은 것은 듀크 대학교의 교무처장으로 커다란 발전을 일구어 낸 저명한 수학자 필립 그리피스가 안식년을 보내고 있었기 때문이었다. 나는 필립이 의장을 맡은 몇몇 대학교 위원회에 참여하면서 그를 존경하게 되었다. 그런 그가 우리를 보자고 청했다. 대학원장은 언젠가 바뀐다고 장담하는 것 외에 그가 달리 할 수 있는 일은 없었다. 그러나 그는 우리가 떠나지 않았으면 한다고 분명하게 밝혔다.

우리는 물리학과 건물에 있는 그의 제2 집무실에서 나왔다. 결정을 내려야 했다. 폴라는 듀크를 사랑했다. 뿐만 아니라, 교회를 사랑했다. 그녀는 내가 대학원생들과 하는 일이 교회에 중요하다고 생각했고 그 일을 잃게 되는 상황을 원치 않았다. 그녀는 우리가 머물러야 한다고 결정했다. 나는 그 결정이 기뻤지만, 이제 신학대학원을 상대하는 새로운 방법을 찾아야 했다. 교수로 고용될 때는 대학원장과 협력하여 신학대학원의 미래를 결정하는 일을 도울 수 있을 거라고 생각했다. 이제는 앞으로 어떤 역할을 하게 될지 알 수가 없었다.

우리가 듀크를 떠날 뻔했던 사연을 이야기할 수밖에 없는 것이 참으로 유감스럽다. 우리가 머물러야 한다는 폴라의 결정에 대해 아쉬워한 적은 없다. 폴라가 목회를 위해 공부하는 이들을 만나 그녀의 우아함으로 좋은 영향을 줄 기회가 사라졌다는 것이 애석할 따름이었다. 그러나 그녀의 행정적 재능은 금세 인정을 받았다. 주디스가 부교무처장이 되었을 때, 폴라는 여름학기 학장,

평생교육 책임자, 듀크의 트리니티 칼리지 부학장이 되었다. 신학대학원의 손실이 대학교 전체의 이득이 된 셈이었다.

우리 부부가 듀크를 떠날 뻔한 사연을 이야기하는 것이 유감스러운 주된 이유는 그런 갈등이 관련자 모두에게 상처가 되기 때문이다. 대학 내의 다툼은 사소한 문제로 일어나는 까닭에 고약하다는 말이 있다. 완전히 틀린 말이다. 오늘날 대학교 내의 다툼은 절대 사소하지 않고 다음 세대의 더 넓은 사회에 영향을 끼치게 된다. 요즘 대학교들에서 미래 세대의 유익을 위해 감수해야 할 충돌을 피하는 모습을 보면 심히 우려가 된다.

물론, 우리와 데니스 사이의 갈등은 그리 중요한 문제처럼 보이지 않았다. 대학 안팎에 있는 사람들과 당시 동료들 대부분도 그 일을 개인적인 문제 정도로 여기고 말았을 것이다. 그것은 분명히 개인적인 문제였지만, 개인적인 문제 중에는 깊은 성찰이 필요한 것도 있다. 기독교에 관한 문제라면 더욱 그렇다. 우리가 처했던 곤란한 상황은 그리스도인들에게 마땅히 있어야 할 진실한 말이 없었음을 말해 준다.

내가 그 일을 이야기하면서 데니스가 '악당'이라는 인상을 주었을까 봐 두렵다. 그는 분명 자신의 직무를 책임 있게 감당하는 데 필요하다고 생각한 일을 했을 것이다. 나는 의장, 학장, 교무처장 및 대학교의 기타 행정 보직을 맡은 사람들을 높이 평가한다. 그런 직책을 맡은 사람들이 지적 활동을 포기했다고는 생각하지 않는다. 그들의 자리는 대학교 내에서 가장 진지한 지적 활동을 요구한다. 더욱이, 그들에게 특히 요구되는 도덕적 부담도 있다. 예를 들어, 그들은 이 사람 저 사람에 대한 호불호에 휘둘려 전체의 유익을 위해 내려야 할 결정을 그르쳐서는 안 된다. 사람들은 올바른 권력 행사의 금욕적 특성을 잘 헤아리지 못한다.

데니스는 나의 우정과 지원을 잃은 것을 애석하게 여겼을 것 같다. 우리는 너무나 달랐기 때문에 불가피한 일이었을지도 모르지만, 결별이 그렇게 극적인 방식으로 이루어질 필요는 없었다고 본다. 이후 몇 달 몇 년에 걸쳐 나는 데니스에게 공감하려고 노력했다. 내 쪽에서 아량을 베풀려는 것이 아니라, 그가 내 인생에서 중요한 역할을 하는 것을 바라지 않았을 뿐이다. 내가 계속 화를 내 봤자 그를 실제보다 더 크게 만들 뿐이었다. 나는 앞으로 나아갈 길을 찾아야 했다.

나는 신학대학원에서 나의 미래가 이전부터 말해 온 것처럼 비폭력주의자가 되는 일에 달려 있다고 생각하게 되었다. 나는 본성상 비폭력주의자는 아니다. 그것은 내게 자연스러운 자세가 아니다. 그러나 느리지만 한 번에 한 걸음씩, 내가 반대하는 대상에 의해 삶이 결정되게 하지 않는 법을 배우려고 노력했다. 평화는 폭력보다 더 심오한 실재다. 심원한 도덕적 함의가 담긴 존재론적 주장이다. 그러나 거기에 익숙해지는 데는 시간이 걸린다.

나는 신학대학원에서 건설적인 역할을 하고 싶었지만, 데니스가 상상한 신학대학원의 미래는 내가 생각한 이상적인 모습과 전혀 달랐다. 데니스가 폴라를 '해고'한 것은 우리의 깊은 의견 차이에 추가된 문제였을 뿐이다. 내가 볼 때 신학대학원을 위한 데니스의 '비전'에 따르면 교회의 주된 역할은 세상을 다스린다고 생각하는 이들을 지원하는 것이었는데, 이것은 1950년대의 감리교가 소중히 여겼던 교회의 역할이기도 했다. 그에 반해, 내가 원하는 교회는 세상을 다스린다고 생각하는 사람들이 심각한 망상에 사로잡혔음을 상기시켜 주는 곳이었다.

그러나 '반대 세력'이 되고 싶지는 않았다. 나는 신학대학원의 일에 깊은 관심을 가졌고 건설적인 사람이 되고 싶었다. 비폭력 저항 운동의 용어로는 "축 늘어지는" 수밖에 없다는 뜻이었다. 나는 직접적으로 데니스를 반대하지는 않았다. 하지만 과거의 오류를 악화시킬 뿐이라고 판단되는 정책이나 임명은 지지하지 않았다. 나는 대학원장의 핵심 측근이 아니었고 그렇게 되고 싶은 마음도 없었다. 그저 교수회의 시간이나 친구와 동료들과의 대화에서 할 수 있는 대로 나름의 주장을 펼쳤다.

솔직히 말하면 때로는 그 정도로 '만족'하기가 어려웠다. 나는 내가 속한 조직에서 변화를 일으키고 싶은 마음을 억누를 수가 없다. 재주가 없는 것을 알면서도 직접 세상을 굴리고 싶은 마음을 거부할 수가 없다. 딕 맥브라이언과 데니스 캠벨 같은 사람들은 나 같은 사람들을 책략으로 이기는 법을 늘 아는 듯하다. 나는 인내를 배워야 했다. 의미 있는 변화에는 시간이 걸린다. 비폭력적으로 이루어지는 변화가 결국 정직한 설득을 통해 이루어진다는 사실을 기억한다면, 그런 변화에 시간이 걸리는 것은 당연한 일이다.

교수 활동은 설득의 한 가지 형태다. 우리가 듀크에 머문 것은 내가 교사가 되기 위해서였다. 나에게는 멋진 학생들이 있었다.

물론, 듀크에 남기로 결정하기 전에도 나는 교사였다. 그러나 이제 한눈팔 일이 없었다. 나의 주된 임무는 가르치는 것이었다. 내가 가르치는 대상은 내 수업과 대학원 세미나에 들어오는 학생들만이 아니었다. 내가 하는 말을 듣고 내가 쓴 글을 읽을 준비가 된 모든 사람이 내 학생이었다. 나는 좋은 일을 하고 있었다. 불평할 여지는 별로 없었다.

나는 폴라와 결혼했다. 여러 해 동안 행복을 두려워했던 것 같다. 그러나 이제 나는 행복한 결혼 생활을 하고 있었고, 그런 상태라서 행복했다. 더 이상 조마조마하게 살 필요가 없었다. 정상적인 삶이 무엇이건 간에, 그것이 이제 내 앞에 놓여 있었다. 하나님, 감사합니다.

10

좋은 사람들

우리 삶이 가능한 것은 다른 사람들이 돕기 때문이다. 신학자는 다른 사람들의 도움에 힘입어 지금보다 더 나아질 거라는 소망을 품고서 자기가 감당할 수 있는 것보다 더 많은 말을 해야 하는 사람이다.

내가 듀크에 머물기로 결정하면서 내 인생을 돌아볼 시간을 갖게 되었을 거라고 짐작할지도 모르겠다. 나는 마흔여덟이었다. 몸도 건강했고 행복한 결혼 생활을 누리고 있었다. 애덤도 행복했으며 결혼을 앞두고 있었다. 나는 좋은 직장이 있었다. 나는 '성공한 사람'이었다. 모든 것이 '안정된' 그때야말로 나의 내면을 들여다보고 내가 인생에서 원하는 것이 무엇인지 물어볼 시간이었다. 그러나 나는 내면을 성찰하는 사람이 아니다. 내 인생을 놓고 고민도 하지 않는다. 물론, 자신에 대해 염려하지 않는 성향은 내가 내 어머니의 아들이기 때문이다. 흥미롭게도 이것은 내면을 성찰한 발언이다. 나는 내 과제가 다른 사람들을 행복하게 만드는 것이라고 생각한다. 다른 사람들을 행복하게 만들 때 나도 행복하다. 더욱이, 지난 세월 동안 나는 다른 사람들을 행복하게 만들려는 시도가 어떤 식으로든 나의 학문적 추진력과 관련이 있음을 알게 되었다.

듀크에 온 여름에 나는 미 국립인문학기금에서 후원을 받아 대학 교사들을 대상으로 여름 세미나를 이끌었다. 세미나 제목은 "행복, 덕 있는 삶, 우정"이었다. 우리는 『아담 비드』를 죽 읽어 내려갔다. 세미나가 끝났을 때 참가자들이 『아담 비드』의 인용문을 액자에 넣어 내게 선물했다. 내가 좋아하는 그 인용문은 불굴의 포이저 부인이 한 말이었다. 세미나 참가자들은 포이저 부인의 그 말이 인생에 대한 나의 기본 태도를 표현했다고 보았는데, 옳은 생각이었다. "코르크로 막아 놓듯 영원히 입을 닫고 물이 새는 통처럼 보이지 않게 찔끔찔끔 생각을 흘릴 뿐이라면 사는 낙이 없어요."

나는 "물이 새는 통"이 아니다. 오히려 소방 호스에 가깝다. 1989년에 나는 사우스웨스턴 대학교의 우수 동문으로 뽑히는 명예를 얻었다. 동문들이 내게 보내는 찬사에는 나를 역설로만 묘사할 수 있다는 내용이 들어 있다. "친구들은 당신이 힘이 넘치되 친절하고, 논란을 일으키지만 사려 깊고, 거슬리면서도 관대하고, 남을 놀라게 하면서도 감수성이 풍부하고, 활기가 넘치면서도 다정하고, 시끄러우면서도 정이 많다고 말합니다. 사람들은 당신이 20년 동안 우리에 갇혀 있다가 오늘 풀려난 사람 같다고 말합니다. 당신은 사람들을 놀라게 합니다." 존 스코어는 그가 내게 끼친 영향에 대해 질문받고 이렇게 대답했다. "어떻게 화산의 멘토가 될 수 있겠습니까?"

내가 사람들을 놀라게 하는지는 모르겠지만 가끔은 나도 나 때문에 놀란다. 나는 삶으로 그냥 끌려들어 간다. 게다가, 내가 끌려드는 삶은 보호 장치가 없다. 나는 여기저기 안정 장치를 마련하지 않는다. 포커 용어로 하면 "올인"이다. 이런 습관을 미덕이라 할 수는 없는 것이, 내가 노력해서 하는 일이 아니기 때문이다. 나도 보다 제어된 삶을 살았으면 할 때가 있지만 어떻게 그럴 수 있는지를 모른다. 통제 불능의 상태가 두렵지만, 내 방식대로 생각하고 살아가다 보면 어느새 내 삶은 통제가 불가능해진다.

폴라와 결혼하면서 나는 생활의 속도를 늦출 수 있을 거라고 생각했다. 그렇게 열심히는 일하지 않을 생각이었다. 그러나 나는 누구도 읽고 싶지 않을 만큼 많은 양의 글을 계속 썼고 전 세계를 다니며 강연을 했다. 내가 계속 열심히 일한 이유는 사실 그리 특별하지 않다. 열심히 일하는 것이 습관이기 때문이다.

가끔은 걱정되기도 한다. 내가 멈추지 않는 것은, 멈추었을 때 나 자신에 대해 무엇을 발견하게 될지 몰라 두렵기 때문은 아닌지 말이다. 지금까지는 그런 걱정을 떨쳐 버리고 내 일이 내 인생보다 훨씬 흥미롭다고 자신을 설득하여 내면 성찰을 피해 왔다. 이렇게 말해 놓고 보니, 이 회고록을 쓰면서 내가 내면 성찰로 가는 몇 걸음을 내디뎠다는 것을 인정해야겠다. 그중 하나는 내가 정말 '한나의 아이'라는 사실을 알아본 것이었다. 이 책을 쓰기 전까지는 사무엘의 인생이라는 관점에서 내 인생을 바라본 적이 없었다. 둘을 연결시키자, 사무엘처럼 내 인생도 시대의 전환기에 놓여 있었음을 깨달았다. 매혹적인 발견이었다. 사무엘은 사사 시대와 왕국 시대 사이에 끼어 있었다. 나는 한때 왕 같은 역할을 했던 교회와 이제 불확실한 미래를 기다리는 교회 사이에 끼어 있다. 물론 나처럼 열정이 넘치는 사람에게 불확실한 미래란 변화를 일으켜 보라는 멋진 초청이었다. 나는 변화를 일으키고 싶었다. 결국 나는 내 어머니의 아들이니까. 나는 교회를 변화시키고 싶어서 신학 서적을 집필하는 고된 일을 벌였다. 대학을 변화시키고 싶어서 내가 요청받은 일을 잘 감당했다. 신학대학원을 변화시키고 싶어서 학생들을 최대한 잘 가르치고 건설적인 동료가 되고자 했다. 또 친구로서도 변화를 일으키고 싶어서 신실해지고자 했다. 이런 포부들이 모여 내 인생이라는 한 가지 일을 이루었다.

글쓰기는 고되고 어려운 일이다. 쓰기 위해서는 먼저 생각해야 하기 때문이다. 나는 먼저 생각하고 그것을 표현할 방법을 찾는 식으로 움직이지 않는다. 표현이 바로 생각이다. 그러니까 내가 아는 단 한 가지 생각하는 방법은 쓰는 것이다. 또 나는 할 말이 있기 때문에 쓴다. 내가 할 말은 개인적으로 성취한 것들이 아니다. 나는 그리스도인이기 때문에 할 말이 있다. 게다가 내가 쓰는 내용에 관심을 가지는 독자들도 있다. 바로 그리스도인들이다. 그들은 내게 참으로 비범한 선물이다. 청중이 있으면 모든 것이 달라진다. 나는 학자이지만 다른 학자들만을 위해서 글을 쓸 필요는 없다. '그리스도인'이라는 꼬리표가 대단히 모호한 것이기는 하다. 그래도 그리스도인들, 즉 신학자들이 말하는 내용을 중요하게 여기는 이들이 나의 독자다. 나는 하나님이 내게 뭐가 할 말을 주셨다고 생각한다. 나는 그리스도인이 통제하지 못하는 세계에서 그리스도인으로 산다는 것의 의미를 상상하는 일을 맡았다.

이 임무는 말과 깊은 관련이 있다. 지금 같은 전환기일수록, 그리스도인들은 우리가 하는 말의 중심이 되는 단어들에 대해 자신감을 되찾아야 한다. 나는 바르트를 읽으며 변증적 자세를 피하는 법을 배웠다고 생각하지만, 그래도 독자들이 내가 쓴 내용을 읽을 때 '이것이 옳다'고 확신하기를 바란다.

진실한 발언을 식별하는 일은 우리가 만나는 단어들이 인생의 복잡성을 정직하게 표현한 것임을 알아보는 순간에 시작된다. 신학이 할 일은, 인생의 복잡성에 대해 정직하게 말하려면 하나님에 대해 말해 주는 단어들이 필요함을 보이는 것이다. 신학자들이 그런 단어들을 쓰기 두려워하거나 불필요하다고 여긴다면 그들의 소명을 배신하는 일이다. 그 결과는 흔히 절박한 외침으로 이어진다. 그러나 바르트의 신학은 절대 절박하지 않다. 그의 신학은 우리가 하나님에 대해 말하도록 받은 단어들을 기뻐하며 즐겁게 사용한다. 바르트는 신학적 발언의 탁월한 모범이다.

바르트는 신학자의 일이 말로 이루어진다는 것과, 존 하워드 요더의 표현대로 신학의 과제가 "믿음의 빛에 비추어 말로 일하는 것"이라는 사실을 이해했다. 그 과제의 어려움은 오해의 소지가 있는 요더식의 진술에서 분명히 드러난다. "믿음의 빛에 비추어 말로 일하는 것"이라고 하니까 말은 "믿음의 빛"의 구성 요소가 아니라고 오해할 수 있는 것이다. 그러나 믿음이란 하나님에 대해 말할 때 사용하는 단어, 바로 그것이다. 하지만 우리가 믿음으로 하는 말의 대상이자 내용이신 하나님은 우리가 쓰는 말들로 포착되지 않는다. 이것은 이상해 보인다. 우리는 하나님이 그분의 말씀이신 나사렛 예수 안에서 결정적으로 발견된다고 믿으면서 하나님에 대해 말하기 때문이다. 그러나 하나님이 우리에게 더 가까이 다가오실수록, 우리는 우리가 '하나님'이라고 말할 때 무슨 말을 하는지 모른다는 사실을 더 발견하는 것 같다. 이 때문에 하나님을 부르는 법을 배우는 것이 기도에서 참으로 어려운 부분인 듯하다.

그리스도인들이 하나님 부르는 법을 배우는 일은 복잡하다. 하나님을 부를 때 '하나님'이 아니라 '성부' '성자' '성령'이라 부르기 때문이다. '하나님'은 성령의 역사를 통해 예수님과 부자관계를 이루는 사랑을 가리킬 때 우리가 쓰는 이름이다. 우리가 '하나님'이라고 말할 때 그 의미를 아는 것은 오로지 예수님이 아버지께 기도하는 법을 우리에게 가르쳐 주셨기 때문이다. 하나님을 믿는 사람들과 믿지 않는 사람들 사이에 논란이 끊이지 않는 이유는, 종종 그들이 '하나님'이라고 말할 때 그 의미를 상대편도 안다고 생각하기 때문이다. 하지만 그럴 수가 없는 이유는, 그리스도인들은 우리가 성부, 성자, 성령이라 부르는 그분을 예배하고 그분께 기도함을 통해서만 '하나님'이라는 말을 쓰는 법을 배운다고 믿기 때문이다. 그런 하나님을 알려 주는 이야기를 배우는 데는 시간이 걸린다. 경우에 따라서는 평생이 걸리기도 한다.

신학은 이 이야기를 배우고 하나님에 대한 발언을 의미 있게 만드는 맥락을 찾아내기 위한 지속적이고 끊임없는 시도다. 신학의 핵심이 어떻게 하나님인 동시에 인생의 복잡성이 될 수 있는지는 쉽게 이해할 수 있는 내용이 아니다. 일부 근대주의 신학자들은 '하나님에 대한 발언'과 '인생의 복잡성'을 분리하려 시도했고, 그 결과 그들 신학의 핵심은 하나님이 아니라 '우리'가 되었다. 그런 일이 벌어지면 '하나님'이라는 단어가 정말 필요한지 불분명해진다. 나의 강연이나 저작이 '면전에 대고' 하는 말처럼 느껴진다면, 내가 '하나님'이 필요한 단어임을 보여 주려고 시도했기 때문일 것이다.

'하나님'을 말하는 법을 배우는 것은 어렵지만 좋은 일이다. 그 일에 필요한 훈련을 하다 보면 세상의 실상에 대해 자신에게 진실할 수밖에 없어지기 때문이다. 우리의 삶은 깜빡임에 불과하다. 우리는 죽을 수밖에 없는 피조물이다. 우리는 자기 자신이, 서로가 두렵다. 자기가 죽지 않을 수 있다는 망상을 유지하기 위해 다른 사람들의 목숨을 기꺼이 희생하고도 남을 자들임을 느끼기 때문이다.

의학이 언젠가 죽음을 '치료'할 거라는 확신은 널리 퍼진 망상이다. 더욱이, 그것을 목표로 하는 의학을 발전시키고 유지하려는 시도의 바탕에는 그 자체가 목적이 되어 버린 부의 창조가 자리 잡고 있다. 부의 창출을 위한 부의 창출에 열중하는 사회 질서에서는 영혼이 피상적인 사람들, 감상에 사로잡혀 하루하루 살아가는 사람들이 만들어질 수밖에 없다. 그들은 이런 질문을 던진다. "왜 선하신 하나님이 선한 사람들에게 나쁜 일이 벌어지는 상황을 허락하시는가?" 그런 사람들은 한때 시편을 짓고 노래했던 민족이 존재했다는 사실을 상상할 수 없을 것이다. 그러나 우리가 '하나님'을 말하는 법을 배운다면, "나의 하나님 나의 하나님 어찌하여 나를 버리셨나이까?"라는 기도로 배우게 될 것이다. 이것은 말로 이루어지는 일이다.

나는 이 일을 '윤리학자'로서 감당한다. 어떤 사람들은 신학보다는 윤리학이 대학교에 더 적절한 학문이라고 생각한다. 하지만 내게 윤리학은 신학적 진술의 실천적 특성을 드러내는 학문일 뿐이다. 자유주의에 대한 비판, 언젠가 의학이 영생을 가져다줄 거라는 널리 퍼진 확신에 대한 이의 제기, 전쟁을 찬성하는 도덕적 근거에 대한 의문 제기는 우리가 '하나님'을 말하는 것에 어떤 의미가 있는지 밝게 드러낼 목적으로 살피는 부수적 테마들이다. 근대성의 에토스에 순응한 교회에 내가 이의를 제기한 것은, 그리스도인들이 하나님께 기도할 힘을 되찾고, 우리가 뜻대로 하지 못하는 세계에서 그리스도인으로 사는 것이 무엇일지 상상할 힘을 되찾도록 도우려는 시도였다.

나는 말로 이루어지는 일로 신학을 실천하려고 노력해 왔다. 대학교에서의 일 또한 이런 식으로 이해하게 되었다. 대학교들은 말 위에 세워져 있다. 나는 학자이며 신학자다. 학자로 그럴듯해 보이고 싶어서 신학자로서의 내 모습을 위장해야 할 것 같은 마음이 들 수 있는데, 그것은 언제까지나 내가 즉시 감지해야 마땅한 유혹일 뿐, 앞에서 말한 식의 신학 연구를 대학교에서 배제해야 할 이유는 아니라는 것이 내 생각이다.

대학교는 멋진 일터다. 특히 듀크는 정말 멋지다. 나는 듀크대가 원하는 것은 탁월한 학교가 되는 것뿐이라는 농담을 하곤 한다. 탁월한 대학교란 결국 몸값이 더 비싼 학자들을 데려올 수 있다는 뜻이다. 듀크는 정말 비범한 재능을 가진 이들을 끌어들였다. 똑똑하고 흥미로운 사람들이 있는 세계로 끌려들지 않을 도리가 있을까?

내가 이 세계로 끌려든 방법 중 하나는 교무처장의 '교수 임용, 승진, 종신 교수직'(APT) 자문위원회에서 활동하는 것이었다. 종신 교수직을 부여하는 학내 모든 승진 및 신임 종신 교수 임용은 APT위원회를 통과해야 한다. 그 위원회의 위원이 되면 고려 대상이 되는 사람들에 대한 동료학자들의 평가뿐 아니라 그들의 논문까지 일부라도 읽어야 한다. APT는 대학교가 '대학교'가 되는 곳, 즉 다양한 분야의 학자들이 서로의 판단을 공유하는 곳이다.

APT위원회의 일은 부담스러웠지만 나는 그 일이 무척 마음에 들었기에 네 명의 교무처장 아래서 8년 동안이나 위원으로 있었다. 다시 대학으로 돌아온 기분이었다. 나는 현대 사학 방법론에서 벌어지는 논쟁을 다시 접했고, 다른 분야의 흥미진진한 연구 의제를 발견할 기회를 얻었다. 또, 수학자들이 '랜덤 워크'(random walks)를 연구한다는 것을 알게 되었다. 위원회는 다양한 학과에서 온 교수들로 이루어졌기에, 그 안에서 이루어지는 활발한 토론에 참여하면서 나는 끊임없이 배웠다. 이학부 소속 위원 한 명이 인문학 분야의 자료를 좀더 분명히 이해하기 위해 이렇게 물었던 기억이 난다. "근대성이 무엇입니까?"

그 질문의 중요성을 실감하게 된 사건이 있었다. 스킵 게이츠(Skip Gates)를 고용하면서 듀크대에서 벌어진 논쟁이었다. 스탠리 피시는 영문학과에서 스킵의 임용을 이루어 냈다. 듀크로서는 멋진 교수를 확보한 경우였다. 그러나 일부 교수들, 특히 자연과학 및 사회과학 진영의 교수들은 상당히 분개했다. 그들은 포스트모더니스트들이 대학을 위협하는 것에 맞서기 위해 '전미학자협회'

(National Association of Scholars, NAS)* 지부를 열었다. 나는 NAS에 참여하라는 요청을 받았지만, 지부 회원들에게 그런 '명예'를 거절하는 편지를 썼다. 나는 그들의 '객관성' 이해에 영향을 준 근대주의적 인식론적 전제는 흔히 대학 교과과정에서 신학을 배제하는 근거로 쓰였다는 점을 지적했다.

교수진 내 두 세력 간의 적대감은 극심했다. 급기야 당시에 교무처장으로 일하던 토미 랭퍼드는 APT위원회의 교수들 중 일부라도 모여 하루 정도 서로의 차이점을 토론해 보는 것이 좋겠다는 의견을 내놓았다. 열다섯 명 정도가 모여, 각자 연구하는 내용을 기술하는 방식으로 자기 소개를 했다. 생물학자는 나비 날개에 매료된 경험을 이야기했다. 바버라 헌스타인 스미스는 상대주의가 옳은 이유를 분명하게 밝혔다. 한 생화학자는 자신의 연구가 치료의 결과로 이어지기를 바란다며 그 내용을 소개했다. 나는 뒷부분에서 발언을 하면서, 그들 중에는 내가 자유사상가가 아니기 때문에 나를 제대로 된 학자로 여기지 않는 이들이 있다는 것을 안다고 말했다. 나는 내가 생각해야 할 내용을 알려 준 교회를 섬긴다고 말한 뒤 삼위일체를 예로 들었다. 나는 내 능력껏 삼위일체에 대해 생각해야 할 의무가 있다. 그다음, 나의 경우에는 섬기는 대상, 또는 섬겨야 마땅한 대상이 분명하다고 말했다. 나는 말을 맺으면서 여러분은 누구를 섬기고 있느냐고 물었다.

좋은 토론의 시간이었지만, 그들은 내 질문을 다루지 않았

* 정치적으로 보수적인 입장을 견지하는 미국 대학 내 비영리 조직이다.

다. 하지만 다음 날, 나는 문학과 소속의 프랭크 렌트리키아(Frank Lentricchia)와 우연히 마주쳤다. 듀크 예배당 앞이었다. 프랭크와 나는 같은 시기에 듀크에 왔는데, 그를 잘 알지는 못했지만 천성적으로 거친 그의 성품은 끌리는 데가 있었다. 프랭크가 말했다. "어제 하신 질문에 대해 생각하고 있습니다. 나는 내가 누구를 섬기는지 압니다. 나는 내 자신을 섬깁니다." 나는 이렇게 대답했다. "하나님 맙소사, 프랭크, 방금 그 말이 하고 싶은 대로 해야 한다는 뜻은 아니면 좋겠군요." 프랭크는 설교를 들으면 핵심을 파악했다. 노터데임에서의 경험을 활용해 나는 프랭크에게 렌트리키아 같은 이름으로 보아 신앙을 잃은 가톨릭 신자일 것 같다고 말했다. 그리고 그에게 사제가 필요하며 적합한 사람을 안다고 말했다. 내 박사 과정 대학원생인 마이크 백스터였다.

우리 세 사람은 저녁 식사를 같이 했다. 프랭크가 특유의 까칠한 말투로 백스터에게 물었다. "최근에는 어떻게 지냈습니까?" 마이크는 맵킨 수도원에서 베네딕트회 수사들과 피정을 하고 막 돌아왔다고 대답했다. 프랭크가 물었다. "그래요, 그곳은 어떤가요?" 마이크가 짤막하게 대답했다. "그분들은 행복합니다." 프랭크가 대답했다. "거기 가 봐야겠군요." 그런 다음 그는 그리로 갔다. 나머지는 프랭크가 「하퍼매거진」(Harper's)에 기고한 글에 잘 나와 있듯 역사가 되었다. 나와 그리 다르지 않은 방식으로, 프랭크는 아마 늘 불안한 그리스도인으로 머물 것이다. 하나님이 우리의 불안함을 기뻐하시기를 바랄 뿐이다.

나는 듀크 대학교 출판부 이사로도 대학교 일에 참여했다. 이사회는 출판부에서 내는 모든 책을 승인한다. 기획편집자인 레이첼 투어는 제프 파월(Jeff Powell)의 박사 논문 『미국 입헌주의의 도덕적 전통』(The Moral Tradition of American Constitutionalism)을 입수했다. 내가 지도했던 논문이었다. 그런데 무슨 이유에서인지 레이첼은 나도 듀크 출판부에서 낼 책을 써야 한다고 생각했다. 나는 그녀에게 사실 책을 쓰지 않는다고, 나는 에세이들을 모아 책처럼 보이게 만들 뿐이라고 설명했다. 하지만 레이첼은 단호하고 집요했다. 결국 그녀에게 설득된 나는 에세이 몇 편을 고쳐 써서 내가 실제로 책 한 권을 따로 쓴 것처럼 보이게 만들었다. 그 결과물이 『전선에서 온 긴급 보고』(Dispatches from the Front)였다.

나는 대학 출판부 이사가 되면서 대학 출판부의 원고 검토 과정을 처음으로 접했다. 전에 노터데임 대학교 출판부에서 책을 여러 권 출간했던 적은 있지만, 노터데임 대학교 출판부 편집장이던 짐 랭퍼드는 본인의 판단에 따라 출판부를 운영했다. 나는 여러 해에 걸쳐 노터데임에서 책을 펴내면서 짐과 좋은 친구가 되었다. 게다가, 그는 컵스 팬이고 상당히 중요한 비공식 윤리학 교과서 중 하나인 『컵스 팬의 인생지침서』(The Cub Fan's Guide to Life)의 저자였다. 나는 내 책들을 출간하면서 그의 도움을 많이 받았다. 그러나 대학교 출판부가 출판계의 문지기 역할을 어떻게 수행하는지 이해할 수는 없었다.

내가 출판부 이사회의 일원으로 있을 때 스탠리 피시가 출판부 사장이 되었다. 그가 내게 이사장을 맡아 달라고 해서 기꺼이 수락했다. 나는 출판부와 기획편집자들이 말 그대로 어떻게 지식을 만들어 내는지 즐겁게 배웠다. 편집자들의 일에는 내가 깊이 감탄하는 이타성이 있다. 저자들이 써야 할 내용과 보다 명료하게 쓰는 법을 알려 주기 위해 편집자들이 수행하는 창조적 활동은 그 가치를 제대로 인정받지 못하고 있다.

APT위원회 위원과 듀크 출판부 이사로 일하면서, 나는 거기서 이루어지는 검토 과정이 최근의 학문 연구, 특히 인문학에서의 연구를 지나치게 순응적이고 전통적으로 만드는 효과가 있음을 알게 되었다. 그 과정은 젊은 학자들을 부추겨 점점 더 좁은 분야에서 점점 더 많은 지식을 쌓게 하고, 그뿐 아니라 그 '좁은' 분야 자체가 대부분 그들의 박사 논문 지도 교수에 의해 결정되고 있었다. 또, 논문 지도 교수들이 아는 내용은 대부분 그들이 속한 학자들의 길드에 의해 결정된다. 나는 그런 과정이 염려스럽다. 비트겐슈타인이 오늘날 이런 듀크에 온다면 종신 교수직을 받지 못했을 테고, 그의 『논리철학논고』도 듀크 출판부에서 출간되지 못했을 것임이 분명하기 때문이다.

물론, 이런 우려들은 듀크 대학교와 꼼짝없이 사랑에 빠진 사람의 입에서나 나올 만한 것이다. 나는 『대학교의 상태』(*The State of the University*)에서 우리가 알고 있는 대학이 곤경에 처했다고 생각하는 이유를 전개했다. 그러나 대학에 그런 문제가 있다고 해서 포기해도 된다는 말은 아니다. 나는 필연성의 위협 아래에서 간과하기 쉬운 대안을 찾으려면 인내가 필요하다는 것을 토미 랭퍼드에게서 배웠다. 대학교와 내 삶이 분리된다면 어떻게 될지 상상할 수도 없다. 그로 인해 나는 더없이 감사하고 있다.

폴라는 우리가 듀크에 머물러야 한다고 결정했다. 듀크에서는 본인의 미래가 불확실했지만, 내가 박사 과정 대학원생들 및 세미나 참석자들과 하는 일이 교회에 중요하다고 생각했기 때문이었다. 그녀가 옳았기를 바란다. 나 역시 박사 과정 대학원생들과 하는 일이 나의 가장 중요한 일이라고 생각하지만, 그것은 시간이 많이 드는 일이다.

공부를 하려고 내게 오는 학생들은 종종 나보다 똑똑하다. 그리고 흔히 나보다 나를 더 잘 이해하며, 그로 인해 나보다 더 흥미로운 책들을 쓸 수 있다. 이것은 겸손이 아니라 50편이 넘는 박사 논문을 지도하면서 배운 점이다. 내가 논문제출자격시험위원회나 논문심사위원회에 얼마나 많이 참여했는지는 정확히 알 수 없으나, 내 삶의 많은 부분을 대학원생들과 일하는 데 썼다는 사실만은 분명하다.

존 밀뱅크가 버지니아 대학교를 떠났을 때, 진 로저스가 내게 전화를 걸어 그 자리를 대신할 의향이 있는지 물었다. 내가 정말 좋아하는 진은 그저 가능성을 타진해 본 것뿐이었다. 나는 그에게 듀크에서 정말 만족스러우며, 나는 지적으로 존의 수준에 미치지 못하기 때문에 그를 대신할 수 없다고 말했다. 그는 내 말이 옳음을 인정하면서도(아, 나는 솔직한 사람이 너무 좋다) 정말 흥미로운 신학 박사 학위 논문들은 내 학생들이 쓰고 있다고 말했다. 그보다 더 멋진 찬사는 받아 보지 못했다.

나는 학생들이 그들의 가장 깊은 열정이 이끄는 대로 박사 논문을 쓰게 해 주려 한다. 그것은 내 학생들이 모험을 감수하도록 허락한다는 뜻인데, 논문 구성 방식에 큰 영향력을 끼치는 학계의 기대를 고려할 때 흔치 않은 일이다. 신뢰가 핵심이다. 학생들은 나를 신뢰하는 법을 배워야 하고, 나도 학생들을 신뢰하는 법을 배워야 한다. 신뢰는 우리가 함께하는 일을 통해 형성된다. 그런 일에는 대학원 세미나나 목회 준비생들을 위한 수업을 박사 과정 대학원생들이 돕는 과정도 포함된다.

박사 과정 지망생들이 종종 듀크에서 공부하는 것이 어떨지 살피러 찾아온다. 대부분 여러 대학교를 다녀 본 상태였다. 나는 다른 학교에서 나에 대해 뭐라고 하더냐고 종종 묻는데, 그들은 내가 좋은 멘토로 알려져 있지만 학생들이 나처럼 생각하게 만든다는 평판이 있다고 말해 준다. 그 말은 하버드, 예일, 시카고로 가는 박사 과정 학생들에 대해서는 하버드, 예일, 시카고의 교수들처럼 생각하도록 기대하는 일이 없다는 뜻인 것 같다. 대신에 그들은 말하자면 하우어워스처럼 생각하지 않는 법을 배우는 것 같은데, 그것은 적절한 일이라고 하겠다. 훌륭한 신학 박사 과정은 학생들의 지성을 형성하는 데 힘을 집중해야 한다. 다른 사람들의 남은 평생에 결정적인 역할을 하게 될 일, 그 정도까지는 아니라도 의미 있는 역할을 할 수 있게 그들을 훈련시키는 일은 더없이 중요하다.

사실대로 말하면, 나는 나와 같이 공부하는 학생들의 생활이나 생각을 지배하지 않으려 한다. 학생들이 나와 어떤 관계를 맺기 원하는지 그들이 결정하게 한다. 모든 학생은 다르다. 나는 내가 맡은 학생들 대부분과 친구가 될 수밖에 없지만, 그것을 나와 같이 공부하는 데 필요한 조건으로 만들고 싶지는 않다. 교수와 학생 관계의 중심에는 권력이 있고, 우정은 사람을 조종하는 한 가지 형태가 될 수 있다. 그러나 나는 내가 관심을 갖는 내용에 학생들도 관심을 갖기를 바란다. 그들이 신학 연구의 즐거움을 발견했으면 좋겠다. 그들이 내 생각을 복제하기를 바란다는 뜻은 아니다. 내 학생들이 내가 이미 생각한 바를 확증하는 논문을 쓰기를 바라지는 않는다. 그러기엔 인생이 너무 짧다.

나는 사람이 자신의 삶을 진지하게 생각하도록 만드는 자극제로 대학원생, 특히 신학 박사 과정 대학원생을 훈련시키는 것만 한 일이 없다는 사실을 알게 되었다. 그들은 사람이 생각하는 방식과 내용이 그가 살아가는 모습과 어떻게든 관계가 있어야 한다고 기대한다. 정당한 기대다. 물론, 나는 생각과 행동의 복잡하고 미묘한 관계를 깊이 생각하면서 학자의 경력을 쌓아 왔다. 그리고 분명히 말하지만, 우리는 무한한 방식으로 자기기만을 할 수 있는 교묘한 피조물이다. 이 회고록이 자기정당화의 시도에 불과하거나 대학원생들이 그들의 스승에 대해 갖는 기대에 미치지 못할 수도 있겠지만, 어쨌건 그것은 다른 사람들이 판단할 문제다.

내가 존 하워드 요더에게 배운 것이 있다면, 자신을 믿어서는 자신을 알 수 없다는 것이다. 우리는 다른 사람들의 판단에 자신을 내어 맡김으로써만 자신이 누군지 배우게 된다. 얄궂게도, 나는 이것을 존의 생각뿐 아니라 그의 삶을 통해서도 배웠다. 내가 볼 때 존은 늘 가르친 대로 사는 사람 같았다. 그는 겸손했고 만나는 모든 사람에게 나름의 방식으로 관대했다. 그래서 존이 여자들을 상대로 아무리 봐도 '문제가 있는' 행동을 벌여 왔다는 사실을 알았을 때 큰 충격을 받았다.

내가 노터데임을 떠나기 전에 존과 결혼에 대한 책을 계획한 적이 있었다. 존은 대중서 수준으로 책을 한 권 써서, "언제나 엉뚱한 사람과 결혼한다"는 "하우어워스의 법칙" 같은 다양한 '법칙'을 탐구해 보고 싶어 했다. 존은 익명으로 책을 써서 요더와 하우어워스 같은 권위자의 말을 인용해 보자고 했다.

그 책에 대한 생각을 진행시키기 위해 존은 길고 훌륭한 메모를 썼다. 하우어워스의 법칙이 존재하는 것이 실제로는 좋은 소식이라는 내용도 있었다. 부부가 시간이 지나 결혼 전에는 예상하지 못했던 특성을 서로에게서 발견하게 되는 것은 더없이 정상적인 일이라는 얘기였다. 더 나아가 존은 결혼에 성공하려면 우리가 서로에게 "딱 맞는" 사람이어야 한다고 생각하도록 우리 문화가 우리를 훈련시키고 있으며, 하우어워스의 법칙은 그 버거운 요구에서 우리를 자유롭게 해 준다고 적었다.

요더는 그리스도인들이 인간적으로 모든 일이 잘 풀리도록 애쓰는 것이 최근 들어 생긴 일이라고 주장한다. 원래 그리스도인들은 뭔가 잘못될 때 무엇을 해야 하는지 아는 사람들이므로 결혼도 갈등을 해결하는 제도로 이해해야 하고, 결혼 생활은 그 목적을 위해 짜여야 한다는 것이다. 그 메모에서 요더는 "함께하겠다는 결심, 즉 평생의 신의를 지키는 것이 갈등 해결을 위한 전제 조건이다. 그렇지 않으면 모든 갈등은 도피를 꿈꿀 기회가 된다"고 적었다.

우리는 그 책을 쓰지 않았다. 쓰지 않기로 따로 합의한 기억은 없다. 나는 그저 우리가 자주 만날 수 없게 되었기 때문에 그 계획을 이어 가기가 어렵겠다고 생각했던 것 같다. 어쩌면 이혼과 재혼 경력이 있는 나로서는 그런 집필 계획이 적절치 못하다고 생각했을지도 모르겠다. 나는 존을 초청해 듀크에서 강연을 맡겼지만, 이후 그 책에 대해 이야기를 나눈 기억은 없다. 그런 책을 쓸 수 없게 만든 사건이 존의 삶에서 일어났으리라고는 생각도 할 수 없었다.

내가 그 일을 알아차린 것은 존이 맡기로 되어 있었던 강연을 맡아 달라는 초청을 받기 시작하면서부터였다. 캔자스 주 노스뉴턴의 베델 대학에서 존의 강연 초청이 취소되었을 때, 나는 그 이유를 알지 못했다. 어쨌든 나는 존 대신 와 달라는 요청을 받았고, 그곳에서 존과 가까운 사람들을 통해 그가 일부 메노파 여성들과 부적절한 관계를 맺은 일로 프레리스트리트메노나이트교회에서 징계를 받았다는 사실을 알게 되었다.

존처럼 머리가 좋은 사람만이 그런 곤경에 제 발로 걸어 들어갈 수 있을 것이다. 나는 오래전부터 존의 미출간 논문을 여러 편 갖고 있었는데, 거기서 그는 교회 안의 남녀에게 가능한 선택지가 순결 혹은 결혼뿐이라는 주류 교회의 생각이 틀렸다고 주장했다. 존은 그리스도인들이 무엇보다 독신으로 부름을 받았다고 생각했기에, 그리스도 안에 있는 형제자매들이 서로 육체적으로 관계할 다른 방법들이 있어야 한다고 주장했다. 한마디로 그는 성교에 미치지는 않으나 그리스도인 남녀가 접촉할 만한 "성적이지 않은"

방법이 있을 거라고 생각했다. 그는 자신의 이론을 직접 시험하러 나섰던 것 같다. 물론 그런 시험은 공적으로 이루어질 수 없는 것이었고, 다른 사람도 아니고 존이라면 그런 "실험"의 문제점을 알아차렸어야 마땅하다.

존은 1960년대의 어느 시점부터 "실험"을 시작했다. 여기서 시점이 중요한 것이, 이 시대에 나타난 문화적 세력들로 인해 많은 사람들이 인간관계에서 새로운 가능성을 꿈꾸게 되었는데 메노파 사람들도 거기에서 자유롭지 않았기 때문이다. 존은 그의 일을 도와 달라고 청하면서 '비중 있는' 메노파 여성들(공동체 내에서 지적, 영적으로 지위가 있는 여성들)을 먼저 유혹했다. 먼저 자기 일을 도와 달라고 하고, 그다음에는 그들에게 자기를 만지라고 넌지시 말한 뒤 자기도 그들을 만졌는데, 성교에 이르지는 않았다. 존은 굉장한 지적 능력을 가진 사람이다. 그의 말에 넘어간 일부 여성들은 당장에는 그들의 행동이 성적인 것이 아니라고 생각했을 것이다. 그러나 나중에는 존에게 몹쓸 짓을 당했음을 깨닫게 되었다. 그리고 어떤 계기로 인해 그들이 서로 연락을 나누고 쪽지를 비교하면서 존은 심각한 곤경에 처하게 되었다.

존이 자신의 행동을 어떻게 생각했는지는 모르겠다. 나는 그가 공동체에 대해 누구보다 많은 것을 가르쳤다고 종종 말했지만, 뛰어난 지적 능력에다 수줍음과 소심함이 더해진 탓에 그는 종종 '혼자'가 되었다. 내가 존의 외로움 안으로 들어가는 법을 배웠기를 바라지만, 존도 그 문제를 위해 노력해야 했다. 존의 아내 애니는 참 좋은 사람이고 자녀들 역시 훌륭하지만, 존에게는 그를 사랑하던 사람들은 물론이고 본인도 뭐라 말해야 할지 모를 다른 무엇이 필요했던 것 같다. 애니는 교회의 징계 절차가 진행되는 내내 존을 지원했다.

존은 교회의 분별위원회가 내린 징계에 순복해야 했다. 그들은 마태복음 18장 15-20절 말씀에 따라 징계 절차를 밟았지만, 존이 순순히 따를지는 확실하지 않았다. 그는 자신을 고소한 사람들을 만날 수 있어야 한다는 규칙을 교회가 무시하고 있다고 생각했다. 짐 매클렌던(Jim McClendon)과 글렌 스타슨(Glen Stassen)의 개입이 없었다면 무슨 일이 벌어졌을지 모르겠다. 글렌과 짐은 풀러 신학교의 교수들이었다. 해럴드 스타슨의 아들인 글렌은 요더에게 깊은 영향을 받았고 그의 좋은 친구였다. 짐은 루이지애나 출신의 침례교도였고, 포트워스의 사우스웨스턴 신학교에서 주로 활동했다. 그는 교회의 징계를 받아들이도록 존을 설득하는 데 특히 중요한 역할을 했다.

짐은 독학을 하는 사람이었는데, 그것은 침례교도들이 귀하게 여기는 독립성을 그가 보여 주었다는 뜻이다. 그는 골든게이트 신학교에서 가르쳤지만 너무 "진보적"이라는 평가를 받았다. 그는 샌프란시스코 대학교에서도 일자리를 잃었는데, 베트남 전쟁에 항의하는 편지를 쓰면서 대학교 편지지를 사용했기 때문이다. 풀러로 옮기기 전에는 버클리의 성공회 신학교에서 오랫동안 가르쳤는데, 버클리에서 J. L. 오스틴의 강연을 들은 후에는 잉글랜드로 가서 오스틴 밑에서 공부했다.

짐은 언어의 자기 포함적 특성에 대한 오스틴의 통찰을 활용해 『확신』(Convictions)이라는 대단히 중요한 철학적 신학 서적을 공동 집필했다. 거기서 더 나아가 그는 『신학으로서의 전기(傳記)』(Biography as Theology)를 썼는데, 내가 노터데임에 있을 때 읽은 책이었다. 그때 나는 그 책의 저자가 나와 똑같은 철학적·신학적 판단을 내린다는 사실을 깨달았다. 우리는 좋은 친구가 되었고, 짐은 노터데임에 와서 안식년을 보냈다. 그렇게 해서 짐은 존을 알게 되고 그와도 절친한 친구가 되었다. 짐과 존은 내가 그들 각각을 이해하는 것보다 서로를 더 잘 이해할 것 같다. 그들은 나이대도 비슷했고 둘 다 독실한 침례교 신자였다.

독실한 침례교도라는 공통점은 짐이 징계 절차에 따르도록 존을 돕는 데 대단히 중요한 역할을 했다. 글렌은 존이 분별위원회에 순복할지 결정을 내려야 하는 시점에 임박해 우리 세 사람과 존이 전화 회의를 할 수 있게 주선했다. 짐이 논의를 이끌었다. 짐은 징계 절차가 아무리 시원찮아도 존이 그 결정에 따라야 한다고 말했다. 사안의 심각성을 고려하면, 절차상의 하자를 문제 삼을 것이 아니라 징계를 순순히 받아들여야 한다고 강조했다. 또 짐은 우리가 존의 영향으로 기독교 비폭력주의를 지지하게 되었다는 점을 지적하며, 이제 그가 우리에게 가르친 대로 실천해 주었으면 한다고 했다. 존은 징계에 따르겠다고 말했다.

1992년, 나는 고센 대학에서 졸업 축하 연설을 하게 되었다. 꼭 존의 상황을 염두에 둔 것은 아니었지만 나는 연설 제목을 "진실함에 용서가 필요한 이유: 두 번째 기회 교회 대학의 졸업생들을 위한 졸업식 축하 연설"로 정했다. '두 번째 기회 교회'는 앤타일러(Anne Tyler)의 소설 『세인트 메이비』(*Saint Maybe*)에 묘사된 교회다. 기억, 용서, 진실의 관계는 내 저작을 관통하는 주제이고, 특히 『전선에서 온 긴급 보고』에서 두드러지게 나타난다. 내가 볼 때, 진실하고 선한 삶에 가장 파괴적인 것은 우리가 하는 일이 아니라 그 일을 자신에게 숨기기 위해 갖다 붙이는 온갖 변명이다. 그 결과 우리는 자신의 모습을 알아보지도, 인정하지도 못하는 삶을 살게 된다.

고센 대학에 머무는 동안 나는 적절한 징계를 통해 존을 공동체로 회복시킬 책임을 맡은 위원회 위원들을 만났다. 존의 탁월한 지적 역량과 마주한 그들은 존이 상당히 까다로운 상대라는 것을 알았다. 그러나 그들은 존을 사랑했고 그가 메노파 공동체에서 감당했던 역할을 귀하게 여겼다. 그들은 그를 되찾기로 다짐했다. 4년 후인 1996년에 징계 절차가 마무리되었고 교회는 존을 받아들였다. 1997년 12월 마지막 일요일에 존과 애니는 프레리스트리트메노나이트교회 예배에서 따뜻한 환영을 받았다. 존은 1997년 12월 30일에 죽었다. 그의 나이 70세였다. 이른 나이에 죽었다고 그에게 말하면 아마 담담하게 이렇게 대꾸할 것이다. "성경적이야. 칠십이잖나."

존과 나의 차이점이나 내가 그의 저작을 잘못 해석한 부분까지 보여 주는 책들이 조금씩 나오고 있다. 나는 그 일에 관여하지 않으려 한다. 내가 분명히 아는 것은 존을 통해 생각하는 법을 배웠다는 사실이다. 다른 방식으로는 어려웠을 일이다. 그것에 대해 나는 감사하지 않을 수 없다. 존의 공동체가 그의 부적절한 여자관계에 대응한 방식이 혼란스럽고 부족한 점이 있었다 해도, 그 자체는 귀중한 교훈이다. 평화의 일이 느리고 고통스럽고 힘들게 이루어진다는 사실을 오랜 시간에 걸쳐 배운 공동체의 증언이다.

그리스도에 대한 믿음에는 묵시록적 특성이 있으므로, 우리는 평범한 것의 놀라운 비범함을 알아볼 줄 알아야 한다. 나는 이것을 존에게서 배웠다. 세례를 받고 그리스도의 몸에 들어가는 것은 이 시대 한복판에서 새 시대의 시민이 되는 일이다. 새 시대의 시민으로 이 시대를 살다 보면, 그리스도인들은 하나님 나라를 폭력으로라도 만들어 내고 싶은 유혹을 받기도 한다. 그러나 그것은 우리가 받은 시대를 배반하는 일이다. 여기에 위대한 역설이 있는데, 우리 신앙의 묵시록적 특성은 일상을 가능하게 만들 뿐 아니라 일상의 비범함을 볼 수 있게 해 준다는 것이다. 예를 들어, 시간을 내어 아이들을 낳고 기르고 우정이라 부르는 시간을 즐길 수 있다는 것은 비범한 일이다.

우정은 흔히 평범한 삶이라는 위장된 모습만 드러내지만, 나는 우정이 가진 비범한 특성이 존이나 나와 같은 사람의 삶을 설명하는 데 도움이 되기를 바란다. 그와 나의 삶은 우리가 혼자서는 그리스도인으로 살 수 없음을 분명하게 드러냈다. 우리 삶이 가능한 것은 다른 사람들이 돕기 때문이다. 신학자는 다른 사람들의 도움에 힘입어 지금보다 더 나아질 거라는 소망을 품고서 자기가 감당할 수 있는 것보다 더 많은 말을 해야 하는 사람이다. 우리 삶의 한계를 정당화하는 식으로 신학을 전개하지 않는 것이 중요하다.

1995년 나는 『좋은 사람들』(*In Good Company: The Church As Polis*)이라는 책을 출간했다. 그 책을 보면, 내가 쓴 글을 읽고 나를 친구로 여기는 사람들 덕분에 내 삶이 얼마나 풍성해졌는지 잘 드러나 있다. 폴라의 말이 옳았다. 내 인생에는 사람들이 정말 많다. 수많은 사람들이 편지를 보내서, 내가 쓴 내용이 교회로 살아가려는 그들에게 도움이 된다고 말한다. 그들은 종종 질문도 보내는데, 나는 최대한 도움이 되는 답변을 하려고 노력한다. 그러다 보니 내 삶에는 사람들이 많다.

가끔은 우정에 대한 나의 갈망이 병적인 것은 아닌지 염려가 된다. 앤과 살던 시절에 친구들이 없었다면 나는 살아남지 못했을 것이다. 나는 생각하고 쓰는 일에도 친구들의 도움을 받는다. 그래서인지 나는 내가 친구를 얼마든지 많이 사귀고 유지하는 능력이 있는 것처럼 생각하면서 사는 듯하다. 어쩌면 나만의 시간을 좀더 가져야 할지도 모르지만, 나에겐 한계를 인지하는 능력이 결핍된 것 같다. 내 친구들 대부분은 내가 다른 친구들과 시간을 보내는 일을 존중하려고 노력한다. 나 역시 그들이 다른 친구들과 나누는 우정을 존중하려 노력한다. 친구가 너무 많으면 까다로울 수 있음을 부인할 이유는 없다. 그러나 나는 그 까다로움이 그리스도인으로 존재하는 것의 핵심을 이룬다고 믿는다.

내게 있어 저술과 강연은 공동체를 발견하는 일이다. 나는 인생이 제로섬 게임이 아니라는 것을 배웠고, 친구들을 통해 다른 친구들을 발견한다. 그 과정에서 그들도 서로를 만나고, 우리 모두 이전보다 더 큰 존재가 된다. 많은 우정이 한 통의 편지로 시작된다. 누군가 내게 편지를 쓸 정도로 관심을 보이면 나는 답장을 쓴다. 답장을 쓰는 데만 매일 적어도 한 시간은 걸린다. 답장 내용을 불러 주면 비서가 타이핑을 해 주니 나는 대단히 운이 좋은 사람이다. 물론, 나와 서신 교환을 해 본 사람들은 알겠지만, 세라 프리드먼을 비서라고 부르는 것은 별로 공정한 명칭이 아니다. 10년 동안 나를 도와준 세라는 내게 자연력의 하나와 같았다. 그녀는 내게나 내 편지를 통해 알게 된 사람들, 심지어 당시의 미국 대통령에게도 어떻게 살아야 하는지 말해 줄 준비가 되어 있는 사람이었다. 이제는 은퇴한 세라는 그녀 덕분에 가능했던 서신 교환을 통해 종종 내 친구들과 친구가 되기도 했다.

한번은 '섬김의왕교회'의 교인들이라고 밝힌 낯선 사람들이 보낸 편지를 받았다. 그들은 『하나님의 나그네 된 백성』을 읽고 그런 공동체가 실제로 어떤 모습이겠느냐고 질문했다. 몇 번 편지를 주고받은 후에 그들은 깊이 의견을 나눠 보고 싶다며 나를 캘리포니아에서 열리는 그들의 수련회에 초청했다. 나는 캘리포니아를 신뢰하지 않지만 그들은 뭔가 흥미로운 것을 이루어 낼 소질이 보였기에 가겠다고 대답했다.

그들은 상당히 평범한 삶을 살아온 듯 보였고, 교단적으로 구분하자면 제자회(Disciples of Christ)*와 관련이 있었다. 그들은 자신들의 삶이 지나치게 평범하다고 판단해서, 그들 중 상당수가 언약

---

* 그리스도의교회는 미국에서 침례교, 감리교에 이어 세 번째 큰 교단인데, 제자회를 포함한 세 개의 교파로 나뉘어 있다.

을 맺고 신앙 공동체를 세우기로 했다. 그들은 교회로 모이는 일에 더 시간을 낼 수 있을 만한 직업을 구했고 대단히 열성적으로 책을 읽었다. 수련회에는 남캘리포니아와 오리건에 흩어져 있는 세 개의 공동체가 모였다. 교인들 중 상당수가 훌륭하지 못한 과거를 갖고 있었지만, 그래서인지 그들은 허튼소리에 관심이 없었고 나를 겁내지도 않았다. 나는 그들의 수련회에 참석했고, 그들은 이틀 동안 지적으로 나를 박살냈다. 나는 그들이 무척 마음에 들었다.

그렇게 해서 존 스톡을 만나게 되었다. 존은 의외의 친구다. 그는 오리건 주 유진에 사는데, 무정부주의자라고 말하는 사람이 정말 무정부주의자일 수 있는 곳이다. 그는 오리건 주의 벌목 문화 안에서 자라면서 산전수전 다 겪었고 양키스의 팬이다. 양키스의 팬이라니, 용서받을 수 없다. 더욱이, 나는 의도적으로 만든 공동체나 그와 관련된 사람들을 신뢰하지 않는다. 그들은 이미 있는 것을 만드느라 시간을 너무 허비한다. 그러나 존 덕분에 유진의 '섬김의왕교회'가 돌아간다. 그에게는 경건한 체하는 구석이 전혀 없기 때문이다. 그와 그 교회는 자신들이 '이상적'이지 않음을 안다. 그 공동체가 건강하게 유지되는 이유는 존이 중심에 단단히 자리 잡고 있어서 적절한 유머 감각을 유지하기 때문이다.

내가 편지로 만난 또 다른 뜻밖의 친구는 로드니 클랩이다. 그는 내게 편지로 박사 학위 취득 관련 문의를 했다. 그는 오클라호마 출신이었고 휘튼 대학을 나왔으며 「크리스채너티투데이」(*Christianity Today*)에서 일했다. 나와 연결될 만한 배경을 가진 사람이 아니었다. 그러나 그가 나에 관해 「크리스채너티투데이」에 실은 기사를 본 몇몇 복음주의자들은 나에게 경청할 만한 메시지가 있을 거라고 생각하게 된 것 같다. 결과적으로 로드니는 듀크에서 박사 학위를 준비하지 않았다. 대신에 출판사를 하나 차렸는데, 그로 인해 우리는 끈끈하게 이어졌다. 그가 듀크로 왔다면 우리 사이가 그 정도까지 긴밀해지지는 못했을 것이다.

그가 만든 브라조스 출판사에서 출간 예정인 초기 도서목록 하나를 본 후 데이비드 버렐이 이렇게 말했다. "영리하기도 하지. 스탠리, 자네 이제 전용 출판사까지 생겼군." 데이비드의 이 말을 전하기가 약간 주저되는데, 그것이 정말 로드니가 출판사를 통해 하려는 일이라고 오해하는 사람들이 있을까 우려가 되기 때문이다. 브라조스 출판사가 나와 내 친구들이 쓴 책만 출간하는 것은 아니다. 로드니가 출간한 많은 책이 내 학생들이나 친구들이 쓴 것임은 부인할 수 없지만, 거기에 대해서 미안해할 생각은 없다. 우리의 우정에 대해 미안해할 일 역시 없을 것이다.

편지 외에도 나는 강연 요청을 통해 사람들을 만나기도 한다. 카일 칠드레스도 그렇게 만났다. 그 또한 존이나 로드니 못지않은 뜻밖의 친구다. 키가 작고 통통한 카일은 텍사스 주 나코그도치스의 오스틴하이츠침례교회 목사였고, 텍사스 주 포트워스의 사우스웨스턴 신학교를 나왔다. 그는 내가 사우스웨스턴에서 강연을 마친 후 나를 공항까지 데려다주었다. 카일은 남침례교도다. 나는 남침례교도들을 좋아하지 않는데, 대부분의 남침례교도들이 나를 좋아하지 않으니 공평하다고 할 수 있다. 그러나 카일에겐 내가 좋게 볼 만한 요소들이 있었다. 우선, 그는 웨스트텍사스 출신이다. 게다가 픽업트럭을 몰았으며, 내가 사우스벤드행 비행기를 놓치지 않도록 번개처럼 차를 몰았다. 나는 카일이 좋았다. 그는 남침례교 세계에서 크게 성공하는 데 필요한 융통성이 없는 것 같았다. 웨스트텍사스 출신에 픽업트럭을 모는 카일은 나처럼 윌 캠벨의 영향을 받았다.

오스틴하이츠교회가 급진적 기독교의 전초 기지라고 생각할 사람은 거의 없겠지만, 겉모습은 사람을 속일 수 있다. 나는 오스틴하이츠교회에서 열린 카일 목사의 취임 10주년 기념 예배에서 설교를 하는 영예를 얻었다. 오스틴하이츠교회에서 설교를 하거나 섬김의왕교회 수련회에 참여하는 것은 내게 예일이나 케임브리지에서 강연하는 것 못지않게 중요하다. 예일 강의를 준비하는 것보다 오스틴하이츠교회 설교 준비에 더 많은 시간을 들일 수도 있다. 사실, 섬김의왕교회에 방문하거나 나코그도치스에서 설교를 하기 때문에 예일이나 케임브리지에서 할 말이 생긴다고도 말할 수 있다.

나의 모든 우정이 편지나 강연 요청으로 시작된 것은 아니고, 다 부드럽게 시작된 것도 아니다. 피터 오크스(Peter Ochs)와의 우정은 데이턴 대학교에서 내러티브를 주제로 열린 콘퍼런스에서 서로 의견 차이를 보이면서 시작되었다. 피터와 나는 공립학교에서의 기도를 놓고 격렬한 논쟁을 벌였다. 이후 피터는 나와 친한 친구가 되었고, 피터 덕분에 나는 하나님이 유대인과 그리스도인들을 계속되는 논쟁으로 묶어 놓으셨음을 단단히 기억하게 되었다. 우리는 신사답게 군다는 명목으로 그 논쟁을 억압할 수 없다. 피터와의 우정이 만들어 낸 한 가지 결과물은 '급진적 전통'(Radical Traditions) 시리즈였는데, 이 시리즈는 젊은 유대인, 그리스도인, 무슬림 학자들이 기성 신학계의 패러다임에 이의를 제기하는 저작을 펴낼 기회가 되었다. 책 시리즈 하나를 혁명이라 말할 수는 없지만, 어딘가에서 시작은 해야 한다.

또 다른 우정의 출발점은 에클레시아 프로젝트였다. 드포 대학교의 정치학자 마이크 버드(Mike Budde)는 내 학생들이 쓴 책들을 많이 읽었다. 로마가톨릭 신자인 마이크는 교회에 대해 새로운 시각이 만들어졌다는 것을 감지했다. 그는 의견을 같이하는 이들을 많이 모았고, 그렇게 해서 2000년에 에클레시아 프로젝트가 탄생했다. 우리는 매년 만나고, 학술 시리즈를 간행하고, 회중을 꾸리는 시도를 계속해서 하고, 소책자 시리즈를 낸다. 그 결과 우리 각자는 자신이 생각만큼 정신이 나갔거나 혼자는 아니라는 것을 알게 되었다. 에클레시아 프로젝트 같은 조직이 무엇을 다루어야 하는지에 대해서는 종종 생각이 명확하지 않지만, 우리는 서로를 발견함으로써 권력에 도전할 수 있는 교회가 우정이 이어질 때 가능하다는 것을 알게 된다.

『좋은 사람들』이란 이름은 C. L. R. 제임스(James)의 비문(碑文)에서 가져왔다. "크리켓의 미학은 먼저 게임에 익숙해지고, 가급적이면 잘하지는 못해도 좋은 사람들과 함께 경기를 하는 데 있다. 그런데 그것은 바깥 사람들이 생각하는 것처럼 이루기 쉬운 일은 아니다." 나는 기독교라는 경기를 잘하는 법을 배운 척 가장하지 않지만 좋은 사람들과 함께 경기에 임했다.

『좋은 사람들』은 내가 폴라에게 헌정한 첫 번째 책이다. 그녀는 정말 나의 '좋은 사람'이다. 결혼은 일상을 통해 버려진다. 우리는 혼인 서약을 통해, 서로의 차이점을 간직한 채 삶이 어우러지는 공통의 역사를 만들어 간다. 나와 폴라의 차이점이 결혼을 했다고 사라질 리는 없다. 그럼에도 우리의 결혼은 '굴러간다.'

 폴라와 나는 특권을 부여받은 멋진 삶을 산다. 이것은 문제가 될 수 있다. 서로의 신경을 건드릴 시간이 너무 많기 때문이다. 작은 문제들이 지나치게 중요해질 수 있다. 그러나 폴라와 나는 서로가 신경이 쓰일 때 그렇다고 말할 수 있다. 이 얼마나 멋진 일인가. 또 나는 폴라를 기쁘게 하려고 노력할 필요가 없다. 이 또한 그녀가 내게 준 선물이다. 가끔 기분이 언짢을 때도, 그녀는 그것이 나와 아무런 관련이 없으니 그냥 내버려 두면 된다고 말해 준다. 알고 보니 세상은 내게 달린 것이 아니었다. 얼마나 다행인지!

 우리의 결혼 생활이 잘 굴러가는 것은 물론 폴라와 내가 서로 사랑하기 때문이지만, 우리 관계의 일부를 구성하는 다른 사람들까지 사랑하기 때문이기도 하다. 스튜어트 헨리는 폴라와 내가 처음 만날 즈음부터 우리에게 대단히 중요한 사람이었다. 우리가 결혼하고 얼마 안 되었을 때 스튜어트의 건강이 눈에 띄게 나빠졌다. 그는 언제나 독립적이고 당당하게 살아왔는데, 혼자 힘으로 살아갈 수 있는 능력이 점점 사그라지고 있었다. 그러다 몸의 기본 기능이 더 이상 제대로 작동할 거라고 장담할 수 없는 지경에까지 이르렀다. 결국 운전을 포기해야 했다. 그에게는 힘든 일이었다. 그는 아끼던 뷰익을 포기했다. 스튜어트가 내게 준 가장 귀한 선물은 노화와 더불어 생활 반경이 좁아지는 상황을 맞이하면서도 나를 밀어내지 않고 곁에 있게 해 준 것이다.

폴라와 나는 죽음을 향해 나아가는 스튜어트의 곁에 있어 주려고 노력했다. 그는 노인 주택 지구로 들어갔다. 당연히 그의 집에는 "헨리 그레이"라고 적게 했다. 한동안 그는 독립적으로 살 수 있었지만, 얼마 후에는 생활 보조 시설로 옮겨야 했다. 스튜어트는 생활 보조를 받아야 하는 것을 싫어했다. 나는 하루 일과가 끝나고 집으로 가는 길에 매주 2-3회 정도 그를 방문하려고 노력했다. 스튜어트는 듀크 대학교에서 무슨 일이 벌어지는지, 폴라와 애덤은 어떻게 지내는지, 우리 두 사람이 세계의 문제를 어떻게 풀 수 있는지 알고 싶어 했다. 그는 신학대학원에서 그렇게 오랜 세월을 보냈는데, 내가 그의 가장 한결같은 친구였다고 약간 슬픈 어조로 말한 적이 있다. 대학교는 외로운 곳이 될 수 있다.

스튜어트는 점점 더 혼란스러워했다. 그의 가족은 그를 열심히 도왔다. 폴라와 나도 곁에 있으려고 노력했지만 무척 고통스러운 일이었다. 스튜어트의 몸은 죽음과 싸웠다. 더 이상 버틸 수 없는 때가 되었는데도, 삶을 향한 애착을 버리지 못한 그의 몸은 생명의 습성에 붙들려 있었다. 그가 죽기까지는 시간이 꽤 걸렸고, 마침내 죽음이 찾아왔을 때 우리는 감사할 따름이었다. 폴라와 나는 그의 죽음을 애도했지만, 스튜어트의 삶이 우리 삶의 일부였음에 하나님께 감사했다.

우리는 또 다른 생명도 떠나보내야 했다. 터크는 폴라를 한 번 보고 나보다 더 그녀에게 푹 빠졌다. 나는 둘이 나눈 특별한 유대를 존중하려 노력했다. 샴고양이는 고양이치고는 오래 산다. 터크는 스물한 살이었다. 그러나 스튜어트처럼, 터크도 곧 건강이 나빠지기 시작했다. 특히 신장 기능이 안 좋아졌다. 그래도 움직임이 느려졌을 뿐 언제나처럼 품위 있었다. 우리가 매일 수액을 놓아 준 덕분에 터크는 1년 정도 생을 이어 갔다. 우리에게는 부담스러운 일이 아니었다. 터크가 너무나 멋진 친구였기 때문이다. 터크는 스물두 해를 살았다. 그러다 발작을 일으켰고, 우리는 결국 인정 많은 수의사에게 터크의 죽음을 돕게 해 달라고 요청했다.

터크의 무덤을 파면서 울었다. 폴라와 나는 앞뜰에 녀석을 묻고, 빌 무어가 십자가와 터크의 이름을 위아래로 양각해 준 대리석 명판을 무덤 위에다 세웠다. 나는 이런 기도문을 썼다.

뜨거운 마음을 가지신 주님, 주께서는 우리 중 하나가 되심으로 우리의 사랑을 원하시는 가차 없는 갈망을 드러내셨습니다. 우리는 그런 사랑을 위해 창조되었으며, 주님은 우리로 주의 피조 세계를 사랑하게 하시고, 그 사랑, 그 갈망으로 주를 사랑하는 법을 배우게 하셨습니다. 우리가 가진 모든 사랑이 주께서 주신 것임을 믿습니다. 우리를 향한 터크의 사랑, 그를 향한 우리의 사랑은 모든 피조물을 향한 당신의 사랑을 드러내고 거기 참여하게 해 줍니다. 이 고양이의 멋진 삶을 허락하신 주께 감사하며 주를 찬양합니다. 터크의 차분함, 위엄, 용기, 유머, 필요, 인내, 늘 '곁에 있어 줌' 덕분에 저희가 더 나은 사람이 되었고, 서로를 더 사랑하게 되었으며, 주를 더 사랑하게 되었습니다. 우리는 그가 그리울 것입니다. 그를 기억하기를 두려워하지 않게 도우소서. 그 기억이 가져오는 슬픔은 터크가 존재했다는 기쁨과 이어져 있으며, 주의 영광스러운 피조 세계의 일부이자 주의 평화의 나라의 전조임을 확신하게 하소서. 아멘.

나는 우정에 대해 많이 말하는 반면 사랑에 대해서는 좀처럼 말하거나 쓰지 않는다. 그러나 이 기도문이 보여 주듯, 나는 우리가 하나님을 사랑하고 서로를 사랑하도록 창조되었다고 믿는다. 내가 좀처럼 사랑에 초점을 맞추지 않는 이유는, 현대 기독교의 특성을 고려할 때 그 단어가 감상적으로 왜곡되기 쉽기 때문이다. 그러나 내가 쓴 이 기도문을 보면, 당시에는 의식 못했을지 몰라도 내가 하나님을 사랑하기 시작했음을 알 수 있다. 결혼이 그 사랑을 어떻게 풀어 놓았는지는 모르지만, 나는 해와 별들을 움직이는 사랑이 내 삶을 붙들어 주고 있음을 느끼기 시작했다.

두 사람이 함께 살아갈 공간을 창조한다는 것은 얼마나 큰 즐거움인지. 우리에겐 아름다운 집이 있다. 운 좋게도 주위에 아름다운 것들, 무엇보다 고양이들을 둘 수 있었다. 터크가 죽은 후에 우리는 그저 기다렸다. 터크는 아주 특별한 고양이였던 터라 다른 고양이를 데려오기가 겁이 났다. 새 고양이가 오면 아무래도 터크와 비교하게 될 테니까. 그러다 신문에 난 샴고양이 광고가 눈에 들어왔다. 한 마리당 75달러였다. '족보 있는' 고양이가 아님이 분명했기에 우리 부부에게 제격이었다. 그렇게 해서 이든과 엔다가 우리 삶에 들어왔다.

폴라와 나는 결혼을 했지만 가족이 되는 데는 시간이 필요하다. 아버지가 돌아가셨다는 소식을 들었을 때 나는 폴라가 곁에 있어서 슬픔을 나눌 수 있었다. 1992년 애덤의 해버퍼드 졸업을 기뻐하면서는 행복을 함께 나누었다. 아버지가 돌아가시고 1년 후, 애덤이 폴라에게 1993년 12월에 있을 자신의 결혼식에서 축사를 해 달라고 부탁했다. 우리가 가족이 되어 간다는 뜻이었다.

폴라는 애덤의 어머니 노릇을 하려 들지 않았다. 그것이 애덤의 뜻인지는 분명하지 않다. 그러나 그녀는 애덤이 성인 아이라는 사실을 잊어버리지 않았고, 그 결과 애덤이 결혼할 때 나보다 그녀가 더 많은 도움이 되었다. 나는 늘 애덤에게 부유한 가톨릭 신자와 결혼하라고 권했었다. 그러나 애덤은 로라 보인턴과 사랑에 빠졌다. 로라는 브린모어 대학을 졸업했고, 매사추세츠 주 도버에서 자란 연합그리스도의교회 신자였다. 그녀는 우리에게 많은 것을 주었는데, 특히 결혼하면서 애덤에게 멋진 가족을 선물했다. 장인 밥과 장모 샌디, 처남 제이미와 존이었다. 보인턴 가족은 폴라와 내가 한 번도 경험하지 못한 방식으로 가족이 되는 법을 아는 사람들이다. 가족은 우리 두 사람보다 애덤에게 더 필요했다. 보인턴 가족을 허락하신 하나님께 감사드린다.

로라는 노스웨스턴에서 장애 아동의 진단과 적절한 개입을 위한 심리학 연구 및 임상 과정으로 박사 학위를 받았다. 학위를 마칠 무렵 그녀는 임신을 했고 조엘이 태어났다. 우리 부부가 아이를 보러 갔을 때 애덤이 공항으로 마중 나왔다. 에번스턴으로 가는 길에 내가 아버지가 된 기분이 어떠냐고 물었더니, 애덤은 주저 없이 이렇게 대답했다. "늘 제 인생에서 뭔가 빠진 것 같았는데, 바로 이거였어요." 애덤은 아버지가 되는 것을 두려워하지 않았다. 멋진 선물이 아닐 수 없다. 1998년 9월 20일, 폴라는 올더스게이트에서 조엘에게 세례를 주었다. 애덤과 로라는 훌륭한 부모다. 조엘뿐 아니라 2년 뒤에 태어난 퀜들에게도 그렇다.

로라는 지금 프로비던스 대학의 종신 교수이고, 시카고에 있을 때 컴퓨터과학으로 석사를 한 애덤은 그 대학 정보지원팀에서 일한다. 그러니까 우리 가족은 대학으로 한데 엮인 셈이다. 나는 아들을 사랑하고 아들의 가족을 사랑한다. 애덤과 그 가족을 사랑한다는 것은 애덤이 '나' 외에도 가족이 있어서 기쁘다는 뜻이다. 손자들이 우리 부부를 어떻게 생각할지 모르지만, 이렇게 생각해 주었으면 좋겠다. "할아버지 할머니는 교회에 정말 많이 갔어."

우리는 우리가 교회에 간다는 사실을 잊고 블루리지 산맥의 산장을 구입했다. 평소에 열심히 일하니 일상에서 벗어날 수 있는 곳을 구입하면 좋겠다고 생각하던 차에, 더럼에서 세 시간 거리에 있는 그라운드호그 산의 멋진 집을 발견한 것이다. 캐롤라이나 피드몬트가 내려다보이는 경치가 장관이었다. 그런데 문제가 있었다. 우리가 교회에 나간다는 사실을 고려하지 않았다는 것이었다. 주말이면 교회에 가느라 멀리까지 나갈 수가 없었다. 곧 우리 소유의 그 멋진 곳을 1년에 두 번도 넘게 쓰지 않는다는 것을 알게 되었다. 그 집을 파는 데 참으로 오랜 시간이 걸렸다.

나는 교회에 나가는 데 그치지 않고 교회의 신학자가 되려고 노력한다. 나는 내가 믿는 바에는 관심이 없다. 내가 무엇을 믿는지도 확신이 없다. 나는 교회가 믿는 바에 훨씬 관심이 있다. 이렇게 말하면 회의적인 반응이 돌아온다. "어떤 교회?" 그 물음에는 "나의 삶을 가능하게 만든 교회"라고 대답할 수밖에 없다. 그 교회의 이름은 플레전트마운드감리교회, 햄덴플레인스감리교회, 오거스태나의 루터파교회, 세이크리드하트성당, 브로드웨이연합감리교회, 올더스게이트연합감리교회, 홀리패밀리성공회교회다.

많은 사람이 이 대답을 부적절하다고 생각한다는 것을 잘 안다. 하지만 그것이 내가 내놓을 수 있는 유일한 답이다. 이 대답이 부적절하게 들리는 이유는 내가 교파적 고향이 없다는 사실을 부각시키기 때문이다. 나는 앞에서 거론한 모든 회중에 '속한' 적 있지만, 그 교회들의 다양성(가톨릭, 감리교, 루터파, 성공회)은 나의 고향 없는 상태를 두드러지게 한다. 나는 스스로를 '고교회파 메노파'라고 묘사했는데, 물론 재미있으라고 한 말이다. 이 명칭 역시 내가 여러 회중에 속했었지만 특정 교파의 전통 안에 둥지를 틀지 못했다는 사실을 보여 준다. 하나님이 어떤 이들에게 이런 상태를 허락하신 이유는 모르겠지만, 이것이 기독교의 일치에 보탬이 되기를 바라고 기도한다.

『좋은 사람들』은 나를 친구로 삼아 준 존, 카일, 피터 같은 사람들 덕분에 나의 일이 어떻게 발전해 왔는지를 여러 방식으로 표현하려 한 시도였다. 그 책은 또한 교파적 고향이 없는 나의 상태를 이해하려는 시도이기도 했다. 내 삶에 사람들이 그토록 많은 이유 중 하나는 교파적 고향이 없기 때문이다. 대신 나에겐 다양한 교파에 고향을 둔 친구들이 있다. 그것이 내가 고향 없이 살아가는 방식 중 하나이지만, 나는 특정한 회중 안에 편안하게 자리 잡아 고향이 없는 상태에서 벗어나려고 시도한다. 그런 의미에서 볼 때 내 고향은 교회다. 하지만 교회가 고향이라는 말은 나보다 폴라가 더 진실하게 내세우고 그에 충실하게 살 수 있는 주장이다. 그녀는 목사 안수를 받았다. 그녀는 듀크의 여름학기 학장이고 평생교육원의 책임자이지만, 자신이 안수받은 목사임을 절대 잊지 않는다. 하지만 나는 학자다. 신학대학원에서 가르치는 일로 내가 교회를 섬긴다는 사실을 기억하기에 충분할 거라고 생각할 수 있지만, 나는 그 사실을 자주 잊어버린다. 가끔 폴라는 내가 하는 일의 핵심이 무엇인지 상기시켜 준다. 한번은 폴라가 내게 수업을 시작하기 전에 기도를 하느냐고 물었다. 나는 안 한다고 털어놓았다. 그녀가 말했다. "기도해야 해요." 그것은 상당히 부담스러운 일이었다. 기도는 내게 쉬운 적이 없었다.

하우어워스 가족 모임에서는 아버지가 지정된 '기도 담당자'였다. 어린 시절 나는 그 사실이 상당히 인상적이었다. 아버지는 간단하지만 유창하게 기도하셨다. 하지만 가족들이 기도의 은사가 유전이라고 생각한다는 것을 알게 되자 그 사실은 내게 문제가 되었다. 나는 타고난 '기도자'가 아니다. 그러나 폴라가 하라고 한 것은 해야 할 것 같았다. 적어도, 기독교 윤리학 기초과목을 가르칠 때는 그래야 할 것 같았다. 그 수업에 들어오는 학생들은 대개 목회를 준비하는 사람들이기 때문이다.

나는 기도를 즉흥성에 맡기지 않는다. 대부분의 "즉흥 기도"(spontaneous prayer)는 분석해 보면 결코 자연스럽지(spontaneous) 않다. 많은 경우 "주님, 그저 주께 구하오니…" 같은 흔한 문구들을 포함해, 틀에 박힌 말만 되풀이하게 된다. 그런 문구들은 거짓 겸손의 몸짓이다. 우리가 원하는 것은 그리 대단하지 않으니 하나님이 우리가 원하는 것을 주셔야 한다고 말하는 것이다. 하나님이 우리를 그런 "그저"에서 구해 주시기를 기도한다.

그래서 나는 수업시간 전에 시간을 내어 기도문을 작성하기 시작했다. 종종 기도문을 쓰는 것이 강의 내용 작성보다 시간이 더 걸렸다. 그 과정에서 나는 내가 말하는 방식으로, 분명하고 솔직하게 기도한다는 것을 발견했다. 기도문 작성은 내게 기도 그 자체였는데, 기본적인 규칙은 어쭙잖게 하나님이나 우리를 보호한답시고 진실을 외면하지 않는 것이다. 나는 콜럼버스의 미 대륙 "발견" 500주년 기념일 축하 행사 도중에 다음의 기도문을 썼다.

사랑하는 하나님, 우리의 삶이 가능해진 것은 과거의 살인자들 덕분입니다. 문명은 학살 위에 세워졌습니다. 살인자들에게 진 빚을 인정하는 것은 우리를 두렵고 우울하게 합니다. 우리는 판단하기가 두려워서 "그건 과거의 일이야"라고 말합니다. 판단하는 가운데 판단을 받기 때문에 판단하기가 두렵습니다. 하지만 우리로 "아니다"라고, "우리는 비록 죄인이오나, 그것은 잘못이었고 잘못입니다"라고 말하는 법을 배우도록 도우소서. 사랑으로 그렇게 하게 하소서. 아멘.

학생들이 내게 기도문의 복사본을 요청하기 시작했다. 그들에게는 수업보다 기도문이 더 중요한 것 같았다. 그 상황을 어떻게 이해해야 좋을지 알 수가 없었다. 어떤 학생들은 심지어 기도문을 모아 출판하면 좋겠다고 말했다. 그래서 그렇게 했다. 당시에 로드니 클랩이 기독학생회출판부(IVP)의 편집장이었다. 나는 원고를 로드니에게 보냈고 그 결과물이 『스탠리 하우어워스의 기도』(*Prayers Plainly Spoken*)로 나왔다. 나는 학자다. 그러나 수업 전에 기도하고 그 내용으로 기독학생회출판부에서 책을 냈다. 학문적 존경을 받기 원한다면 넘어서기 쉽지 않은 일이다.

물론 나는 학문적 존경을 원하고, 이미 그런 존경을 받고 있기에 당연한 일이기도 하다. 나는 주요 연구 중심 대학교의 석좌 교수다. 대학은 내가 교회를 섬기는 도구일 뿐이라고 말할 수도 있지만, 그런 정당화는 자기기만을 불러들일 초대장임이 분명하다. 언제까지나 외부인, 즉 노동 계급의 풋내기 그리스도인 행세를 할 수도 있지만, 좋건 싫건 나는 내부자다. 나는 더 이상 예일로 가는 길에 뉴저지에서 길을 잃을 뻔했던 텍사스 출신의 노동 계급 풋내기가 아니다.

폴라와 나는 올더스게이트교회에 계속 다녔다. 우리는 수전 목사의 지도하에 적어도 한 달에 두 번은 성찬식을 했고, 부활절 전야 예배를 정점으로 하는 고난 주간을 온전히 지켰다. 작은 교회로서는 작은 성취가 아니었다. 어느 부활절에 수전이 전화를 걸어와 폴라에게 성찬식을, 내게는 설교를 부탁했다. 그녀는 남편 허브의 병 때문에 도움이 필요한 상태였다. 그 주에 다닐 교회를 찾고 있던 제인 톰킨스가 올더스게이트로 왔다. 제인은 내 설교에 깊은 인상을 받은 것 같지는 않았지만, 폴라의 성찬 집례 모습을 잊지 못했다. 그녀는 그 광경을 이렇게 묘사했다. "마법 같았어요."

나중에, 우리는 수전이 설교 도중에 가끔 생각의 흐름을 놓친다는 것을 알게 되었다. 그 자리에는 길고 의미심장한 침묵이 놓였다. 그녀는 남편의 죽음을 고통스러워했고 은퇴를 생각하게 되었다. 다들 그녀의 때 이른 은퇴를 원하지 않았지만, 때가 되었는지 아닌지는 분별하기 쉽지 않은 문제였다. 그녀가 휴가에 들어가 있는 동안 폴라와 한 은퇴 목사가 교회를 이끌었다. 나는 교역자 회의를 주재했고, 우리는 자주 만나 수전이 해야 할 일을 분별하도록 도왔다. 그녀는 결국 은퇴하기로 결정했다. 그 결정을 내린지 얼마 되지 않아 그녀는 알츠하이머 진단을 받았다.

알츠하이머는 잔인한 질병이다. 우리는 기억에 의지해 살아간다. 교회의 중심 행위도 기억이다. 그러니 우리는 더 이상 기억하지 못하는 이들에게 기억이 되어 줄 수 있다. 감리교 요양원에서 말년을 보낸 수전은 그녀의 목회로 큰 유익을 얻었던 이들에게 보살핌을 받았다. 폴라와 나는 종종 수전을 찾아가 다른 이들과 함께 성찬을 나누었다.

수전은 내가 이 회고록의 원고를 마치고 얼마 후에 죽었다. 다행히 폴라와 나는 임종 몇 시간 전에 그녀와 함께 시간을 보낼 수 있었다. 수전은 죽어 가는 사람들의 손을 잡을 수 있는 것이 참 명예로운 일이라고 종종 말했는데, 나는 폴라가 시편을 읽고 기도하는 동안 수전의 손을 잡는 명예를 얻었다. 그리고 그녀의 장례식에서 추모사를 하게 되었다. 다음은 추모사의 일부다.

수전은 종종 이런 말로 설교를 시작했습니다. "저는 교회를 생각해 내지 못했을 것입니다. 저는 '교회'를 상상하지 못했을 것입니다." 우리가 존재한다는 사실, 올더스게이트연합감리교회가 존재한다는 사실, 이 작은 모임이 존재한다는 사실을 수전은 기적이라 여겼습니다. 그래서 그녀는 우리가 그녀를 예배 인도자로 원했다는 사실이 영광이었노라고 말할 것입니다. 그녀는 우리가 하나님이 "생각해 낸" 존재임을 명예롭게 여겼습니다. 그녀는 우리가 세상을 위한 하나님의 상상력의 산물이라고 생각했습니다.…

저는 수전 올레드를 생각해 내지 못했을 것입니다. 저는 그런 사람이 존재할 수 있다고 상상하지 못했을 것입니다. 그러나 그녀는 분명히 존재했습니다. 그녀가 그렇게 존재했다는 사실은 기적입니다. 그녀와 함께 있을 수 있었기에 영광스러웠습니다. 그녀는 세상을 위해 하나님이 상상하셔서 내놓은 걸작이었고, 걸작이며, 계속 그러할 것입니다.

수전의 뒤를 잇는 것은 누구라도 쉽지 않았을 것이다. 그러나 우리는 지방감리사가 수전이 올더스게이트교회를 키우는 데 충분한 노력을 하지 않았다고 생각하는 줄 몰랐다. 감리교의 교인 수는 줄고 있었고 일반적인 교회 성장 전략이 유행하던 상황이었다. 올더스게이트는 성장 잠재력이 있다는 평가를 받았다. 그래서 방향을 잘못 잡은 야심만만한 젊은이가 신임 목사로 왔다. 대학에서 드라마를 전공한 그녀는 자신의 연극 관련 기술을 설교에 적용했는데, 그 때문에 오히려 더욱 들어 주기 힘든 설교가 되었다. 나보다 감리교에 대한 경험이 많았던 폴라는 기대치가 낮았는데도 나보다 훨씬 더 속상해했다. 그 정도로 안 좋았다. 당시에 폴라는 예배위원회의 위원장이었다. 목사는 그녀에게 고난 주간의 모든 예배를 드리기에는 교회가 너무 작다며, 세족 목요일, 성금요일, 부활절 전야 예배 대신에 수요일에 연극 공연을 하자고 제안했다. 폴라는 그런 광대극의 일부가 될 수 없다고 대답했다.

전도위원회와 교역자회의가 소집되어 신임 목사의 미래 계획을 들었다. 교회 성장 세미나에 다녀온 목사는 교회를 성장시킬 방법을 알게 되었다고 말했다. 첫째, 주일에 두 차례의 예배를 드려야 한다. 아홉 시에 현대식 예배를, 열한 시에는 보다 전통적 예배를 드릴 것이다. 둘째, 교회 홍보 전화 캠페인을 벌여 무작위로 2만 명의 사람에게 전화를 걸 것이다. 그렇게 하면 200명의 새 신자가 교회에 나올 것이다. 사회학자들이 보장하는 결론이다. 끝으로, 우리는 교회로서 지금까지 지나치게 끈끈했다는 사실을 알아야 한다. 교회에 새로 오는 사람들이 낯설어할 수 있으니 이제부터는 서로를 잘 모르는 회중이 되는 데 익숙해질 필요가 있다. 대부분의 새 신자들은 공동체에 대한 소속감 때문이 아니라 교회가 제공하는 여러 활동과 목회 서비스 때문에 교회에 매력을 느낄 것이다.

나는 그 계획에 충격을 받았다. 모임 도중에는 별말을 하지 않았지만, 그녀가 교인 대표단을 이끌고 시카고 윌로우크릭교회로 가서 그런 방법론을 썼던 교회가 어떻게 부흥하고 있는지 볼 생각이라고 했을 때는 "내 눈에 흙이 들어가기 전에는 안 돼"라는 말이 불쑥 튀어나왔다. 윌로우크릭의 목사는 그 교회에 십자가가 없는 이유가 "복음에 방해가 되기" 때문이라고 말했다고 한다. 눈앞에서 벌어지는 일을 믿을 수가 없었다. 모든 것이 농담 같았다. 자유주의와 보수주의를 통틀어 주류 개신교에서 내가 혐오했던 모든 것이 내가 사랑했던 교회 안에 자리를 잡을 판이었다.

며칠을 기다렸다가 담임목사와 약속을 잡았다. 그녀의 계획은 내가 하는 모든 일과 정반대라고 말하자, 그녀는 내가 복음 전도에 반대한다며 비난했다. 나는 물론 나도 사람들을 예수님께 데려오고 싶다고 대답했다. (나는 그런 식의 경건한 표현을 싫어한다.) 그러나 그녀가 사람들을 예수님께 데려오고 싶어 하는 게 문제가 아니라, 복음과 양립할 수 없는 경제 논리가 만들어 낸 수단들을 사용하려는 것이 문제라고 말했다. 그녀는 자신이 듀크대 신학대학원을 졸업했다며, 자신이 하려는 일에 어쩌면 그렇게 비판적으로 나올 수 있느냐고 물었다. 나는 그녀가 듀크대 신학대학원 졸업생이라는 사실이 너무나 창피하다고 대꾸했다. 자기가 무슨 일을 위해 목사 안수를 받은 것인지 신학적으로 전혀 모르는 사람들을 배출하다니, 우리는 대체 무슨 일을 한 것일까?

대화는 아무런 진전이 없었다. 그녀의 방향은 정해졌다. 게다가 올더스게이트의 선량한 사람들은 감리교도였다. 그들은 담임목사가 원하는 대로 따라야 한다고 생각했다. 폴라와 내가 교회에 남는다면 그대로 교회가 쪼개질 상황이었다. 그런 일은 폴라와 내가 정말 원하지 않았다. 나는 목사에게 다음 주부터 우리 부부는 올더스게이트에 나오지 않겠다고 했다. 얄궂게도, 신학대학원이 해야 할 일에 대한 데니스 캠벨과 나의 생각의 차이점이 올더스게이트에서 막 모습을 드러내고 있었다.

신학대학원장으로서 데니스의 세 번째 임기가 끝나 가고 있었다. 한동안 그는 듀크 대학교 총장 후보가 되기를 간절히 원했다. 그러나 그런 일은 일어나지 않았고, 그의 에너지는 다른 곳에 쏠렸다. 나는 서서히 그러나 확실하게 신학대학원의 미래를 그려 볼 수 있었다.

세 번이면 충분했다. 우리는 신임 원장이 필요했다. 교무처장과 총장이 초빙위원회를 임명했다. 나는 원장 후보 명단에서 내 이름을 보고 깜짝 놀랐다. 그 자리에 합당한 인재풀이 충분치 않았던 것이다. 실질적인 후보는 두 사람뿐이라는 것이 곧 분명해졌고, 그 중 한 사람이 그렉 존스였다. 그렉은 박사 논문을 책으로 출판했을 뿐 아니라 『공동체로 성경 읽기』(Reading in Communion)와 『용서란 무엇인가』(Embodying Forgiveness)라는 두 권의 책을 썼다. 둘 다 좋은 책이지만, 특히 두 번째 책은 신학적 윤리학 분야에 크게 기여했다고 볼 수 있다. 평화의 사역에서 화해의 중심성을 인정하는 최근의 논의는 그렉의 연구 결과에 크게 빚지고 있는데, 논의에 참가하는 사람 중에는 그 사실을 모르는 사람도 있다. 그렉은 「현대 신학」(Modern Theology)의 편집자 중 한 사람이고, 메릴랜드의 로욜라 대학 신학과 학과장도 역임했다.

그렉에겐 세 가지 문제가 있었다. 젊었고, 재미슨 존스의 아들이었고, 나의 학생이었다. 그러나 그는 이 세 가지를 극복했다. 나중에 토미는 그렉의 종신 교수직을 지지하는 입장으로 APT위원회에 출두해, 그렉이 나의 복제 인간이냐는 질문을 받았다고 했다. 토미는 이렇게 대답했다. "스탠리를 복제할 수는 없습니다." 나는 그 말이 옳기를 바란다. 그리고 그렉이 누군가의 복제 인간이 아님은 분명한 사실이다. 우선, 그렉은 나와 달리 요더에게 열광하지 않았다. 그리고 그 이유를 분명히 제시할 수 있었다. 나는 같이 일할 수 있는 신학대학원장을 만나게 될 터였다. 나는 신학대학원이 교회에 변화를 일으킬 수 있다고 생각하는 원장과 함께하게 될 것이었다. 여기에 적응하는 데는 시간이 좀 걸리게 된다.

11

인내와 기도

나는 평생을 교회에서 보낸 사람이다. 하지만 하나님께 감사하게도, 그리스도인으로 사는 것에는 결코 익숙해지지 않는다. …하나님이 내게 허락하신 놀랍고 멋진 삶은 여전히 내게 과분하게 다가온다.

2000년 7월, 나는 60세가 되었다. 많은 사람들이 쉰 살 생일을 의식한다고 하지만, 그때는 너무 바빠서 그럴 겨를이 없었다. 예순 살이 되어서도 바쁘기는 마찬가지였지만, 왜인지 내가 늙어 간다는 것을 깨닫게 되었다. 나는 늙어 간다는 것의 의미를 잘 몰랐다. 늙었다는 느낌도 없었을 뿐더러 늙었다는 느낌이 무엇인지도 몰랐다. 젊었을 때와 달리 여기저기 쑤시고 아프기는 했다. 무릎이 닳아서 계속 달릴 수는 없게 되었지만, 타원 운동기에서 더 많은 시간을 보내면 될 일이었다. 하지만 60세가 되자 내게도 죽음이 이론적 가능성만이 아님을 깨닫게 되었다.

나는 일 중독자인지라 남은 5년 동안 설렁설렁 일하다가 은퇴할 계획은 없었다. 나는 일고여덟 살 때부터 '일터'로 나갔던 사람이다. 아침 여섯 시에 출근하지 않는 삶이 어떤 것일지 나는 모른다. 그러나 설령 은퇴 계획을 세웠다 해도 그대로 이루어지긴 쉽지 않았을 것이다. 우리 삶은 돌발 상황들로 이루어진다. 모든 것은 타이밍이다. 2000년이 2001년으로 바뀌고 내가 60대에 접어들던 그 무렵, 나는 늙어 간다는 것을 잊게 되었다. 2001년도에 벌어진 세 사건 때문이었다. 2월과 3월에 나는 스코틀랜드의 세인트앤드루스 대학교에서 기포드 강좌를 했다. 2001년 9월 10일에

「타임」지가 나를 "미국 최고의 신학자"로 선정했다. 그리고 2001년 9월 11일, 내가 최고의 신학자로 선정된 사실을 아무도 주목하지 않게 만든 사건이 벌어졌다.

기포드 강좌 요청을 받게 될 거라고는 전혀 생각하지 못했다. 1880년대에 기포드 경의 기금으로 시작되어 스코틀랜드의 명문 대학교들에서 열리고 있는 이 강좌는 철학자들과 신학자들에게 최고의 명예로 여겨진다. 나는 텍사스 주 플레전트그로브 출신이다. 그동안 기포드 강좌를 했던 대부분의 학자들에 비해 내가 지적 수준이 떨어진다고 생각했다. 윌리엄 제임스(William James), 존 듀이(John Dewey), 라인홀드 니버, 칼 바르트, 폴 틸리히. 이름만 훑어 봐도 기포드 강좌는 다르다는 사실을 상기하기에 충분하다.

그래서 세인트앤드루스 대학교에서 열리는 2000-2001년 기포드 강좌 강연자로 나를 초청하는 편지를 받았을 때 어안이 벙벙했다. 이런 생각이 들었다. '실수가 틀림없어.' 처음의 충격이 가시자, 나는 폴라에게 전화를 걸어 편지를 읽어 주었다. 정말 바람직하게도, 폴라는 그런 것들에 별로 감동하지 않는다. 하지만 그때 그녀는 이렇게 대답했다. "큰 거네요."

큰 거였다. "큰" 것은 부담이 될 수 있다. 강연 요청을 받는 것과 강연 내용을 글로 써서 전달하는 것은 전혀 다르다. 강연을 해야 할 시점을 4년 앞두고 초청을 받았다는 사실만으로도 겁나는 일이었다. 나는 기포드 강좌의 기존 강연 내용을 체계적으로 읽어 나가면서 준비를 시작했다. 그것부터가 상상력의 족쇄를 풀어 주는 유익한 훈련이었다. 다른 강연자들이 했던 강연을 읽음으로써, 기포드 강좌의 내용이 흥미로울 뿐 아니라 매우 다양했다는 것을 깨달았다.

그런데 한 가지 큰 문제가 있었다. 기포드 경은 그 강좌가 "자연신학을 진흥하고 퍼뜨리는" 것이 되기를 원했다는 점이다. 그러나 나는 자연신학에 그다지 공감하지 못한다. 적어도 기포드 경이 이해하는 자연신학, 즉 자유로운 이성에 의해 신의 존재를 증명하려는 시도로서의 자연신학에는 공감하지 못한다. 하지만 기포드 경은 대단히 관대하게도, 기포드 강좌에서 "강사가 주제를 다루는 데 어떤 제약도 있어서는 안 된다"고 선언했다. 참 감사한 일이다. 나는 기포드 경의 관대함을 빌어 칼 바르트가 근대의 위대한 자연신학자라고 주장하기로 했다. 그보다 더 직관에 어긋나는 주장은 없을 것이다. 바르트만큼 자연신학을 거침없이 공격한 사람은 없었으니까. 하지만 나는 바르트 신학에 함축된 확고한 형이상학적 주장에 따라 우리가 '역사'라고 부르는 시간을 다르게 읽을 필요가 있음을 보여 주리라 결심했다. 나는 세상이 어떤 곳인지에 대한 바르트의 강한 주장들을 '자연신학'으로 해석할 수 있음을 보여 주고 싶었다.

솔직히, 이것을 위해 나는 우리 그리스도인들이 믿는 바를 세상이 정해 준 조건에 맞춰 이해 가능한 것으로 만들고 싶은 유혹을 받는 현대신학의 흐름을 거슬러야 했다. 세상이 정해 준 조건에 맞추려면 그리스도인들이 하나님이나 세상에 대해 하는 모든 주장은 누구나 이해할 수 있는 것이어야 하고, 그러면 신학은 '자연적'인 것이 된다. 하지만 바르트에게 신학의 과제는 복음을 세상의 조건 안에서 설명 가능하게 만드는 것이 아니라, 예수님이 죽은 자들 가운데서 참으로 부활하셨을 때만 비로소 세상을 제대로 알 수 있다는 사실을 보여 주는 것이었다. 다시 말해, 예수님의 십자가와 부활에 특권을 부여하는 것은 실재에 대해 어떤 주장을 하는 것이요, 그리스도인들에게 실재에 대해 다른 사람들과 다르게 세상을 보라고 초청하고 요구하는 것이다. 그리고 요더가 말한 대로, 여기서 '다르게' 보이는 것은 시간과 관련이 있다.

세상이 볼 때 시간은 벌어진 일을 필연적인 것처럼 보이게 하는 인과적 연속체일 뿐이다. '상황이 그저 그렇게 되었다'는 식이다. 하지만 그리스도인들에게 시간은 묵시록적이다. 즉, 예수님의 유일무이한 삶을 통해 나타난 하나님의 우주적이고 역사적인 행위의 타자성과 우선성이 시간의 중심이다. "군비 확충과 종말론"이라는 에세이에서, 요더는 면류관을 쓰고 검으로 정의를 바로잡는다고 주장하는 사람들은 스스로 생각하는 것처럼 강하지 않고, "십자가를 지는 사람들이 우주의 결에 따라 살아간다"는 점이 묵시록의 주장이라고 밝혔다. 기포드 강좌의 제목을 정해야 할 때가 되었을 때, 나는 "우주의 결에 따라"(With the Grain of the Universe)를 선택했다. 예수님의 죽음과 부활이 모든 것, 심지어 우리의 시간 이해와 우리가 '역사'라고 부르는 '사건들에 대한 회고적 내레이션' 이해까지 결정한다는 역사적 주장에 우주적 성격이 있음을 너무나 잘 요약하는 제목이었기 때문이다.

매킨타이어는 1987년의 기포드 강좌를 통해, 1888년의 첫 번째 강연 이후 기포드 강좌에서 이루어진 작업의 큰 줄기를 형성한 철학적 이야기를 들려주었다. 나는 알래스데어의 본을 따라, 세 명의 결정적 인물인 윌리엄 제임스, 칼 바르트, 라인홀드 니버에게 초점을 맞춤으로써 기포드 강좌가 이어진 한 세기에 대한 신학적 이야기를 시도하기로 했다. 나의 주된 관심사는 바르트와 묵시록적 방식으로 신학을 전개할 수 있도록 그가 우리에게 제공한 자원이었지만, 제임스와 니버도 동일하게 중요했다. 제임스는 목적 없는 세계의 한복판에서 우리가 어떻게 살 수 있는지에 대해 가장 인간미 있는 이론을 제시했다. 나는 그를 깊이 존경하게 되었다. 니버의 신학은 제임스의 세계를 사실로 전제할 때 우리가 내놓을 수 있는 최선의 이론이다. 그에 반해 바르트가 본을 보인 신학 방법에 충실한 신학적 진술은 제임스와 니버의 추정이 들어설 자리가 없는 세계와 시간을 가능하게 한다.

"우주의 결에 따라"에서 나는 바르트가 기독교적 확신의 묵시록적 성격을 회복한 것에 어떤 의미가 있는지 설명할 수 있었다. 간단히 말하자면, 그것은 '세상의 모습에 대한 우리의 기술(記述)'이 '세상을 올바르게 기술하려면 어떻게 살아야 하고 어떤 존재가 되어야 하는가'와 분리할 수 없다는 사실을 합리적으로 인정한 것이었다. 바르트는 신학적 진술을 통해 그리스도인의 삶을 구성해야 할 기본 문법, 예수님의 십자가와 부활에 근거한 문법을 되찾는 데 도움이 되는 훈련을 지속적으로 제공해 주었다.

내가 기포드 강좌에서 전개한 주장은 2001년 9월 11일에 대한 나의 반응에 영향을 미쳤다. 정치가들과 시사 평론가들이 9/11이 세계를 영원히 바꿔 놓았다고 주장하고 나섰을 때, 나는 우리가 심각한 신학적 곤경에 처했음을 알았다. 그리스도인, 비그리스도인을 막론하고 대부분의 미국인들은 9/11이 결정적인 사건이라고 빠르게 결론 내렸다. 바로 그것이 문제였다. 그리스도인들에게 세계의 결정적 변화, 다른 모든 사건을 이해하는 방식을 바꿔 놓은 묵시록적 사건은 주후 33년에 벌어졌다. 수십 년간 요더를 읽고 4년간 기포드 강좌를 준비한 나에게는, 9/11이 예수님의 십자가 처형과 부활에 비추어 생각되어야 함이 분명해 보였다.

어떤 면에선 내 평생이 2001년 9월 11일을 위한 준비였던 것처럼 느껴졌다. 물론, 다른 모든 사람처럼 그날의 더없는 참상과 공포는 나에게도 완전히 뜻밖의 충격적인 사건이었다. 그러나 나는 시간에 대해 신학적이고 묵시록적으로 생각하는 훈련을 해 왔기 때문에, 9/11을 묵시록적으로 기술하는 것에 저항할 준비가 되어 있었다. 9/11에 대응하여 뭔가 말할 거리가, 적어도 기도할 거리가 생기기까지 60년의 훈련이 필요했다.

해야 할 일은 분명했지만 내가 그 임무를 감당하기에 적임자가 아닌 것 같았다. 매클렌던과 요더가 절실하게 필요할 때인데 그들이 죽고 없다는 생각이 자꾸만 들었다. 나 혼자 짐을 짊어지게 버려두고 떠난 것 같았다. 나는 해야 할 말이 있음을 알았고, 그 말을 신중하게 해야 한다는 것도 알았다. 9/11의 상처는 너무나 생생했고 부정할 수 없었다. 독선적이거나 잘난 척하는 기미가 조금만 보여도, 그리스도인으로서 내가 하는 말은 하지 않음만 못하게 될 터였다. 게다가, 2001년 9월 11일을 주후 33년의 빛에 비추어 읽으면 상당히 부담스러운 대안적 정치를 추구해야 한다는 어려운 문제가 있었다. 미국의 그리스도인들에게 지금과 다른 정치는 상상할 수도 없는 것이었다. '미국에 대한 공격'에 신학적으로 합당한 반응을 상상하기 위해서는 몸에 익혀야 할 습관들이 있는데, 세계 강대국으로 받는 여러 유혹이 그런 습관들을 약화시켰다.

공격이 있던 날 아침, 기독교 윤리학 기초과목의 정규 강의가 예정되어 있었다. 수업을 돕는 대학원생 중 하나인 세라 머서가 와서 비행기가 세계무역센터에 충돌했다고 말했다. 그다음 폴라의 전화를 받았다. 그녀는 두 번째 비행기 충돌이 있었다고 했다. 대부분의 미국인처럼 나도 텔레비전을 찾아 두 번째 비행기가 건물을 들이받는 녹화 화면을 보았다. 사고가 아니라 신중하게 계획된 공격이라는 사실이 분명해졌다.

세라는 수업을 할 거냐고 물었다. 나는 기도를 하기 위해서라도 수업을 해야 한다고 판단했다. 그래서 연구실로 돌아가 기도문을 작성했다.

취약한 느낌, 공격에 무방비로 노출된 느낌입니다. 하나님, 우리는 이런 느낌에 익숙하지 않습니다. 우리는 미국인들입니다.

우리는 누군가의 지독한 증오의 표적이 되는 데 익숙하지 않습니다. 너무나 끔찍한 행위들, 민간인 살해⋯⋯. 말문이 막힙니다. 어찌할 바를 모릅니다. 길을 잃었습니다.

우리는 착한 사람들입니다. 평화의 나라입니다. 전쟁을 추구하지 않습니다. 폭력을 추구하지 않습니다.

우리가 이라크를 폭격할 때 이라크 국민들이 바로 이런 심정이었음을 기억하도록 도우소서. "우리가 그들을 폭격했다"에서 "우리"를 인정하기가 힘듭니다.

무엇을 해야 합니까? 공격에 노출되었고 무력함이 엄습합니다. 지금 우리가 느끼는 것은 충격뿐입니다. 충격은 곧 분노로 바뀔 테고, 순식간에 복수심으로 바뀔 것입니다.

우리는 그리스도인입니다. 그리스도인으로서 우리는 어떻게 해야 합니까? 분노가 찾아올 것입니다. 화내지 말라고 스스로에게 말해 봐야 아무 소용이 없습니다. 화내지 않으려고 노력할수록 더 격분하게 될 뿐입니다.

하지만 주께서는 우리에게 할 일을 주셨습니다. 우리는 기도할 수 있습니다. 그러나 무엇을 위해 기도해야 할지 모르겠습니다. 지금과 같은 때에는 평화를 위해 기도하고, 증오의 종말을 위해 기도하고, 전쟁의 종언을 위해 기도한다는 말이 상투적인 소리로만 들립니다.

하지만 우리가 기도할 때 주께서는 우리를 세상을 위한 주의 기도로 만드십니다. 하오니 평화의 주님이여, 우리를 주께서 원하시는 존재로 만들어 주소서. 평화를 위한 기도를 하면서 주께서 우리의 기도를 들어주실까 봐 무섭다는 것이 무엇인지 처음으로 어렴풋이 맛봅니다. 우리를 도우소서.

나는 이 기도문이 적어도 정직함을 향해 가는 길은 되었다고 생각한다. 나는 짤막한 토의를 한 후에 수업을 마쳤다. 그리고 며칠 후 수업 시작 전에 이렇게 기도했다.

2001년 9월 11일이 우리 삶을 영원히 바꿔 놓았다는 말이 들려옵니다. 주의 십자가의 백성으로서 우리는 그런 주장을 어떻게 이해해야 합니까? 우리는 예수님의 십자가 죽음이 우리를 포함한 모든 존재를 영원히 바꿔 놓았다고 주장합니다. 그러나 9/11은 성자의 단단한 나무 십자가보다 훨씬 현실적으로 보입니다. 그 십자가, 성자의 십자가는 역사의 안개 속에 사라져 버린 '먼 옛날 일' 같습니다. 2001년 9월 11일의 참상 앞에서는 그리스도의 십자가 처형이 작아 보입니다. 하지만 우리는 그리스도의 십자가를 붙듦으로써만, 그런 악을 인정하면서도 변함없이 전진할 수 있을 것입니다. 그래서 우리는 기도합니다. 2001년 9월 11일이 보여 주는 악의 매력과 호소력에 저항할 수 있는 십자가의 사람들이 되게 하시고, 그에 합당하게 기도하는 법을 가르치소서.

이 기도문에 구현된 시각은 "테러와의 전쟁"이라는 표현이 점점 더 많이 쓰임에 따라 나의 '공적인 입장을 밝힐' 수밖에 없게 만들었다. 나는 '공적 지식인' 개념을 좋아하지 않는다. 공적 지식인이 되고 싶었던 적도 없다. 물론 교회가 '공적'인 조직인 한, 교회 안에서 내가 그 역할을 감당했다고 생각한다. 그러나 9/11은 내가 더 큰 대중 앞에서 교회의 공적 성격을 대변하도록 부름을 받았다는 뜻이었다. 완전히 새로운 역할은 아니었지만 전혀 다른 중요성을 띠는 일이었다. 좋건 싫건, 나는 「타임」지가 선정한 미국 최고의 신학자였고 기독교 비폭력주의자였으니 뭔가 할 말이 있어야 했다. 나의 때가 온 것 같았다.

내가 발언 요청을 받은 첫 번째 공적인 자리는 버지니아 대학교였다. 존 밀뱅크, 켄 수린(Ken Surin), 그리고 내가 발언을 했다. 우리는 각기 다른 방식으로 미국의 대응에 대해 상당히 비판적이었다. 나는 십자가의 의미를 아는 교회는 "우리는 전쟁 중이다"라는 주장에 이의를 제기할 수 있는 대항 공동체가 되어야 한다고 주장했다. "우리는 전쟁 중이다"에 들어 있는 "우리"는 그리스도인 "우리"일 수 없었다.

나는 발언을 마무리하면서 2001년 9월 11일 몇 주 후 신학대학원 전체 모임을 여는 경건회 때 준비했던 기도문을 읽었다. 내가 그 기도문을 쓸 수 있었던 것은 라르슈의 설립자 장 바니에가 세상이 정신 "지체"라고 부르는 이들과 같이 살아가는 법을 배우는 것에 대해 「휴스턴가톨릭일꾼」(Houston Catholic Worker)에 기고한 글 덕분이었다. 그 기도문을 소개한다.

우리를 놀라게 하시는 크신 하나님, 우리 삶은 여전히 2001년 9월 11일의 유령에 시달리고 있습니다. 삶은 계속되어야 하고, 우리는 계속 나아갑니다. 신학대학원 전체 모임으로도 다시 만납니다. 이것이 1933년에 바르트가 우리는 "아무 일도 없었던 것처럼" 전진해야 한다고 말했을 때 의미했던 것입니까? 아무 일도 없었던 것처럼 계속 전진한다는 말은 체념, 무력함, 절망에 빠진 조언처럼 들릴 수 있습니다. 우리는 행동하고 싶고, 이전 모습을 되찾기 위해 뭔가를 하고 싶습니다. 우리가 9/11에 그토록 충격을 받고 모욕감을 느끼는 이유는 그로 인해 영원히 살 것처럼 생각했던 우리의 오만함이 흔들리기 때문이 아닌가 생각하게 됩니다. "아무 일도 없었던 것처럼" 전진하려면 주께서 하나님이시고 우리는 아니라는 것을 인정해야 합니다. 예수님이 오신 이유가 우리를 안전하게 만들기 위해서가 아니라 우리를 제자로, 주의 새 시대의 시민이자 놀라운 왕국의 시민들로 만들기 위해서임을 기억하기가 힘이 듭니다. 우리가 말세를 살아간다는 사실은 주께서 우리에게 "아름답고 친절한 작은 행동"으로 9/11에 대응하는 데 필요한 모든 시간을 주셨다고 확신할 근거가 됩니다. 장 바니에는 겸손하고 확신 있게 이루어지는 그런 작은 행동들이 "세상에 일치를 가져다주고 폭력의 사슬을 끊어 줄 것"이라고 말합니다. 그러므로 기도하오니 우리에게 겸손을 허락하소서. 그리하여 우리가 오늘 하는 일, 우리가 매일 하는 일이 날마다 아름답고 친절한 주님의 작은 몸짓인 사람들을 섬기는 것이 되지 못할 경우 거짓과 가식에 불과함을 기억하게 하소서.

발표자들에 대한 청중의 반응은 뜻밖이었다. 물론 나는 우리가 하는 말이 '사람들의 심기를 불편하게 할' 것임을 알고 있었다. 그러나 그 말이 친구들의 격렬한 거부 반응을 불러일으키리라고는 생각하지 못했다. 특히, 로버트 윌컨의 반응에 깜짝 놀랐다. 로버트와 나는 노터데임에서 여러 전쟁을 같이 치른 오랜 친구 사이였다. 그는 발표자들이 우리의 삶을 가능하게 만든 나라를 배신한 것이나 다름없다고 말한 후 그 자리를 박차고 나갔다.

    로버트의 반응을 보고 나는 이번은 '다를' 것이라는 사실을 분명히 알게 되었다. 갈등의 나날이 예상되었다. 나는 로버트와의 우정을 잃고 싶지 않았지만, 우리의 차이는 깊었다. 그 일이 일어난 지 얼마 후 로버트는 내게 편지를 보내, 내가 모든 "자연적 충성심"을 거부하는 것이냐고 물었다. 그는 우리가 마땅히 무력을 써서라도 보호해야 하는 다른 사람들의 삶과 우리의 삶이 엮여 있다고 주장했다. 또 우리가 제2차 세계대전에서 희생을 감수했기 때문에 더 나은 국민이 된 것이라고 말했다. 그는 우리가 특별한 관계를 맺은 사람들에 대해서는 그들을 보호해야 할 책임이 있는 법인데 내가 그 책임을 부정한다며 화를 냈다. 내가 일체의 애국심을 내버린 것 같다고 분개했다. 나는 로버트가 내게 편지를 쓴 것이 깊은 우정에서 우러난 행동이라고 여긴다.

    답장에서 나는 내가 모든 자연적 충성심을 거부함을 인정했다. 뿐만 아니라, 나는 애국심이 "자연적 충성심"이라는 생각을 거부하며 그도 "자연적 충성심"에 모종의 제한이 있다는 것을 인정해야 할 것이라고 썼다. 그렇지 않다면 그와 캐럴이 왜 아이들에게 세례를 주었겠는가? 나는 세례의 빛이 부모자식 간의 '자연적 사랑'을 바꿔 놓는다고 생각한다. 결국, 우리와 우리 아이들은 세례를 받음으로써 예수님의 죽음과 부활 안으로 들어간다. 그렇다면, 적어도 우리가 우리의 신념을 위해 아이들이 고통받는 것을 지켜봐야 할 수도 있다는 뜻이 된다.

    로버트와 나는 노터데임에서 기쁨을 나누고 싸움을 함께했으며 우리의 친구였던 리처드 뉴하우스가 편집하는 「퍼스트씽스」 (*First Things*) 지의 이사회 모임에서도 종종 만났다. 리처드를 위시한 다른 친구들은 네오콘(neo-conservatives)*과 교류하여 오랫동안 내게 슬픔을 안겨 주었다. 나는 늘 네오콘들이 나 같은 급진주의자를 기꺼이 참아 주는 한, 나도 그들을 참아 줘야 할 의무가 있다고 말해 왔다. 더욱이 나는 리처드를 친구로 여겼다. 그의 '미국 지상주의'는 다소 받아 주기 힘들었지만, 리처드가 미국과 예수님 중에서 한쪽을 선택해야 한다면 주저 없이 예수님 편을 들 거라고 늘 생각했다. 그저 그가 필요하다고 생각하는 때보다 더 일찍 그 결정을 내렸으면 할 따름이었다.

얼마 후 「퍼스트씽스」는 9/11에 대한 반응으로 이런 주장을 내세우는 사설을 실었다. "군사력 사용을 원칙적으로 반대하는 사람들은 군사력을 어떻게 써야 하는지에 대한 논의에 끼어들 자리가 없다." 사설 필진이 나의 생각과 요더의 가르침을 진지하게 받아들이지 않았음이 분명했다. 오히려 그들은 자유주의적 평화주의를 평화주의의 전부로 알았던 니버의 견해를 답습하여, 비폭력주의가 기독론적이고 교회론적인 기반이 전혀 없는 것처럼 취급했다. 나는 「퍼스트씽스」의 이사 자리에서 물러나는 것 외에는 달리 선택의 여지가 없었다.

로버트와 나는 여전히 친구다. 우리는 그리스도와 그분의 교회에 대한 헌신으로 이어져 있다. 어쩌면 현재의 정치적 상황에 대

---

* 미국 부시 정부에서 급부상한, 공화당을 중심으로 한 신보수주의자들을 말한다.

한 판단에서 각자가 생각하는 것보다 더 깊이 공감하고 있을지도 모른다. 나는 네오콘이 선호하는 경제 정책들 때문에 그들이 가장 혐오하는 낙태 같은 관행들을 도덕적으로 이해해야 하는 상황이 조성된다는 사실을 로버트가 감지한다고 본다. 리처드와의 우정 역시 나에게 소중하지만 리처드에게는 이런 감수성이 없는 것 같다. 아이러니하게도, 로버트와 리처드가 이제 가톨릭 신자로서* 인정하는 교회의 가르침은 경제적 자유주의의 보존과 공동선의 이름으로 서로를 돌볼 수 있는 공동체의 형성이 양립할 수 없음을 많은 보수주의자들보다 훨씬 깊이 이해하고 있다.

"테러와의 전쟁"이 펼쳐지고 그것이 이라크 전쟁으로 넘어감에 따라 나는 대응을 해 달라는 요청을 계속 받았다. 「타임」지 편집자들도 그중 하나였다. 그들은 2001년 9월 10일에 나를 "미국 최고의 신학자"로 선정한 것을 잊지 않은 탓인지, 이라크 전쟁이 부도덕하다고 생각하는 이유에 대해 기고문을 써 달라고 요청했다. 그들은 평화주의자는 이 논의에 낄 자리가 없다는 「퍼스트씽스」의 사설에 설득되지 않았던 것 같다.

나의 기고문은 2003년 2월 23일자 「타임」지에 실렸다. 나는 그 짧은 글을 시작하면서 '악'이라는 용어의 뇌관을 제거하려 했다. 그런 용어는 제한된 전쟁론, 다시 말해 정당한 전쟁론의 입장과 양립할 수 없다고 지적하고, 기독교 비폭력주의의 대변자인 내가 볼 때, 정당한 전쟁론 지지자들이 정당한 전쟁론의 함의를 파

* 두 사람 다 성공회에서 가톨릭으로 개종했다.

악하지 못하는 이유를 모르겠다고 언급했다. 나는 기고문을 이렇게 마무리했다.

G. K. 체스터턴(Chesterton)은 미국이 교회의 영혼을 가진 국가라고 말한 바 있다. 부시 대통령이 구사하는 종교적 수사를 보면 그 말이 맞는 것 같다. 하지만 이것은 그리스도인들에게 좋은 소식이 아니다. 자칫 기독교와 미국을 혼동하기 십상이기 때문이다. 그 결과, 허위의 세상에서 진실한 말을 하는 자들로 하나님의 부르심을 받은 그리스도인들은 그 부르심에 합당한 존재가 되지 못하고 있다. 9/11 이후 십자가와 국기를 동일시하는 행태는 곧이곧대로 '우상숭배'라고 불러야 한다. 우리는 미국이 위대한 나라이고 미국인들은 선한 국민이라는 말을 종종 듣는다. 나는 미국인들이 선해지고 싶어 한다는 것을 믿을 수 있지만, 선해지려면 의롭다고 내세우는 우리의 명분에 대해 스스로와 이웃들에게 거짓말하면 안 된다. 세상이 위험한 곳이라는 사실이 그리스도인들에게 놀라운 소식으로 다가와서는 안 된다. 그리스도인은 사순절이 시작될 때 우리가 먼지라는 말을 듣는 자들이 아닌가. 인간이 영원히 살도록 창조된 존재가 아니라는 것을 그리스도인들이 기억한다면, 우리 자신과 비그리스도인 형제자매들이 보다 겸손하고 진실하게 말하도록 도울 수 있을 것이고, '악'에 맞선 전쟁의 소위 필연성으로부터 우리 자신을 구해 낼 수 있을 것이다.

세계에서 미국이 살인적인 존재로서의 모습을 조금이라도 떨치지 못하는 데는 참으로 죽음, 특히 죽음에 대한 공포가 크게 작용한다.

「타임」지에 기고문을 쓸 무렵, 나는 프랭크 렌트리키아와 함께 『고국에서의 반대 의견』(Dissent from the Homeland: Essays after September 11)이라는 책을 편집했다. 그 책의 많은 에세이들이 9/11에 대한 미국의 반응을 형성한, 죽음을 거부하는 정책들에 이의를 제기했다. 나는 지금도 그 책이 자랑스럽다. 9/11 이후 출간된 책 중에서 테러와의 전쟁이 타당하다고 보는 일반적인 생각에 비판적 시각을 제공한 몇 안 되는 책으로 손꼽히기 때문이다. 우리는 프레드 제임슨(Fred Jameson), 로완 윌리엄스, 댄 베리건(Dan Berrigan), 웬델 베리(Wendell Berry), 캐서린 러츠(Catherine Lutz), 슬라보예 지젝(Slavoj Žižek), 장 보드리야르(Jean Baudrillard), 피터 오크스, 수전 윌리스(Susan Willis) 같은 다양한 사람들에게 글을 요청했다. 그 책은 특히 신학자들이 9/11에 대해 중요한 말을 하는 장이 되었다. 많은 부분 존 밀뱅크의 비범한 활동 덕분이었다. 명예롭게도 나는 그를 친구라 부를 수 있다. 그 책에는 제임스 낙트웨이(James Nachtwey)가 찍은 세계무역센터의 잊을 수 없는 사진들이 들어 있다. 나는 그가 2001년 9월 10일 호 「타임」지에 실릴 내 사진을 찍으려고 왔을 때 그를 만난 적이 있다. 짐은 사진집 『인페르노』(Inferno)에 모아 놓은 자신의 강렬한 작품들을 "전후"(戰後) 저널리즘이라고 부른다. 그는 우리가 전쟁의 실체를 보도록 돕는다.

전쟁에 대한 나의 입장에는 대가가 따랐다. 우정은 내 삶을 지탱하는 버팀목이다. 진 베스키 엘시테인(Jean Bethke Elshtain)과 나는 오랜 친구였다. 그런데 9/11 이후에 벌어진 논쟁 때문에 우리의 우정은 끝이 났다.

우리의 우정이 어떻게 시작되었는지는 기억나지 않지만, 1986년에 열렸던 핵 전쟁의 윤리에 대한 콘퍼런스가 기억에 남는다. 우리는 몬태나 대학교에서 열린 그 콘퍼런스에 발표자로 참가했다. 그 콘퍼런스가 기억에 남는 이유는 근처에 있던 인디언 보호 구역으로 떠난 여행 때문이기도 했다. 미줄라로 돌아가는 길에 우리가 탄 차량의 변속기가 멈췄는데, 후진 기어만 작동되는 바람에 눈 속에서 후진으로 몇 킬로미터를 가야 했다. 마침내 우리는 도로변의 카페에 도착했고, 거기서 주최측 사람이 도움을 요청하는 전화를 했다. 그런 상황에서 진과 함께 있는 것은 즐거운 일이었다. 그녀의 생애 자체가 힘을 내어 역경을 극복하는 과정이라고 할 수 있기 때문이다.

나는 진의 에너지, 지적 활력, 그리고 용기에 늘 감탄했다. 페미니스트가 낙태에 반대하는 것은 쉬운 일이 아니지만, 진은 자칭 도덕적으로 계몽된 사람들에게 인정받기 위해 타협을 선택하지 않는 강한 신념의 소유자였다. 그녀가 역시 몬태나의 콘퍼런스에 참석했던 크리스토퍼 래시(Christopher Lasch)와 절친한 친구였던 것은 우연이 아니었다. 둘 다 도덕적 신념이 강한 사람들이었다.

무슨 운명인지, 「타임」지는 진에게 연락해 2001년 9월 10일 호에 실을 나에 대한 기고문을 요청했다. 그녀는 나의 "반골" 기질과, 그리스도인들은 스스로 말한 그대로의 존재가 되어야 한다는 주장을 강조했다. 그리고 이렇게 밝혔다. "공동체주의가 유행어가 되기 전에 하우어워스는 공동체를 다루었다. 미국 장애인법이 나오기 전에 그는 장애인들과 우리가 공동체로 그들의 존재에 어떻게 반응해야 하는지에 대한, 그의 가장 매력적인 글을 썼다. '덕'에 대한 이야기가 널리 퍼지기 전에, 하우어워스는 공동체의 일원으로서 갖춰야 할 습관에 대한 이론이 필요하다고 썼다." 그녀가 내 연구의 그런 측면을 강조한 것은 우연이 아니었다. 그런 측면들은 정치 이론에서 그녀가 보여 준 활동의 특성이기도 했기 때문이다. 참으로, 어떤 면에서는 그 모두가 급진적 페미니즘이 자유주의 정치 이론의 여러 측면과 갈등한다고 그녀가 주장할 때 내세운 핵심 논거였다.

우리의 이런 지적 친화성에도 불구하고, 진은 기독교 비폭력주의에 대한 나의 신념에는 동의하지 않았다. 그렇지만 나는 여자들도 남자들 못지않게 전쟁의 유혹에 넘어갈 수 있음을 잘 보여 준 그녀의 책 『여성과 전쟁』(*Women and War*)을 높이 평가했다. 전쟁에 대한 그녀의 비판적 시각을 고려할 때, 나는 그녀가 9/11에 대한 미국의 반응을 열렬히 지지하지는 않을 거라고 생각했다. 내 생각은 틀렸다. 오히려 그녀는 부시 대통령이 미국 국민의 안전에 깊이 관심을 갖는 모습에 감동했고, 9/11 이후 백악관에 초대받은 "종교 지도자" 중 한 사람이 되었다. 그녀는 2003년에 『테러에 맞선 정당한 전쟁』(*Just War against Terror: The Burden of American Power in a Violent World*)을 출간했는데, 그 책에서 정당한 전쟁론 전통에 의거해 예방 전쟁 개념에 동의했고 임박한 이라크 전쟁을 정당화했다. 나는 그 책을 읽고 경악했다.

폴 그리피스(Paul Griffiths)와 나는 우리 둘 다 그 책에 대해 부정적으로 평가한다는 사실을 알게 되었다. 나는 평화주의자이고 폴은 정당한 전쟁론의 전통에 서 있는 사람이다. 우리는 날카로운 말로 이루어진 비판적인 서평을「퍼스트씽스」에 실었다. 우리가 그 서평을「퍼스트씽스」에 보낸 것은, 그들이 같은 호에서 진에게도 응대할 기회를 주리라는 것을 알았기 때문이다. 그녀는 극도로 화가 났는데, 비판 내용도 문제였지만 무엇보다 서평의 어조 때문이었다. 돌이켜 보면 인신공격처럼 되어 버린 어조는 잘못이었다. 그러나 폴과 내가 그 책의 내용에 대해 제기한 비판은 후회하지 않는다.

나는 내가 가질 수 있는 모든 친구가 다 필요하다. 진과의 우정을 잃고 싶지 않았다. 그러나 우리 둘 다 생각이 중요하다고 믿는 사람들이다. 둘 다 전쟁과 평화 같은 문제들에 깊은 관심을 갖는다. 그러므로 우리는 한때 나눴던 우정을 회복하지 못할 것 같다. 그 때문에 그녀도 나 못지않게 서글프지 싶다. 그러나 우리는 한때 좋은 친구였기 때문에 이제 친구인 척 가장할 수 없다. 그렇다고 우리가 원수인 것은 아니다. 강한 신념을 가진 사람들로서, 서로의 차이점이 중요하지 않은 척 가장할 수 없는 것뿐이다.

2001년 9월 11일이 지난 지 얼마 되지 않았을 때, 폴라와 나는 아일랜드로 가서 에드나를 만났다. 에드나는 은퇴했지만 언제나처럼 생기가 넘쳤다. 그는 자기가 적극적으로 활동할 시기가 3년에서 5년밖에 남지 않은 것 같다고 말했다(다행히 부정확한 추측으로 밝혀진다). 나이 듦에 대한 불평이 아니라 자기 삶에 대한 현실적인 전망이었다. 그는 남은 시간을 전쟁을 제거하기 위한 노력에 쓰고 싶다고 했다. 그는 자신이 늘 정당한 전쟁론을 지지하는 것처럼 보였겠지만 실은 평화주의 쪽에 훨씬 가까웠다고 설명하면서, 내게 "전쟁 폐지"를 위한 노력에 동참해 달라고 부탁했다.

나는 기꺼이 그러겠다고 했다. 물론, 전쟁 폐지 호소는 내가 요더에게 배운 비폭력주의와 부합하지 않는 전략으로 해석할 수 있다. 요더는 전쟁이 없는 세상을 바랐다. 그러나 그는 그리스도인들이 비폭력주의에 헌신하는 이유는 비폭력주의가 세상에서 전쟁을 없애는 전략이어서가 아님을 알았다. 전쟁이 가득한 세상에서, 그리스도를 신실하게 따르는 사람들이 선택할 수 있는 것이 비폭력주의밖에 없기 때문이었다. 그런데 전쟁 폐지 촉구는 비폭력주의가 예수님의 십자가 및 부활과 무관한 근거에 의거해 공공정책으로 집행될 수 있다는 메시지로 해석될 여지가 있다.

그래도 나는 에드나의 프로젝트가 그런 오해를 무릅쓸 가치가 있다고 생각했다. 요더는 교회와 세상 사이의 경계가 투과성이 있음을 보여 주려는 노력에 평생을 바쳤다. 그러므로 내가 전쟁 폐지를 위한 호소문을 작성하는 데 에드나와 힘을 합쳐서 안 될 이유는 없었다. 우리는 호소문의 대상이 기독교 지도자들과 신학자들임을 밝힌 후에 이런 내용으로 호소문을 시작했다.

다양한 기독교 전통에서 교회를 섬기도록 부름을 받은 그리스도인들로서 우리는 그리스도인 형제자매들에게 호소합니다. 전쟁은 국가 간의 정치적 갈등을 해결하기 위한 적법한 수단이 될 수 없습니다. 전쟁 폐지를 촉구하는 캠페인에 참여해 주십시오. 우리의 호소는 기독교 공동체를 향한 것이지만, 우리의 증언이 옳다면 그 공동체에 속하지 않는 많은 이들도 전쟁 폐지를 촉구하는 우리의 행렬에 동참하고 싶어 할 것이라고 확신합니다. 하나님은 우리가 평화의 나라를 갈망하도록 창조하셨습니다.

그다음 우리는 교황 요한 바오로 2세가 교황 회칙 『백주년』(*Centesimus Annus*)에서 "다시는 전쟁이 없어야" 한다고 호소한 데 주목했다. 우리는 그리스도께서 베드로의 무장을 해제하셨을 때 모든 시대 모든 군인들의 무장을 해제하신 거라고 생각한 이들을 기독교 전통에서 찾아 소개했다. 그리고 정당한 전쟁론 옹호자들에게는 우리가 전쟁의 대안을 찾을 수 있도록 도와 달라고 호소한 뒤, 전쟁 폐지 촉구가 반응을 얻기까지는 시간이 걸리겠지만 그렇다고 해서 첫걸음 내딛기를 두려워해서는 안 된다는 말로 호소문을 마무리했다. 전쟁이 가능한 선택지라는 생각이 우리의 머릿속에 남아 있는 한, 전쟁의 대안을 생각해 내는 상황은 오지 않을 것이다.

전쟁 폐지를 위한 에드나의 노력에 힘을 보태는 것이 어리석어 보일 수 있다는 점은 나도 안다. 그러나 그의 제안이 2001년 9월 11일 이후에 특히 매력적으로 보였던 이유는 나의 생활과 생각이 전쟁의 지배를 받게 되었기 때문이다. 원수가, 심지어 '전쟁'이라 불리는 원수라도 내 인생을 결정하도록 내버려 두는 것은 잘못된 일이다. 나는 평화주의자다. 그러나 평화주의는 복잡한 그물망처럼 상호 연결된 철학적·신학적 확신의 한 부분일 뿐이며, 그 안에서 비폭력주의가 예수님을 섬기는 것과 분리되면 그물망 전체가 이치에 맞지 않는 것이 돼 버린다. 전쟁 폐지를 위한 에드나의 노력은 내가 하는 일의 핵심이 전쟁이 아니라 예수님이라는 사실을 상기시켜 주었다.

예수님을 섬기는 것은 그리스도인을 그리스도인 되게 하는 중심 행위다. 그것은 모든 것을 잇는 중심이며, 내가 하는 일은 그런 연결성에 관한 것이다. 나는 결혼하여 같이 사는 일, 자녀를 갖는 이유와 방식, 친구가 되는 것, 정신 장애자들을 보살피는 일이 우리가 전쟁의 대안으로 존재하기 위해 필요한 삶의 방식이라는 것을 보여 주려 노력했다. 전쟁의 대안을 찾는 데는 시간이 걸릴 것이다. 전쟁 폐지를 위한 노력은 전쟁이 폐지될 수 있다고 다른 사람들을 설득하는 데 필요한 만큼 시간이 충분하다는 생각을 전제한다. 전쟁은 조급함이다. 그리스도인들은 십자가와 부활을 통해 조급한 세상에서 인내할 시간이 주어졌다고 믿는다.

물론, 나는 조급함의 화신이다. 많은 사람들이 내가 언제나 서두른다거나, 늘 바쁘다는 인상을 받는 것 같다. 내가 흔히 서두르고 바쁜 것은 맞지만, 그것은 조급함과는 다르다. 인내는 '아무것도 하지 않음'을 뜻하는 것이 아니다. 인내는 자신이 하는 일이 가치 있고 귀하다고 믿기 때문에 그 일을 '고수하는 것'이다. 인내는 힘들지만, 나는 나의 인내 훈련이 내 인생을 규정한 두 기관, 곧 교회와 대학교 안에서 펼쳐진다는 것을 배우게 되었다.

우리는 이런 기관들을 사람들이 그 안에서 바쁜 일을 해 나가는 텅 빈 그릇 정도로 생각하기가 쉽다. 하지만 나는 교회와 대학교 안에서 내가 하는 일상적인 실천과 만남이 이 기관들의 생명과 직결되어 있음을 알게 되었다. 다시 말해, 나는 교회와 대학교 같은 기관들을 세우고 유지하는 데 드는 인내와 시간 자체가 전쟁의 대안이라는 사실을 배웠다. 토미 랭퍼드의 교훈이다.

내가 기포드 강좌 초청을 받은 해는 그렉 존스가 신학대학원장이 되고 토미 랭퍼드가 은퇴한 해였다. 내 인생의 여러 사건들이 내가 9/11 이후에 감당하도록 부름받은 공적인 역할을 위한 준비 과정이었던 것 같았지만, 나는 토미의 조언 없이 그 역할을 감당할 준비는 되지 않았다. 그러나 토미는 이미 2001년 2월 13일에 세상을 떠났다. 존 요더와 짐 매클렌던처럼 토미도 내가 그를 가장 필요로 할 때 내 곁을 떠났다는 느낌을 피할 수가 없었다.

나는 토미와 함께 철학과 신학을 논하기를 좋아했다. 그리고 토미의 가르침에 의지해 조직에서 살아가는 법을 배워 나갔었다. 토미는 1956년에 듀크대 교수로 합류해서 1997년에 은퇴할 때까지 학과장, 대학원장, 교무처장으로 신학대학원과 듀크 대학교에서 봉사했다. 그는 조직을 아는 사람이었고 나는 그에게서 끊임없이 배웠다. 그는 데니스 캠벨이 신학대학원 원장으로 있는 기간 동안 내게 귀한 의미였고, 그의 교훈은 내가 가르쳤던 젊은 그렉 존스가 데니스를 대신해 원장이 되었을 때도 끝나지 않았다. 토미는 조직 안에서 살아가고 조직을 사랑하는 법을 알았는데, 다른 사람들 사이에서 한 사람으로 존재하는 법을 배우는 것이 그 핵심이었다.

나는 토미가 죽기 전날에 그와 같이 있었다. 그에게 죽는 것이 두려우냐고 물었다. 그는 말했다. "아닐세. 그건 철학적 오류가 되겠지. 하지만 친구들이 그리울 것 같아." 우리는 많이 달랐지만 나는 토미를 깊이 사랑했다. 그는 나에게 추모사를 맡아 달라는 유언을 남겼다. 나는 다음과 같은 추모사를 낭독했다.

저는 사람들에게 기독교 비폭력주의를 신봉한다고 말해야 합니다. 그렇게 말해야 하는 데는 이유가 있습니다. 저의 삶을 보면 전혀 그렇게 보이지 않기 때문입니다. 저와 조금만 같이 있으면, 제가 전혀 평화로운 사람이 아님을 알게 됩니다. 제가 아는 한, 토미는 자신이 평화주의자라고 말한 적이 없습니다. 그는 자신이 기독교 비폭력주의의 습관으로 빚어진 사람이라고 굳이 말할 필요가 없었습니다. 그가 평화의 사람임이 너무나 분명했기 때문입니다. 그가 평화의 사람이었던 것은, 우리 감리교도들의 표현을 쓰자면 성화(聖化)된 사람이었기 때문입니다. 성화가 가리키는 것이 바로 '하나님이 예수 그리스도의 십자가와 부활을 통해 세상을 구속하셨다는 확신으로 빚어진 습관들'이라는 사실을 떠올리게 되는군요.

토미는 세상을 변화시킬 필요가 없었습니다. 그는 세상이 변화되었음을 알았기에, 전쟁처럼 암울하고 학자들 간의 시기처럼 치졸한 세상에서 시간을 내어 상대의 말을 경청하고 상대를 받아 줄 수 있었습니다. 토미는 경청할 줄 알았습니다. 남이 말할 때 자기가 할 말을 생각하는 것이 아니라 상대의 말에 귀를 기울였습니다. 그는 심지어 저 같은 사람의 말도 경청할 수 있었습니다. 저는 화가 난 채로 그의 연구실에 들어선 적이 많습니다. 지금 제가 연구실로 쓰고 있는 곳이지요. 그의 기억이 제 안에 자리를 잡아 저의 분노를 모조리 흡수했으면 좋겠습니다. 그는 제게 진정하라고 말한 적이 없습니다. 그가 경청했기 때문에 제가 가라앉았을 뿐입니다.

하지만 토미에게는 감상적인 면모가 전혀 없었습니다. 사실 그의 영혼의 중심에는 견고함이 있었습니다. 그는 자기 삶의 순간순간이 선물임을 알았기 때문에, 본인이나 그가 사랑하는 사람들이 결코 거짓된 삶을 살 수 없음을 알았습니다. 그래서 그는 진실하려 했습니다. 우리의 말과 그 말로 가능해지는 삶이 우리 존재의 시작과 끝이신 하나님을 진실하게 증언하려면 피할 수 없는 고된 훈련이 바로 진실임을 알았기 때문입니다. 진실하지 않은 평화가 무슨 소용이 있겠습니까?

기쁨, 즉 하나님의 은혜에 반응해 우리의 것이 되는 환희는 토미의 삶과 신학의 특징이었습니다. 그는 자신이 그리스도인으로서 섬기는 하나님이 진리를 기뻐하신다는 것을 알았기 때문에 신학을 사랑했고, 신학자로서 그의 활동을 가능하게 하고 필요하게 만든 교회와 대학을 사랑했습니다. 그렇기에 그는 본인도 우리도 답을 모르는 질문 던지기를 두려워하지 않았습니다. 그는 진실한 질문으로 본인과 친구들을 불편하게 하는 일을 잘했습니다. 우리가 살면서 그 질문에 어떤 답을 얻게 되건, 그 답이 '타자는 우리가 아니라 하나님을 기쁘게 하기 위해 존재한다'는 신비를 기꺼이 받아들일 자세와 함께 가야 함을 알았기 때문입니다. 여러분과 저 같은 이상한 사람들에게 다른 모습을 기대하지 않으면서도 우리와 친구가 되어 잘 지낼 수 있는 토미의 비범한 능력을 달리 어떻게 설명할 수 있겠습니까?

토미는 하나님이 신뢰할 수 있는 진리가 되심을 알았고 그의 인생은 그분을 알리는 증언이었습니다. 토미의 인생을 허락하신 하나님께 같이 감사의 기도를 드렸으면 합니다. 그를 기억하는 방법으로 보다 더 나은 것은 없을 듯합니다.

생사의 주인이시여, 토미 랭퍼드의 인생으로 인해 감사를 드립니다. 토미는 지혜로웠습니다. 주께서 그에게 기다리는 법, 인내하는 법을 일찍 가르치셨기 때문입니다. 그는 매일이 마지막 날일 수 있음을 알았기에 그날그날을 수선화를 심고, 친구와 대화하고, 책을 읽고 기도하는 데 썼습니다. 토미에게는 그 모두가 같은 일인지도 모르겠습니다. 물론 그는 좋은 일을 많이 했습니다. 신학대학원과 대학교까지 운영했으니까요. 그런 조직을 운영한다는 것이 무슨 뜻이건 간에 말입니다. 더 중요한 것으로, 주께서는 그에게 바보들을 참을 재능과 그들을 사랑하여 조금이나마 덜 바보스럽게 만드는 재능을 주셨습니다. 하나님, 우리는 그가 그리울 것입니다. 그는 자기 자리에 있는 것만으로 세상을 더 낫게 만드는 사람이었습니다. 그가 '자기 자리에' 있을 수 있었던 것은 당신 없이는 자신이 아무것도 아님을 결코 의심하지 않았기 때문입니다. 하오니 남겨진 우리를 도우소서. 우리도 서로의 곁을 지켜 주는 법을 배우게 하소서. 주님, 끝으로 토미에 대해 한 말씀 드리겠습니다. 주님 앞에서 그가 눈을 감기든 주님의 말씀을 정말로 경청하는 것인 줄 아시면 됩니다. 그는 우리의 말을 경청했고, 그로 인해 우리는 감사의 아멘으로 그의 인생을 소리쳐 축하할 수 있게 되었습니다.

예순이 된 후 내가 늙어 가는 것을 느꼈지만, 나는 평생 해 오던 방식으로 거기에 대처했다. 더 열심히 일했다. 기포드 강좌와 9/11이 더해지니 그럴 이유가 충분했다. 그런데 나의 태도에 뭔가 차이가 느껴졌다. 내가 '변하고 있다'고 말할 정도의 차이인지는 모르겠지만, 나는 이전만큼 주저하지 않고 하나님에 대해 쓰고 말할 수 있었다. 그 사실을 처음 깨닫게 된 것은 2003년 뉴욕 5번가에 있는 세인트토머스교회의 고난 주일 금요 예배 때 그리스도 최후의 일곱 말씀을 다룬 설교를 작성하면서였다. 그것은 쉽지 않은 작업이었고 더없이 진지한 일이었다.

그 설교를 바탕으로 『십자가 위의 예수』라는 책이 나왔다. 내가 피터 오크스에게 헌정한 책이다. 그리스도의 마지막 일곱 말씀을 다룬 책을 유대인인 피터에게 헌정하는 것이 그를 곤란하게 만들까 봐 우려가 되어, 그에게 원고를 보내 의사를 물었다. 피터는 이런 답장을 보내왔다. "이 일곱 말씀(*dibberot*)은 당신이 하나님의 아들을 섬길 뿐 아니라 이스라엘을 섬기도록 쓰임받았음을 잘 보여 줍니다. 그분과 그분의 육친을 다 섬기는 것이지요. 엄연한 사실인 그분의 죽음이 당신을 밀어붙여, 우리 모두와 교회와 회당의 상당 부분까지 포위해 버린 근대적 인간의 자기중심성을 넘어서게 해 주는 것 같습니다. 그분의 부활이 그분의 죽음 못지않게 당신 안에서 빛나기 바랍니다. 물론 우리는 당신 안에서도 그 빛을 봅니다. 그분의 부활 못지않게 온전히 신적이고 온전히 인간적인, 웃음을 주는 기쁨 말입니다. 그렇지 않나요?"

피터는 신심이 깊은 사람이다. 그가 정말 내 안에서 빛을 볼 수 있을까? 그런 생각을 하자 격려가 되는 한편 겁도 났다. 나는 나 자신을 기껏해야 '부서진 빛' 이상으로 생각해 본 적이 없었다. 그러나 피터 오크스, 데이비드 버렐, 폴라 길버트 같은 사람들과 어울리다 보면 결국 뭔가 일이 벌어지는 것인지도 모른다.

내게 뭔가가 '벌어지고' 있을지 모른다는 또 다른 신호는 한 편의 박사 논문을 통해서 왔다. 잉글랜드교회의 사제가 나의 저작을 가지고 박사 논문을 쓴 것이다. 그의 이름은 샘 웰스(Sam Wells)였고, 논문은 나중에 『숙명을 운명으로』(*Transforming Fate into Destiny*)라는 책으로 출간되었다. 샘은 그동안 내가 해 온 일을 조명했고, 내가 그간의 신학 활동 끝에 마침내 하나님에 대해 쓸 수밖에 없게 된 과정을 플롯으로 제시했다. 놀라운 통찰이었다. 나는 늘 스스로를 신학자로 생각했지만, 내가 늘 하나님에 대해 썼던 것은 아니라는 사실을 드러내 주었기 때문이다. 내가 한 일에 대한 샘의 해석은 내 안에서 빛이 보인다고 했던 피터의 선언 못지않게 강력하게 다가왔다. 그토록 오랜 세월 신학과 교회에 대해 글을 쓰고 가르친 끝에, 이제 다른 사람들이 내 안에서 나도 몰랐던 믿음을 볼 수 있을 만큼 하나님을 강하게 믿게 된 것일까?

60대에 접어들면서 분명하게 드러난 변화나 '차이'의 '조짐'을 과대평가하고 싶지는 않다. 그런 말은 사람을 속일 우려가 있기 때문이다. 그렇지만 나는 하나님에 대해 말할 때 덜 주저하게 되었을 뿐 아니라 설교가 점점 더 즐거워졌다. 특히, 성경 본문을 놓고 씨름하는 일이 좋다. 무슨 까닭인지 나는 설교할 때 자유롭고 즐겁다. 설교는 내가 통째로 지어낼 필요가 없기 때문이다. 나는 말씀의 권위 아래 있다.

이런 변화는 폴라와 내가 새로 다니기 시작한 교회와 많은 관련이 있는 것 같다. 우리는 종려주일 한 주 전에 올더스게이트교회를 떠났기에 성주간에 찾아갈 곳이 필요했다. 올더스게이트교회가 성주간 예배를 드리지 않았을 때, 우리는 성주간이 되면 가끔 인근에 있는 '홀리패밀리교회'라는 성공회교회 예배에 참석하곤 했다. 올더스게이트를 떠나면서 폴라는 매주 성찬식을 하지 않는 교회에는 가지 않겠다고 선언했다. 우리는 성주간에 홀리패밀리교회에 나갔다. 그리고 그곳에 정착했다.

폴라와 내가 홀리패밀리교회의 교인이 되기 전, 나는 그곳에서 강연을 한 적이 있었다. 그때 나는 홀리패밀리가 보통 가톨릭 성당에서 쓰이는 이름이라서 어느 교파의 교회인지 의아했다고 말했다. 그런데 그들이 내가 강연을 하게 될 장소였던 지하실(basement)을 "undercroft"라고 부르는 순간, 성공회 신자들임을 알았다. 성공회 신자들은 허세 부릴 기회를 결코 놓치지 않는 사람들 아니던가. 하나님의 농담이라고 해야 할지, 이제 나는 성공회 신자다. 더 정확히 말하면, 홀리패밀리교회의 수찬자다.

폴라와 나는 우리가 감리교를 고향으로 데려온 것뿐이라고 생각한다. 감리교는 원래 잉글랜드 성공회의 개혁 운동이었고, 어쩌다 보니 미국에서 별도의 교파가 되었다. 그러므로 성공회에 출석하는 감리교 신자들은 변칙이 아니다. 더욱이 티머시 킴버러는 독실한 감리교 출신이다. 그의 아버지 S. T. 킴버러는 감리교 목사이자 비범한 음악가이며 찰스 웨슬리를 연구한 학자다. 티머시 목사는 기독교파의 모든 좋은 것을 다 갖춘, 복음주의적 앵글로 가톨릭 신자다.*

뿐만 아니라 그는 하나님과 사랑에 빠진 성직자임이 분명하다. 폴라가 신학대학원 입학처장이었을 때 티머시는 듀크 대학교를 졸업하고 신학대학원에 입학했다. 그는 비범한 재능을 가진 재즈 음악가다. 그는 제 입으로 더 나은 일거리가 없어서 신학대학원에 왔다고 했다. 그는 더럼 시내의 세인트필립성공회교회로 파견을 받았는데, 가난한 사람들을 섬기는 사역을 하는 교회였다. 그곳에서 그는 그 사역과 성찬식 사이의 본질적 연관성을 발견했다. 그리고 그 연관성이 지금껏 그의 삶과 목회를 빚어 왔다.

'현자는 현자를 알아본다'는 원리는 티머시가 성직자 폴라를 알아본 데서 잘 드러났다. 티머시는 폴라에게 홀리패밀리의 협동목사가 되는 것을 고려해 보라고 말했다. 폴라는 그녀가 속한 연합감리교대회 감독과 성공회 지역 주교의 승인을 받아 협동목사

---

* 성공회에는 크게 전통적 개신교 특성이 강한 복음주의[저(低)교회], 가톨릭적인 특성이 강한 앵글로 가톨릭[고(高)교회], 이성을 강조하는 자유주의, 모두를 아우르고 싶어 하는 광(廣)교회의 네 부류가 있다.

로 임명되었다. 그녀는 홀리패밀리교회 전례 생활의 중심이 되었고 회중의 필요에 부응한다.

그녀가 초교파적 협동목사라는 사실에는 아픔이 따른다. 그녀는 초교파적인 자리라고 분명히 명시된 경우를 제외하고는 홀리패밀리교회의 제단에서 성찬식을 집례할 수 없다. 학교 내에서는 여전히 웨슬리재단 학생들을 위해 목요일마다 성찬식을 집례하지만, 홀리패밀리에서 사랑하는 사람들을 위해 성찬식을 집례할 수 없는 것은 그녀에게 힘든 일이다. 그녀는 그리스도인들의 불일치의 고통을 몸으로 겪고 있다. 성찬식 도중에 그녀가 너무도 품위 있고 우아하게 그 고통을 감내하는 모습을 볼 때 나는 종종 감동하여 눈물을 쏟곤 한다.

나는 교회에서 자주 운다. 눈물은 늘 불쑥 찾아온다. 특히 홀리패밀리의 세례식 도중에 자주 운다. 우리는 세례식을 거행할 때 어른들과 아이들을 십자가 모양의 세례당(洗禮堂) 물속에 담근다. 그 시간에 내가 왜 우는지 잘 모르겠다. 이제 그런 의식에 익숙해질 법도 한데 말이다. 나는 평생을 교회에서 보낸 사람이다. 하지만 하나님께 감사하게도, 그리스도인으로 사는 것에는 결코 익숙해지지 않는다. 그래서 내가 우는 것이 아닐까 싶다. 하나님이 내게 허락하신 놀랍고 멋진 삶은 여전히 내게 과분하게 다가온다.

마지막 이야기

나는 기도하는 법을 배우는 데 평생이 걸렸다.…솔직히 말해, 기도는 내게 여전히 쉽지 않다. 그러나 기도가 하나님이 우리에게 임재하시는 방식이며, 우리가 다른 사람을 위해 기도함으로써 그 임재에 참여할 수 있는 방식이라는 것은 그 무엇보다 굳게 확신하고 있다.

내가 그리스도인인 것은 어머니가 젊은 시절 어느 시점에 한나와 사무엘의 이야기를 들으셨기 때문이다. 물론, 지금까지 내가 들려준 이야기로 인생이 그렇게 단순하지는 않다는 사실이 드러났을 것이다. 하지만 이리저리 따져 봐도, 그 이야기 때문에 내가 그리스도인이 된 것은 여전히 사실이다.

어머니는 한나의 기도를 둘러싼 세부 내용은 잘 모르셨던 것이 분명하다. 그 아이를 나실인으로 바치겠다고 약속한 것이 한나에게 어떤 의미가 있었는지, 사무엘이 엘리 가문에서 어떤 일을 감당했는지도 모르셨을 것 같다. 그러나 어머니는 한나의 기도를 드릴 만큼은 충분히 그 이야기를 아셨다. 기도할 줄 아는 사람들이 지금까지 내 삶을 결정해 왔다.

나는 기도하는 법을 배우는 데 평생이 걸렸다. 하지만 기도하는 법을 배우기 위해 신학자가 된 것은 아니었다. 내가 신학자가 된 이유는 신학의 일이 매우 설득력 있었기 때문이다. 그 과정에서 나는 신학의 일이 기도의 일이라는 것을 알게 되었다. 수업 전에 기도해야 한다고 폴라가 말한 것은 신학자로서 내가 하는 일에 관한 가장 중요한 지시였을 것이다. 솔직히 말해, 기도는 내게 여전히 쉽지 않다. 그러나 기도가 하나님이 우리에게 임재하시는 방식이며, 우리가 다른 사람을 위해 기도함으로써 그 임재에 참여할 수 있는 방식이라는 것은 그 무엇보다 굳게 확신하고 있다.

내가 앤과 함께한 세월을 버텨 낸 것은 부분적으로는 나의 끝없는 에너지와 꿋꿋함 때문이겠지만, 무엇보다 나를 위해 기도해 준 친구들이 없었다면 그 상황에서 결코 살아남지 못했을 것이다. 전 세계에서 우리를 위해 기도해 주는 친구들이 있음을 알았으므로, 나는 하나님이 나와 함께하심을 '알았다.' 내게 기도는 만사가 좋게 풀릴 거라는 의미는 아니었다. 기도는 하나님이 우리와 함께하셨다는 뜻이었다. 기도는 앤이 혼자 죽지 않았다는 뜻이었다. 기도는 우리 중 누구도 혼자 죽지 않을 거라는 뜻이다.

사무엘상 25장에는 이렇게 나와 있다. "사무엘이 죽었다. 온 이스라엘 백성이 모여 그의 죽음을 슬퍼하며 울고, 그의 고향 라마에 그를 장사하였다. 그 뒤에 다윗은 바란 광야로 내려갔다"(1절, 새번역). 사사 시대에서 왕정 시대로 넘어가는 전환기를 맡았던 사람의 결말치고는 초라하다. 이스라엘이 살아남기 위해 절박하게 몸부림쳤던 역사의 한복판에서 벌어진 일이었다. 사무엘은 그가 감당하도록 부름받은 일을 마치고 죽었다. 자연스러운 수순이다.

나는 죽음을 준비하면서 이 회고록을 쓴 것이 아니다. 나는 끝나지 않았다. 아직 할 일이 있다. 그러나 그리 멀지 않은 장래에 누군가 "이제 스탠리가 죽었다"고 말할 것임을 안다. 나는 죽음에 대해 종종 생각한다. 나이가 들고 죽음이 말 그대로 현실로 다가오면 겁에 질릴 줄 알았다. 그러나 나의 죽음을 곰곰이 생각해도 겁에 질리지 않는 내 모습을 보고 놀랐다.

내 책상 앞에는 아일랜드 시인 몽크 기본(Monk Gibbon)의 시가 놓여 있다. 나는 그 시를 매일 읽는다. 우리가 아일랜드에서 만난 조각가이자 에드나의 친구인 이모진 스튜어트가 그 시를 아름답게 새겨 넣은 그림을 보내왔다. 우리가 에드나와 함께 나눈 죽음에 대한 대화를 기억하고 보내 준 것이었다. 다음은 기본의 시 "마지막 것"이다.

> 누가 죽음을 두려워할까.
> 바보들만 두려워하리라.
> 죽음은 한 사람에게만
> 닥치는 것이 아니라
> 모두가 받는 것이니.
> 내 친구들이 하는 여행은
> 나도 할 수 있다.
> 다른 것은 몰라도
> 분명히 아는 것 하나.
> 나는 그가 있는 곳에 간다.
> 이 작은 문 앞에서 주춤하는 바보들아,
> 너희들 앞서
> 수많은 친절하고 사랑스러운 영혼들이 이 문을 지났는데
> 마냥 망설이고 있을 텐가?
> 너희의 경우는 남들보다 더 어렵다고?
> 그렇지 않다.

너무 고요하다고?

이곳에서 충분히 시끄럽지 않았더냐?

담대하게 가라. 그곳에는 이미 수많은 위대함과 온유함이 있었으니 너희도 기쁘게 따라가라.

나는 죽음 이후의 삶이 어떤 것일지 추측하지 않는다. 그저 하나님께 맡기는 것으로 만족한다. 내 장례식을 계획할 생각도 없다. 그것은 우스꽝스러운 일이다. 나를 사랑하는 사람들이 교회가 그런 때에 하도록 가르친 대로 모여서 기도할 거라고 믿는다. 나는 그때 모인 사람들이 나의 죽음을 애도할 뿐 아니라 하나님이 내게 이렇듯 멋진 생애를 허락하신 것을 기뻐하기 바란다. 교회는 그럴 때 사용할 수 있는 기도문을 준비해 놓았다. 성공회 기도서에는 "신학자 및 교육자"라는 제목이 붙은 기도문이 성인 공통 분류에 들어 있다.

전능하신 하나님, 주님의 종 스탠리에게 예수 그리스도 안에 있는 진리를 깨닫고 가르치는 특별한 은사를 주셨나이다. 이 가르침으로 우리가 유일하신 참 하나님과 주께서 보내셨고 살아 계시며 주와 함께 다스리시는 예수 그리스도와 성령, 이 한 분 하나님을 영원토록 알게 하소서. 아멘.

이 기도문에 나를 대입하는 것이 주제넘어 보일 수 있다. 그러나 이 기도문의 핵심은 하나님이 허락하신 선한 일에 대한 감사다.

내가 아니라 예수 그리스도가 중심이다. 더욱이, 나는 이런 기도문들이 교회의 지혜를 반영한다고 믿는다. 신학자로서 나는 이 기도문을 읽을 때 내가 받은 일이 순전한 선물이라는 사실을 상기하지 않을 수 없다. 그리고 신학자의 일이 순전한 선물이라면, 나는 '예수 그리스도 안에 있는 진리'를 가르치는 소명에 충실하는 데 더욱 주의를 기울이지 않을 수 없다.

지금까지 내가 한나의 아이라는 사실을 말해 왔다. 이 이야기가 참되신 한 분 하나님이 예수 그리스도 안에 온전히 거하시지 않는다면 이치에 맞지 않는 것이기를 바란다. 나는 플레전트그로브에서 먼 길을 왔다. 솔직히 말해, '스탠리 하우어워스'를 잃어버렸으면 싶을 때가 있다. 가끔은 그 정체성에 갇혀 버린 느낌이 든다. 거기서 빠져나올 길은 내 모습에 충실하되 나라고 불리는 상태의 포로가 되지 않는 것이다. 그리스도인으로 사는 일의 중심에는 모종의 망각이 있다. 내가 그 망각과 함께 살아가는 것에 통달했다고 할 수는 없지만, 가끔은 내가 받은 것에 매료된 나머지 내가 누군지 잊어버리는 지경에 이를 때가 있다. 그런 망각을 다른 말로 겸손이라 한다. 겸손은 선한 일을 부여받음으로써 가능해진 삶의 등에 올라타는 덕(virtue)이다.

이 회고록의 원고를 여러 친구에게 보여 주었는데, 누군가가 『한나의 아이』를 쓰면서 무엇을 배웠느냐고 물었다. 좋은 친구들을 가진 내가 참 운이 좋다는 사실을 배웠다고 말하고 싶었지만, 너무 뻔한 대답이 될 터였다. 내가 얼마나 운이 좋았는지 깨닫게 되었다고 말할 수도 있겠지만, 그런 대답은 할 말을 찾기를 바라며 시간만 죽이는 일이 될 것이었다. 그 외의 다른 답변들도 가능하겠지만, 사실 내가 배운 것은 아주 간단하다. 내가 그리스도인이라는 사실이다. 얼마나 흥미로운 일인지.

맺는말

『한나의 아이』 같은 책을 쓰게 될 거라고는 상상도 못했다. 하지만 친구들, 특히 젊은 친구들이 내 인생의 이야기를 들려 달라고 요청하기 시작했다. 한동안은 그 요청을 거부했지만, 언젠가부터 그것이 내 상상력을 자극했고 내가 꼭 해야 하는 일처럼 보이기 시작했다. 내가 이 책을 썼다는 사실이 다소 놀랍지만, 다 끝나고 보니 안 썼으면 어쩔 뻔했나 싶다. 책을 쓰는 과정에서 발견한 제목 『한나의 아이』가 나의 저작들을 다룬 샘 웰스의 책 제목 『숙명에서 운명으로』의 한 가지 사례가 되면 좋겠다.

일단 『한나의 아이』를 쓰기 시작하자 집착 비슷한 것이 생겼다. 카를로스 에어(Carlos Eire)는 멋진 책 『아바나에서 눈을 기다리며』 (*Waiting for Snow in Havana: Confession of a Cuban Boy*)에서, 일단 책을 쓰기 시작하니 마칠 때까지 집필을 멈출 수가 없었다고 밝혔다. 에어의 문학적 재능에 견줄 바는 아니지만, 나도 이 책을 쓰는 것을 멈출 수가 없었다. 매일매일이 발견의 날이었기 때문이다. 내가 발견한 것의 본질에 가장 근접하는 단어가 바로 '감사'다.

하지만 내가 한 일들의 의미를 다 아는 것은 아니다. 이 책이 과연 회고록인가 싶지만, 내게는 회고록이라는 장르마저 명확하지가 않다. 다만 이 책이 자서전이 아니라는 것은 안다. 그래서 '그때 나는 그것을 했고…그다음에 이것을 썼다'는 식의 서술을 피하려 했다. 그런 기록도 유용할 수 있고 흥미로울 수도 있겠지만, 나는 그런 식으로 개인사를 제시하는 데는 별로 관심이 없었다.

이 책이 '간증'의 범주에 들어간다고 생각하고 싶지만, 내가 한 일이 그렇게 불릴 만한 자격이 있는지 자신은 없다. 어릴 때 교회에서 종종 간증을 들었다. 흔히 주일 저녁 예배 시간이었다. 회중 가운데 한 명이 갑자기 '마음의 감동'을 받아, 하나님이 자신의 삶에서 행하신 일을 모인 사람들 앞에서 선포하는 식이었다. 순박한 사람들이 솔직한 말로 들려주는 진심 어린 간증은 당시 내게 깊은 인상을 주었고 지금도 그렇다. 나는 그들의 간증을 믿었다.

나는 신학자다. 하나님이 어떤 일을 하셨거나 하지 않으셨기에 내 삶이 가능했다고 함부로 주장할 수가 없다. 그런 식의 웬만한 주장은 허점을 꿰뚫어 볼 정도로 신학적 훈련을 잘 받은 탓이다. 하지만 나는 하나님이 내 삶을 가능하게 하셨다고 믿는다. 그러면 나의 삶을 과장하지 않으면서도 나와 함께하신 하나님의 임재를 알리려면 어떻게 써야 할까? 하나님에 대해 증언하되 내가 아는 것보다 더 많이 말하고 싶은 유혹을 어떻게 피할 수 있을까? 이것이 내가 마주한 어려운 문제였다.

이 책을 쓸 수 있었다는 사실만으로도 친구들의 소중함을 간증하기에는 부족함이 없다. 친구들이 없었다면 나는 말 그대로 살아남을 수 없었을 것이다. 『한나의 아이』는 한 편의 긴 감사의 글로 읽을 수도 있다. 내 삶을 가능하게 만든 모든 친구를 다 밝힐 수가 없었던 것이 아쉬울 따름이다. 우정은 내 '일'의 중심 주제이고, 더 중요하게는 내 삶의 현실이다. 그래서 나는 이 책의 부제를 '친구들에 대한 간증'으로 정하고 싶었다. 그러나 내 삶을 가능하게 했던 친구들에게는 하나님이 중요하기에, 부제에서 하나님을 넌지시 가리키지 않을 수가 없었다. 『한나의 아이』를 "신학자의 회고록"이라고 부름으로써, 나의 이야기가 내 인생과 일을 가능하게 만들어 주신 하나님에 대해 뭔가 말할 수 있기를 바랐다.

이렇게 말하고 보니, 『한나의 아이』를 집필하는 데 직접적인 영향을 준 친구들이 떠오른다. 여기서 그들의 이름을 밝히는 것이 도리일 듯하다. 알론조 맥도널드는 의외의 후원자였다. 그는 해병대 출신으로 카터 대통령의 참모총장이었고 자본가다. 그러나 그는 오늘날의 대학교에서 신학 연구가 당당하게 이루어지는 것이 중요하다고 생각하는 그리스도인이기도 하다. 알은 그의 아가페재단을 통한 후원으로 내가 이 책을 쓸 시간을 갖게 해 주었다. 물론 그의 후원도 고맙지만, 알론조 맥도널드라는 사람을 알게 된 것을 그 못지않게 기쁘게 생각한다. 알은 자신의 후원을 받는 사람들에게 관심을 갖는다. 그것은 부담으로 작용할 수 있었지만, 알은 흥미로운 사람인지라 그런 일은 없었다. 내가 관심 갖는 것에 그도 관심을 갖는다.

안식년을 앞두고 친구들을 불러 모아 그 시간에 무엇을 하면 좋겠는지 물어보자는 것은 알의 구상이었다. 2007년 11월 27일에 그런 모임이 이루어졌다. 그 자리에 참석한 사람은 데이비드에어스, 롬 콜스, 폴라 길버트, 에릭 그레고리, 켈리 존슨, 그렉 존스, 티머시 킴버러, 트레비스 크뢰커, 테리스 라이샷, 알 맥도널드, 제리 매케니, 제니퍼 맥도널드 피터스, 피터 오크스, 샘 웰스, 짐 웨츨이었다. 셰릴 오버마이어가 모임을 준비하고 방대한 대화 내용을 정리했다.

그렉 존스는 하루 종일 열린 모임의 진행을 맡았다. 모임의 첫 몇 시간 동안 이루어진 내실 있고 중요한 제안들을 결코 잊지 못할 것이다. 그렉은 모임을 시작하면서 각 사람에게 자신을 소개하고 내가 무엇을 하면 좋을지 제안을 하라고 청했다. 앞에서 밝힌 모든 사람이 그렇게 했다. 나는 경청했고 많은 것을 배웠다. 『한나의 아이』는 그때 뿌려진 씨앗에서 탄생했다. 모임에 참석한 누구도 내가 이러이러한 내용으로 글을 써야 한다고 제안하지 않았지만, 『한나의 아이』는 그들 덕분에 세상에 나올 수 있었다고 말해도 무방할 것 같다.

나는 내가 무슨 일을 하는지 모른 채 쓰기 시작했다. 그래서 각 장을 쓰고 나면 그렉과 샘에게 원고를 보내 읽어 달라고 부탁했다. 그들의 반응과 비판은 귀중했다. 내가 쓰는 모든 글을 읽고 더 낫게 다듬어 주는 캐럴 베이커는 내가 계속 진행할 수 있도록 힘을 주었다. 캐럴이 "이거 정말 좋아요"라고 말했을 때, 내가 뭔가 가치 있는 일을 하고 있다는 생각이 들었다.

안식년을 보내는 동안 무엇을 쓰느냐는 질문을 종종 받았다. 처음에는 회고록을 쓰고 있다고 말하기가 쑥스러웠다. 그러나 쓰면 쓸수록 내가 하는 일을 말하기가 더 쉬워졌다. 초고를 마칠 무렴, 많은 친구들이 내가 쓴 내용을 읽어 보고 싶다고 했다. 나는 그 내용이 공공 재산이라고 판단했기에 읽고 싶은 사람은 누구나 읽을 수 있게 했다. 초고를 얼마나 많은 사람이 읽었는지는 캐럴만이 알지만, 나는 친구가 많다. 그들의 관심이 고맙고, 더 나은 책으로 만들기 위한 조언에도 감사한다.

이 책을 더 낫게 만들어 준 사람으로 특히 두 사람을 꼽고 싶다. 로렌 위너는 뛰어난 작가인데, 이 말은 그녀가 뛰어난 독자이기도 하다는 뜻이다. 그녀는 원고에 대해 대단히 중요한 제안들을 해 주었다. 그리고 내가 더 잘 쓰고 싶은 마음에서 이미 고쳐 쓴 원고를 다시 한 번 고쳐 쓰는 데 가장 크게 기여한 사람은 데이비드 툴이다. 데이비드는 『우주의 결에 따라』의 편집자였다. 그는 매우 뛰어난 편집자이고 나에 대해 너무나 잘 아는 사람이기 때문에, 그때 그가 다른 일들을 맡고 있는 줄 알면서도 나는 그에게 『한나의 아이』의 편집을 부탁했다. 그는 고맙게도 승낙했다. 이 책, 특히 뒷부분 몇 장은 그의 솜씨에 힘입은 바 크다.

최대한 솔직하게 이야기하려고 노력했다. 나는 기억에 의지해서 썼는데, 기억은 까다로운 일이다. 우리는 종종 실제로 한 일이 아니라 그때 했었으면 하는 일을 기억한다. 잊어버린 내용은 부정확하게 기억하기도 한다. 내가 적은 내용 중에서 일부러 왜곡한 것은 없다고 생각하지만, 실수를 했을 수도 있다. 그 실수가 오히려 옳을 가능성도 있지만 말이다.

나는 나 자신, 친구들, 친구가 아닌 이들, 그리고 '벌어진' 일에 대해 정직해지려 노력했다. 하지만 자신을 망상 없이 진실하게 보기는 쉽지 않다. 사랑이 담겼지만 정직한 기술과 잔인함의 차이는 종종 분간하기가 쉽지 않다. 나는 내 아버지의 아들인지라 잔인하게 굴지는 못한다. 가끔 어리석을 수는 있을 것이다. 내 인생과 그것을 가능하게 만든 이들에 대해 내가 기술한 내용이 사랑으로 이루어졌기를 바라지만, 내가 어리석었던 대목이 있다면 독자께서 알려 주시길 기대해야 할 것 같다.

앙리 드 뤼박은 생애 말년에 자신의 일을 이렇게 묘사했다. "내가 쓴 거의 모든 글은 예측할 수 없는 상황에서 산만하게, 꼼꼼한 준비 없이 튀어나왔다. 그런 다양한 출판물의 앙상블 속에서, 비판을 위해서건 승인을 위해서건 나만의 참된 한 가지 철학적·신학적 종합물을 찾는 것은 헛수고일 것이다. 하지만 나는 온갖 다양한 강연, 의뢰, 상황과 요청으로 생겨난 이 총천연색 글의 구조물에서 여전히 모종의 흔적들, 그 통일성을 구성하는 하나의 패턴을 찾을 수 있다고 믿는다." 신학자로서 나는 뤼박의 수준에 미치지 못하지만, 나의 인생과 일을 이 구절보다 더 낫게 표현할 수가 없을 것 같다. 『한나의 아이』는 내 인생에서 "그 통일성을 구성하는 하나의 패턴"을 찾아내려는 시도다.

폴라와 애덤에게 『한나의 아이』를 읽어 달라고 부탁했다. 두 사람에게 이 책은 각기 다른 이유로 읽기가 쉽지 않을 것이고, 폴라보다는 애덤에게 더 힘들 것이다. 나는 두 사람 모두에게 책에 대한 거부권을 주었다. 그리고 그들은 거부권을 행사하지 않았다. 너무나 뻔한 이유로, 나는 이 책을 두 사람에게 헌정했다.

후기

『한나의 아이』 이후 나는 무엇을 했는가?

『한나의 아이』에 대한 반응에 답하다

『한나의 아이』에 대한 서평은 지금까지 나온 나의 어떤 책보다 많았다. 게다가 나는 이제껏 쓴 그 어느 책보다 많은 독자의 편지를 받았다. 그중 상당수는 정신 질환자 아내와의 삶을 다룬 나의 기록이 의미심장하게 다가왔던, 비슷한 처지의 사람들이 보낸 편지였다. 나는 약속대로 모든 편지에 답장을 쓰려고 노력했다.

이 책이 그런 관심을 끈 것을 기쁘게 생각한다. 나는 이 책이 '다르다'고 생각했고, 이 책을 통해 나를 잘 모르는 새로운 독자들을 만나게 되기를 바랐다. 그래서 이 책이 책장이 술술 넘어가는 신학 서적이 되게 하려고 노력했다. 책을 사서 읽기 시작하자 손에서 내려놓을 수가 없었다고 말한 사람들이 많은데, 그것이 바로 내가 기대한 반응이었다.

나는 이 책의 서평과 편지들에서 많이 배웠다. 텍스트가 저자의 지식을 넘어선다는 말은 분명한 사실이고, 회고록의 경우는 특히 더 그렇다. 『한나의 아이』를 쓴 사람의 경우도 마찬가지라고 확신한다. 그래서 나는 서평과 편지들을 통해 배운 내용을 보고 할 의무를 느끼게 되었다. 글쓰기는 공동의 행위이며, 회고록 쓰기도 다르지 않다.

나는 그동안 받은 많은 반응을 간략히 숙고한 이 후기를 이 책에 적극적인 반응을 보여 준 이들에게 감사하는 마음으로 내놓는다. 내러티브의 여러 측면에 대해 비판적인 반응도 있었고, 책을 칭찬한 사람들도 내가 자기기만에 가까운 상태에 있지는 않았는지 되돌아보도록 도와주었다. 이것은 중요한 과정이다. 자기가 살아온 이야기에 다른 사람들이 매료될 거라고 생각하는 사람은 이미 자기기만에서 그리 멀지 않은 곳에 있기 때문이다. 그러나 솔직히 말하면 나는 스스로를 더 잘 이해하기 위한 시도로 『한나의 아이』를 쓴 것이 아니다. 다른 사람들이 나를 더 잘 이해해 주기를 바라고 쓴 것도 아니다. 친구들이 책을 쓰길 권했고, 여러 주제 중에서도 우정에 대한 이야기를 써야 한다고 생각했기 때문에 이 책을 쓴 것이다.

하지만 『한나의 아이』를 왜 썼느냐는 질문을 받을 때마다 나는 어느새 이런 말을 하고 있었다. "사람들에게 제가 인간임을 전하려고요." 나는 이 책의 서두에서 '스탠리 하우어워스'라는 이름의, 내가 동일시하기 어려운 사람이 엄연히 있다고 썼다. 『한나의 아이』를 쓰면서 나는 사람들이 내가 바라는 나의 모습, 즉 이름이 아니라 나라는 인격체를 더 잘 이해하기를 바랐다. 물론, 내가 바라는 나의 모습은 나의 실제 모습과 다를 수 있겠지만, 나로서는 자신의 모습에 최대한 정직하려고 노력할 뿐이다.

내가 이 책을 솔직하게 쓰려고 노력했기에 책을 잘 썼다는 귀한 평가를 듣게 된 것 같다. 심지어 이 책이 "아름답게 쓰였다"고 말하는 이들도 많았다. 여러 해 동안 작가가 되는 법을 배워 온 나로서는 참으로 흐뭇한 반응이다. 나는 정말 잘 쓰고 싶다. 실제로, 나는 종종 『한나의 아이』를 문학 작품으로 묘사한다. 내가 신학적인 글을 쓰지 않았다는 말이 아니라 소설처럼 읽히는 책을 쓰고 싶은 갈망이 무엇보다 컸다는 뜻이다.

그래서 이야기를 전달하기 위해 어떤 문체를 쓸지 많이 생각했다. 나는 단순한 것을 믿는 사람인지라 단순하고 직접적인 문체를 쓰기로 했다. 나는 이 책의 문체가 레이먼드 챈들러(Raymond Chandler)와 어니스트 헤밍웨이(Ernest Hemingway)의 조합이라고 생각하고 싶다. 한 가지 분명한 사실은 『한나의 아이』에서 진행했던 글쓰기가 너무나 즐거웠던 나머지, 학계에서 애지중지하는 따분하고 어려운 문체로 돌아가는 데 상당히 애를 먹었다는 것이다.

그것은 어떤 이들에게 "잔인하고 고통스러울 만큼 정직"하다고 호평을 받은 이 책의 문체가 수전 올레드, 존 스코어, 스튜어트 헨리, 토미 랭퍼드, 나의 부모님처럼 나의 삶을 가능하게 만든 분들의 멋진 삶에 경의를 표하기 위해 내가 의도한 것이기 때문이었을 수도 있다.

많은 이들이 편지와 서평에서 『한나의 아이』에서 가장 즐겁게 본 대목으로 애덤과의 우정을 그린 부분을 꼽았다. 나는 애덤과 내가 특별한 관계라고 생각하고 그것을 귀하게 여긴다. 물론, 모든 중요한 우정이 그렇듯 그 관계도 여러 변화를 겪었다. 애덤은 훌륭한 사람이다. 그의 존재를 허락하신 하나님을 찬양한다.

길 마일랜더(Gil Meilaender)는 「퍼스트씽스」에 실린 『한나의 아이』에 대한 편지/서평에서, 한스 보어스마(Hans Boersma)는 「현대신학」에 실린 이 책에 대한 신학 심포지엄에서 동일한 지적을 했다. 나의 신학적 신념이 "자연적 사랑"을 외면하고 있지만, 폴라에 대한 나의 사랑이 그런 자연적 사랑의 증거라고 말이다. 보어스마는 애덤과 나의 관계 역시 "자연적 사랑"의 또 다른 증거로 볼 수 있다고 암시한다. 내가 테러와의 전쟁에 대해 로버트 윌컨과 나눈 대화에서 그가 거론한 "자연적 충성심"에 의문을 제기한 것을 염두에 두고 나온 지적이다. 마일랜더와 보어스마가 제기한 의문은 정당하지만, 나로서는 거기에 대해 "자연적"인 것을 창조 세계에 "주어진 것"으로 내세우는 호소가 대단히 의심스럽다고 대답할 수밖에 없다. 그런 호소는 창조가 종말론적 교리라는 사실을 인정하지 않기 때문이다.

[잠시 다른 이야기를 하자면, 루 루프렉트(Lou Ruprecht)는 『한나의 아이』에 대한 사색적 에세이를 준비하면서 나처럼 1960년대를 지난 사람이 어떻게 젠더, 성혁명, 권위에 대해 그렇게 할 말이 없는지 우려했다. 내 오랜 친구인 루프렉트는 지금도 그 에세이를 쓰고 있으니, 그가 하고 싶은 말을 완성하기 전에는 내가 어떻게 대답할 수 있을지 모르겠다.]

『한나의 아이』에 그런 문제들이 꿈틀대고 있다는 사실은, 「현대신학」의 심포지엄에 참여한 저자들인 보어스마, 레이철 머즈(Rachel Muers), 톰 그렉스(Tom Greggs), 애런 리치스(Aaron Riches), 러스티 리노(Rusty Reno)가 제각각의 방식으로 분명히 지적한 대로, 이 책이 내러티브 신학을 전개한 작품이라는 사실을 드러낸다. 확실히, 이 책에서 나는 신학을 에둘러 전개하려 시도했다. 『한나의 아이』는 '방법'이 결정적인 역할을 하는 책은 아니지만, 그럼에도 나는 이 책이 내가 오랫동안 견지해 온 신학적 신념을 드러내 주기를 바랐다. 그래서 채드 페크놀드(Chad Pecknold)가 「프로에클레시아」(Pro Ecclesia)에 기고한 서평이 특히나 고맙다. 비트겐슈타인, 앤스콤, 아우구스티누스를 깊이 연구한 페크놀드는 이 책의 첫 문장 "나는 '스탠리 하우어워스'가 될 의도가 없었다"에 주목한다. 그는 제대로 봤다. 그 문장은 내가 이야기를 들려주는 방식에 영향을 준 철학적·신학적 전제를 여는 열쇠이기 때문이다.

페크놀드는 그 문장을 오만하고 제멋대로인 말로 오해할 사람들도 있을 거라고 본다. 더 문제가 되는 것은, 그 문장이 내가 자유주의 개신교의 '체험 표현주의'(experimental expressivism)*에 대한 바르트의 비판을 완전히 내버렸다거나 『한나의 아이』는 포이어바흐(Ludwig Feuerbach) 식으로 나를 투사한 책이 되었다는 뜻으로 해석될 수도 있다는 것이다. 하지만 페크놀드에 따르면, 그런 해석은 "나는 '스탠리 하우어워스'가 될 의도가 없었다"라는 문장이 앤스콤의 영향을 받은 '의도'에 대한 이해를 담고 있음을 부정하는 것이다. 다시 말해, 그는 내가 하는 이야기가 왜 나의 '자의식'을 다룬 것이 아니며, 내 삶의 이야기를 들으려면 다른 사람이 들려주는 이야기를 들어야 한다는 확신을 보여 주는지 알려 준다.

미컬 벌리(Mikel Burley)도 영어 저널 「종교연구」(Religious Studies)

* 종교는 인간의 공통적 체험을 표현하는 것이라는 입장이다.

에 실린 『한나의 아이』 서평에서 비슷한 주장을 한다. 그는 나의 '입장'을 요약하거나 옹호하는 내용을 기대하고 책을 집어 든 독자들이라면 실망할 거라고 밝힌다. 그것은 하나의 '입장'을 가지기를 거부하는 신학자에게 당연히 기대할 만한 결과라는 것이다. 그러나 벌리는 『한나의 아이』가 철학적·신학적 주장을 담고 있지 않다는 뜻은 아니라고 밝힌다. 그에 따르면, 나의 철학적·신학적 신념에 충실하자면 나는 '기술적(記述的) 회고'의 형태로 주장을 펼쳐야 한다. 내가 이 책으로 진행한 작업을 그보다 잘 표현할 수는 없었을 것이다.

다시 말해, 나의 신학적 신념에 따르자면, 내 이야기를 진실하게 전하기 위해서는 솔직하게 써야 했다. 앞에서 말한 대로, 편지를 보낸 많은 사람들이 나의 '정직함'을 칭찬했다. 그 칭찬이 합당한 것이기를 바라지만, 진실하게 쓰려는 모든 시도가 오히려 그릇된 판단을 유도할 수 있음을 인정해야 진짜 정직하다고 할 수 있을 것이다. 우리는 솔직함을 빙자해 남들과 자기를 기만하면서도 시치미를 떼고 넘어갈 수 있는 교묘한 생물이다.

예를 들면, 내가 앤과의 결혼 생활에 대해 과연 진실을 말했는지 아닌지 내가 어떻게 알 수 있겠는가? 나는 그녀에 대해 공감하는 자세로 쓰려고 정말 열심히 노력했다. 그녀를 아는 사람들뿐 아니라 내가 쓴 내용만으로 그녀를 알게 될 사람들까지도 그녀의 인생에 고통이 가득했음을 알게 되기를 바랐다. 정신 질환의 무시무시함에는 '정신'이라는 수식어 때문에 양극성 장애를 앓는 사람이 고통을 겪고 있음을 알아보기가 힘들다는 점도 있다. 달리 표현하면, 정신 질환을 앓는 사람들이 견뎌야 하는 괴로움을 묘사하기에 '고통'은 적절한 단어가 아닌 것 같다. 그러나 그들은 분명히 괴로움을 당한다.

그들이 당하는 괴로움에는 우리가 그들의 괴로움을 이해하지 못한다는 것도 포함된다. 스탠리 카벨(Stanley Cavell)은 『이성의 요구』(The Claim of Reason)에서 이렇게 말한다. "정신 장애 치료가 어려운 이유는 우리가 그들의 세계를 헤아리지 못하고, 그로 인해 그들을 인격체로 존중하지 못하기 때문이다. 치료의 또 다른 어려움은 우리의 세계가 (때로, 꿈속에서) 그들의 세계와 너무나 가까움을 직시할 때 찾아온다"(90). 이것은 우리가 '제정신'이라고 부르는 세계가 얼마나 취약한지 상기시켜 주는 발언이다. 게다가, 그런 취약함 때문에 우리는 정신 질환을 겪는 사람들과 거리를 두겠다고 결심하게 된다.

이 문제를 살펴보기에 앞서 『한나의 아이』를 전반적으로 생각해 보고 싶다. 내가 『한나의 아이』를 구상한 방식에 영향을 준 신학적·철학적 추정들을 제시하는 것이 정신 질환을 이해하기가 그토록 어려운 이유를 파악하는 데 도움이 되기를 바라는 마음 때문이다. 정신 질환이 정신 질환자들과 그 가족 모두에게 힘든 점은, 카벨의 말처럼 정신 질환으로 인해 환자가 정상 상태를 어떻게 이해하게 되는지 모른다는 데 있다. 정신 질환은 사람의 삶을 산산조각 낼 수 있지만, 그것이 죄가 우리의 시각을 왜곡해 자신을 하나님의 피조물로 보지 못하게 하는 것과 어떻게 다른지는 분명하지 않다. 내가 『한나의 아이』를 쓰면서 한 일을 성찰해 봄으로써 그 차이점을 어느 정도 밝혀 줄 수 있기를 바란다.

나는 『한나의 아이』를 씀으로써 무엇을 배웠느냐는 질문을 자주 받는다. 그러면 늘 다소 창피한 마음으로, 책을 쓰기 전에 몰랐던 것을 배운 바가 있는지 잘 모르겠다고 대답하곤 한다. 질문한 사람들은 그런 답변에 만족하지 못하는 눈치였다. 그들은 이 책에 묘사된 사람이라면, 이 책을 쓰지 않았다면 알지 못했을 자신의 어떤 면모를 배웠을 거라고 생각하는 듯하다. 내가 무엇을 배웠는지 말하지 못한다면 이 책을 쓴 사람일 리가 없다고 생각하는 사람들도 있는 것 같다. 이 책을 쓴 사람은 책을 씀으로써 교훈을 얻을 법한 사람처럼 보이기 때문이다.

그런데 내가 『한나의 아이』를 쓴 바로 그 사람인지는 분명하지 않다. 물론, 철학적으로 나는 개인의 자기 정체성에 대해 대니얼 데닛(Daniel Dennett)보다 훨씬 분명한 확신을 갖고 있다. 들려오는 이야기(진위 여부는 분명하지 않다)에 따르면, 데닛은 어느 대학 철학과에서 개인 정체성에 대한 강의를 한 후에 사례비를 받지 못했다고 한다. 해당 철학과 측에서 그에게 사례비 지급을 거절한 이유는, 개인 정체성 혹은 그 부재에 대한 데닛의 주장에 따르면 강의를 했던 사람과 사례비를 받고자 하는 사람이 동일 인물이라고 확신할 수 없었기 때문이라고 한다. 내가 생각하는 인격은 데닛의 주장과 달리 우리 삶의 연속성을 보장하기에 충분하지만, 그렇다고 해서 내가 『한나의 아이』를 쓴 바로 그 사람이라고 속단할 수 있는 것은 아니다. 나는 『한나의 아이』를 씀으로써 그 이전의 나와 분명히 달라졌기 때문이다. 내가 이 책을 쓰면서 무엇을 배웠는지 딱 잘라 말할 수는 없지만, 쓰는 과정을 통해 내가 분명히 변했음을 인정할 수는 있다.

『한나의 아이』를 쓰는 데 상당한 용기가 필요했을 거라고 말한 사람들이 많았다. 그들은 이 책으로 내가 인신공격을 받기 좋은 처지가 되었는데, 그런 처지에 놓이는 것은 다들 피하고 싶어 한다고 설명했다. 나는 신학과 윤리학에 대해 나와 같은 방식으로 생각하면 어떤 식으로건 공격받기 좋은 처지가 될 수밖에 없다고 늘 생각해 왔다. 이 생각은 대인 논증(ad hominem)˙이 나름의 자리가 있다는 나의 주장과 이어지는데, 이는 찰스 테일러에게 배운 생각이다. 이것은 『한나의 아이』가 가져온 변화와는 종류가 다르다. 그러나 『한나의 아이』를 쓸 때 내가 공격받기 좋게 될 거라는 인식이 없었으므로, 내가 용감하게 이 책을 썼다고 주장할 수가 없다. 내가 아는 것은 『한나의 아이』가 내가 써야 했던 책이라는 것뿐이다.

이 책을 공감하는 마음으로 읽은 독자들은 내가 앤에 대해 쓰면서 상당히 어렵고 고통스러운 시간을 다시 떠올리느라 힘들었겠다고 말했다. 내 기억으로는 그렇지 않다. 나는 지나간 시간에 대한 글쓰기 작업에 푹 빠진 나머지 고통을 느끼지 못했다. 하지만 이 책의 강독회 자리에서, 앤에 대한 부분을 일부 읽으며 슬픔이 넘쳐나 눈물을 주체할 수 없었던 경우는 많았다.

˙ '사람에 대한 반대의 추론'이라고도 한다. 논증의 타당성을 논리적으로 따지지 않고 어떤 사람의 주장이나에 따라 판단하는 오류를 가리킨다.

『한나의 아이』가 내가 써야만 했던 책이라고 생각하긴 하지만, 이 책을 씀으로서 내가 정확히 어떤 일을 한 것인지는 모른다. 이 책의 원래 부제는 "신학적 회고록"이었다. 하지만 에드만 출판사의 존 포트는 그 부제가 이 책의 중심에 자리 잡은 신학과 삶의 관계를 제대로 드러내지 못한다고 생각했다. 영업부 사람들 중에는 "신학적 회고록"이라고 하면 책을 살 사람이 한정될 거라고 생각하는 이들도 있었기에 다른 부제를 원했다. 폴라가 "신학자의 회고록"이 어떠냐고 했고, 이 책의 장르에 잘 들어맞는 부제 같았다.

페크놀드와 벌리가 말한 대로, 나는 나의 신학적 주장이 『한나의 아이』에서 그대로 드러나는 방식으로 책을 쓰려고 노력했다. 즉, 나는 책 전반에 걸쳐 독자가 '음, 이제 저자가 신학 이야기를 하고 있네'라고 생각하는 일이 없도록 신학적 사색들을 통합적으로 제시하려 했다. 보다 노골적으로 신학적 사색을 전개한 대목은 빨리 읽어 넘기거나 아예 건너뛸 독자들이 틀림없이 있겠지만, 조엘과 켄들에게 증조할머니 이야기를 들려준 편지나 내 아버지의 장례식 때 내가 했던 설교를 읽지 않을 독자는 거의 없을 것 같다. 독자가 그런 대목에 담긴 신학에 주목하도록 만들 생각은 없지만, 바로 그런 부분에서 이 책의 신학이 가장 빛을 발한다고 생각한다. 책에서 내 신학적 시각을 보다 명백하게 논하는 대목을 보고, 독자들이 내가 신학자로서 모습을 드러내지 않고 말하는 내용에 주목하게 되기를 바랄 뿐이다.

하지만 이 책은 처음부터 끝까지 '신학적 회고록'이다. 왜 그런지 말하다 보면 아무래도 내가 실제보다 더 많이 안다는 인상을 줄 수밖에 없다. 예를 들면, 세라 코클리(Sarah Coakley)와 퍼거스 커는 이 책의 멋진 추천사에서 『한나의 아이』가 "아우구스티누스의 『고백록』 전통을 당당하게 잇는다"고까지 말한다. 톰 그렉스는 「현대신학」에 실은 글에서 내 책과 아우구스티누스의 『고백록』 사이에는 어떤 연관성이 있을 수 있다고 밝힌다. 대단히 관대한 발언들임이 분명하지만 그런 비교가 영 마음이 편치 않다. 하지만 코클리, 커, 그렉스가 아우구스티누스의 『고백록』에 관심을 기울인 것은 바람직한 일이다. 『고백록』은 그리스도인으로서 자신의 생애를 이해하려고 하는 모든 사람에게 매우 중요한 텍스트이기 때문이다. 그러나 『한나의 아이』는 『고백록』인 척 가장하지 않는다. 나에게는 아우구스티누스의 총명함도, 신학적 통찰력도 없다. 『고백록』을 흉내 내겠다는 생각은 전혀 하지 않았다. 나 자신을 비하하려고 하는 말이 아니다. 우리가 사는 시대에서는 어느 누구도 『고백록』 같은 책을 쓸 수 없다는 판단일 뿐이다. 우리는 그럴 언어도, 그럴 기백도 없다.

하지만 페크놀드는 『한나의 아이』 끝부분에 실린 앙리 드 뤼박의 인용문에 주목하여, 이 책이 내 삶을 구성하는 파편들 가운데서 "통일성을 구성하는 하나의 패턴"을 찾아내려는 시도라고 말한다. 특히 그는 내가 들려주는 이야기가 어머니, 앤, 폴라, 이 세 여자에게 의존한다는 사실에 주목한다. 이 여인들은 각기 다른 방식으로 내 삶을 스탠리 하우어워스가 되려는 '의도를 벗어난' 지금의 모습으로 만들었다. 페크놀드의 말을 인용해 보자. "그는 자신을 고전적 기독교 신앙으로 양육한 부모를 선택하지 않았다.

앤과 함께 살면서 자신과 애덤이 겪어야 했던 고통을 의도하지도 않았고 상상할 수도 없었다. 그리고 폴라 역시 예측할 수 없었을 것이다. 폴라의 사랑은 그에게 너무나 큰 신비감과 기쁨을 주었기에, 그녀의 존재에 대해 말할 때면 하나님에 대해 말하지 않을 수 없었다."

페크놀드는 이 논점을 발전시켜 『한나의 아이』가 특정한 시간관, 내가 바라기는 기독교적 시간관을 구현하는 방식으로 삶을 이야기하려는 시도라고 말한다. 그는 내가 인간 존재의 우연적 특성을 강조하여 '우리의 행위들, 특히 우리의 삶은 필연적인 인과관계의 연속체로 이해할 수 있다'는 생각에 저항한다고 지적한다. 그런 의미에서, 내가 『한나의 아이』로 시도한 것은 시간을 종말론적으로 바라보는 아우구스티누스의 『고백록』과 다르지 않다. 한나의 기도 없이는 내 인생을 이해할 수 없을 것이라는 페크놀드의 지적은 옳다.

아우구스티누스에 대한 제프리 리스의 해석
『한나의 아이』를 아우구스티누스의 『고백록』에 비추어 읽을 수 있다는 페크놀드 및 여러 사람의 해석이 옳았으면 좋겠다. 하지만 내가 제프리 리스(Geoffrey Rees)의 비범한 책 『순수한 성의 로맨스』(*The Romance of Innocent Sexuality*)를 읽지 않았다면 그런 해석을 거부했을 것이다. 리스는 그 책에서 아우구스티누스나 우리의 삶을 제대로 이해하려면 원죄가 인류의 첫 두 사람의 불순종으로 시작되어 말 그대로 모든 인간이 물려받은 것이라는 아우구스티누스의 원죄 교리를 무시해서는 안 된다고 주장한다. 그래서 그는 낭만적 픽션, 즉 '성이 우리의 본질이라고 볼 때, 결혼이 성을 구속(救贖)할 수 있다'는 픽션을 옹호하는 이들을 아우구스티누스를 활용해 반박한다.

하지만 나의 주된 관심사는 리스가 어떻게 소위 "죄의 해석학"으로 아우구스티누스의 『고백록』에 영향을 준 신학적 신념을 밝히 드러내느냐다. 리스에 따르면, 아우구스티누스가 원죄와 성행위를 연결시키지 않았다는 점을 강조하는 것이 중요하다. 아우구스티누스에게 타락은 지식을 버리고 무지를 고집스럽게 선택한 모종의 인식론적 불순종이다. 아우구스티누스의 표현을 풀어서 말하면, 원죄는 인간을 하나님께 영광을 돌리는 빛으로 만들어 줄 빛에서 돌이켜 자신의 빛으로 스스로를 바라보겠다는 우리 조상들의 인간적 결정이다. 원죄는 인식론적 재앙이다. 자아에 대한 지식은 자아가 하나님과 연합하여 그분께 순종하며 살아갈 때만 가능하기 때문이다(136).

리스의 주장에 따르면, 아우구스티누스가 우리의 성욕과 원죄를 연결시킨 것은 우리가 도저히 통제할 수 없는 음욕에 사로잡혀서가 아니다. 이유는 따로 있다. 성욕은 "하나님과의 관계를 사유화해서 독점하겠다는 악한 공상"을 말하는데, "성욕에 대한 많은 신학적 담론에서 볼 수 있는 전형적인 사례가 바로 결혼으로 완결에 이르는 성관계의 낭만적 내러티브에 대한 소설적 집착"(137)이기 때문이다. 리스의 아우구스티누스 해석에 따르면, 결혼이 죄로 인해 왜곡된 우리 성욕을 "해결해" 줄 거라는 널리 퍼진 생각 역시 죄로 드러난다.

아우구스티누스의 원죄론을 제대로 이해하려면 아우구스티누스에게 출생이 얼마나 결정적인 것인지 알아야 한다고 리스는 주장한다. 우리가 우리의 출생을 기억할 수 없다는 사실은 우리가 의존적인 존재임을 자명하게 보여 준다. 아우구스티누스는 비트겐슈타인처럼 우리가 육체적 존재임을 결코 무시할 수 없게 만드는 결정적인 경험으로서 출생의 중요성을 강조한다. 우리의 육체성은 우리를 우리 자신에게도 신비로 만들어, "내가 어디에서 왔을까?"라는 아이 같은 질문을 던지게 만든다(157). 아우구스티누스가 아이처럼 보일 위험을 기꺼이 감수하고 그 질문의 존재론적 함의를 살폈기 때문에, 『고백록』에 나오는 그의 생애 이야기가 그토록 설득력 있게 다가오는 것이다.

리스에 따르면 아우구스티누스는 자신의 기원이 성적인 것임을 안다. 그는 자신이 부모의 성관계에 의해 시간 속에서 만들어진 존재라는 이야기를 부모에게서 들었다. 이 중요한 사실, 자신의 존재와 창조의 사실을 숙고함으로써 아우구스티누스는 기억이 정체성의 문제임을 발견한다. 그리고 이런 질문을 던진다. "나는 어떻게 시작되었을까?" 자신에게 시작이 있었음은 분명히 알지만, 그 시작을 기억할 수 없기 때문이다.

『고백록』은 기원을 묻는 아이의 질문을 아우구스티누스식으로 탐구한 책이다. 아우구스티누스라는 아이는 그 질문을 일반적으로 묻지 않고 구체적인 개인으로서 묻는다. 하지만 아우구스티누스는 자신이 어디에서 왔는지 물으면서 독자들도 물어야 하는 질문의 본을 보여 준다. "아우구스티누스는 세계의 창조와 그 세계 안에서 자신이 어떻게 자신으로 존재하게 되었는지 묻는다. 결국 그를 비웃는 사람들은 스스로를 비웃게 된다. 아우구스티누스가 탐구하는 역학, 즉 기억의 성취와 한계에 대한 그 곤혹스러운 경험에서 잘 드러난 역학을 남의 일로만 여기는 무지를 그들이 드러내기 때문이다"(158).

기억은 아우구스티누스에게 주요한 관심사다. 출생은 기억의 한계이지만 기억을 불가피하게 만드는, 기억에 없는 도발적인 사건이기도 하다. 유한한 피조물인 자신의 존재가 선한 것임을 마침내 깨닫게 되고서야, 그는 시간 속 자신의 존재를 받아들일 수 있었다. 아우구스티누스의 『고백록』은 자신의 기원이 자신에게 있지 않고 하나님께 있다는 사실을 인정하는 일의 의미를 탐구하는 책이다. 그의 하나님 인정은 인격적인 것이다. 그의 생애에서 추상해 낸 이성의 결과물이 아니라 "의존적 이성이 자아와 하나님의 관계에서 자신의 의존성을 알게 되고 받아들인 결실"이기 때문이다. "그 관계는 자신과 어머니의 관계도 아우른다"(162).

우리의 죄는 자신의 능력으로 하나님이나 우리 자신을 알 수 있다는 주제넘은 생각이다. 그래서 아우구스티누스는 하나님이 창조하신 그가 자신의 삶에 대해 갖게 될 모든 통찰은 그 근원이 하나님께 있는 피조물의 통찰일 것이라고 생각한다. 따라서 자아에 대한 그의 모든 지식은 자기 지식의 한계에 대한 인식을 포함할 것이다. 그래서 이렇게 고백한다. "따라서, 제가 저에 대해 아는 바를 고백하게 하소서. 저에 대해 알지 못하는 바도 고백하게 하소서. 제가 저에 대해 아는 바는 주께서 제게 빛을 주셨기 때문이요, 저에 대해 알지 못하는 바는 저의 어둠이 주의 얼굴 앞에서 '낮과 같이' 될 때(사 58:10)가 이르지 않았기 때문입니다"(165).

리스의 주장에 따르면, 아우구스티누스의 자아 이해와 『고백록』의 상관적 형식은 정체성을 오로지 주어진 성적 정체성에 따라 결정하려는 현대의 흐름에 이의를 제기한다. 현대의 그런 흐름은 개인의 정체성을 모든 인간이 공유하는 욕망과 동일시하여 성적 정체성으로 확보할 수 있다는 생각을 깔고 있다. 이것이 바로 수많은 이들이 자서전을 자기 집처럼 구성하고 그 안에서 자신의 성적인 면모가 드러나도록 은밀한 자아를 이야기하려는 이유다. 그에 반해 아우구스티누스는, 이렇게 말하면 오해의 소지가 있기는 하지만, 자신의 자서전이 공동체적이고 외적인 것이라고 생각한다. 그는 자신의 특정한 이야기가 다른 특정한 이야기들처럼 태초에 시작되었다는 것을 알기 때문이다. 아우구스티누스는 하나님을 아는 지식을 찾아 자기 안을 뒤질 수 있다. 모든 인간의 시작은 "하나님이 주도하신 것"이라고 믿기 때문이다. "모든 인간의 시작은 별개의 사건들이 아니다"(166).

그렇기 때문에 『고백록』은 존재의 저자이신 하나님을 끊임없이 높인다. 하나님만이 개인 정체성을 이해 가능하고 신뢰할 수 있게 이야기하신다. 하나님만이 우리가 누구인지 진실하게 말씀해 주신다. 그러므로 리스는 하나님에 대한 자아의 의존성을 비유컨대 "신뢰할 수 없는 인간의 서술 능력과 틀릴 수 없는 하나님의 이야기 간의"(167) 차이로 가늠해 볼 수 있다고 말한다. 우리가 자신에 대해 말하는 이야기들은 결코 결정적일 수 없기에, 우리는 하나의 참된 이야기를 들려주실 하나님을 신뢰하는 법을 배워야 한다. 게다가, 그 이야기는 모든 사람의 결정적 이야기로 밝혀진다.

그러므로 신학의 과제는 탐구의 형식으로 내러티브를 통합하는 것이다. 그 이유는 리스가 설명한 대로, 외부 세계를 알고 이해하려는 탐색에는 우리가 개인 정체성의 내러티브라고 여기는 활동이 있어야 하기 때문이다. 자서전 형태의 신학은 자아가 어떻게 진실하게 기록될 수 있는지를 살피는 탐구다. 그러나 자신을 피조물로 어떻게 이해할지 탐구하기 위해서는 모든 피조 세계 한복판에 자리를 잡아야 한다. 땅, 바다, 바람, 모든 것, 우리가 말하지 못한다고 여기는 것 전부가 "그분이 우리를 만드셨다"고 부르짖기 때문이다.

리스는 『고백록』에 대한 해설을 마무리하면서, 자서전이라는 장르에 대한 아우구스티누스의 이해는 출생과 죄를 연결시킨 데서 따라온 결론이라고 시사한다. 성경의 낙원 속 아담과 하와의 이야기를 보면, 그 이야기가 어떻게 모든 인간의 이야기가 되는지 어느 정도 감을 잡을 수 있다. 리스는 책임성의 문제를 제기하며, 원죄를 물려받았음을 부인하려는 근대주의의 시도가 모든 죄의 특징인 자기중심성의 전형적인 사례라고 주장한다. 모든 죄 이론의 과제는 책임성의 문제를 설명하거나 해소하는 것이 아니라, "이 문제에 대한 찝찝하고 막연한 우려 때문에 당장 이해 가능한 자기 동일시의 구성에 포함된 직접적인 죄의 선(先)역사를 놓치는 일이 없도록 경계하는 것이다"(172).

나는 무엇을 했는가?

기억을 우리의 유한성을 이해하는 핵심 범주로 보는 아우구스티누스의 기억관에 대한 리스의 설명이 『한나의 아이』의 특성에 어떻게든 빛을 비춰 줄 수 있으면 좋겠다. 그러나 『고백록』과 『한나의 아이』를 비교하는 일은 여전히 주저된다. 앞에서도 넌지시 말했지만, 누가 아우구스티누스와 비교당하고 싶겠는가? 리스는 아우구스티누스의 『고백록』이 하나님을 찬양하는 책이라고 제대로 규정했다. 그렇기 때문에 『고백록』은 하나의 긴 기도문이라고 할 수 있다. 하나님이 읽으시라고 『고백록』을 쓴 것처럼 보일 정도다. 우리는 원한다면 옆에서 같이 읽어도 좋다는 초청을 받는다. 나는 그런 글을 내놓을 만큼 하나님과 깊은 관계가 아니다. 나는 『한나의 아이』를 하나님을 위해 쓰지 않았고 무엇보다 나 자신과 친구들과 독자들을 위해, 그리고 새로운 친구와 독자들을 만들기를 바라는 마음으로 썼다.

그렇긴 하지만, 많은 『한나의 아이』 서평자들은 이 책이 요즘 나오는 많은 회고록들과는 상당히 다름을 지적했다. 예를 들어, 레이 올슨(Ray Olson)은 이렇게 말했다. "대부분의 현대 회고록 저자들은 일인칭 소설 화자와 비슷하게 자신에 대해 이야기한다. 그러나 저명한 신학자 하우어워스는 다른 사람들에 대해 말하는 것을 선호한다. 그는 자기 인생에 있었던 일들을 전달하면서도 본인보다는 가족, 친구들, 동료들에게 초점을 맞춘다." 또 다른 서평자는 내가 『한나의 아이』를 씀으로써 스탠리 하우어워스를 "잃어버리려" 시도했다고 말했다. "저명한 신학자" 같은 거창한 표현만

빼면 맞는 말이다. 따라서 나는 바로 이 부분, 즉 내가 하우어워스를 "잃어버리는" 데 성공했느냐 하는 문제에 있어서만 『한나의 아이』와 『고백록』을 편안하게 비교할 수 있다.

흔히 그렇듯, 내가 하고 싶은 말을 친구가 나보다 훨씬 잘 표현한다. 제럴드 매케니(Gerald McKenny)는 『한나의 아이』를 읽은 후, 이 책이 첫 문장부터 결론까지 주체성(agency)에 대한 나의 이해를 보여 준다고 썼다. 그는 주체성에 대한 나의 이해를 이렇게 규정한다. "우리가 우리 삶을 통제하지 못한다는 것과, 우리의 주체성은 사실상 우리가 의식하지도 의도하지도 않은 상태에서 형성된 우리의 모습을 이해하고 설명하고 거기에 충실하려 노력하는 방식이라는 것." 그리고 그는 이 그림과 그가 아는 하우어워스, 즉 A지점부터 B지점까지 도달하기로 인생을 계획해 둔 사람처럼 보이는 야심만만하고 추진력 있는 하우어워스를 조화시키는 것이 쉽지 않았다고 밝힌다.

하지만 그는 내가 내 인생을 이야기하는 방식이 "그가 한 모든 일이 그냥 우연히 찾아왔다"고 말하는 듯하다고 평한다. "그래서 그는 자신이 한 일은 자신에게 벌어진 일이라고 기술한다. 휴가 계획조차 세우지 않는다니! 책의 장 제목도 이것을 어느 정도 반영한다. 살아남기, 견디기, 인내와 기도." 제리도 페크놀드처럼 들어가는 말 "스탠리 하우어워스로 산다는 것"이 내 인생의 특성, 또는 내 인생을 이야기한 방식을 설득력 있게 포착해 냈다고 보았다.

매케니는 내가 "이 통찰로 아우구스티누스가 『고백록』의 도입부에서 하나님의 임재의 특수성이라는 철학적 난제에 통찰을 제시한 것과 같은 일을 했다"고 말한다. 그리고 이것이 바로 자결권을 행사하는 주체의 시대에 그리스도인이 무슨 말을 해야 하는지에 대한 나의 가장 중요한 신학적인 기여일 거라고 말한다. 나보다 아는 것이 많은 매케니는, 이것이 그리스도인들에게 감당하는 역할은 라캉(Jacques Lacan)의 명령인 "너의 욕망을 결코 포기하지 마라"가 포스트 유토피아 시대에 감당하는 역할에 비길 수 있다고 말한다.

많은 서평자들이 "나는 내가 무엇을 하는 것인지 몰랐다" 또는 "나는 이해하지 못했다" 같은 구절들이 너무나 많이 보였다고 지적한다. 나는 그런 어구를 그렇게 자주 썼다는 사실을 역시나 알아채지 못했지만, 내가 그런 구절들을 쓴다는 사실에 주목하게 되어 감사하다. 더욱이, 매케니가 말한 대로 내가 나의 인생에 대해 정직하려고 노력했다면, 그런 식의 표현을 쓴 것이 옳았다고 생각한다. 내게 추진력이 있었을지는 모르지만, 돌이켜 보면 내가 한 일이 내게 벌어졌던 일로 드러난다는 것은 여전히 사실이기 때문이다.

그런데 매케니는 내가 "한나의 아이" 못지않은 "커피의 아이"라는 사실을 제대로 인정하지 않았다는 지적도 한다. 내 어머니의 기도가 회고록의 중심이 되어서는 안 된다는 의미가 아니다. 그는 주체성에 대한 나의 이해와 표현이 내 어머니의 기도라는 중심에 의지하고 있음을 인정한다. 매케니의 말을 들어 보자. "그는 평생에 걸쳐 자신이 드리지 않은 기도를 이해하고 그에 충실하게 살려고 노력해 왔다. 기도를 드린 당사자인 어머니도 온전히 이해하지 못한 기도를." 하지만 어머니의 기도가 내 인생에 형식을 부여했다면, 내용을 부여한 사람은 아버지였다는 것이다. 나의 일하는 습관, 실용적인 것에 대한 무관심, 계급 의식, 성격(아버지와 다르면서도 비슷한), 벽돌 쌓기라는 뿌리 은유(root metaphor), 이 모두는 내 아버지에게서 나온 것이다. [레이철 머즈는 「현대신학」에 실은 에세이 "파고들기"(Digging It)에서 신학 일을 이해하기 위해 노동과 놀이의 관계에 대해 대단히 흥미로운 사색을 펼친다.]

내가 아버지의 영향에 대해 충분히 밝히지 않았다는 매케니의 말이 아마 옳을 것이다. 그러나 『한나의 아이』는 많은 부분에서 말할 수 있는 것을 '말하지 않은' 책이기도 하다. 아니, 오히려 말해야 했던 가장 중요한 것은 말하지 않았다. 나는 비트겐슈타인을 계속 염두에 두고 글을 썼다. 말하기보다 보여 주고 싶었기 때문이다. 그것이 내가 아는, 기도에 가장 가까이 다가가는 방법이기 때문이다.

작가로서 나의 글쓰기 방식에 대한 논평에도 매켄지에게 다시 한 번 빚을 졌다. 그는 내가 에세이 형식으로 쓰는 것이 내가 근대인이라는 분명한 표시라고 주장한 제프 스타우트에게 주목한다. 매케니는 그 말이 맞다고 인정하면서도, 『한나의 아이』를 읽고 난 뒤 나의 아포리즘 사용에 대해 다른 시각을 갖게 되었다고 밝힌다. (그는 『한나의 아이』에서 그가 가장 좋아하는 아포리즘에 주목한다. "신학자는 다른 사람들의 도움에 힘입어 지금보다 더 나아질 거라는 소망을 품고서 자기가 감당할 수 있는 것보다 더 많은 말을 해야 하는 사람이다.") 과거에 그는 누군가 내가 쓴 저작들을 죽 뒤져서 아포리즘들을 한데 모아 기독교판 『선악의 저편』 정도 되는 책을 내야 한다고 생각했었다.

그런데 『한나의 아이』를 읽은 후에는 그것이 불가능한 일이라고 생각하게 되었다. 나의 에세이들이 확장된 아포리즘들임을 알게 되었기 때문이다. 만약 그의 생각대로 아포리즘이 묵시록적 장르라면, 나의 에세이들은 묵시록적 시간과 공간을 창조하려는 시도다. 그는 나의 에세이들이 "나도 동의하는 그의 생각, 즉 그리스도인의 삶의 핵심은 바로 묵시록적 시간과 공간을 살아가는 것이라는 사실을 글로 표현한다"고 밝힌다. 그러므로 나의 에세이 형식은 근대성의 반영임이 분명하며 나로서는 그것을 피할 마음도 없지만, 그럼에도 불구하고 근대성 가운데 그리스도인으로 산다는 것의 의미에 대한 근본적인 신념을 구현하려는 시도다.

나는 『한나의 아이』를 읽는 법에 대한 매케니와 페크놀드의 말이 옳았으면 한다. 만약 그렇다면, 리스의 아우구스티누스 해석에 비추어 『한나의 아이』를 어떻게 이해할 수 있을지 분명해 보인다. 출생과 우리가 자신의 시작을 기억하지 못함이 갖는 존재론적 중요성에 대한 아우구스티누스의 심오한 설명은 피조물인 우리가 자신이 선택하지 않은 이야기를 살아 낼 수밖에 없다는 뜻이다. 우리의 시작을 받아들이기 위해서는 삶이라는 선물에 대해 분개하는 대신 감사하며 살아가는 기술을 습득하게 하는 진실한 이야기가 필요하다. 아우구스티누스는 출생으로 시작한다. 나는 어머니로 시작한다.

앤

그리고 마침내 나는 다시 앤에게로 돌아오게 된다. 이번에도 매케니는 가장 어려운 문제를 제기한다. 그는 내가 앤을 기술하면서 그녀를 탓하지 않아 기쁘다고 밝힌다. 하지만 내가 내 일에 푹 빠져 있느라 그녀에게 신경을 쓰지 못했다는 대목은 설득력이 없다고 생각한다. 매케니는 그런 고백이 거짓 제스처라고 본다. 내가 그녀에게 신경을 쓰고 있었던 것이 분명하기 때문이다. 그 사실은 독자들이 그녀에 대해 읽을 때 느낄 고통을 덜어 주려 하지 않은 데서 잘 드러난다고 매케니는 말한다. "그는 우리를 봐주지 않았고, 그렇게 함으로써 우리 모두가 거기에 참여하게 만들었다. 그러므로 그와 친구가 되려면 그의 삶 어느 부분에서는 고통을 함께 나누어야 한다."

하지만 앤의 삶이 나의 신학에 대해 얼마나 심각한 반대 논거가 되는지 내가 잘 모르는 것 같다고 매케니는 말한다. 그는 우리가 정신 장애라는 꼬리표를 붙이는 사람들을 기독교적으로 어떻게 이해할 수 있는지는 내가 잘 썼지만, 양극성 장애를 앓는 한 사람에 대해서는 그렇게 하지 않았고 그럴 수도 없다고 지적한다. 매케니는 이렇게 묻는다. "앤은 우리에게 그리스도인이 되는 법을 가르쳐 주는 기독교 공동체의 이상한 구성원 중 한 사람인가, 아니면 그의 이야기를 거부하고 그 이야기 속으로 동화되기를 거부하여 그의 이론을 포함한 기독교 제자도의 모든 이론의 한계를 상기시켜 주는가? 그녀는 후자인데, 그는 그녀에게 그 역할을 맡기지 않은 것 같다는 느낌이 든다."

매케니는 내가 앤에게 그 역할을 맡기지 않은 것을 이해하고, 내가 그 시간을 떠올리며 그에 대해 쓸 수 있었던 것을 용감하다고 생각한다. 하지만 그는 앤이 내가 들려주는 하나님에 대한 이야기의 한계, 또는 그 이야기를 전하는 나의 능력의 한계(어쩌면 이쪽이 더 맞을 것이다)를 인식하게 하지 않느냐고 다시 묻는다. 그는 두렵고 떨리는 마음으로 그 질문을 제기한다고 고백하면서도, 앤은 내가 전한 하나님 이야기에 들어맞지 않고 내가 그 사실을 인정해야 하기 때문에 묻는 거라고 말한다.

매케니의 질문은 앤에 대한 것이 아니다. 우리에겐 캐스린 그린매크레이트(Kathryn Greene-McCreight)와 존 콜웰(John Colwell)이라는 강력한 증인이 있다. 캐스린과 존은 둘 다 뛰어난 목사이자 신학자이며 양극성 장애를 겪고 있다. 뿐만 아니라, 그들은 정신 질환자로 사는 것이 무엇을 의미하는지를 다룬 고통스러울 만큼 정직한 책을 썼다. 매케니의 도전에 대답하려면 분명히 그들의 증언에서부터 시작해야 할 것이다.

캐스린 그린매크레이트는 『어둠은 나의 동반자』(*Darkness is My Companion: A Christian Response to Mental Illness*)에서 정신 질환이라는 절망에 의미를 부여하기를 거부한다. 그런 절망이 의미를 가질 수 있다고 믿기를 거부한다. 모든 의미가 하나님이 주시는 것이라면 절망도 하나님이 주시는 것이 되기 때문이다. 그러나 그런 절망에 목적이나 이유가 있다면 그것은 절망이 아니라 뭔가 다른 것일 터이다. 그녀의 결론은 이러하다. "악이 선의 부재 내지 박탈이듯 정신 질환은 의미의 부재다"(110-111).

책의 뒷부분에서 그린매크레이트는, 신학적 시각에서 볼 때 정신 질환의 위험한 점은 환자가 곤경 가운데 고립되어 완전히 혼자라고 생각하도록 유혹하는 것이라고 말한다. "어둠은 나의 유일한 동반자다. 정신 질환은 베일처럼 하나님께 대한 우리의 헌신을 가리고, 거룩하신 분의 영광을 가로막는다. 우리의 상처는 곪고, 치료의 근원으로부터 점점 더 멀어진다. 정신 질환은 영혼의 모든 창과 문을 닫아 버려, 말이나 생각은 물론이고 하나님께 영광을 돌리는 어떤 것도 할 수 없게 만든다. 우리는 그 모든 것을 고통으로 경험한다. 자신 안에 갇혀서 우리의 고통을 잊을 수가 없다. 생명의 근원으로부터 그렇게 멀리 떨어진 상태를 그리스도인이 어떻게 견딜까?"(116)

『한나의 아이』에 대한 감동적인 서평을 쓴 존 콜웰은 그의 책 『어찌하여 나를 버리셨나이까?』(*Why Have You Forsaken Me?: A Personal Reflection on the Experience of Desolation*)에서 그린매크레이트와 상당히 유사한 언어를 사용한다. "어둠 속으로"라는 제목의 장에서 그는 임상적 우울증을 겪어 보지 않은 사람들이 그 증상을 상상하지 못하는 것은 충분히 이해할 만한 일이라고 말한다. 참으로, 우울증을 경험하는 사람들은 그것을 다른 사람에게 설명하는 데 어려움을 겪는다. 그 이유는 우울증을 "우울한 느낌" 같은 구절로 포착할 수 없기 때문이다. 우울증에 걸린 사람들은 우울함을 느끼지 않는다. 아니, 그들은 뭔가를 할 수 있을 만큼 충분히 느끼지를 못한다(15).

콜웰은 우울증 상태일 때는 그나마 자신이 우울증 상태라는 것을 알지만, 조증 상태일 때는 그렇지 못하다고 말한다. 조증 상태로 "들떠" 있을 때는 왜 모두가 자신의 무한한 에너지나 격렬한 열정을 공유하지 못하는지 이해할 수 없다. 어떤 이들은 무한히 사랑하고, 다른 이들은 같은 강도로 혐오한다. 우울증 상태이건 조증 상태이건 결과는 고립이다. 결과는 어둠이다.

그린매크레이트와 콜웰은 그들의 질환이 기독교 신앙에 제기하는 난제에 쉬운 대답을 내놓지 않는다. 콜웰의 책은 시편 22편과 십자가에서 그리스도가 부르짖은 왜 나를 버리셨느냐는 외침에 대한 확장된 주석이다. 그린매크레이트도 시편을 인용하여 그녀의 질병 앞에서 하나님의 어둠을 느낀다고 표현한다. 하지만 그녀에게 위안을 안겨 준 것은 결국 기도, 특히 그녀를 위한 다른 이들의 기도였다.

콜웰과 그린매크레이트가 만성 정신 질환을 겪는 그리스도인으로 살아가면서 배운 교훈이 있다면 쉬운 답을 피하는 것이리라. 그들은 자신들의 질환이 말 그대로 질병이라는 것을 인식하고 있다. 하지만 자신을 돌보는 일에 스스로 책임을 지지 않으면 살아남을 수 없다는 것도 안다. 그들에게는 다행히 그들을 사랑하고 지지해 주는 배우자와 친구들이 있었지만, 질환에 대처할 능력은 결국 자신에게서 나와야 하고 그들은 그것을 알고 있다. 이렇게 말하면 이상하게 들릴지 모르지만, 그들은 자기 자신을 돌보는 책임을 감당해야 한다. 그 책임을 받아들이는 한 가지 형태는 정신이 아픈 상태가 어떤 것인지 책으로 써내는 것이다.

앤의 존재가 내가 생각하는 방식에 근본적인 이의를 제기한다는 매케니의 말에 캐스린 그린매크레이트와 존 콜웰 같은 사람들의 삶이 답이 될까? 솔직히 말해 모르겠다. 앤의 분노는 그린매크레이트와 콜웰의 경우처럼 자기 질병에 책임을 지도록 허락하지 않았다. 그럼 분노가 바로 그녀였을까? '진짜 앤'은 누구였을까? 그녀의 인생에 대해 이런 질문을 던지는 것은 모두의 인생에 대한 질문과 다르지 않을까? 그녀의 삶은 내 삶이 그렇듯 그녀가 선택하지 않은 이야기로 결정된 것이었을까? 그러나 우리가 선택하지 않은 그 이야기가 '정신 질환'이라고 불린다면 어떻게 될까? 더욱이, '정신 질환'이 너무나 강력한 이야기라서 거기에 사로잡힌 사람들은 자신의 삶이 선물이라는 사실도 인정하기가 어렵다면 어떻게 될까? 그런 질문에 어떻게 대답할 수 있는지 나는 모른다. 매케니의 도전에 맞서 내가 무엇을 할 수 있을까? 앤의 자살 시도 후 그녀는 절대적으로 혼자라고 내가 주장했을 때 존 웨스터호프가 했던 말을 되풀이하는 것뿐이다. "아니, 그렇지 않아요. 하나님이 그녀와 함께 계십니다."

나는 어디 있는가?

소수의 서평자들은 『한나의 아이』를 최근 신학의 전개 상황을 보여 주는 개론서로 읽을 수 있다고 말했다. 그런 효과를 기대하고 쓴 것은 물론 아니지만, 이 책이 20세기 후반부 신학의 전개 상황을 이해하는 데 도움이 된다면 내가 뭐라고 불평을 하겠는가? 나는 여러 이름을 이야기가 계속 진행되게 하는 내러티브 장치로 종종 쓰고 있다는 사실을 인식했다. 그 이름이 들려주는 이야기를 모르는 사람이라면 플롯을 따라가기가 힘들 것이다.

그렇다면 최근 신학의 지도에서 나는 어디쯤 있을까? 러스티 리노는 「현대신학」 심포지엄에서 발표한 매혹적인 논문 "스탠리 하우어워스와 자유주의 개신교 기획"에서 내가 자유주의 개신교 전통의 대변자라고 말했다. 리노에 따르면, 니버 형제를 대표 인물로 꼽을 수 있는 이 전통의 특징은 전통적 기독교 공동체들이 만들어 낸 외부인들을 중요하게 여기고, 세속적 근대성에 직면한 기독교 신앙의 이해 가능성 문제에 답을 내놓으려는 것이다. 리노는 신학적 신념의 내용에 있어서는 내가 자유주의 개신교와 의견을 달리하지만, 형식을 놓고 볼 때 내 마음의 습관은 자유주의 개신교와 같다고 인정한다.

특히, 나는 이야기, 성품, 공동체, 덕, 교회 같은 밀도 있는 개념들을 발전시켰지만 그것들은 기독교 내부의 개념들이 아니다. 따라서 내가 '교회'라고 할 때 어느 특정한 교파의 전통을 가리키는 경우는 드물다. 리노에 따르면, 내가 기독교의 특정한 전통을 가리킬 수 없었던 것은 특정한 기독교 전통 안에서 활동하지 않았기 때문이다. 나는 그런 전통 안에서 활동하는 이들, 예를 들어 가톨릭 도덕신학자들을 옹호할 수 있지만, 그쪽은 나의 전문 분야가 아니다. 나는 근대의 에큐메니컬 운동을 지지하지만 고백신학의 미묘한 문제들에 주목하게 만드는 신학자들의 공식 대화에는 전혀 참여하지 않았다. 그리고 나에겐 기독론도 따로 없다는 사실마저 인정했다.

지금 나의 위치를 보여 주는 매우 흥미로운 설명이다. 리노는 흔히 그렇듯 최고의 통찰력을 보여 준다. 나는 기독교의 일치에 대한 나의 헌신을 내가 어떻게 이해하고 있는지 머지않아 다룰 수 있기를 바란다. 하지만 리노가 나의 위치를 설명할 때 출발점으로 삼는 개신교 자유주의의 기획에 대한 그의 규정은 '진해질' 필요가 있다. 적어도 내 경우에는 그렇다.

'진해진다'는 말은 도대체 무슨 의미일까? 따지고 보면 나는 대단히 헌신된 감리교도라는 뜻이다. 지금 내가 노스캐롤라이나 주 채플힐의 홀리패밀리성공회교회 수찬자인 것과 테네시 주 내슈빌에 있는 크라이스트교회대성당의 자문 신학자인 것은 감리교도이기 때문이다. 찰스 웨슬리의 찬송가, 우리가 홀리패밀리교회에서 부르는 찬송가들이 내 몸에 영향을 끼쳐 내가 그리스도인으로 살기로 영원히 결심하도록 만들었다고 확신한다. 내가 그 결심을 철저히 검토하려 시도한 것에 대해 웨슬리 형제가 놀랄 수도 있겠지만, 그들은 내가 결국 성공회 신자가 된 것을 이해하리라고 생각한다. 현재 감리교도라 주장하는 많은 이들은 내가 생각하는 방식에 분명 놀랄 것이다.

내가 나의 '감리교'를 어떻게 이해하는지와, 그 입장과 가톨릭교와의 관계에 대해서는 훨씬 많은 말이 필요하다. 나는 『한나의 아이』에 대한 리노, 피터 스타인펠스(Peter Steinfels, 「커먼윌」), 레이먼드 슈로스[Raymond Schroth, 「내셔널가톨릭리포터」(*National Catholic Reporter*)], 애런 리치스(「현대신학」) 등 가톨릭 신자들의 서평에 특히 감사한다. 가톨릭계는 나를 더없이 자애롭게 대해 주었다. 내가 그 세계와 느끼는 일체감이 거짓 제스처는 아니기를 바란다. 그러나 나는 여전히 개신교도로 남아 있으며, 분명 죽을 때도 개신교도일 것이다.

나는 2013년 6월에 은퇴한다. 은퇴 후에 무엇을 할 계획이냐는 질문을 종종 받는데, 아무 생각이 없다고 말해야겠다. 아마 일어나서 책을 읽고 글을 쓸 것이다. 그것은 나의 습관이고, 습관은 깨기가 쉽지 않다. 나는 언제나 사람들이 내게 요구하는 일을 내 방식대로 해 왔다. 내가 하는 일로 도움을 받는 사람이 있는 한 그 일을 계속하고 싶다. 많은 사람에게 『한나의 아이』가 도움이 되었다는 것은 나에게 큰 선물이다. 예수님을 따르도록 부름받은 이에게 일어나는 좋은 일은 하나님이 주신 큰 선물이라고 믿는 나 같은 사람에게는 특히 그렇다. 『한나의 아이』는 좋은 일이었다.

옮긴이 홍종락은 서울대학교 언어학과를 졸업하고, 한국사랑의집짓기운동연합회에서 4년간 일했다. 현재 전문 번역가로 일하고 있으며, 번역하며 배운 내용을 자기 글로 풀어낼 궁리를 하고 산다. 저서로『나니아 나라를 찾아서』(공저, 홍성사)가 있고, 역서로는『우물 밖에서 찾은 분별의 지혜』『즐거운 망명자』『예수님이 차려주신 밥상』『마음 뇌 영혼 신』『하나님이 내게 편지를 보내셨어요』『기억의 종말』(이상 IVP),『개인기도』『루이스와 톨킨』『루이스와 잭』『성령을 아는 지식』『영광의 무게』(이상 홍성사),『수상한 소문』『어둠 속의 비밀』(이상 포이에마),『올 댓 바이블』『C. S. 루이스』『세이빙 다빈치』(이상 복있는사람) 등이 있다. '2009 CTK(크리스채너티투데이 한국판) 번역가 대상'과, 2014년 한국기독교출판협회 선정 '올해의 역자상'을 수상했다.

한나의 아이

초판 발행 2016년 7월 12일
초판 8쇄 2025년 11월 20일

지은이 스탠리 하우어워스
옮긴이 홍종락
펴낸이 정모세

편집 이성민 이혜영 심혜인 설요한 박예찬
디자인 한현아 서린나 | 마케팅 오인표 | 영업·제작 정성운 이은주 조수영
경영지원 이혜선 이은희 | 물류 박세율 정용탁 김대훈

펴낸곳 한국기독학생회출판부 | 등록번호 제2001-000198호(1978.6.1)
주소 04031 서울시 마포구 동교로 156-10
대표 전화 (02) 337-2257 | 팩스 (02) 337-2258
영업 전화 (02) 338-2282 | 팩스 080-915-1515
홈페이지 http://www.ivp.co.kr | 이메일 ivp@ivp.co.kr
ISBN 978-89-328-1492-6

ⓒ 한국기독학생회출판부 2016

책값은 뒤표지에 있습니다.
무단 전재와 복제를 금합니다.